UTB 3339

Eine Arbeitsgemeinschaft der Verlage

Böhlau Verlag · Köln · Weimar · Wien
Verlag Barbara Budrich · Opladen · Farmington Hills
facultas.wuv · Wien
Wilhelm Fink · München
A. Francke Verlag · Tübingen und Basel
Haupt Verlag · Bern · Stuttgart · Wien
Julius Klinkhardt Verlagsbuchhandlung · Bad Heilbrunn
Lucius & Lucius Verlagsgesellschaft · Stuttgart
Mohr Siebeck · Tübingen
Orell Füssli Verlag · Zürich
Ernst Reinhardt Verlag · München · Basel
Ferdinand Schöningh · Paderborn · München · Wien · Zürich
Eugen Ulmer Verlag · Stuttgart
UVK Verlagsgesellschaft · Konstanz
Vandenhoeck & Ruprecht · Göttingen
vdf Hochschulverlag AG an der ETH Zürich

Für R. J. + 2 x D. J.

Hans-Joachim Jarchow

unter Mitwirkung von Johann Graf Lambsdorff

Grundriss der Geldtheorie

12., neu bearbeitete und erweiterte Auflage

Lucius & Lucius · Stuttgart

Anschrift des Autors:

Prof. Dr. Hans-Joachim Jarchow
Ludwig-Beck-Straße 11
37075 Göttingen

Jarchow.Goe@t-online.de

Hans-Joachim Jarchow, geb. 1935 in Oldenburg/H., studierte Betriebswirtschaftslehre und Volkswirtschaftslehre an den Universitäten Hamburg und Kiel und schloss sein Studium 1959 mit dem volkswirtschaftlichen Diplomexamen in Kiel ab. Nach seiner Promotion zum Dr. sc. pol. (1961) war er zunächst Assistent, später Oberassistent bei E. Schneider und Direktionsassistent am Institut für Weltwirtschaft in Kiel. 1966 habilitierte er sich in Kiel mit einer geldtheoretischen Arbeit. 1967 übernahm er einen volkswirtschaftlichen Lehrstuhl an der Universität Göttingen. Seit 2003 ist er emeritiert. – Veröffentlichungen insbesondere über Geldtheorie, Außenwirtschaftstheorie und internationale Währungspolitik.

Bibliographische Information der Deutschen Nationalbibliothek

Die Deutsche Nationalbibliothek verzeichnet diese Publikation in der Deutschen Nationalbibliographie; detaillierte bibliographische Daten sind im Internet über http://dnb.ddb.de abrufbar

ISBN 978-3-8282-0495-9 (Lucius)
ISBN 978-3-8252-3339-6 (UTB)

Gerokstraße 51 · D-70184 Stuttgart · www.luciusverlag.com

Druck und Einband: F. Pustet, Regensburg
Printed in Germany

UTB-Bestellnummer: ISBN 978-3-8252-3339-6

Vorwort

Das vorliegende Lehrbuch ist aus der 11. Auflage des UTB-Bandes „Theorie und Politik des Geldes" hervorgegangen. Nachdem dieses Buch seit einiger Zeit vergriffen ist, wird der Geldtheorie-Teil als selbständiger Band unter dem Titel „Grundriss der Geldtheorie" in Form der 12., neu bearbeiteten und erweiterten Auflage fortgeführt. Sie folgt dem kürzlich erschienenen UTB-Band „Grundriss der Geldpolitik", der ebenfalls auf die „Theorie und Politik des Geldes" zurückgeht.

Im einführenden *I. Kapitel* geht es im Wesentlichen um die Beantwortung der drei folgenden Fragen: *Was ist Geld? Wozu dient Geld? Wie entsteht Geld?* Im Zusammenhang mit der Beantwortung der letzten Frage, werden elementare Vorgänge dargestellt, die eine Erhöhung bzw. Verminderung der Geldmenge (Geldschöpfung bzw. Geldvernichtung) zur Folge haben. Offen bleibt dabei zunächst, welche Einflussfaktoren die dargestellten Vorgänge und damit die Entwicklung der Geldmenge bestimmen. Die Beantwortung dieser Frage setzt eine Berücksichtigung des Verhaltens von Geschäftsbanken und Nichtbanken sowie des Einsatzes geldpolitischer Aktionsparameter voraus und führt im III. Kapitel zur Analyse des monetären Bereichs einer Volkswirtschaft in Form eines Geldangebots/Geldnachfrage-Modells.

Nicht zuletzt um die bei der Ableitung des gesamtwirtschaftlichen Geldangebots und der gesamtwirtschaftlichen Geldnachfrage benutzten Hypothesen plausibel zu machen, wird im *II. Kapitel* eine *einzelwirtschaftliche Analyse der Kassenhaltung* vorangestellt. Den weitaus größten Raum nehmen dabei durch mikroökonomische Optimierungskalküle fundierte Untersuchungen zur Bestimmung der Transaktions- und Vorsichtskasse sowie zur Zusammensetzung von finanziellen Vermögensbestandteilen (portfolio selection) ein. Dabei wird deutlich, dass Geld gegenüber anderen Vermögensobjekten ganz besondere Eigenschaften aufweist: So lassen sich mit Kassenbeständen einerseits Kosten und Risiken vermeiden, die bei einer Anlage von Geld in Obligationen, Aktien etc. auftreten, anderseits bedeutet eine Kassenhaltung aber auch den Verzicht auf Erträge (z.B. auf Zinsen, Dividenden und Kursgewinne). Solche relativen Vorzüge und Nachteile des Geldes bilden den Ausgangspunkt für die Bestimmung optimaler Kassenbestände. Die Theorie der *portfolio selection* (Portefeuille-Theorie) gestattet darüber hinaus, neben der Höhe des (aus spekulativen Gründen) gewünschten Kassenbestandes auch allgemeiner den optimalen Umfang anderer finanzieller Vermögensobjekte zu ermitteln. Sie liefert damit einen Beitrag zur mikroökonomischen Fundierung der Geldnachfrage einerseits sowie des Kredit- und Geldangebots der Geschäftsbanken anderseits.

Im *III. Kapitel* steht die Frage im Vordergrund, wie aus dem Zusammenspiel von *Geldangebot und -nachfrage* die Geldmenge sowie die Kreditmenge und das Zinsniveau im Gleichgewicht bestimmt und wie diese Größen durch Einsatz geldpolitischer Instrumente oder durch andere Einflüsse verändert werden. Die Darstellung beschränkt sich dabei ausschließlich auf den monetären Bereich, d.h.

die durch Veränderungen im monetären Bereich ausgelösten Folgewirkungen auf die gesamtwirtschaftliche Produktion, die Beschäftigung und das Preisniveau bleiben zunächst unberücksichtigt, und das (nominale) Inlandsprodukt wird deshalb an dieser Stelle als Parameter behandelt. In einem ersten Schritt erfolgt die Analyse außerdem unter Vernachlässigung des Verhaltens der Geschäftsbanken; sie bedient sich dabei insbesondere der *KEYNESschen Liquiditätspräferenztheorie.* Der zweite Schritt bereitet die Geldangebotsanalyse vor, indem das aus dem multiplen Kreditschöpfungsprozess der Geschäftsbanken resultierende Geld- und Kreditschöpfungspotential bestimmt wird. Im dritten Schritt erfolgt dann die Darstellung und Auswertung des gesamtwirtschaftlichen Geldangebots/Geldnachfrage-Modells mit Einbeziehung der Geschäftsbanken. Anschließend wird die Analyse um den Markt für Vermögenswerte (wie Aktien) erweitert, so dass neben dem Zinssatz auch der Preis für Vermögenswerte (wie der Aktienkurs) im Rahmen eines Gleichgewichtsmodells für den monetären Bereich bestimmt werden kann. Die Untersuchungen über den monetären Bereich schließen mit einem ausführlichen Exkurs zur Analyse der Zinsstruktur und deren geldpolitisch relevanten Implikationen.

Im *IV. Kapitel* wird die isolierte, auf den monetären Bereich beschränkte Betrachtungsweise aufgegeben und der *güterwirtschaftliche Bereich* in die Untersuchungen einbezogen. Eine solche integrierende Betrachtungsweise scheint für eine grundlegendere Beurteilung insbesondere der Geldpolitik unumgänglich zu sein. Die Notwendigkeit hierfür ergibt sich daraus, dass man die Wirksamkeit geldpolitischer Maßnahmen nur erörtern kann, wenn man die Verbindungslinien zwischen den Änderungen geldpolitischer Aktionsparameter und anderen Einflüssen aus dem monetären Bereich einerseits sowie den Reaktionen bei den wirtschaftspolitisch relevanten Zielgrößen im güterwirtschaftlichen Bereich anderseits untersucht, also den sog. *Transmissionsmechanismus* aufdeckt. Zur Klärung der Zusammenhänge werden verschiedene Theorien herangezogen, die sich u. a. dadurch unterscheiden, dass sie der Geldmenge unterschiedliche Wirkungen auf den güterwirtschaftlichen Bereich zuordnen. Neben einer Erörterung der *Quantitätstheorie* sowie der *klassischen-neoklassischen Theorie* und der *Allgemeinen Theorie von KEYNES* wird auf den *Transmissionsmechanismus der relativen Preise und den Kreditkanal-Ansatz* eingegangen.

Das *V. Kapitel* erweitert die Betrachtungsweise des vorangegangenen Kapitels durch Einbeziehung *inflatorischer Prozesse*, wobei vergangenheits- und zukunftsorientierte Erwartungen bezüglich der Inflationsrate Berücksichtigung finden. Im Zentrum der graphischen Analyse eines makroökonomischen Angebots/Nachfrage-Modells steht die Frage, wie durch Geldpolitik die Entwicklung der Inflationsrate beeinflusst wird und ob sich dabei realwirtschaftliche Effekte auf Produktion und Beschäftigung ergeben. Dabei wird sowohl im Rahmen des *monetaristischen Modells* als auch im Rahmen der *Neuklassischen Theorie* unterstellt, dass die Zentralbank Geldpolitik betreibt, indem sie die Geldmenge bzw. genauer deren Wachstumsrate aktiv verändert. In dem anschließend zu behandelnden *Neukeynesianischen Konsensmodell* kommt der Geldmenge bzw. ihrer Wachstumsrate dagegen nur eine passive Rolle zu, und Geldpolitik wird entsprechend einer geldpolitischen Reaktionsfunktion in Form einer Zinsregel vom

TAYLORtyp betrieben. Unter dem Aspekt von Inflation und Beschäftigung wird anschließend die für die geldpolitische Konzeption der Zentralbank relevante Frage *„Regelbindung versus diskretionäre Maßnahmen"* eingehend behandelt. Wie weiter gezeigt wird, lässt sich durch inflationäres Geldmengenwachstum ein Geldschöpfungsgewinn (*Seigniorage*) erzielen, den der Staat zur Einnahmenbeschaffung nutzen könnte. Die Berücksichtigung von *Inflationskosten* macht dann aber deutlich, dass im Endergebnis eine Inflationsvermeidung, d.h. eine Politik der Preisniveaustabilisierung, als sinnvolles geldpolitisches Ziel erscheint.

Sieben Anhänge bieten formale Präzisierungen und inhaltliche Ergänzungen des behandelten Stoffs. Der Leser findet sie - wie auch Änderungen - auf der Internetseite http://www.utb-stuttgart.de/jarchow.pdf.

Professor Dr. J. GRAF LAMBSDORFF, Universität Passau, hat an einigen Teilen des vorliegenden Bandes mitgewirkt: Er hat die Geldangebots/Geldnachfrage-Analyse mit konstruktiver Kritik begleitet, mir zur Zinsstrukturanalyse wichtige Anregungen vermittelt und die empirischen Darstellungen aktualisiert sowie eigene Beiträge zu einer graphischen Analyse eines vereinfachten Neukeynesianischen Konsensmodells geliefert. Für seine Mitwirkung danke ich ihm sehr. Die inhaltliche Verantwortlichkeit für die veröffentlichte Endfassung liegt jedoch bei allen Teilen allein beim Verfasser.

Bei der redaktionellen Arbeit hat mich auch bei diesem Band wieder meine Frau D. JARCHOW unterstützt. Für das sorgfältige Korrekturlesen des gesamten Manuskripts, der Druckfahnen und des Umbruchs sowie die Hilfe bei der Anfertigung der Register bedanke ich mich herzlich.

Göttingen, im Februar 2010 Hans-Joachim Jarchow

Verzeichnis der häufiger benutzten Symbole[1]

B	Monetäre Basis
B'	Bereinigte Basis
C	Banknotenumlauf im Nichtbankensektor[2]
D	Sichteinlagen
E	Erwartungsoperator
F	Zentralbankverschuldung
I	Nettoinvestitionen
K	Kredite an inländische Nichtbanken[3]
L	Geldnachfrage (Liquiditätspräferenz)
M	Geldvolumen der Wirtschaft (kurz: Geldmenge)
M^a	Geldangebot
M^+	Geldmenge in einem weiteren Sinne ($M + T$)
N	Beschäftigung
P	Aktienkurs
S	Ersparnis[4]
T	Termin- plus Spareinlagen[5]
U	Arbeitslosenquote (Unterbeschäftigung)
$\ddot{U}_0$	Überschussreserven
Y	Inlandsprodukt
Z	Mindestreserven
e	Erwarteter Liquidationserlös eines Portefeuilles (kurz: Erlös)
i	Gegenwärtige Rendite (nominaler Zinssatz; kurz: Zinssatz)
i_h, i_s	Habenzinssatz, Sollzinssatz
k	Bargeldquote (C in Relation zu D)[6]
m	Wachstumsrate der Geldmenge
p	Preisniveau
r	Realer Zinssatz[7]
s	Erwartetes Risiko eines Portefeuilles (kurz: Risiko)
t	Einlagenkoeffizient (T in Relation zu D)
w	Geldlohnsatz
π, π^*	(tatsächliche) Inflationsrate, erwartete Inflationsrate

---

1 Erscheint im Text eine Größe mit dem Index r, dann handelt es sich um eine reale Größe.

2 Im Abschnitt IV.2 bezeichnet C^r den realen Konsum.

3 Das Symbol K bezeichnet in Abschnitt V.4 soziale (gesamtwirtschaftliche) Kosten.

4 Das Symbol S bezeichnet im Abschnitt V.5 die Seigniorage.

5 Das Symbol T^r bezeichnet im Abschnitt IV.2 die realen Steuern.

6 Das Symbol k bezeichnet im Kapitel II die Kosten, im Abschnitt IV.1 (ebenso wie im Abschnitt III.1) den Kassenhaltungskoeffizienten und im Abschnitt V.4 eine konstante Größe (Verwechslungen sind nicht möglich.).

7 Das Symbol r bezeichnet in den Abschnitten III.2 und III.3 den Mindestreservesatz und im Abschnitt V.4 die Zeitpräferenzrate (Verwechslungen sind nicht möglich.).

Inhaltsverzeichnis

III. Gesamtwirtschaftliche Analyse des monetären Bereichs

IV. Monetärer Bereich und güterwirtschaftlicher Bereich

Anhänge[8]

[8] Die Anhänge findet der Leser auf der Internetseite http://www.utb-stuttgart.de/jarchow.pdf

Kapitel I
Grundlagen

1. Wesen und Erscheinungsformen des Geldes

a) Begriff und Funktionen des Geldes

aa) Zum Begriff des Geldes. – Ganz allgemein kann man unter **Geld** oder **Zahlungsmitteln** alles verstehen, was im Rahmen des nationalen Zahlungsverkehrs einer Volkswirtschaft generell zur Bezahlung von Gütern und Dienstleistungen oder zur Abdeckung anderer wirtschaftlicher Verpflichtungen akzeptiert wird. Mit dieser Begriffsbestimmung wird nicht ausgeschlossen, dass die konkrete Erscheinungsform, in der Zahlungsmittel Verwendung finden, im Zeitablauf Änderungen unterworfen ist. So liefert die Geschichte genügend Anschauungsmaterial dafür, dass Noten in Phasen ausgeprägter inflationärer Entwicklungen die Qualifikation als allgemein akzeptierte nationale Zahlungsmittel verlieren können und diese Funktion dann von bestimmten knappen Gütern (wie Zigaretten, Butter usw.) weitgehend übernommen wird.

bb) Funktionen des Geldes. – Mit der Definition des Geldes als allgemein akzeptiertes Zahlungsmedium ist bereits auf die wichtigste Funktion des Geldes, auf die sog. **Tauschmittelfunktion**, hingewiesen worden. Insbesondere die Erfüllung dieser Funktion macht Geld zu einem schwerlich wegzudenkenden Bestandteil einer durch weitgehende Arbeitsteilung gekennzeichneten modernen Volkswirtschaft. Eine solche *arbeitsteilige Volkswirtschaft* ist dadurch charakterisiert, dass sich die einzelnen am Produktionsprozess beteiligten Individuen auf ganz bestimmte Tätigkeiten und die einzelnen Unternehmungen auf die Erzeugung ganz bestimmter Güter und Dienste spezialisieren. Die einzelne Wirtschaftseinheit produziert also die für den eigenen Lebensunterhalt erforderlichen Konsumgüter nicht selbst; sie ist deshalb darauf angewiesen, die von ihr benötigten oder gewünschten Güter und Dienste gegen die aus ihrer Beteiligung am Produktionsprozess resultierenden Ansprüche einzutauschen. Eine arbeitsteilige Wirtschaft wird deshalb eine *Tauschwirtschaft* sein. Eine Tauschwirtschaft wiederum erfordert, will sie ohne größere Störungen funktionieren, ein allgemein anerkanntes Zahlungsmedium; sie muss also bei fortgeschrittener Arbeitsteilung eine *Geldwirtschaft* sein. Ist sie es nicht, dann muss eine Wirtschaftseinheit, die z.B. ein Gut (oder eine Dienstleistung) A gegen ein Gut Z eintauschen möchte, viel Mühe darauf verwenden, einen Tauschpartner zu finden, der erstens das Gut A erwerben und zweitens zur gleichen Zeit das Gut Z abgeben möchte. Sie wäre also auf den Zufall einer „doppelten Übereinstimmung der Bedürfnisse" angewiesen[1]. Eine andere Möglichkeit besteht in einer Tauschwirtschaft nur darin, das Gut A in ein Gut B einzutauschen und dieses im günstigsten Fall direkt, sonst aber über eine Kette weiterer Tauschtransaktionen dafür zu benutzen, in den Besitz des gewünschten Gutes Z zu gelangen[2]. Da die erste Möglichkeit einen beträchtlichen Informationsstand voraussetzt und deshalb auch nur relativ selten zu realisieren sein dürfte und da die zweite Möglichkeit recht kompliziert und aufwendig, also mit hohen Transaktionskosten verbunden sein kann, liegt es nahe, vom Naturaltausch abzugehen und ein allgemein akzeptiertes Tauschmittel einzuführen. Mit seiner Hilfe gelingt es, jede Tauschtransaktion in zwei Vorgänge aufzuspalten: einen Verkaufsakt, bei dem man Geld erhält, und einen Kaufakt, bei dem man Geld abgibt. Dass bei dieser Transaktion der Käufer des Gutes A und der Verkäufer des Gutes Z nicht ein und dieselbe Person sein müssen, wird durch die Tauschmittelfunktion des Geldes ermöglicht.

Neben der Tauschmittelfunktion übernehmen Zahlungsmittel gewöhnlich auch gleichzeitig die Rolle einer **Recheneinheit**. So war z.B. die Deutsche Mark in der Bundesrepublik zugleich Zahlungsmittel und Recheneinheit, wobei diese Funktionen mit der Bildung der Europäischen Währungsunion sukzessive (und endgültig im Jahre 2002) auf den Euro übergingen[3]. Möglich ist es aber auch, dass eine Recheneinheit existiert, die als Tauschmittel keine Verwendung mehr findet. Ein historisches Beispiel hierfür ist die Guinee, die in England Anfang des 19. Jahrhunderts ihre Funktion als gültiges Zahlungsmittel verlor, aber weiterhin als Recheneinheit Verwendung fand.

Ebenso wie die Existenz eines allgemein anerkannten Tauschmittels ist auch das Vorhandensein einer Recheneinheit notwendiger Bestandteil einer funktionierenden arbeitsteiligen Tauschwirtschaft. Durch Einführung einer Recheneinheit wird es möglich, den Wert aller Güter, Forderungen und Verbindlichkeiten in Einheiten ein und derselben Bezugsgröße auszudrücken und auf diese Weise vergleichbar zu machen. Welche Vorteile hiermit verbunden sind, wird besonders deutlich, wenn wir uns vorstellen, dass eine Tauschwirtschaft *ohne* Recheneinheit auskommen müsste. Schon in dem sehr einfachen Fall, dass nur 200 Güter gegeneinander ausgetauscht werden, müssten 19 900 Austauschverhältnisse[4] bekannt sein. Existiert *dagegen* eine Recheneinheit, wird z.B. das Gut A (sagen wir Gold) als Bezugsgröße gewählt und werden die Werte der anderen 199 Güter in Einheiten des Gutes A gemessen, dann reduziert sich dadurch die Zahl der Austauschverhältnisse auf 199. Der Umfang an Informationen, den die Markt-

---

1 Siehe J. NIEHANS, Theorie des Geldes. Synthese der monetären Mikro- und Makroökonomie. Bern, Stuttgart 1980. S. 13.

2 Siehe zur Illustration R. RICHTER, Geldtheorie. Vorlesung auf der Grundlage der Allgemeinen Gleichgewichtstheorie und der Institutionenökonomik. 2., durchges. u. erg. Aufl. Berlin 1990, S. 120 f.

3 Siehe H.-J. JARCHOW, P. RÜHMANN, Monetäre Außenwirtschaft, II. Internationale Währungspolitik. 5., neu bearb. und wesentlich erw. Aufl. Göttingen 2002, S. 330 ff.

4 Berechnet nach der Formel $\frac{n^2 - n}{2}$, wobei n die Zahl der Güter bezeichnet.

übersicht erfordert, ist deshalb erheblich geringer[5]. Wie schon bei der Tauschmittelfunktion, so zeigt sich also auch hier, dass die besondere Bedeutung der Verwendung des Geldes in der Vermeidung der sich durch den Naturaltausch ergebenden Komplikationen und der dadurch bedingten Transaktions- und Informationskosten liegt.

Existiert ein Zahlungsmittel, das die Funktionen eines allgemein akzeptierten Tauschmittels und einer Recheneinheit übernimmt, dann liegt es nahe, dass es auch als **Wertaufbewahrungsmittel** Verwendung findet. So bietet sich bei einer Tauschtransaktion die Möglichkeit, Verkaufsakt und Kaufakt *zeitlich* zu trennen, wenn bei der Abwicklung ein Zahlungsmittel benutzt wird. In einer Geldwirtschaft hat eine Wirtschaftseinheit mithin die Möglichkeit, die beim Verkauf von Gütern und Diensten erworbene Kaufkraft in Form eines Geldbestandes „zu lagern" und erst dann zu verausgaben, wenn sich ein entsprechender Bedarf einstellt. Die gelagerte Kaufkraft bleibt dabei nur erhalten, wenn sich das Preisniveau als stabil erweist.

Geld dient zwar als Wertaufbewahrungsmittel; andere Formen der Vermögensanlage spielen in diesem Zusammenhang jedoch eine wichtigere Rolle. So kann man Kaufkraft auch akkumulieren, indem man Sparguthaben unterhält, Wertpapiere kauft oder Sachvermögen (z.B. Land und Häuser) erwirbt. Im Unterschied zu Geldbeständen haben diese Aktiva den Vorteil, dass sie in Form von Zinsen, Dividenden, Pacht und Mieten Erträge abwerfen und möglicherweise auch an Preissteigerungen partizipieren (wie Sachvermögen). Dem steht allerdings der Nachteil gegenüber, dass derartige Anlagen i.Allg. mit Risiken verbunden sind und unter Umständen nur mit Verlusten in ein allgemein akzeptiertes Zahlungsmittel (also in Geld) umgewandelt werden können.

b) Eigenschaften des Geldes

Was konkret als Geld Verwendung findet, hängt von den damit verbundenen Transaktionskosten (oder Übertragungskosten) und den Aufbewahrungskosten (oder Lagerkosten) ab[6] . In einer effizient funktionierenden Geldwirtschaft sollen sie so klein wie möglich sein. In diesem Sinne muss sich zweckmäßiges Geld durch bestimmte technische Erfordernisse und ein hohes Maß an Kaufkraftstabilität auszeichnen. Zu den mehr technischen Erfordernissen gehören Eigenschaften wie *Homogenität, Teilbarkeit, Haltbarkeit* und *Seltenheit. Homogenität* erfordert, dass die verschiedenen Geldeinheiten die gleiche Beschaffenheit aufweisen und sich demzufolge untereinander vollständig vertreten können. *Teilbarkeit* bedeutet hier, dass das Medium in kleinere Einheiten unterteilt werden kann, ohne dabei insgesamt an Wert zu verlieren. *Haltbarkeit* soll verhindern, dass im Zeitablauf Substanzverluste eintreten und der in Gütermengen ausgedrückte Wert des Zahlungsmittels, also seine Kaufkraft, dadurch reduziert wird. *Seltenheit* ermöglicht es schließlich, dass man auch einer relativ kleinen Gewichtseinheit des Tauschmittels (z.B. eines Edelmetalls) eine relativ hohe Kaufkraft beimessen und so die Transportkosten in Grenzen halten kann.

---

5 Siehe hierzu K. BRUNNER and A. H. MELTZER, The Use of Money: Money in the Theory of an Exchange Economy. „The American Economic Review", Vol. 61 (1971), S. 787.

6 Vgl. NIEHANS, a.a.O., S. 14.

Auch wenn ein Zahlungsmittel alle angeführten technischen Erfordernisse erfüllt, ist damit noch nicht gewährleistet, dass ein Zahlungsmittel stets funktionsfähig bleibt. Ein Zahlungsmittel kann seine Funktionsfähigkeit auf längere Sicht ungefährdet nur aufrechterhalten, wenn wiederholte und stärkere Schwankungen seines Tauschwertes bzw. seiner Kaufkraft als Folge von Preisniveauänderungen ausbleiben, wenn man also für eine Zahlungsmitteleinheit heute und in der Zukunft eine annähernd gleiche Gütermenge eintauschen kann. Ist das nicht der Fall, vermindert sich z.B. der Tauschwert oder die Kaufkraft der Zahlungsmitteleinheit im Zeitablauf beträchtlich, dann können die Rolle als Recheneinheit sowie die Tauschmittel- und insbesondere die Wertaufbewahrungsfunktion nicht mehr befriedigend erfüllt werden, und die bisherigen Zahlungsmittel verlieren damit - wie aus Phasen starker inflationärer Entwicklung bekannt - weitgehend oder vollständig ihre Funktionsfähigkeit[7].

c) Erscheinungsformen des Geldes

aa) Warengeld. - Die konkrete *Erscheinungsform* des Geldes ist im Laufe der Geschichte einer tief greifenden Wandlung unterworfen gewesen. Zunächst existierten Zahlungsmittel nur in Form von **Warengeld**, wobei Güter der verschiedensten Art Verwendung fanden, z.B. Weizen, Salz, Kaurimuscheln, Fische, Vieh, Häute, Metalle usw.[8]. Der umfangreiche Katalog des Warengeldes wurde mit der Zeit homogener und bestand schließlich zum überwiegenden Teil nur noch aus *Metallen*, also einem Medium, das sich gegenüber den anderen als Tauschmittel fungierenden Gütern dadurch auszeichnet, dass es die technischen Erfordernisse wie Homogenität, Haltbarkeit usw. in hohem Maße erfüllen kann. Mit der Ausprägung von Metall zu *vollwertigen*, d.h. durch den Stoffwert gedeckten[9] Münzen ist die letzte Stufe in der Entwicklung des Warengeldes erreicht worden.

bb) Kreditgeld. - Im Unterschied zum Warengeld in Form von vollwertigen Münzen stellen die Zahlungsmittel der Gegenwart im allgemeinen **Kreditgeld** dar; sie sind dadurch gekennzeichnet, dass ihr Wert als Zahlungsmittel (Nennwert) größer ist als ihr stofflicher Eigenwert.

Innerhalb der Kategorie des Kreditgeldes kommt den auch als **Bargeld** (oder Stückgeld) bezeichneten Scheidemünzen (nicht vollwertige Münzen) und Noten eine Sonderstellung zu. **Münzen** sind in der Bundesrepublik **gesetzliche Zahlungsmittel**; denn inländische Wirtschaftseinheiten sind kraft Gesetzes verpflichtet, Münzen zur Tilgung von Verpflichtungen entgegenzunehmen, allerdings nur bis zu bestimmten Höchstbeträgen. So ist nach einer Verordnung der EG

---

7 Wie bereits angedeutet, können Noten ihre Funktion als Zahlungsmittel an andere Tauschobjekte verlieren, wenn ihre Kaufkraft durch starke Preissteigerungen erheblich vermindert wird.

8 Eine umfangreichere, aber auch nicht vollständige Aufzählung von Gütern, die als Geld verwendet wurden, findet sich bei L. V. CHANDLER, S. M. GOLDFELD, The Economics of Money and Banking, 7th ed. New York 1977. S. 11. - RICHTER, a.a.O., S. 121.

9 Eine etwas ausführlichere Definition findet sich bei CHANDLER, GOLDFELD, a.a.O., S. 21: „Vollwertiges Geld ist Geld, dessen Wert als Ware für nichtmonetäre Zwecke so groß ist wie sein Wert als Geld“ (Übers. vom Verfasser).

(Nr. 974/98 vom 3. Mai 1998) niemand verpflichtet, mehr als fünfzig Münzen bei einer einzelnen Zahlung anzunehmen[10]. Die Bundesbank hat jedoch Euro-Münzen in jeder Zahl und in jedem Umfang für Rechnung des Bundes in Zahlung zu nehmen oder in andere gesetzliche Zahlungsmittel umzutauschen.

Noten, die eine Verbindlichkeit der Notenbank darstellen, sind ebenfalls *gesetzliche Zahlungsmittel*; im Unterschied zu den Münzen gilt der Annahmezwang für inländische Wirtschaftseinheiten aber unbegrenzt. Noten sind also die einzigen *unbeschränkten* gesetzlichen Zahlungsmittel in der Bundesrepublik.

Bis zur Errichtung der Europäischen Währungsunion am 1.1.1999 verfügte die Deutsche Bundesbank in der Bundesrepublik über das Monopol zur Notenemission, während das Recht zur Emission von Scheidemünzen, das sog. **Münzregal**, beim Bund lag. Nach Errichtung der Europäischen Währungsunion hat die Europäische Zentralbank (EZB) entsprechend Artikel 106 des EG-Vertrages[11] das alleinige Recht, die Ausgabe von *Banknoten* innerhalb der Gemeinschaft zu *genehmigen*. Zur Notenemission berechtigt sind dabei die EZB und die nationalen Zentralbanken. Das Münzregal verbleibt bei den Regierungen der Mitgliedstaaten (in Deutschland also weiterhin beim Bund), wobei das jeweilige Ausgabevolumen jedoch von der EZB genehmigt werden muss. Während der sog. Übergangsphase vom 1.1.1999 bis zum 31.12.2001 blieben die nationalen Banknoten und Münzen alleiniges gesetzliches Zahlungsmittel. Mit der Einführung der auf **Euro** lautenden Noten und auf Euro und Cent (100 Cent = 1 Euro) lautenden Münzen am 1.1.2002 erhielten diese dann den Status von gesetzlichen Zahlungsmitteln in den Mitgliedstaaten, den die nationalen Noten und Münzen nach einer kurzen Übergangszeit Ende Februar 2002 verloren. Die Zweiganstalten der Deutschen Bundesbank tauschen jedoch DM-Bargeld weiter betragsmäßig unbegrenzt, unbefristet und unentgeltlich in Euro um.

Obwohl für Münzen ein beschränkter und gegenüber Noten ein unbeschränkter Annahmezwang vom Staat verfügt wird, ist damit nicht gewährleistet, dass gesetzliche Zahlungsmittel jederzeit Geldfunktionen ohne jede Beeinträchtigung erfüllen. Wie bereits erläutert, kann ein Medium ungefährdet Geldfunktionen nur dann auf Dauer übernehmen, wenn seine Kaufkraft im Zeitablauf keinen zu großen Schwankungen unterworfen ist. Ein anhaltender und starker Anstieg des Preisniveaus könnte deshalb dazu führen, dass die vom Staat ausgegebenen Noten und Münzen ihre Rolle als Zahlungsmittel an andere Tauschobjekte abgeben müssen. Schon aus diesem Grund liegt es nahe, dass Notenbank und Regierung auch im Interesse der Funktionsfähigkeit des Zahlungsverkehrs danach streben, Preissteigerungen möglichst in Grenzen zu halten.

Neben den Noten gewann das sog. **Buch-** oder **Giralgeld** im Laufe der jüngeren Vergangenheit immer größere Bedeutung. In den entwickelten Volkswirt-

---

[10] Das Münzgesetz vom 16. Dezember 1999 (BGBL. I, S. 2402), zuletzt geändert durch Artikel 33 des Gesetzes vom 8. Mai 2008 (BGBl. I, S. 810), ergänzt diese Vorschrift in Bezug auf deutsche Gedenkmünzen: Für vom Bund ausgeprägte (auf Euro lautende) Gedenkmünzen, die nur in Deutschland zu Zahlungszwecken akzeptiert werden müssen, gilt die Annahmepflicht bis zu einem Betrag von 200 Euro bei einer einzelnen Zahlung.

[11] Siehe BUNDESZENTRALE FÜR POLITISCHE BILDUNG, Vertrag von Amsterdam. Texte des EU-Vertrages und des EG-Vertrages mit den deutschen Begleittexten, hrsg. von T. Läufer. Bonn 2000.

schaften stellt es heute die am meisten verbreitete Erscheinungsform des Geldes dar. Beim Buch- oder Giralgeld handelt es sich um nicht verbriefte Forderungen an die *Zentralbank* und an die *Geschäftsbanken*, die nicht oder nur relativ niedrig verzinslich sind, dafür aber zu jeder Zeit (also „auf Sicht") von ihrem Besitzer in gesetzliche Zahlungsmittel umgetauscht oder im Wege einer Überweisung oder durch Scheck[12] auf andere Wirtschaftseinheiten übertragen werden können. Man nennt sie auch Sichteinlagen, Sichtforderungen, Sichtguthaben oder täglich fällige Einlagen.

cc) Geldnahe Forderungen. – Dass Münzen, Noten und Sichteinlagen Geld repräsentieren, ist nicht kontrovers, fraglich ist dagegen, ob eine solche Abgrenzung nicht zu restriktiv ist und nicht noch andere Vermögensobjekte die oben beschriebenen Geldfunktionen erfüllen können. Diskutiert werden in diesem Zusammenhang vor allem befristete Einlagen bei Geschäftsbanken bis zu bestimmten Laufzeiten, die mit geringen Kosten und geringem Kursrisiko in Zahlungsmittel umgewandelt werden können. Hierbei handelt es sich um Einlagen mit *vereinbarter Laufzeit* oder mit *vereinbarter Kündigungsfrist. Erstere*, die sog. **Festgelder**, können nicht vor Ablauf der vereinbarten Frist (z.B. von 30 Tagen) in Zahlungsmittel umgewandelt werden; es sei denn, man nimmt eine Vertragsstrafe in Form von Vorschusszinsen in Kauf. **Termineinlagen** mit vereinbarter Laufzeit sind Festgelder. *Letztere*, die sog. **Kündigungsgelder**, können nur nach Einhaltung der vereinbarten Kündigungsfrist in Zahlungsmittel umgewandelt werden; es sei denn, man nimmt eine Vertragstrafe in Form von Vorschusszinsen in Kauf. **Termineinlagen** mit vereinbarter Kündigungsfrist sowie **Spareinlagen** mit dreimonatiger Kündigungsfrist[13] oder einer Kündigungsfrist von mehr als drei Monaten sind Kündigungsgelder.

Für die Beantwortung der Frage, ob befristete Einlagen den Geldbeständen zuzurechnen sind[14], spielt eine Rolle, ob man die Wertaufbewahrungsfunktion oder die Tauschmittelfunktion des Geldes besonders betont. Stellt man die Wertaufbewahrungsfunktion in den Vordergrund, dann erscheint es erforderlich, den Geldbegriff weiter zu fassen und darin befristete Einlagen einzuschließen. Da wir jedoch mit der Definition des Geldes als allgemein akzeptiertes Tauschmittel bereits deutlich gemacht haben, dass wir in der Tauschmittelfunktion das charakteristische Merkmal des Geldes sehen, ist eine Festlegung bezüglich des Abgrenzungskriteriums bereits erfolgt. Danach werden befristete Einlagen *nicht* den Geldbeständen zugerechnet, und zwar mit der Begründung, dass sie nicht unmittelbar für Zahlungszwecke verwendet werden können, sondern hierfür erst in Bargeld oder Sichteinlagen umgewandelt werden müssen. Die Umwand-

---

12 Der **Scheck** selbst stellt ebenso wenig ein Zahlungsmittel dar wie der Überweisungsauftrag; er ist lediglich eine Anweisung an die Bank, aus dem eigenen Sichtguthaben einen bestimmten Betrag an eine andere Wirtschaftseinheit zu übertragen (Verrechnungsscheck) oder auch (falls gewünscht) in Form von Bargeld auszuhändigen („Barscheck").

13 Über Spareinlagen mit dreimonatiger Kündigungsfrist kann in der Bundesrepublik ohne Kündigung bis zu einem Betrag von zweitausend Euro innerhalb eines Kalendermonats verfügt werden.

14 Siehe zu den folgenden Überlegungen auch W. T. NEWLYN, Theory of Money. Oxford 1968. S. 6 ff.

lung ist grundsätzlich nur am Ende des vereinbarten Festlegungszeitraums bzw. unter Einhaltung der Kündigungsfrist möglich. Erfolgt dennoch eine vorzeitige Rückzahlung, so müssen - wie erwähnt - Vertragsstrafen, z.B. in Form von Vorschusszinsen, in Kauf genommen werden. Aus diesen Gründen können befristete Einlagen die für Zahlungsmittel charakteristische Tauschmittelfunktion nur unzureichend erfüllen. Als *Geld* bezeichnen wir deshalb nur *Münzen* und *Noten* (*Bargeld*) sowie *Sichteinlagen* bei der Zentralbank und den Geschäftsbanken (*Giralgeld*). Befristete Einlagen nennen wir, solange sie relativ kurzfristig liquidierbar sind, **geldnahe Forderungen**.

dd) Geldmengenkonzepte. - aaa) Nachdem geklärt ist, was wir unter Geld oder Zahlungsmitteln verstehen wollen, wenden wir uns jetzt der Frage zu, welche verschiedenen Geldmengenkonzepte bzw. monetären Aggregate unter geldtheoretischen und geldpolitischen Gesichtspunkten von Bedeutung sind[15]. Immer handelt es sich hierbei um bestimmte auf Euro oder Fremdwährungen lautende Verbindlichkeiten des sog. Geldschöpfungssektors gegenüber dem sog. Geldhaltungssektor. Dazu kommen als Sonderposten Einlagenverbindlichkeiten der Zentralregierungen mit monetärem Charakter (wie Einlagen bei Postämtern und Schatzämtern). Der Geldschöpfungssektor umfasst Institute, die Einlagen bzw. Einlagensubstitute von Nichtbanken entgegennehmen sowie Kredite auf eigene Rechnung gewähren und (oder) in Wertpapieren investieren. Sie werden als **Monetäre Finanzinstitute** (MFIs) bezeichnet. Sie bestehen aus der Europäischen Zentralbank (EZB) und den nationalen Zentralbanken im Euro-Währungsraum (kurz: **Eurosystem**), den gebietsansässigen Kreditinstituten sowie aus den sonstigen (gebietsansässigen) Finanzinstituten, wie insbesondere den Geldmarktfonds. Der Geldhaltungssektor umfasst die im Euro-Währungsgebiet ansässigen Nicht-MFIs (ohne die Zentralregierungen). Dazu gehören private Haushalte, private (nichtfinanzielle) Unternehmungen, Länder, Gemeinden und Sozialversicherungsträger.

Für die Abgrenzung von Geldmengenkonzepten spielen die *einzelwirtschaftlichen* Geldfunktionen sowie die *gesamtwirtschaftliche* Beziehung zwischen monetären Aggregaten und wirtschaftspolitisch relevanten makroökonomischen Größen, wie insbesondere dem Preisniveau bzw. der Inflationsrate, eine Rolle. So lässt sich die „Geldnähe" bzw. der „Geldgrad" von Vermögenswerten in unterschiedlichen monetären Aggregaten danach einstufen, wie vollkommen sie die Tauschfunktion erfüllen. Dabei ist der Geldgrad umso höher, je niedriger die mit der Verwendung eines Vermögensobjekts für Zahlungszwecke verbundenen Transaktionskosten und je geringer die u.U. als Folge von Kursverlusten eintretenden Werteinbußen sind. Für eine durch das Ziel der Preisniveaustabilität bestimmte und die Entwicklung von monetären Aggregaten berücksichtigende Geldpolitik ist u.a. wichtig, dass die Zentralbank monetäre Aggregate beeinflussen kann und diese in einer stabilen Beziehung zur zukünftigen Preisentwicklung stehen. Offenbar ist Ersteres besser bei eng gefassten und Letzteres besser bei weit abgegrenzten monetären Aggregaten gewährleistet.

[15] Vgl. zum Folgenden auch Europäische Zentralbank, Monatsbericht Februar 1999, S. 29 ff.

bbb) Für das Eurosystem wurden (wie für das frühere Bundesbanksystem) drei monetäre Aggregate abgegrenzt und zwar ein eng gefasstes (*M1*), ein „mittleres" (*M2*) und ein weit gefasstes (*M3*). Die Geldmenge **M1** wird als Summe des Gesamtbestandes an Noten und Münzen bei den Nicht-MFIs (**Bargeldumlauf**) und der gesamten täglich fälligen Einlagen dieses Sektors ermittelt. Die Bargeldbestände der Geschäftsbanken und die Sichteinlagen der Geschäftsbanken bei der Zentralbank gehören also *nicht* zur Geldmenge. Der Grund liegt darin, dass die Geldmenge als *analytisches Konzept* Verwendung findet, also zur Erklärung bestimmter wirtschaftlicher Vorgänge, wie z.B. der Änderung der gesamtwirtschaftlichen Produktion und Beschäftigung sowie des Preisniveaus bzw. der Inflationsrate, herangezogen wird. Für solche Vorgänge sind aber unmittelbar nur die Geldbestände der Nichtbanken, nicht aber die Geldbestände der Geschäftsbanken von wesentlicher Bedeutung; denn diese dienen in erster Linie dem *Verrechnungsverkehr* zwischen den Geschäftsbanken einerseits und den Geschäftsbanken und der Zentralbank anderseits.

Was schließlich die konkrete Berechnung der Geldmenge im Euro-Währungsgebiet betrifft, so ist noch Folgendes zu beachten: Der vom Eurosystem ermittelte Bargeldumlauf enthält auch die im Ausland befindlichen Euro-Noten und -Münzen. In Hinblick auf die Erklärung wirtschaftlicher Vorgänge im Inland wäre es sinnvoll, diesen Teil des gesamten Bargeldumlaufs aus der Geldmenge zu eliminieren. Statistische Schwierigkeiten dürften dem jedoch entgegenstehen. Weiter ist zu beachten, dass die Einlagen der Zentralregierungen, z.B. des Bundes in Deutschland, *nicht* zur Geldmenge gehören. Ein Grund könnte darin gesehen werden, dass die Kassenbestände der Zentralregierungen nicht für ihre Ausgaben und damit auch nicht für die gesamtwirtschaftliche Nachfrage, die gesamtwirtschaftliche Produktion und die zukünftige Preisniveauentwicklung entscheidend sind. Es fragt sich dann allerdings, ob nicht ähnlich in Hinblick auf die Kassenbestände anderer öffentlicher Haushalte, z.B. der Länder in Deutschland, argumentiert werden kann. Insofern erscheint die besondere Behandlung der Einlagen von Zentralregierungen nicht unproblematisch.

Da für die Abgrenzung von *M1* die *Zahlungsmittelfunktion* maßgeblich ist, hat dieses Aggregat den höchsten Geldgrad. Bei *M2* wird zusätzlich die Funktion des Geldes als *temporäres Kaufkraftaufbewahrungsmittel* berücksichtigt; es enthält neben *M1* Vermögenswerte mit niedrigerem Geldgrad, nämlich Einlagen mit einer Laufzeit von bis zu zwei Jahren und Einlagen mit vereinbarter Kündigungszeit bis zu drei Monaten. Bei der Einbeziehung derartiger Einlagen lässt sich nicht vermeiden, dass man zu einem gewissen Teil auch Termineinlagen aufnimmt, die nicht zu dem Zweck gehalten werden, eine bestimmte Anschaffung zu einem bestimmten späteren Zeitpunkt zu finanzieren, sondern als finanzielle Reserve dienen. Die Geldmenge *M2* enthält demnach auch finanzielle Mittel, die weniger ein temporäres als ein *permanentes Kaufkraftaufbewahrungsmittel* darstellen und damit schon Wertaufbewahrungsfunktionen übernehmen.

Will man nun die *Wertaufbewahrungsfunktion* bei der Abgrenzung der Geldmenge noch stärker betonen, dann muss man den Geldmengenbegriff noch weiter fassen. Derartigen Erwägungen wird mit der Abgrenzung der Geldmenge *M3* Rechnung getragen. **M3** enthält neben *M2* Verbindlichkeiten aus Wertpapierpensionsgeschäften (Verkäufe von Wertpapieren unter Rückkaufsvereinbarung, auch Repogeschäfte genannt)[16] sowie Schuldverschreibungen mit einer Laufzeit bis zu zwei Jahren einschließlich Geldmarktpapiere und Geldmarktfondsanteile (jeweils netto)[17]. Das Geldmengenkonzept *M3* spielt im Rahmen der geldpolitischen Strategie der EZB eine Rolle als quantitativer Referenzwert[18].

ccc) Eine *quantitative* Vorstellung von der Höhe der Geldmengen *M1*, *M2* und *M3* im Euro-Währungsgebiet vermittelt die folgende Zusammenstellung für Mitte 2009 (in Mrd. Euro, gerundet)[19]:

Bargeldumlauf (ohne Kassenbestände der Kreditinstitute)	733
+ täglich fällige Einlagen (ohne Einlagen von Zentralregierungen)	3607
= *Geldmenge M1*	*4340*
+ Einlagen mit vereinbarter Laufzeit von bis zu 2 Jahren und Einlagen mit vereinbarter Kündigungsfrist von bis zu 3 Monaten	3858
= *Geldmenge M2*	*8198*
+ Verbindlichkeiten aus Repogeschäften sowie Schuldverschreibungen mit einer Laufzeit bis zu 2 Jahren einschl. Geldmarktpapiere und Geldmarktfondsanteile (jeweils netto)	1248
= *Geldmenge M3*	*9446*

Zusammenfassung:

1. Unter Geld wird alles verstanden, was allgemein zur Bezahlung von Gütern und Dienstleistungen oder zur Abdeckung anderer wirtschaftlicher Verpflichtungen akzeptiert wird.

2. Geld erfüllt drei Funktionen: die eines Tauschmittels, einer Recheneinheit und eines Wertaufbewahrungsmittels.

3. Die Formen, in denen Geld heute Verwendung findet, sind Münzen und Noten (Bargeld) sowie Sichteinlagen von Nichtbanken bei Geschäftsbanken und dem Zentralbanksystem (Giralgeld).

---

[16] Siehe hierzu genauer H.-J. Jarchow, Grundriss der Geldpolitik. 9., aktual. u. neu bearb. Aufl. Stuttgart 2010, Kapitel III unter 3a) dd).

[17] Abzüglich der Bestände der MFIs.

[18] Siehe Jarchow, Grundriss der Geldpolitik…, a.a.O., Kapitel IV unter 2b).

[19] Zu den Zahlen siehe Europäische Zentralbank, Monatsbericht September 2009, S. 12 f. (Statistik des Euro-Währungsgebiets).

4. Bei den befristeten Einlagen handelt es sich um Einlagen bei den Geschäftsbanken mit vereinbarter Laufzeit (sog. Festgelder) und mit vereinbarter Kündigungsfrist (sog. Kündigungsgelder). Termineinlagen sind Festgelder oder Kündigungsgelder, Spareinlagen sind Kündigungsgelder. Spar- und Termineinlagen werden, solange sie relativ kurzfristig liquidierbar sind, als geldnahe Forderungen bezeichnet.

5. Für das Euro-Währungsgebiet werden folgende Geldmengenkonzepte (monetäre Aggregate) als Verbindlichkeiten der monetären Finanzinstitute abgegrenzt: M1 als Summe von Bargeldumlauf und täglich fälligen Einlagen (Sichteinlagen), M2 als Summe vom M1 und Einlagen mit vereinbarter Laufzeit bis zu 2 Jahren und Einlagen mit vereinbarter Kündigungsfrist von bis zu 3 Monaten sowie M3 als Summe vom M2 zuzüglich der Verbindlichkeiten aus Repogeschäften sowie aus Schuldverschreibungen mit einer Laufzeit von bis zu zwei Jahren einschließlich Geldmarktpapiere und Geldmarktfondsanteile (jeweils netto).

2. Geldschöpfung und Geldvernichtung

Aufgabe dieses Abschnittes ist es, Vorgänge aufzuzeigen, die eine Erhöhung bzw. Verminderung der Geldmenge (**Geldschöpfung** bzw. **Geldvernichtung**) zur Folge haben. Vorgänge dieser Art treten immer dann auf, wenn Nichtbanken (Haushalte, Unternehmungen und Staat) Transaktionen mit der Zentralbank und (oder) den Geschäftsbanken durchführen und dabei Geldbewegungen zwischen Nichtbanken und Banken stattfinden (vgl. Skizze).

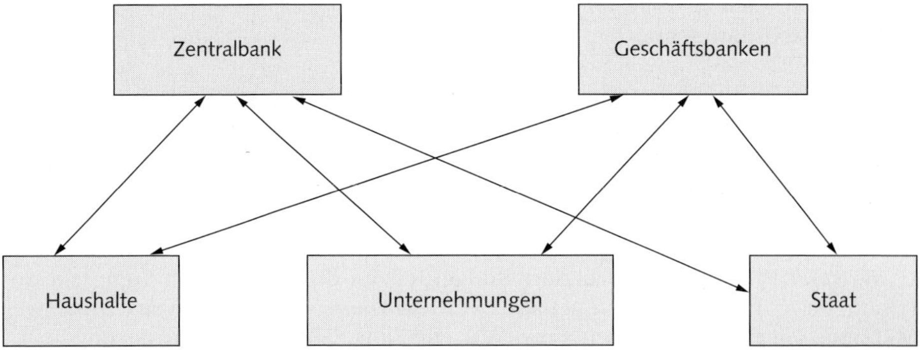

Geldbewegungen zwischen Haushalten, Unternehmungen und Staat bewirken im Allgemeinen[20] keine Geldschöpfung bzw. Geldvernichtung, sondern nur eine Umverteilung der Geldmenge innerhalb des Nichtbankensektors.

a) Einbanksystem mit ausschließlich bargeldlosem Zahlungsverkehr

aa) Einige Beispiele zur Geldschöpfung und Geldvernichtung. – Wichtige Erkenntnisse über den Prozess der Geldschöpfung und Geldvernichtung lassen sich bereits gewinnen, wenn wir von der vereinfachenden Annahme ausgehen, dass in der Volkswirtschaft nur *eine Bank* existiert und alle Zahlungen mit Sichteinlagen bei dieser Bank durchgeführt werden, also *bargeldlos* erfolgen[21].

Es erleichtert das Verständnis, wenn wir hierzu einige Beispiele betrachten und den zahlenmäßigen Niederschlag der entsprechenden Transaktionen in Kontenform darstellen:

Beispiel 1: Unternehmungen erlösen aus Exportüberschüssen Devisen im Werte von einer Million Geldeinheiten (GE), die sie an die Bank verkaufen. Die Bank zahlt mit Sichtforderungen auf sich selbst. In der Bankbilanz wird eine Zunahme von Devisen und Sichteinlagen (Sichtguthaben) gebucht, es kommt zu einer Bilanzverlängerung (Buchungen 1a); in der Bilanz der Unternehmungen (Nichtbanken) findet dagegen ein Aktivtausch statt (Buchungen 1a):

---

20 Eine Ausnahme bilden Überweisungen von privaten Nichtbanken (Haushalte und Unternehmungen) zugunsten der Einlagen des Bundes im Bankensystem.

21 Vgl. hierzu E. Schneider, Einführung in die Wirtschaftstheorie. III. Teil. Geld, Kredit, Volkseinkommen und Beschäftigung. 11., verb. und erw. Aufl. Tübingen 1969. S. 14 ff.

Bank

(1a) Devisen	+ 1 Mio	(1a) Sichteinlagen	+ 1 Mio
(1b) Devisen	– 1 Mio	(1b) Sichteinlagen	– 1 Mio

Nichtbanken

(1a) Devisen	– 1 Mio	
(1a) Sichtguthaben	+ 1 Mio	
(1b) Devisen	+ 1 Mio	
(1b) Sichtguthaben	– 1 Mio	

Der Ankauf von Devisen durch die Bank führt also in dem Beispiel zu einer Erhöhung der Geldmenge (Geldschöpfung) in Form von Giralgeld. Das umgekehrte Ergebnis (also eine Geldvernichtung) stellt sich ein, wenn die Bank Devisen an Nichtbanken verkauft und mit Sichtguthaben bei der Bank bezahlt wird (Buchungen 1b).

Beispiel 2: Der Staat finanziert Budgetdefizite durch Emission von Staatsanleihen, die von Nichtbanken gekauft werden. Diese werden im Werte von zwei Millionen GE an die Bank weiterverkauft. Die Bank zahlt mit Sichtforderungen auf sich selbst. Wie im ersten Beispiel ergibt sich in der Bankbilanz eine Bilanzverlängerung, in der Bilanz der Nichtbanken ein Aktivtausch (Buchungen 2a):

Bank

(2a) Staatsanleihen	+ 2 Mio	(2a) Sichteinlagen	+ 2 Mio
(2b) Staatsanleihen	– 2 Mio	(2b) Sichteinlagen	– 2 Mio

Nichtbanken

(2a) Staatsanleihen	– 2 Mio	
(2a) Sichtguthaben	+ 2 Mio	
(2b) Staatsanleihen	+ 2 Mio	
(2b) Sichtguthaben	– 2 Mio	

Der Ankauf von Staatsanleihen durch die Bank führt also in dem Beispiel zu einer Erhöhung der Geldmenge (Geldschöpfung) in Form von Giralgeld. Das umgekehrte Ergebnis (also eine Geldvernichtung) erhält man, wenn die Bank Staatsanleihen an Nichtbanken veräußert und mit Sichtguthaben bezahlt wird (Buchungen 2b).

Beispiel 3: Die Bank gewährt Unternehmungen Kredite in Höhe von drei Millionen GE und schreibt den Gegenwert den Girokonten der Unternehmungen gut. Da sich mit der Kreditgewährung die Verbindlichkeiten der Unternehmungen erhöhen, ergibt sich auch in der Bilanz der Unternehmungen (Nichtbanken) eine Bilanzverlängerung (Buchungen 3a):

Bank

(3a) Kredite	+ 3 Mio	(3a) Sichteinlagen	+ 3 Mio
(3b) Kredite	– 3 Mio	(3b) Sichteinlagen	– 3 Mio

Nichtbanken

(3a) Sichtguthaben	+ 3 Mio	(3a) Verbindlichkeiten	+ 3 Mio
(3b) Sichtguthaben	– 3 Mio	(3b) Verbindlichkeiten	- 3 Mio

Mit der Kreditgewährung durch die Bank ist also in dem Beispiel eine Erhöhung der Geldmenge (Geldschöpfung) in Form von Giralgeld verbunden. Das umgekehrte Ergebnis (also eine Geldvernichtung) stellt sich ein, wenn zum vereinbarten Tilgungszeitpunkt die Rückzahlung des Kredits erfolgt (Buchungen 3b).

Beispiel 4: Bankkunden lösen längerfristige (Nicht-Geld darstellende) Forderungen an die Bank in Höhe von vier Millionen GE auf (z.B. Termineinlagen mit vierjähriger Laufzeit) und erhalten dafür Sichteinlagen. In der Bilanz der Bank ergibt sich ein Passivtausch, in der Bilanz der Bankkunden (Nichtbanken) ein Aktivtausch (Buchungen 4a):

Bank

		(4a) Termineinlagen	– 4 Mio
		(4a) Sichteinlagen	+ 4 Mio
		(4b) Termineinlagen	+ 4 Mio
		(4b) Sichteinlagen	- 4 Mio

Nichtbanken

(4a) Terminguthaben	– 4 Mio		
(4a) Sichtguthaben	+ 4 Mio		
(4b) Terminguthaben	+ 4 Mio		
(4b) Sichtguthaben	– 4 Mio		

Die Umwandlung von längerfristigen (Nicht-Geld darstellenden) Forderungen an die Bank in Sichteinlagen durch Bankkunden [illegible] also eine Erhöhung der Geldmenge (Geldschöpfung) in Form von Giralgeld. Das umgekehrte Ergebnis (also eine Geldvernichtung) ergibt sich, wenn Nichtbanken Sichtguthaben in längerfristige Forderungen an die Bank umwandeln (Buchungen 4b).

bb) Einige Folgerungen aus den Beispielen. – Die vier Beispiele stimmen darin überein, dass sich die Bankbilanz verändert und dadurch eine Geldschöpfung bzw. Geldvernichtung eintritt. Unterschiede im Geldschöpfungs- und Geldvernichtungsprozess werden deutlich, wenn wir die ersten drei Beispiele und das vierte Beispiel vergleichen. In den *ersten drei* Beispielen (Devisenankäufe, Ankäufe von Staatsanleihen, Gewährung eines Kredits) werden Vorgänge dargestellt, bei denen die Bank Aktiva erwirbt, die *keine* inländischen Zahlungsmittel darstellen, diese mit Sichtforderungen bezahlt und so die Geldmenge erhöht. *„Die Bank schafft (also) neues Geld, indem sie Nicht-Zahlungsmittel darstellende Aktiva monetisiert"*[22]. Der umgekehrte Vorgang, also eine Verminderung der Geldmenge, findet statt, wenn die Bank Aktiva, die *keine* inländischen Zahlungsmittel darstellen, veräußert und dabei von den Nichtbanken mit Sichteinlagen bezahlt wird. Solche Geschäfte, die bei einer Bank zu einer Änderung ihres Bestandes an Nicht-Zahlungsmittel darstellenden Aktiva führen, bezeichnet man als **Aktivgeschäfte** der Banken.

Das vierte Beispiel beschreibt einen Vorgang, bei dem Nichtbanken über ihre Forderungen an die Bank verfügen. Offenbar ergibt sich eine Geldschöpfung, wenn Nichtbanken Forderungen an die Bank, die *keine* inländischen Zahlungsmittel darstellen, liquidieren und dafür Sichteinlagen erhalten. Umgekehrt tritt eine Geldvernichtung ein, wenn Nichtbanken Forderungen an die Bank, die *keine* inländischen Zahlungsmittel darstellen, erwerben und dafür Sichteinlagen hergeben. Derartige Geschäfte, bei denen Nichtbanken über Positionen auf der Passivseite der Banken verfügen, nennt man **Passivgeschäfte** der Banken.

Die Vorgänge, die zu einer Geldschöpfung oder Geldvernichtung durch Aktivgeschäfte führen, lassen sich weiter klassifizieren, wenn die Bilanz der Bankkunden, also der Nichtbanken, näher betrachtet wird. Beim Verkauf von Devisen und Staatsanleihen an die Bank (Beispiele 1 und 2) erhalten Bankkunden Zahlungsmittel, ohne dass sich ihre Passiva verändern; im Beispiel 3 (Aufnahme eines Kredits) gelangen die Bankkunden dagegen in den Besitz von Zahlungsmitteln, indem sie sich verschulden. Die Geldschöpfung ist also in den Beispielen 1 und 2 von einer Erhöhung der Nettoforderungen der Nichtbanken gegenüber der Bank (Forderungen an die Bank minus Verbindlichkeiten gegenüber der Bank) begleitet. Geld entsteht als sog. **Außengeld** (*outside money*), wobei sich das Nettovermögen der privaten Nichtbanken erhöht. Im Falle der Kreditaufnahme (Beispiel 3) bleiben die Nettoforderungen der Nichtbanken demgegenüber unverändert. Geld entsteht als sog. **Innengeld** (*inside money*), wobei sich das Nettovermögen der Nichtbanken *nicht* verändert. Diese Unterscheidung ist insofern von Interesse, weil Änderungen des Nettovermögens privater Nichtbanken auf Güter-, Geld- und Wertpapiermärkte einwirken, z.B. über die Güternachnachfrage, und dadurch die wirtschaftliche Aktivität beeinflussen[23].

b) Mehrbankensystem unter Verwendung von Mischgeld

Unterschiede zwischen dem Einbank- und Mehrbankensystem entstehen dadurch, dass ein Zentralbanksystem und ein Geschäftsbankensystem nebeneinander existieren und Geldschöpfungsprozesse durch beide Institutionen möglich sind. Die Zahlungsmittel bestehen demzufolge aus *Zentralbankgeld* in Form von

---

22 E. SCHNEIDER, Einführung in die Wirtschaftstheorie. III. Teil, ..., a.a.O., S. 16.

23 Vermögenseffekte werden systematisch in der Theorie von D. PATINKIN (Money, Interest, and Prices. An Integration of Monetary and Value Theory. 2nd ed. New York 1966) berücksichtigt, und zwar als **Real-Balance-Effekt**, wenn nur Geld als Vermögensbestandteil berücksichtigt wird, und in Form des **Net-Real-Asset-Effekts**, wenn daneben auch Staatsanleihen einbezogen werden. – Ein vereinfachtes PATINKIN-Modell findet sich im Anhang A3).

Noten[24] und Sichtforderungen an das Zentralbanksystem sowie aus *Giralgeld der Geschäftsbanken* (Sichtforderungen an die Geschäftsbanken) im Bereich der Nichtbanken. Die nunmehr zu Grunde gelegte Geldwirtschaft ist also ein **Mischgeldsystem**.

aa) Einige Beispiele zur Geldschöpfung und Geldvernichtung. – Geldschöpfungsprozesse, die zu einer Erhöhung des Zentralbankgeldbestandes und (oder) des Bestandes an Giralgeld der Geschäftsbanken im Nichtbankensektor führen, können aus Transaktionen zwischen Nichtbanken und Zentralbank (Beispiel 5) und (oder) aus Transaktionen zwischen Nichtbanken und Geschäftsbankensystem (Beispiele 6, 7 und 8) hervorgehen. Betrachten wir die entsprechenden Geldschöpfungsvorgänge wieder anhand entsprechender Konten:

Beispiel 5: Die Zentralbank erwirbt Staatsanleihen von Nichtbanken im Werte von fünf Millionen GE und zahlt eine Million GE in bar (d.h. also in Form von Noten), den Rest in Form von Giralgeld. In der Zentralbankbilanz kommt es zu einer Bilanzverlängerung, in der Bilanz der Nichtbanken zu einem Aktivtausch:

Zentalbank

Staatsanleihen	+ 5 Mio	Sichteinlagen	+ 4 Mio
		Notenumlauf	+ 1 Mio

Nichtbanken

Staatsanleihen	– 5 Mio		
Sichtguthaben	+ 4 Mio		
Noten	+ 1 Mio		

Kauft die Zentralbank Devisen von einer Nichtbank oder gewährt sie einen Kredit an eine Nichtbank, dann tritt in den Bilanzen an die Stelle von Staatsanleihen lediglich eine Änderung des Bestandes an Devisen oder Krediten. In jedem dieser Fälle kommt es durch den Ankauf von Aktiva durch die Zentralbank zu einer Erhöhung der Geldmenge (in Form von Zentralbankgeld), also zu einer Geldschöpfung.

Beispiel 6: Geschäftsbanken gewähren Unternehmungen Kredite in Höhe von sechs Millionen GE und zahlen davon eine Million GE in Form von Noten aus. In der Bankenbilanz ergibt sich ebenso wie in der Bilanz der Unternehmungen (Nichtbanken) im Endergebnis eine Bilanzverlängerung.

Geschäftsbanken

Kredite	+ 6 Mio	Sichteinlagen	+ 5 Mio
Noten	- 1 Mio		

24 Münzen sollen vernachlässigt werden.

Nichtbanken

Sichtguthaben	+ 5 Mio	Verbindlichkeiten	+ 6 Mio
Noten	+ 1 Mio		

In entsprechender Weise wird der Erwerb von Devisen oder Staatsanleihen durch Geschäftsbanken gebucht. Ähnlich wie in den Beispielen 1, 2 und 3 erfolgt also in jedem Fall eine Geldschöpfung; der Unterschied gegenüber den Beispielen 1, 2 und 3 besteht nur darin, dass Geschäftsbanken auch Noten abgeben und die Nichtbanken auch Noten erhalten.

Beispiel 7: Bankkunden lösen längerfristige Forderungen an Geschäftsbanken (z.B. eine Spareinlage mit vierjähriger Kündigungsfrist) in Höhe von sieben Millionen GE auf und lassen sich den Gegenwert in Höhe von einer Million GE in bar auszahlen; der Rest wird den Girokonten gutgeschrieben. In der Bankenbilanz ergibt sich ein Passivtausch sowie eine Bilanzverkürzung[25] und in der Bilanz der Bankkunden (Nichtbanken) ein Aktivtausch:

Geschäftsbanken

Noten	- 1 Mio	Spareinlagen	- 7 Mio
		Sichteinlagen	+ 6 Mio

Nichtbanken

Sparguthaben	– 7 Mio		
Noten	+ 1 Mio		
Sichtguthaben	+ 6 Mio		

Wie in Beispiel 4 besteht das Endergebnis in einer Geldschöpfung, die allerdings (*anders* als im Beispiel 4) mit einer Abnahme des Notenbestandes der Geschäftsbank verbunden ist, sobald die Nichtbanken den Gegenwert der liquidierten Forderung teilweise in Form von Bargeld verlangen.

Beispiel 8: Unternehmungen lassen zu Lasten ihrer Sichteinlagen bei Geschäftsbanken eine Überweisung in Höhe von acht Millionen GE auf ein Konto des öffentlichen Sektors bei der Zentralbank durchführen, um Steuerschulden zu bezahlen. In der Bilanz der Geschäftsbanken wird eine Abnahme von Zentralbankeinlagen und von Sichteinlagen gebucht; es kommt also zu einer Bilanzverkürzung. Gleiches gilt für die Bilanz der Nichtbanken.

---

25 Anders als in einem Einbanksystem mit bargeldlosem Zahlungsverkehr kann ein Passivgeschäft in einem Mischgeldsystem also auch die Aktivseite der Bilanz einer Geschäftsbank berühren. Dieser Unterschied verschwindet allerdings wieder, wenn man die Bilanzen des Zentralbank- und Geschäftsbankensystems zu einer konsolidierten Bilanz des gesamten Bankensystems zusammenfasst und dabei von Münzbeständen absieht.

Geschäftsbanken

Zentralbankeinlagen	- 8 Mio	Sichteinlagen	- 8 Mio

Nichtbank

Sichtguthaben	- 8 Mio	Steuerschulden	- 8 Mio

Die Buchungsvorgänge verlaufen in der umgekehrten Richtung, wenn der Betrag von acht Millionen GE vom Zentralbankkonto des öffentlichen Sektors auf ein Girokonto bei einer Geschäftsbank überwiesen wird, z.B. im Zuge einer Erstattung von zu viel bezahlten Steuern. In beiden Fälle ergibt sich eine Veränderung der Geldmenge in Form von Sichtguthaben bei Geschäftsbanken. Außerdem verändern sich die Zentralbankeinlagen der Geschäftsbanken.

bb) Folgerungen aus den Beispielen. - Abgesehen davon, dass in einem Mischgeldsystem eine Geldschöpfung auch in Form von Zentralbankgeld stattfindet, ergeben sich wichtige Folgerungen für die Geschäftsbanken daraus, dass sie diese Zahlungen auch in ***Zentralbankgeld*** leisten müssen (siehe die Beispiele 6 bis 8). Anders als im Einbanksystem müssen Geschäftsbanken also Zahlungen in einem Geld vornehmen, das sie selbst nicht schaffen können. Hieraus kann für sie ein Liquiditätsproblem entstehen, wenn ihre Zahlungsfähigkeit durch einen zu geringen Bestand an Zentralbankgeld gefährdet ist. Dieser Aspekt ist insofern für die Geldschöpfungstätigkeit der Geschäftsbanken relevant, als die Bargeldhaltung bei den Nichtbanken mit dem Umfang ihrer Sichteinlagen erfahrungsgemäß zunimmt. Da die Ausweitung der Geldschöpfungstätigkeit dementsprechend mit Bargeldabzügen (in Form von Noten) einhergeht, können sich knapper werdende Reserven an Zentralbankgeld für die Geschäftsbanken als „Geldschöpfungsbremse“ erweisen. Realistischerweise gewinnt dieser Aspekt noch dadurch an Relevanz, dass Geschäftsbanken proportional zu den Kundeneinlagen Mindestreserven bei der Zentralbank halten müssen und entsprechende Abflüsse an Zentralbankgeld - neben den Bargeldabzügen - zu finanzieren haben. Derartige Zusammenhänge, die hier nicht zu vertiefen sind, werden bei der Analyse des monetären Bereichs im III. Kapitel eine wichtige Rolle spielen.

Zusammenfassung:

1. Eine Geldschöpfung durch Aktivgeschäfte findet statt, wenn Banken (Geschäftsbanken oder Zentralbank) von Nichtbanken Aktiva erwerben, die keine inländischen Zahlungsmittel darstellen, und dafür Zahlungsmittel hergeben. Eine Geldvernichtung durch Aktivgeschäfte findet statt, wenn Banken an Nichtbanken Aktiva verkaufen, die keine inländischen Zahlungsmittel darstellen, und dafür von den Nichtbanken Zahlungsmittel erhalten.

2. Eine Geldschöpfung durch Passivgeschäfte findet statt, wenn Nichtbanken Forderungen an Banken, die keine inländischen Zahlungsmittel darstellen, liquidieren und dafür Zahlungsmittel erhalten. Eine Geldvernichtung durch Passivgeschäfte findet statt, wenn Nichtbanken Forderungen an Banken, die keine inländischen Zahlungsmittel darstellen, von Banken erwerben und dafür Zahlungsmittel hergeben.

3. In einem Mischgeldsystem findet die Geldschöpfung bzw. Geldvernichtung ihren Niederschlag in einer Änderung des Bestandes an Zentralbankgeld (Noten und Sichtforderungen an die Zentralbank) und (oder) in einer Änderung des Bestandes an Giralgeld der Geschäftsbanken im Bereich der Nichtbanken. Eine wichtige Konsequenz für Geschäftsbanken besteht darin, dass sie Zahlungen in Zentralbankgeld leisten müssen und hierdurch für sie eine „Geldschöpfungsbremse" wirksam wird.

Ausgewählte Literaturangaben zum I. Kapitel[26]

R. Anderegg, Grundzüge der Geldtheorie und Geldpolitik. München, Wien 2007 (zu **1**).

P. Bofinger, J. Reischle, A. Schächter, Geldpolitik. Ziele, Institutionen, Strategien und Instrumente. München 1996 (zu **1**).

M. Borchert, Geld und Kredit. Einführung in die Geldtheorie und Geldpolitik. 4., überarb. u. wesentl. erw. Aufl. München, Wien 1997 (zu **1** und **2**).

D. Duwendag, K.-H. Ketterer, W. Kösters, R. Pohl, D. B. Simmert, Geldtheorie und Geldpolitik. Eine problemorientierte Einführung mit einem Kompendium monetärer Fachbegriffe. 4., überarb. u. erw. Aufl. Köln 1993 (zu **1**).

W. Ehrlicher, Geldtheorie und Geldpolitik III: Geldtheorie. In: Handwörterbuch der Wirtschaftswissenschaft (HdWW). Zugleich Neuauflage des Handwörterbuchs der Sozialwissenschaften. 3. Bd. 1981. S. 374 ff. (zu **1**).

W. Fuhrmann, Geld und Kredit. Prinzipien Monetärer Makroökonomie. 2., erw. Aufl. München, Wien 1987 (zu **1** und **2**).

O. Issing, Einführung in die Geldtheorie. 14., wesentlich überarb. Aufl. München 2007 (zu **1** und **2**).

D. Kath, Geld und Kredit. In: Vahlens Kompendium der Wirtschaftstheorie und Wirtschaftspolitik. Band 1.6., überarb. u. erw. Aufl. München 1995. S. 175 ff. (zu **1**).

R. Richter, Geldtheorie. Vorlesung auf der Grundlage der Allgemeinen Gleichgewichtstheorie und der Institutionenökonomik. 2., durchges. u. erg. Aufl. Berlin 1990 (zu **1**).

E. Schneider, Einführung in die Wirtschaftstheorie. III. Teil. Geld, Kredit, Volkseinkommen und Beschäftigung. 11., verb. und erw. Aufl. Tübingen 1969 (zu **1** und **2**).

---

[26] Die eingeklammerten Ziffern geben die *Abschnitte des Kapitels* an, auf die sich die Literaturangaben beziehen.

Kapitel II

Einzelwirtschaftliche Analyse von Kasse und Portefeuilles

Die im I. Kapitel beschriebenen Funktionen des Geldes enthalten bereits gewisse Hinweise auf die *Motive* der Wirtschaftseinheiten für eine Kassenhaltung. So deutet die Tauschmittelfunktion darauf hin, dass Geld zur Deckung eines aus den laufenden Transaktionen resultierenden Finanzierungsbedarfs benötigt wird. Die entsprechende Kassenhaltung wird jeweils nach den ihr zugrunde liegenden Motiven entsprechend der üblichen Terminologie als **Transaktionskasse** (siehe II.1) oder als **Vorsichtskasse** (siehe II.2) bezeichnet. Wird die Kassenhaltung in diesen Fällen vor allem durch laufende, sich wiederholende Transaktionen motiviert, so weist die Wertaufbewahrungsfunktion vornehmlich auf die (zusätzliche) Rolle des Geldes als *Vermögensobjekt* hin. Dieser Aspekt ist es, der bei der **Spekulationskasse** (siehe II.3) zur Geltung kommt.

Die theoretische Analyse dieser drei Motive[1] der Kassenhaltung wird durch geldtheoretische Modelle stärker beeinflusst, die die Kassenhaltung als Ergebnis eines einzelwirtschaftlichen *Optimierungskalküls* ableiten. Mit einer derartigen Analyse der Kassenhaltung befolgt man eine Methode, die in der Mikroökonomik, z.B. bei der einzelwirtschaftlichen Bestimmung von Güterangebot und -nachfrage, eine lange Tradition besitzt und deren Relevanz für geldtheoretische Probleme erstmalig wohl von HICKS (1935)[2] in aller Klarheit gesehen worden ist. Sie bietet in Form der **Portefeuille-Theorie** (siehe Abschnitt II.3b) bis 3d)) zugleich eine theoretische Basis für die optimale (d.h. nutzenmaximale) Aufteilung des Vermögens auf verschiedene Finanzaktiva (portfolio selection).

---

1 Diese seit KEYNES gebräuchliche Aufspaltung der Kassenhaltung ist natürlich nur eine abstrakte Vorgehensweise; in der Praxis wird man einem Bestand an Zahlungsmitteln nicht ansehen können, wie groß der Anteil der Transaktions-, Vorsichts- und Spekulationskasse ist. Dennoch ist eine gedankliche Trennung möglich; sie erscheint aus Gründen der Darstellung auch zweckmäßig.

2 Vgl. J. R. HICKS, A Suggestion for Simplifying the Theory of Money. „Economica", Vol. 2 (1935), S. 1 ff.

1. Die Transaktionskasse

a) Institutionell determinierte Kassenhaltung

Im Rahmen der Transaktionskasse analysieren wir die Finanzplanung einer Wirtschaftseinheit, die Höhe und zeitliche Verteilung der laufenden Aus- und Einzahlungen *mit Sicherheit* voraussieht und als gegeben hinnimmt. Zur Illustration betrachten wir in einem stark vereinfachten Modell einen Haushalt, der alle Haushalte repräsentiert, und eine Unternehmung, die alle Unternehmungen repräsentiert[3]. Ohne dass sich an den Ergebnissen etwas ändert, könnten wir stattdessen aber auch noch weiter abstrahieren und annehmen, dass die Volkswirtschaft nur aus zwei Wirtschaftseinheiten besteht: Die eine (der Haushalt) verkauft Arbeitsleistungen, die andere (die Unternehmung) verkauft Güter.

Angenommen, der Haushalt empfängt zu Beginn des Planungszeitraums (z.B. eines Monats) eine Einzahlung (z.B. sein Einkommen) in Höhe von 3000 GE und gibt jeden Tag gleichbleibend einen Betrag von 100 GE für Güterkäufe aus. Sein Kassenbestand, der zu Beginn des ersten Tages 3000 GE beträgt, wird dann im Laufe des Monats immer kleiner, bis er am 30. Tag in vollem Umfang verausgabt ist.

Approximieren wir die streng genommen diskontinuierliche Abnahme des Kassenbestandes[4] durch eine kontinuierliche Entwicklung, dann können wir die Kassenhaltung des Haushaltes im Zeitablauf durch folgende Darstellung beschreiben.

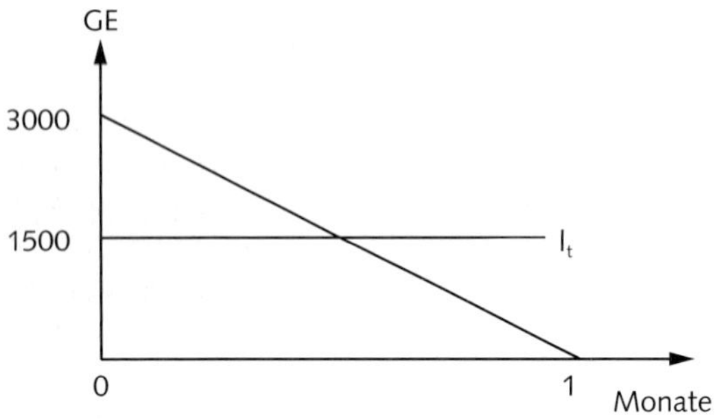

Abb. II.1

Der während des Planungszeitraums im Durchschnitt gehaltene Kassenbestand für Transaktionszwecke (d.h. die durchschnittliche Transaktionskasse) lässt sich ermitteln, indem der Inhalt des in Abb. II.1 eingezeichneten Dreiecks (die sog. Zeitmengenfläche) durch die Länge des Planungszeitraums geteilt wird. Wird die *durchschnittliche Transaktionskasse* (l_t) in unserem Beispiel auf einen Monat

---

[3] Vgl. A. WOLL, Allgemeine Volkswirtschaftslehre. 10., überarb. und erg. Aufl. München 1990. S. 366 ff.

[4] Dass die Kassenhaltung des Haushaltes an sich diskontinuierlich verläuft, ergibt sich daraus, dass jeden Tag zu einem bestimmten Zeitpunkt eine Auszahlung vorgenommen wird. Streng genommen müsste deshalb die kassenmäßige Entwicklung des Haushalts durch eine Treppenkurve dargestellt werden.

bezogen, dann ist die Länge des Planungszeitraums gleich eins und die durchschnittliche Transaktionskasse beläuft sich damit auf einen Betrag von

$$\frac{3000}{2} \cdot 1 = 1500\ GE.$$

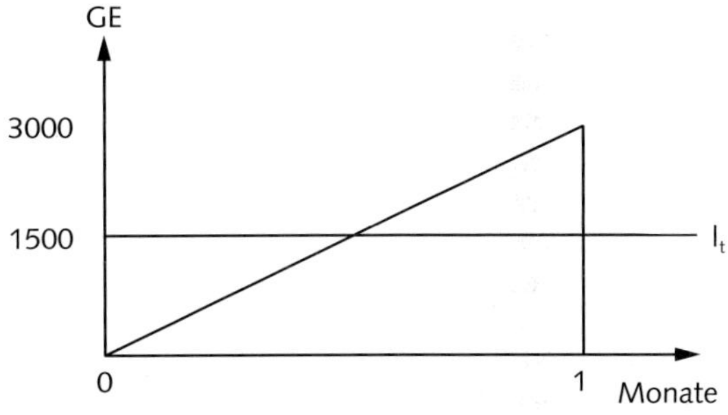

Abb. II.2

Bei der Unternehmung führen die Ein- und Auszahlungen des Haushalts zu einer Entwicklung der Kassenhaltung, die spiegelbildlich zu der in Abb. II.1 gegebenen Darstellung verläuft (vgl. Abb. II.2). Die Unternehmung tätigt zu Beginn des Monats eine Auszahlung in Höhe von 3000 GE (für Einkommenszahlungen) und erhält vom Haushalt jeden Tag einen Betrag von 100 GE für Verkäufe von Gütern. Ihr Kassenbestand füllt sich demzufolge im Laufe des Monats auf und erreicht am 30. Tag einen Bestand in Höhe von 3000 GE. Im Durchschnitt des Monats beläuft sich die Kassenhaltung der Unternehmung – wie beim Haushalt – auf einen Betrag von 1500 GE.

Bleiben Umfang und zeitliche Verteilung der Ein- und Auszahlungen von Monat zu Monat unverändert, dann erhält man für einen längeren Planungszeitraum (z.B. für ein Jahr) für die kassenmäßige Entwicklung der beiden Wirtschaftseinheiten die in den Abb. II.3 und II.4 dargestellten Verläufe.

Im Durchschnitt des *Jahres* wird offensichtlich sowohl vom Haushalt als auch von der Unternehmung ein Kassenbestand von 1500 GE gehalten. Dabei werden jeweils Umsätze in Höhe von $12 \cdot 3000 = 36000$ GE pro Jahr getätigt.

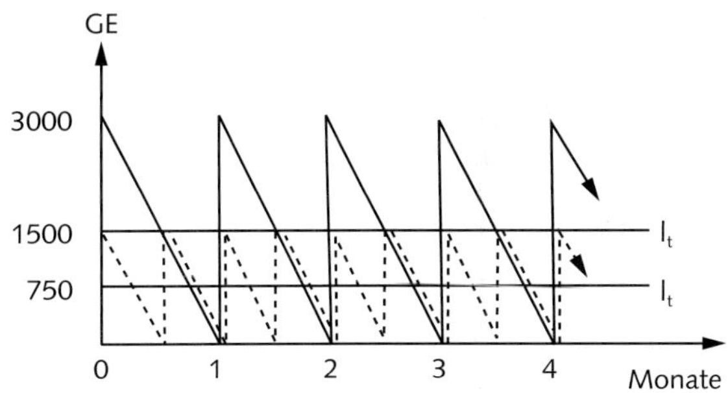

Abb. II.3[5]

5 Die Entwicklung nach dem 4. Monat verläuft wie in den ersten vier Monaten.

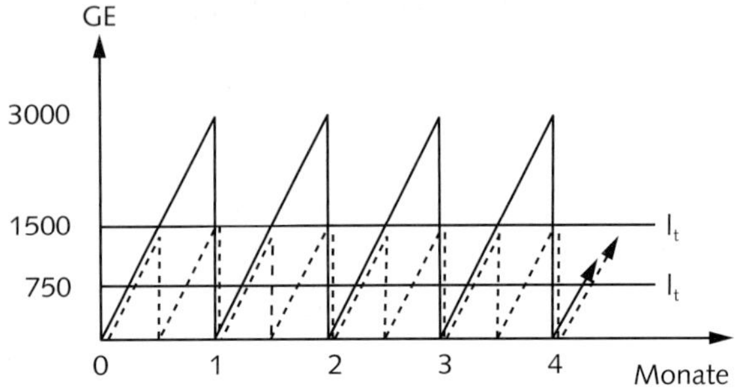

Abb. II.4[6]

Es ist unschwer einzusehen, dass sich der durchschnittliche Kassenbestand bei beiden Wirtschaftseinheiten verändert, wenn sich entweder die zeitliche Verteilung von Ein- und Auszahlungen, also der **Zahlungsrhythmus**, oder die Höhe der Umsätze verändert.

Die durchschnittliche Transaktionskasse jeder Wirtschaftseinheit sinkt z.B. bei gleichbleibendem Jahresumsatz von 1500 GE auf 750 GE, wenn das monatliche Haushaltseinkommen von 3000 GE nicht in einer Summe am 1. des Monats, sondern in zwei gleichen Teilbeträgen am 1. und 15. des Monats ausgezahlt wird (vgl. Abb. II.3 und II.4). Die durchschnittliche Transaktionskasse geht schließlich sogar auf null zurück, wenn die Einkommenszahlungen in so kurzen Zeitabständen vorgenommen werden, dass Ein- und Auszahlungen bei Haushalt und Unternehmung vollkommen synchronisiert erfolgen.

Wird demnach die durchschnittliche Transaktionskasse bei *gegebenem* Jahresumsatz durch den *Zahlungsrhythmus* festgelegt, so wird sie umgekehrt bei *gegebenem* Zahlungsrhythmus durch die Höhe des *Jahresumsatzes* bestimmt. Würde sich z.B. der Jahresumsatz der beiden Wirtschaftseinheiten bei gleichbleibendem Zahlungsrhythmus verdoppeln (z.B. von jeweils 36000 auf 72000 GE), dann würde dieser Vorgang in den Abb. II.3 und II.4 in einer Verdoppelung der Ordinatenwerte der „Sägekurven" zum Ausdruck kommen und damit eine Verdoppelung der durchschnittlichen Transaktionskassen bedeuten. Offenbar besteht in unserem einfachen Modell bei gegebenem Zahlungsrhythmus von Ein- und Auszahlungen zwischen der durchschnittlichen Transaktionskasse l_t einer Wirtschaftseinheit und ihrem Umsatz (v) eine proportionale Beziehung:

(1) $l_t = \gamma \cdot v, \;\; \gamma > 0.$

Bei der Interpretation dieser Gleichung ist zu beachten, dass die Proportionalitätskonstante γ nicht unabhängig von der Länge des Planungszeitraumes ist. Wird die durchschnittliche Transaktionskasse z.B. auf den Monatsumsatz bezogen, dann ist $\gamma = \frac{1500}{3000} = \frac{1}{2}$; bildet dagegen der Jahresumsatz die Bezugsgröße, dann ist $\gamma = \frac{1500}{36000} = \frac{1}{24}$.

[6] Die Entwicklung nach dem 4. Monat veräuft wie in den ersten vier Monaten.

b) Kassenhaltung unter dem Gesichtspunkt der Kostenminimierung

aa) Alternativ- und Umwandlungskosten. – Eine Schwäche der im vorhergehenden Abschnitt durchgeführten Bestimmung der durchschnittlichen Transaktionskasse ist insbesondere darin zu sehen, dass die kassenmäßige Entwicklung mehr oder weniger passiv hingenommen und nicht zum Gegenstand einer besonderen ökonomischen Entscheidung gemacht wird. So muss es z.B. ökonomisch wenig einsichtig erscheinen, dass sich in dem von uns zuerst dargestellten Beispiel (vgl. Abb. II.1) als Folge der Kassenhaltung ungenutzte Kassenüberschüsse einstellen, die in vollem Umfang erst gegen Ende des Planungszeitraums verausgabt sind. Es liegt in diesem Fall nahe, *Kassenüberschüsse verzinslich anzulegen* (z.B. in Form von Termineinlagen oder in Obligationen) und die entsprechenden Anlagen bei Auftreten eines Finanzierungsbedarfs aufzulösen. Auf diese Weise lassen sich mit der Kassenhaltung verbundene, aus dem Verzicht auf Zinserträge resultierende **Alternativkosten** (opportunity costs) einsparen. Anderseits ist hierbei aber in Rechnung zu stellen, dass bei Bildung und Auflösung von Geldanlagen (z.B. in Wertpapieren) Kosten anfallen, die teils durch die Höhe des Umwandlungsbetrages bestimmt werden (**variable Umwandlungskosten**), teils davon unabhängig sind (**feste Umwandlungskosten**)[7].

Alternativkosten sowie variable und feste Umwandlungskosten sind somit die Einflussgrößen, die in einem an den Kosten orientierten Kalkül zur Bestimmung einer **optimalen Transaktionskasse**[8] eine wesentliche Rolle spielen.

Die Ergebnisse eines solchen Entscheidungskalküls lassen sich im Rahmen dieses Modells unter verschiedenen Annahmen herleiten. Betrachten wir z.B. die Finanzplanung eines Wirtschaftssubjekts, dessen *Auszahlungen gleichmäßig über den Planungszeitraum verteilt sind*, so kann man für die insgesamt gleich hohen *Einzahlungen* entweder davon ausgehen, dass sie *zu Beginn des Planungszeitraums in einer Summe* oder dass sie am *Ende des Planungszeitraums in einer Summe* anfallen. Im zweiten Fall sind die Auszahlungen vorzufinanzieren, z.B. mit Hilfe eines entsprechenden Bestandes an Wertpapieren oder auch durch Aufnahme eines Kredits.

Unter der Zielsetzung der Kostenminimierung ist dann im *ersten* Fall die Frage zu beantworten, in welcher Höhe die zu Beginn des Planungszeitraums vorhandenen Einzahlungen in Wertpapieren angelegt *und* in welchen Teilbeträgen die Anlagen später liquidiert werden sollen. Im *zweiten* Fall ist nur zu bestimmen, in welchen Teilbeträgen ein zu Beginn des Planungszeitraums als vorhanden angenommener Wertpapierbestand sukzessive in Kasse verwandelt oder ein Kredit

---

7 Hierbei kann es sich um Maklerprovisionen, Steuern, Telefongebühren oder auch um die Mühe und Unbequemlichkeit handeln, die mit Wertpapiergeschäften verbunden sind.

8 Ein ausgearbeitetes Modell hierzu wurde von W. J. BAUMOL (The Transaction Demand for Cash: An Inventory Theoretic Approach. „The Quarterly Journal of Economics", Vol. 66 (1952), S. 545 ff.) und in modifizierter und erweiterter Form später von J. TOBIN, The Interest-Elasticity of Transactions Demand for Cash. „The Review of Economics and Statistics", Vol. 38 (1956), S. 241 ff., vorgelegt. – M. ALLAIS (Économie & intérêt. Paris 1947. S. 238 ff.) hatte jedoch schon vorher die wesentlichen Ergebnisse hergeleitet. Siehe hierzu auch W. J. BAUMOL, J. TOBIN, The Optimal Cash Balance Proposition: MAURICE ALLAIS' Priority. „The Journal of Economic Literature", Vol. 27 (1989), S. 1160 ff.

aufgenommen werden soll. Im ersten Fall sind die optimalen Werte mehrerer Variablen simultan zu bestimmen; die entsprechende Lösung ist komplizierter als im zweiten Fall. Da eine Berücksichtigung des ersten Falls den Aussagewert unserer Betrachtungen nicht grundsätzlich erweitert[9], können wir uns im Folgenden auf die Analyse des zweiten Falls beschränken.

Zur Illustration wollen wir annehmen, dass eine Wirtschaftseinheit einen stetigen Auszahlungsstrom zu finanzieren hat, der über den ganzen Planungszeitraum hinweg, z.B. über einen Monat, insgesamt den Betrag $v = 3000$ ergibt. In dieser Höhe soll ihr zu Beginn des Planungszeitraums ein Wertpapierbestand zur Verfügung stehen. Die Finanzierung erfolgt im *Extremfall* in der Weise, dass zu Beginn des Planungszeitraums der gesamte Wertpapierbestand veräußert wird. In diesem Fall stellen sich ungenutzte Kassenüberschüsse ein, die sich im Durchschnitt des Monats auf einen Betrag von $\frac{v}{2}$ belaufen (vgl. Abb. II.5). Der durchschnittliche Kassenbestand und die hiermit verbundenen Alternativkosten sind geringer, wenn Wertpapiere häufiger und damit in kleineren Teilbeträgen liquidiert werden. Betrachten wir zur Illustration einmal den Fall, dass innerhalb des Monats dreimal Wertpapiere im Betrage von jeweils $b = \frac{v}{3}$ (= 1000 GE) liquidiert werden (vgl. Abb. II.5). Im ersten Drittel des Monats ist im Durchschnitt die Hälfte des ersten Liquidationserlöses, also $\frac{b}{2}$ (= 500 GE), als Kasse vorhanden.

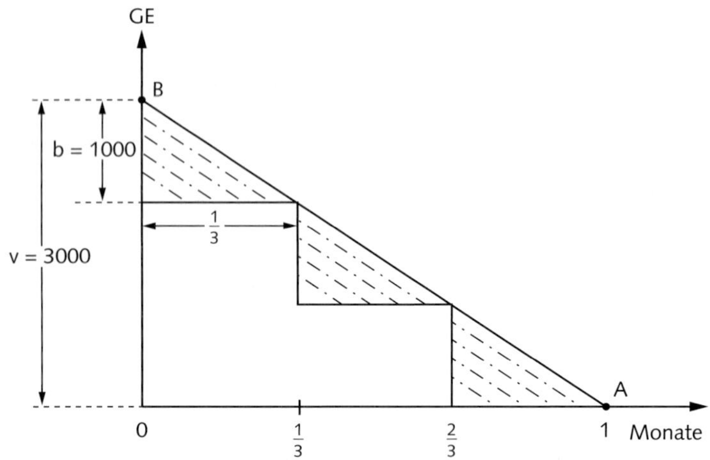

Abb. II.5

Das Gleiche gilt für die beiden folgenden Drittel des Monats. Insgesamt wird also dreimal für die Dauer eines Monatsdrittels ein durchschnittlicher Betrag von $\frac{b}{2}$

[9] Siehe hierzu Baumol (a.a.O., S. 547 ff.), der beide Fälle berücksichtigt. – Vgl. zum ersten Fall auch V. Bergen, Theoretische und empirische Untersuchungen zur längerfristigen Geldnachfrage in der Bundesrepublik Deutschland (1950 – 1967). (Schriften zur angewandten Wirtschaftsforschung, Bd. 27.) Tübingen 1970. S. 96 ff.

als Kasse gehalten. Während des ganzen Monats wird deshalb eine durchschnittliche Transaktionskasse von

$$l_t = 3 \cdot \left(\frac{1}{3} \cdot \frac{b}{2}\right) = \frac{b}{2}$$

gehalten. Diesem Betrag entspricht die durch die drei kleinen Dreiecke in Abb. II.5 gegebene Zeitmengenfläche.

Die Beziehung zwischen der durchschnittlichen Transaktionskasse l_t und dem Umwandlungsbetrag b lässt sich verallgemeinern: Werden n gleich große Wertpapiertransaktionen in Höhe von jeweils $b = \frac{v}{n}$ durchgeführt, dann wird im Laufe des Monats eine durchschnittliche Transaktionskasse in Höhe von

(2) $$l_t = n \cdot \left(\frac{1}{n} \cdot \frac{b}{2}\right) = \frac{b}{2}$$

gehalten.

Bei einem Zinssatz für Wertpapiere von i resultieren aus der Kassenhaltung *Alternativkosten* von

(3) $$k_A = l_t i.$$

Neben den Alternativkosten sind jetzt noch *Umwandlungskosten* zu berücksichtigen. Wir nehmen an, dass die Umwandlungskosten *pro Transaktion* ($k_{U/T}$) teilweise vom Umwandlungsbetrag unabhängig, teilweise hiervon abhängig sind und nach folgender Formel berechnet werden:

(4a) $$k_{U/T} = \alpha + \beta b\,.$$

Hierbei geben α die festen Umwandlungskosten und β die Umwandlungskosten pro Geldeinheit (GE) an.

Da innerhalb des gesamten Planungszeitraums insgesamt n Transaktionen durchgeführt werden, betragen die gesamten Umwandlungskosten (k_U):

$$k_U = n k_{U/T} \qquad \text{bzw.}$$

$$k_U = n\alpha + n\beta b$$

und wegen

$$n = \frac{v}{b}$$

(4) $$k_U = \frac{v}{b}\alpha + b\beta.$$

Offenbar werden die gesamten Umwandlungskosten um so größer, je kleiner die Umwandlungsbeträge sind, d.h. je häufiger Wertpapiere liquidiert werden. Um die Umwandlungskosten – wie die Alternativkosten in (3) – von der durchschnittlichen Transaktionskasse l_t abhängig zu machen, wird b in Gleichung (4) entsprechend (2) durch

$$b = 2l_t$$

ersetzt. Man erhält dann

(5) $$k_U = \frac{v\alpha}{2l_t} + b\beta.$$

Wie man sieht, werden die gesamten Umwandlungskosten – anders als die Alternativkosten – um so größer, je kleiner die Transaktionskasse ist und umgekehrt. Die Summe aus den Alternativkosten k_A und den Umwandlungskosten k_U

(6) $$k = l_t i + \frac{v\alpha}{2l_t} + v\beta$$

bildet den Ausgangspunkt für die Bestimmung der optimalen Transaktionskasse.

bb) Optimale Transaktionskasse. – aaa) Das Optimierungsproblem besteht darin, die durchschnittliche Transaktionskasse l_t bzw. wegen $b = 2l_t$ den Umwandlungsbetrag oder wegen $n = v/b = v/2l_t$ die Umwandlungshäufigkeit so zu bestimmen[10], dass die Gesamtkosten k ein Minimum erreichen. Hier soll die *Transaktionskasse* l_t als **Entscheidungsvariable** angesehen werden. Sie nimmt einen optimalen Wert an, wenn die in (6) angegebenen Kosten (**Zielvariable**) minimiert werden. Notwendig ist hierfür als *Bedingung erster Ordnung*:

$$\frac{dk}{dl_t} = i - \frac{v\alpha}{2\hat{l}_t^2} = 0$$

bzw.

(7) $$i = \frac{v\alpha}{2\hat{l}_t^2}.$$

Hieraus folgt:

(8) $$\hat{l}_t = \sqrt{\frac{\alpha v}{2i}}.$$

Die *Bedingung zweiter Ordnung* ist erfüllt; denn

$$\frac{d^2k}{dl_t^2} = \frac{v\alpha}{2\hat{l}_t^3} > 0.$$

Wird schließlich zwischen dem Umsatz des Planungszeitraums v und dem Einkommen der Wirtschaftseinheit y ein positiver Zusammenhang unterstellt, z.B.

$$v = \kappa y,$$

dann erhält man für die optimale durchschnittliche Kassenhaltung

(9) $$\hat{l}_t = \sqrt{\frac{\alpha \kappa y}{2i}}.$$

Zunächst einmal zeigt sich, dass die Haltung einer Transaktionskasse *nicht mehr rational* erscheint, wenn bei der Umwandlung von Wertpapieren in Kasse keine (festen)[11] *Umwandlungskosten* anfallen (die Größe α also gleich null ist).

---

[10] BAUMOL optimiert den Umwandlungsbetrag, TOBIN die Umwandlungshäufigkeit. Die hier gewählte Transaktionskasse führt direkt zu Ergebnissen, die den Folgerungen von ALLAIS (a.a.O., S. 238 ff.) entsprechen.

[11] Diese Aussage ist zu modifizieren, wenn die Einzahlungen zu Beginn des Planungszeitraums anfallen und demzufolge auch zu entscheiden ist, in welcher Höhe der entsprechende Betrag in Wertpapieren angelegt werden soll (vgl. S.23). In diesem Fall erscheint die Haltung einer Transaktionskasse nicht mehr rational, wenn bei der Umwandlung von Wertpapieren in Kasse keine festen Umwandlungskosten *und* bei der Umwandlung von Kasse in Wertpapiere und umgekehrt keine vom Umwandlungsbetrag abhängigen Umwandlungskosten anfallen (vgl. BAUMOL, a.a.O., S.547 ff. und die Ableitungen bei BERGEN, a.a.O., S.96 ff.).

Entstehen aber (feste) Umwandlungskosten (und das dürfte i. Allg. der Fall sein), *dann steigt die optimale durchschnittliche Transaktionskasse mit steigendem Einkommen, zunehmenden (festen) Umwandlungskosten und sinkendem Zinssatz für Wertpapiere und umgekehrt.*

Der Unterschied zu dem im vorangegangenen Unterabschnitt abgeleiteten Ergebnis (vgl. Gleichung (1)) besteht demnach zunächst einmal darin, dass Zinssatz und Umwandlungskosten als Einflussgrößen berücksichtigt werden. Außerdem unterscheidet sich die optimale durchschnittliche Transaktionskasse vom ersten Ansatz dadurch, dass auch bei Annahme einer proportionalen Beziehung zwischen Umsatz und individuellem Einkommen kein proportionaler, sondern ein unterproportionaler Zusammenhang zwischen durchschnittlicher Kassenhaltung und Einkommen besteht[12].

bbb) *Graphisch* lässt sich die optimale durchschnittliche Transaktionskasse mit Hilfe eines Grenzkosten-Diagramms bestimmen. Ausgangspunkt der Darstellung ist der in Gleichung (7) beschriebene Zusammenhang zwischen einer marginalen Zunahme der Transaktionskasse und der daraus resultierenden Erhöhung der Alternativkosten und der gleichzeitigen Senkung der Umwandlungskosten. Wie Gleichung (7) erkennen lässt, wird das *Kostenminimum* nur dann erreicht, wenn die Transaktionskasse so bemessen wird, dass die marginale Ersparnis an Umwandlungskosten $v\alpha/2\hat{l}_t^2$ durch die marginale Zunahme der Alternativkosten i gerade kompensiert wird. In Abb. II.6 wird diese Bedingung im Punkt A mit der optimalen (durchschnittlichen) Transaktionskasse l_t erfüllt.

Verschiebt sich die k_A'-Kurve nach oben (als Folge einer Zinserhöhung) oder die $(-k_U')$-Kurve nach unten (als Folge einer Senkung der (festen) Umwandlungskosten oder einer Senkung des Umsatzes), dann wird die optimale Transaktionskasse kleiner und umgekehrt.

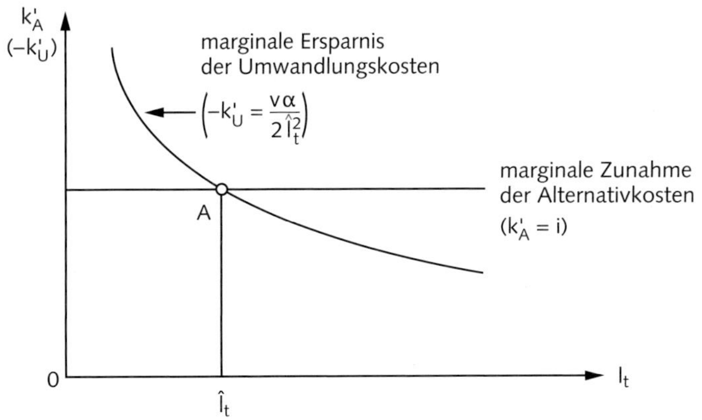

Abb. II.6

[12] Zu weitergehenden Folgerungen gelangt man, wenn das (nominale) Einkommen und die (nominalen) festen Umwandlungskosten in ihre Preiskomponente p und die Realkomponenten y^r bzw. a^r zerlegt und die Produkte py^r $(= y)$ und $p\alpha^r$ $(= \alpha)$ in Gleichung (9) eingesetzt werden. Man erkennt, dass dann zwischen der optimalen (durchschnittlichen) Kassenhaltung und dem Preisniveau (p) ein proportionaler Zusammenhang besteht; denn aus (9) ergibt sich: $\hat{l}_t = p\sqrt{\frac{\alpha^r \kappa y^r}{2i}}$.

Zusammenfassung

1. Wird von der Möglichkeit, dass Kassenüberschüsse vorübergehend zinsbringend angelegt werden, abgesehen, dann zeigt sich, dass die durchschnittliche Transaktionskasse einer Wirtschaftseinheit allein durch die zeitliche Verteilung von Ein-und Auszahlungen (also den Zahlungsrhythmus) und durch den Umsatz des Planungszeitraums bestimmt wird. Das Modell legt dabei die Hypothese nahe, dass die durchschnittliche Transaktionskasse bei gegebenem Zahlungsrhythmus direkt proportional zum Umsatz steigt (bzw. sinkt).

2. Wird die Möglichkeit einer vorübergehenden Anlage von Kassenüberschüssen in verzinslichen Geldanlagen berücksichtigt und die Transaktionskasse unter dem Ziel der Kostenminimierung festgelegt, dann ergibt sich folgende Hypothese: Die optimale Transaktionskasse steigt mit zunehmenden (festen) Umwandlungskosten und abnehmendem Zinssatz (für alternative Geldanlagen) und umgekehrt. Sie steigt ferner – und zwar unterproportional – mit dem Umsatz bzw. dem Einkommen des Planungszeitraums und umgekehrt.

2. Die Vorsichtskasse

Die Analyse der Transaktionskasse geht von der Annahme aus, dass in der Finanzplanung Höhe und zeitliche Verteilung von Aus- und Einzahlungen *mit Sicherheit* vorausgesehen werden. Der Bestimmung der Transaktionskasse liegen also einwertige Erwartungen[13] zugrunde: Bezüglich der Plangrößen (hier insbesondere Höhe und Termine der Zahlungsvorgänge) besteht hundertprozentige Sicherheit. Im Unterschied hierzu wird die Vorsichtskasse dadurch motiviert, dass Aus- und Einzahlungen in Bezug auf Umfang und zeitliche Verteilung nicht mit Sicherheit geplant werden können. Die Erwartungen sind *mehrwertig*: In der Planung wird bei den Zahlungsvorgängen mit verschiedenen Beträgen und verschiedenen Terminen gerechnet, die für unterschiedlich wahrscheinlich gehalten werden. Da Umfang und zeitliche Verteilung der Aus- und Einzahlungen nicht mehr mit hundertprozentiger Sicherheit vorhergesehen werden können und die Erwartungen mehrwertig sind, ist die Finanzplanung mit einem **Risiko** belastet. Falls die Wirtschaftseinheit den Kassenbestand zu niedrig bemisst, muss sie damit rechnen, dass der Kassenbestand zur Deckung von Kassendefiziten nicht ausreicht. Darum liegt es nahe, dass die Wirtschaftseinheiten dem Risiko der Illiquidität durch einen zusätzlichen Kassenbestand in Form einer **Vorsichtskasse** Rechnung tragen.

a) Alternativ- und Illiquiditätskosten

Wie bei der Transaktionskasse, so besteht auch hier die wesentliche Frage darin, von welchen Einflussgrößen der Umfang der Kassenhaltung abhängt. Um zu entsprechenden Hypothesen zu gelangen, werden wir die Kassenhaltung wieder aus einem vereinfachten entscheidungslogischen Modell ableiten. Ein entsprechender auf Whalen zurückgehender Ansatz[14] lässt sich in seinen Grundzügen wie folgt beschreiben:

Ebenso wie das Bestehen einer Transaktionskasse bedeutet auch die Haltung einer Vorsichtskasse den Verzicht auf Zinserträge und damit den Anfall von **Alternativkosten**, die mit zunehmender Kassenhaltung größer werden. Man wird deshalb einerseits bestrebt sein, die Kassenhaltung einzuschränken, anderseits aber auch in Rechnung stellen, dass damit bei nicht sicheren Erwartungen die Gefahr eines ungedeckten Finanzierungsbedarfs größer wird. Ein ungedeckter Finanzierungsbedarf (Finanzierungslücke) hat besondere **Illiquiditätskosten** zur Folge, die z.B. aus einer Kreditaufnahme, aus Zwangsverkäufen von Aktiva (z.B. von Wertpapieren) oder im äußersten Fall aus einer Zahlungseinstellung resultieren und die (wie die Umwandlungskosten bei der Transaktionskasse) teils vom Umfang des Kassendefizits abhängig (variable Illiquiditätskosten), teils davon unabhängig sind (feste Illiquiditätskosten).

---

13 Vgl. E.-M. Claassen, Grundlagen der Geldtheorie. 2., neubearb. u. erw. Aufl. Berlin, Heidelberg, New York 1980. S. 121 f.

14 Vgl. hierzu E. L. Whalen, A Rationalization of the Precautionary Demand for Cash. „The Quarterly Journal of Economics", Vol. 80 (1966), S. 314 ff. – Vgl. auch U. Westphal, Theoretische und empirische Untersuchungen zur Geldnachfrage und zum Geldangebot. (Kieler Studien, 110.) Tübingen 1970. S. 10 ff.

Alternativkosten sowie feste und variable Illiquiditätskosten sind mithin Einflussgrößen, die in einem an den Kosten orientierten Kalkül zur Bestimmung einer **optimalen Vorsichtskasse** eine wesentliche Rolle spielen.

Ein solcher Kalkül geht von der Frage aus, auf welchen Betrag sich die Nettozahlungsströme (Kassenüberschuss oder Kassendefizit) im Planungszeitraum vermutlich belaufen werden. *Verschiedene* Möglichkeiten werden hierfür in Betracht gezogen und ihnen jeweils bestimmte Wahrscheinlichkeiten zugeordnet. Aus der so gebildeten Wahrscheinlichkeitsverteilung für die Nettozahlungsströme wird ein Mittelwert gebildet, indem die als möglich angesehenen Nettozahlungsströme jeweils mit ihren entsprechenden Wahrscheinlichkeiten multipliziert und die sich ergebenden Produkte summiert werden. Der auf diese Weise berechnete Mittelwert stellt den **Erwartungswert für das Kassendefizit bzw. den Kassenüberschuss** der Periode dar.

Das der Analyse der Vorsichtskasse zugrunde liegende Modell soll unter folgenden vereinfachenden Annahmen dargestellt werden:

1. Die Wahrscheinlichkeit, dass innerhalb des Planungszeitraums (z.B. innerhalb eines Tages) in bestimmter Höhe ein Kassendefizit auftritt, ist ebenso groß wie die Wahrscheinlichkeit, dass sich in der gleichen Höhe ein Kassenüberschuss einstellt. Daraus ergibt sich, dass im Mittel für den Planungszeitraum mit einem Nullsaldo zwischen Aus- und Einzahlungen gerechnet wird. Somit weisen die *Nettozahlungsströme (z) einen Erwartungswert von null* auf und ihre *Wahrscheinlichkeitsverteilung ist bezüglich des Nullpunktes symmetrisch*[15].
2. Kassendefizite bzw. -überschüsse können innerhalb des Planungszeitraums nur bis zu einem bestimmten Höchstbetrag (m) auftreten.

Diese Annahmen werden im Folgenden am Beispiel einer Wahrscheinlichkeitsverteilung illustriert, die dadurch charakterisiert ist, dass die Wahrscheinlichkeit (genauer: die Wahrscheinlichkeitsdichte $f(z)$) für einen Kassenüberschuss bzw. ein Kassendefizit um so geringer veranschlagt wird, je größer der Kassenüberschuss bzw. das Kassendefizit ist (vgl. Abb. II.7)[16].

Die Kassenhaltung aus Vorsichtsgründen erfolgt in dem extremen Fall, in dem jedes Illiquiditätsrisiko vermieden werden soll, in der Weise, dass ein Kassenbestand in Höhe des maximal möglichen Kassendefizits (m) gehalten wird. Dem Vorteil, dass Illiquiditätskosten mit Sicherheit nicht entstehen, steht in diesem Fall der Nachteil relativ hoher Alternativkosten gegenüber. Die Alternativkosten (k_A), die sich bei einer Kassenhaltung in Höhe von l_v und einem Zinssatz i aus der Beziehung

(10) $k_A = l_v i$

---

[15] Eine Verteilung mit der Wahrscheinlichkeitsdichte (bzw. Dichtefunktion) $f(z)$ (wobei $f(z)$ jedem Ereignis z die entsprechende Dichte zuordnet) heißt symmetrisch bezüglich einer Zahl $z = c$, wenn für jedes reelle a

$$f(c + a) = f(c - a)$$

gilt. (Vgl. E. KREYSZIG, Statistische Methoden und ihre Anwendungen. 4., durchges. Aufl. Göttingen 1973. S. 87.)

[16] In Abb. II.7 ist diese Beziehung zwischen der Wahrscheinlichkeitsdichte und den Nettozahlungsströmen ($f(z)$) linear. Abb. II.7 beschreibt damit eine Dreiecksverteilung.

ergeben (und die sich bei $l_v = m$ auf den Betrag $m \cdot i$ belaufen), können vermindert werden, *wenn die Vorsichtskasse verkleinert und damit die Möglichkeit der Illiquidität in Kauf genommen wird.*

Abb. II.7 macht deutlich, dass sich der Bereich (l_v bis m), in dem mögliche Kassendefizite die Vorsichtskasse übertreffen, ausdehnt, wenn die Vorsichtskasse (also die Strecke von 0 bis l_v) kleiner wird. Die (durch die Fläche des schraffierten Dreiecks angegebene) Wahrscheinlichkeit für den Fall der Illiquidität nimmt also zu, wenn man die Vorsichtskasse senkt (z.B. um Alternativkosten einzusparen).

Der genaue Wert der im Mittel bei einer bestimmten Vorsichtskasse *erwarteten Illiquiditätskosten* wird durch feste und variable Illiquiditätskosten bestimmt. Die (erwarteten) *festen Illiquiditätskosten* erhält man, wenn die Kosten, die unabhängig vom Umfang des Kassendefizits auftreten (α'), mit der Wahrscheinlichkeit, dass die Kassendefizite größer sind als die Vorsichtskasse (Fall der Illiquidität), multipliziert werden. Da die Wahrscheinlichkeit für den Fall der Illiquidität bei einer Vorsichtskasse in Höhe von l_v durch den Inhalt des schraffierten Dreiecks angegeben wird, lässt sich die Wahrscheinlichkeit für den Fall der Illiquidität durch das Integral

$$\int_{l_v}^{m} f(z)\,dz \qquad \text{bestimmen.}$$

Für die (erwarteten) *festen Illiquiditätskosten* ergibt sich somit der Ausdruck

$$\alpha' \cdot \int_{l_v}^{m} f(z)\,dz.$$

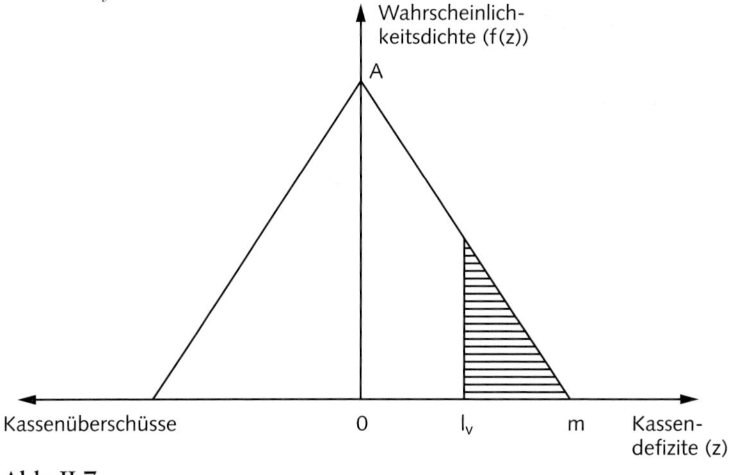

Abb. II.7

Die (erwarteten) *variablen Illiquiditätskosten* werden ermittelt, indem die variablen Illiquiditätskosten pro GE (β') mit dem im Mittel erwarteten Betrag der Finanzierungslücke, d.h. genauer: mit dem Erwartungswert der über die Vorsichtskasse hinausgehenden Kassendefizite

$$\int_{l_v}^{m} (z - l_v) f(z)\,dz, \qquad \text{multipliziert werden.}$$

Für die (erwarteten) *variablen Illiquiditätskosten* erhält man somit den Ausdruck

$$\beta' \cdot \int_{l_v}^{m} (z - l_v) f(z)\, dz.$$

Die im Mittel erwarteten *gesamten Illiquiditätskosten* (k_I) ergeben sich schließlich als Summe aus den (erwarteten) festen und variablen Illiquiditätskosten:

$$(11) \quad k_I = \alpha' \cdot \int_{l_v}^{m} f(z)\, dz + \beta' \cdot \int_{l_v}^{m} (z - l_v) f(z)\, dz.$$

Gleichung (11) macht deutlich, dass sich die Kostenfunktion k_I nur bestimmen lässt, wenn eine explizite Dichtefunktion[17] $f(z)$, die die Wahrscheinlichkeitsverteilung der Nettozahlungsströme beschreibt, angenommen werden kann[18].

b) Die Bestimmung der optimalen Vorsichtskasse

aa) Algebraische Lösung. – Das Optimierungsproblem besteht im vorliegenden Fall darin, die Vorsichtskasse (**Entscheidungsvariable**) so zu bestimmen, dass die Summe aus Alternativ- und Illiquiditätskosten (**Zielvariable**) ein *Minimum* wird (Entscheidungsmaxime), also:

$$(12) \quad k = k_A + k_I \quad \text{Min!}$$

Der für die Lösung grundlegende Gedankengang lässt sich ohne Rückgriff auf eine explizite Dichtefunktion mit Hilfe der TSCHEBYSCHEFFschen Ungleichung darstellen, wenn von variablen Illiquiditätskosten abgesehen wird und die Standardabweichung der Nettozahlungsströme bekannt ist. Auf unser Problem angewendet besagt die **TSCHEBYSCHEFFsche Ungleichung**:

Die Wahrscheinlichkeit (w), dass Kassendefizite (z) auftreten, die größer sind als die Vorsichtskasse (l_v), ist

$$(13) \quad w(z > l_v) < \frac{1}{2} \frac{s^2}{l_v^2},$$

wobei s die Standardabweichung der Nettoauszahlungsströme bezeichnet[19].

---

[17] Vgl. im Einzelnen KREYSZIG, a.a.O., S. 80 f.

[18] Im Anhang der schon zitierten Arbeit von WHALEN (a.a.O., S. 322 ff.) ist die optimale Vorsichtskasse für explizite Wahrscheinlichkeitsverteilungen berechnet worden.

[19] In allgemeinerer Form besagt die TSCHEBYSCHEFFsche Ungleichung, dass für eine Zufallsvariable X mit dem Mittelwert μ und der Standardabweichung σ gilt:

$$(x) \qquad w(|X - \mu| \geqq \varepsilon) \leqq \frac{\sigma^2}{\varepsilon^2},$$

wobei $\varepsilon > 0$ (siehe KREYSZIG, a.a.O., S. 172). Bei der Übertragung dieser Ungleichung auf den oben behandelten Fall ist X durch z, ε durch l_v, der Mittelwert μ durch null und schließlich noch σ durch s zu ersetzen. Dabei ist zweierlei zu beachten: Erstens sind nur Kassendefizite relevant, die größer als die Vorsichtskasse sind, d.h. in Ungleichung (x) entfallen die Gleichheitszeichen. Zweitens ist die Wahrscheinlichkeit, dass Kassendefizite über den Betrag der Vorsichtskasse hinausgehen, bei der angenommen symmetrischen Wahrscheinlichkeitsverteilung *halb* so groß wie die Wahrscheinlichkeit, dass Kassendefizite *oder* Kassenüberschüsse über diesen Betrag hinausgehen, d.h. der Quotient σ^2/ε^2 bzw. s^2/ε^2 in Gleichung (x) ist zu halbieren.

Ist die Standardabweichung z.B. $s = 100$ GE, dann ist die Wahrscheinlichkeit, dass Kassendefizite eine Vorsichtskasse in Höhe von 200 übertreffen,

$$w(z > 200) < \frac{1}{2}\frac{100^2}{200^2}\left(=\frac{1}{8}\right).$$

Die Wahrscheinlichkeit für den Illiquiditätsfall ist also in diesem Beispiel kleiner als 12,5 v.H. Würde man die Wahrscheinlichkeit genau mit 12,5 v.H. veranschlagen, dann würde man auf jeden Fall vermeiden, das Illiquiditätsrisiko zu gering einzuschätzen. Von einer derartig vorsichtigen Haltung in der Finanzplanung wird im Folgenden ausgegangen. Ungleichung (13) ist deshalb als Gleichung zu betrachten, d.h. in der Planung wird für den Illiquiditätsfall mit einer Wahrscheinlichkeit von

(14) $w(z > l_v) = \dfrac{s^2}{2l_v^2}$ gerechnet.

Werden die festen Illiquiditätskosten mit dem Grad ihrer Wahrscheinlichkeit gewichtet (also mit $w(z > l_v)$ multipliziert) und bleiben variable Illiquiditätskosten unberücksichtigt (d.h. $\beta' = 0$), dann erhalten wir schließlich für die zu minimierenden *Gesamtkosten* und damit für die Zielfunktion folgenden Ausdruck[20]:

(15) $k = l_v \cdot i + \alpha' \dfrac{s^2}{2l_v^2}$.

Der erste Summand auf der rechten Seite von (15) stellt die Alternativkosten dar, der zweite die im Mittel erwarteten festen Illiquiditätskosten.

Notwendig für die Minimierung der Gesamtkosten ist als *Bedingung erster Ordnung*

(16) $\dfrac{dk}{dl_v} = i - \alpha' s^2 \dfrac{1}{\hat{l}_v^3} = 0$

bzw.

(17) $i = \alpha' \dfrac{s^2}{l_v^3}$

und

(18) $\hat{l}_v = \sqrt[3]{\dfrac{\alpha' s^2}{i}}$.

Die Bedingung *zweiter Ordnung* ist erfüllt; denn

$$\frac{d^2k}{dl_v^2} = a' s^2 \frac{3}{\hat{l}_v^4} > 0.$$

Da angenommen werden kann, dass zwischen der Standardabweichung s und dem Umsatz eine positive Beziehung besteht[21] und dass sich Umsatz und individuelles Einkommen i.Allg. auch in gleicher Richtung ändern, ergibt sich aus Gleichung (18), dass *die optimale Vorsichtskasse mit steigendem Einkommen, zunehmenden (festen) Illiquiditätskosten und sinkendem Zinssatz steigt und umgekehrt*. Gleichung (18) zeigt weiter, dass die *optimale Vorsichtskasse mit steigendem Einkommen immer dann unterproportional zunimmt*, wenn zwischen der Varianz s^2 und dem Umsatz einerseits sowie dem Umsatz und dem in-

---

20 Siehe Gleichung (12) mit (10) und (11) bei $\beta' = 0$ und Berücksichtigung von (14).

21 Siehe hierzu WESTPHAL, a.a.O., S. 12.

dividuellen Einkommen anderseits ein proportionaler Zusammenhang besteht[22]. Schließlich enthält Gleichung (18) auch noch das Ergebnis, dass eine *Vorsichtskasse überflüssig* ist ($l_v = 0$), wenn die Erwartungen bezüglich des Kassendefizits bzw. -überschusses einwertig sind und die Varianz damit den Wert null annimmt.

bb) Graphische Lösung. - Die eben abgeleiteten Zusammenhänge wollen wir auch hier graphisch mit Hilfe eines Grenzkosten-Diagramms darstellen. Ausgangspunkt ist wieder der in Gleichung (17) beschriebene Zusammenhang zwischen einer marginalen Zunahme der Vorsichtskasse und der daraus resultierenden Erhöhung der Alternativkosten und der gleichzeitigen Senkung der Illiquiditätskosten. Wie Gleichung (17) erkennen lässt, wird das *Kostenminimum* nur dann erreicht, wenn die Vorsichtskasse so bemessen wird, dass die marginale Ersparnis an Illiquiditätskosten $\left(\alpha' \frac{s^2}{l_v^3}\right)$ durch die marginale Zunahme der Alternativkosten (i) gerade kompensiert wird.

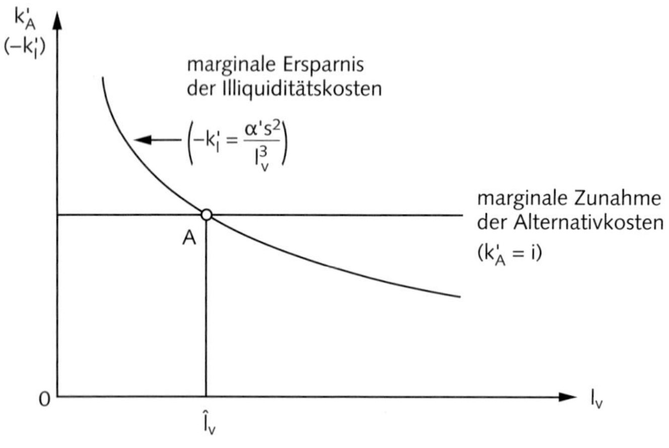

Abb. II.8

In Abb. II.8 wird das Optimum (d.h. das Kostenminimum) im Punkt A realisiert; die optimale Vorsichtskasse beträgt $\hat{l}_v$. Verschiebt sich die $-k_A'$-Kurve nach oben (als Folge einer Zinserhöhung) oder die $(-k_I')$-Kurve nach unten (als Folge einer Senkung der (festen) Illiquiditätskosten oder einer Senkung der Varianz, die aus einer Abnahme des Umsatzes resultiert), dann wird die optimale Vorsichtskasse geringer.

[22] Proportionalität zwischen Varianz und Umsatz ist gegeben, wenn der Durchschnittsbetrag jeder möglichen Aus- bzw. Einzahlung konstant bleibt und nur ihre Häufigkeit zunimmt (vgl. WHALEN, a.a.O., S. 319).

Zusammenfassung

Eine Analyse der Vorsichtskasse, die Alternativkosten der Kassenhaltung einerseits und Illiquiditätskosten unter Berücksichtigung ihrer Wahrscheinlichkeit anderseits in die Untersuchung mit einbezieht, legt die Hypothese nahe, dass die optimale Vorsichtskasse einer Wirtschaftseinheit mit zunehmendem Einkommen, zunehmenden festen Illiquiditätskosten und abnehmendem Zinssatz steigt und umgekehrt.

3. Spekulationskasse und Portefeuille-Theorie

a) Spekulative Kassenbestände bei sicheren Erwartungen und einem Wertpapier

aa) Erwartete Kursänderungen und laufende Zinserträge. – Während für die Bestimmung der Transaktions- bzw. Vorsichtskasse sichere bzw. mit Risiko behaftete Erwartungen über *Höhe und zeitliche Verteilung der laufenden Transaktionen* von besonderer Bedeutung sind, spielen bei der Analyse der **Spekulationskasse** Erwartungen über den *zukünftigen Preis (Kurs) von finanziellen*[23] *Vermögensobjekten und damit über ihre zukünftige Rendite*[24] eine wesentliche Rolle. Wird z.B. für die Zukunft bei Wertpapieren mit fallenden Kursen oder, was dasselbe besagt, mit steigenden Renditen gerechnet, dann bietet die Haltung einer Spekulationskasse die Möglichkeit, Kursverluste zu vermeiden. Ob deshalb eine Umwandlung von Wertpapieren in Kasse vorgenommen wird, hängt davon ab, ob die voraussichtlichen Kursverluste die Zinserträge aus der Wertpapieranlage übertreffen.

Erwartungen über Richtung und Umfang der Kursänderungen sowie die laufenden Zinserträge der Wertpapiere wären somit Faktoren, die in einem Modell zur Bestimmung spekulativer Kassenbestände eine wichtige Rolle spielen.

bb) Die Entscheidungsregel. – Die Analyse der Spekulationskasse erfolgt unter der Annahme, dass die Erwartungen bezüglich der zukünftigen Wertpapierkurse vom Umfang der eigenen Dispositionen unabhängig sind, dass also Mengenanpasserverhalten vorliegt. Im ersten Stadium der Betrachtung werden wir außerdem davon ausgehen, dass die Erwartungen hinsichtlich der zukünftigen Kurse einwertig und in Bezug auf den gegenwärtigen Kurs vollkommen unelastisch sind. Ersteres bedeutet, dass für die folgende Periode ein bestimmter Kurs mit hundertprozentiger Sicherheit erwartet wird, Letzteres, dass die erwarteten Kurse nicht von den gegenwärtigen Kursen abhängen[25].

Zur Vereinfachung wird schließlich vorerst noch unterstellt, dass für die Anlageentscheidung als finanzielle Aktiva nur Kasse und *ein* Wertpapier in Betracht kommen. Letzteres sei eine festverzinsliche Schuldverschreibung mit unendlich langer Laufzeit, einem Nominalwert von 100 GE und einem Nominalzinssatz von i_0.

---

[23] Die Möglichkeit einer Spekulation in Gütern wird nicht berücksichtigt.

[24] Bei einem Wertpapier mit einer Laufzeit von n Jahren, einem Nominalwert 100, einem Nominalzinssatz i_0 und einer Tilgung zum Nominalwert besteht zwischen *Kurswert* p_w und *Rendite* i folgende Beziehung:

$$p_w = i_0 \cdot 100 \frac{(1+i)^n - 1}{i(1+i)^n} + \frac{100}{(1+i)^n}.$$

Bei einer unendlich großen Laufzeit (d.h. $n \to \infty$) ergibt sich hierfür:

$$p_w = i_0 \cdot 100 \frac{1}{i} \quad bzw. \quad i = \frac{i_0 \cdot 100}{p_w}.$$

[25] Die Hicksche **Erwartungselastizität** $\frac{dp_w^*}{p_w^*} / \frac{dp_w}{p_w}$ ist in diesem Fall gleich null. Vgl. J. R. Hicks, Value and Capital. An Inquiry into Some Fundamental Principles of Economic Theory. Oxford 1946. S. 205.

Wird für das Ende des Planungszeitraums (z.B. eines Jahres) ein Wertpapierkurs p_w^* erwartet, dann resultiert aus einem q Stücke umfassenden Wertpapierbestand folgender (erwarteter) Ertrag:

$$(19)\quad g^* = \underbrace{(p_w^* - p_w)q}_{\text{Kursgewinn/ -verlust}} + \underbrace{i_0 100 q}_{\text{Nominalverzinsung}}.$$

Da zwischen dem Kurs des Wertpapiers p_w und der Rendite i die Beziehung

$$p_w = \frac{i_0 100}{i}$$

besteht[26], können wir für (19) auch schreiben:

$$(20)\quad g^* = \underbrace{\left(\frac{i_0 100}{i^*} - \frac{i_0 100}{i}\right)q}_{\text{Kursgewinn/ -verlust}} + \underbrace{i_0 100 q}_{\text{Nominalverzinsung}}.$$

Mit i^* wird hierbei die erwartete Rendite bezeichnet. Ergibt die Summe aus der erwarteten Kursänderung und dem Zinsertrag einen positiven Betrag, d.h. $g^* > 0$, dann bedeutet jeder Bestand an Kasse einen Verzicht auf sichere Erträge. Eine nach maximalem Ertrag strebende Wirtschaftseinheit wird deshalb den gesamten für spekulative Zwecke verfügbaren Betrag in Wertpapieren anlegen. Ist dagegen $g^* < 0$, dann lassen sich sichere Verluste nur vermeiden, wenn keine Wertpapiere in das Portefeuille aufgenommen werden. Es entspricht also in diesem Fall dem Ziel der Ertragsmaximierung (bzw. Verlustminimierung), in voller Höhe der verfügbaren Mittel spekulative Kasse zu halten und gegenüber einem Wertpapierengagement eine abwartende Haltung (Attentismus) einzunehmen.

Die Eigenart der hier durchgeführten Analyse der Spekulationskasse besteht also darin, dass sie zu einer *Entweder (Kasse) Oder (Wertpapiere)-Entscheidung* führt. Nur wenn der spezielle Fall vorliegt, dass der erwartete Ertrag gerade gleich null ist und die Wirtschaftseinheit sich demzufolge gegenüber Kasse und Wertpapieren auch indifferent verhalten kann, erscheint eine gleichzeitige Haltung von Kasse und Wertpapierbeständen plausibel.

cc) Die individuelle Liquiditätspräferenz. – Die eben abgeleiteten Zusammenhänge sollen mit Hilfe eines Diagramms illustriert werden, das zeigt, wie über einen zu Beginn des Planungszeitraums für spekulative Zwecke verfügbaren Kassenbestand[27] in Höhe von $\bar{L}_s$ bei alternativen (gegenwärtigen) Renditen i und gegebener erwarteter Rendite i^* disponiert wird[28]. Ausgangspunkt der Darstellung ist die unter (20) abgeleitete Bestimmungsgleichung für den Ertrag.

---

26 Vgl. S. 36, Fußnote 24.

27 Besteht der für spekulative Zwecke zu Beginn des Planungszeitraums verfügbare Betrag teilweise auch aus Wertpapieren, dann ergibt sich insofern eine gewisse Komplizierung, als der Wert dieses Betrages dann von der Kursentwicklung der Wertpapiere beeinflusst wird.

28 Vgl. J. TOBIN, Liquidity Preference as Behavior Towards Risk. „The Review of Economic Studies", Vol. 25 (1957/58), S. 67 ff.

Wird g* in Gleichung (20) auf den in Wertpapieren investierten Geldbetrag (GE) bezogen, d.h. durch $p_w \cdot q = \frac{i_0 100}{i} \cdot q$ dividiert, dann ergibt sich:

$$(21) \quad \underbrace{\frac{g^*}{p_w \cdot q}}_{\substack{\text{Ertrag} \\ \text{pro GE}}} = \underbrace{\frac{i}{i^*} - 1}_{\substack{\text{Kurs-} \\ \text{gewinn/} \\ \text{-verlust} \\ \text{pro GE}}} + \underbrace{i}_{\substack{\text{Zins-} \\ \text{ertrag} \\ \text{pro GE} \\ \text{(Rendite)}}}.$$

Offenbar ist

$$g^* \gtreqless 0,$$

wenn

$$i - i^* + i\,i^* \gtreqless 0,$$

bzw. bei Auflösung nach i , wenn

$$i \gtreqless \frac{i^*}{1 + i^*}.$$

Bezeichnen wir die gegenwärtige Rendite, bei der g^* gleich null wird, als *kritische* Rendite (i_k), dann lassen sich folgende Ergebnisse formulieren:

Ist die gegenwärtige Rendite i größer als die kritische Rendite i_k und damit $g^* > 0$, dann wird der gesamte für Spekulationszwecke verfügbare Betrag $\bar{l}_s$ in Wertpapieren investiert; ist die gegenwärtige Rendite kleiner als die kritische Rendite und damit $g^* < 0$, dann wird nur Kasse gehalten; ist die gegenwärtige Rendite schließlich gleich der kritischen Rendite und damit $g^* = 0$, dann können sich die Wirtschaftseinheiten gegenüber einer Anlage in Spekulationskasse oder in Wertpapieren indifferent verhalten.

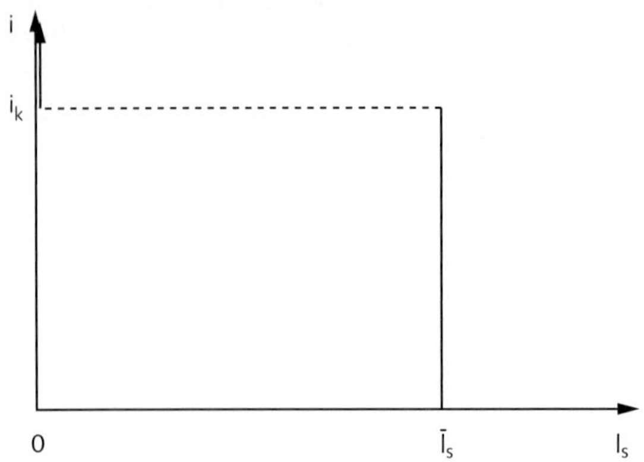

Abb. II.9

Die individuelle Präferenz für Kasse (d.h. **Liquiditätspräferenz**) in Abhängigkeit von der gegenwärtigen Rendite (i) wird demnach im Diagramm (vgl. Abb. II.9) durch eine Treppenkurve beschrieben, die bei $i > i_k$ mit der Ordinate zusammenfällt, bei $i = i_k$ parallel zur l_s-Achse verläuft und bei $i < i_k$ mit einer

Parallelen zur *i*-Achse identisch ist, deren Abszissenwert durch den insgesamt für spekulative Zwecke vorhandenen Betrag $\bar{l}_s$ bestimmt wird. Sind die (sicheren) Erwartungen von Wirtschaftssubjekt zu Wirtschaftssubjekt *unterschiedlich* und damit auch die Höhe von i_k, dann ergibt sich bei Aggregation solcher einstufiger Treppenkurven für die *gesamtwirtschaftliche Liquiditätspräferenz* eine mehrstufige Treppenkurve, die bei großer Zahl von Wirtschaftssubjekten durch eine negativ geneigte (glatte) Kurve angenähert werden kann.

b) Spekulative Kassenbestände bei mit Risiko behafteten Erwartungen und einem Wertpapier

Der Aussagewert der im letzten Abschnitt durchgeführten Analyse wird insbesondere durch zwei Annahmen begrenzt, die jetzt schrittweise aufgegeben werden sollen: 1. die *Einwertigkeit* der Kurs- bzw. Renditeerwartungen mit der daraus in der Regel resultierenden Konsequenz einer Entweder (Kasse) Oder (Wertpapiere)-Entscheidung und 2. die Beschränkung auf Kasse und ein Wertpapier als ausschließliche Anlagemöglichkeiten.

aa) Erwarteter Erlös und Risiko. – Der erste Schritt zur Erweiterung der Analyse besteht darin, dass bei der Beurteilung der zukünftigen Ertragsaussichten eines Wertpapiers mehrere Möglichkeiten der Ertragsentwicklung Berücksichtigung finden. Werden die als möglich angesehenen Erträge eines Wertpapiers entsprechend der Wahrscheinlichkeit ihres Eintretens gewichtet und aufsummiert, dann erhält man einen Mittelwert, der den Erwartungswert für den zukünftigen Ertrag darstellt. Die hierauf bezogene Standardabweichung (oder stattdessen auch die Varianz) gibt an, wie die verschiedenen als möglich angesehenen Erträge um den Erwartungswert streuen; sie wird deshalb als ein Maß für das mit der Wertpapieranlage verbundene Risiko angesehen[29].
Wie sich der im Mittel erwartete Ertrag und das Risiko im konkreten Fall ermitteln lassen, soll an einem einfachen Beispiel gezeigt werden. Ertrag und Risiko sollen dabei zur Vorbereitung weiterer Überlegungen auf eine in dem Wertpapier investierte Geldeinheit bezogen werden. Zur Illustration betrachten wir einen Wertpapieranleger, der zehn Schuldverschreibungen, die zu einem Nominalwert in Höhe von 100 GE emittiert sind und jährlich mit einem Nominalzinssatz von 8 v.H. verzinst werden, zu einem Kurs von 100 erwirbt und dabei von der in der Tabelle dargestellten Beurteilung der zukünftigen Entwicklung seiner Wertpapieranlage ausgeht.

---

[29] Eine große Standardabweichung bedeutet, dass der Anleger bei Erwerb eines bestimmten Wertpapiers einerseits eine relativ hohe Chance hat, Kursgewinne zu machen, andererseits aber auch eine relativ hohe Wahrscheinlichkeit besteht, dass Kursverluste auftreten. Umgekehrt ist bei einer kleinen Standardabweichung die Wahrscheinlichkeit hoher Kursgewinne und -verluste relativ gering.

(1) Ertrag (Kursgewinn + Nominalverzinsung) · 10	(2) Ertrag pro angelegter Geldeinheit	(3) Wahrscheinlichkeit für dieses Ereignis	(4)	(5)
g	$\frac{g}{qp_w}$	w	$\frac{g}{qp_w} \cdot w$	$\left(\frac{g}{qp_w} - e_w\right)^2 \cdot w$
$(12 + 8) \cdot 10 = 200$	$\frac{200}{1000}$	$0{,}25$	$\frac{50}{1000}$	$\left(+\frac{120}{1000}\right)^2 \cdot 0{,}25$
$(0 + 8) \cdot 10 = 80$	$\frac{80}{1000}$	$0{,}50$	$\frac{40}{1000}$	$0 \cdot 0{,}50$
$(-12 + 8) \cdot 10 = -40$	$-\frac{40}{1000}$	$0{,}25$	$\frac{-10}{1000}$	$\left(-\frac{120}{1000}\right)^2 \cdot 0{,}25$
Σ			$\frac{80}{1000} (= e_w)$ $e_w = 0{,}08$	$\frac{7200}{1000^2} (= s_w^2)$ $s_w \sim 0{,}085$

Das Beispiel enthält die recht einfache Annahme, dass mit einer Wahrscheinlichkeit von 0,5 (also 50 v.H.) keine Kursänderung und jeweils mit einer Wahrscheinlichkeit von 0,25 (also 25 v.H.) eine Kurserhöhung bzw. Kurssenkung um 12 GE erwartet wird. Diese Annahme bedeutet, dass sich der Ertrag aus den Schuldverschreibungen am Ende des Planungszeitraums in der Erwartung der Wirtschaftseinheit auf drei verschiedene Beträge belaufen kann (vgl. Spalte (1)).

Die als möglich angesehenen Beträge (200, 80, - 40) werden in der Tabelle auf die Anlagesumme bezogen (d.h. jeweils durch 1000 dividiert) und stellen somit die möglichen Erträge pro angelegter Geldeinheit dar (Spalte (2)). Die in der zweiten Spalte enthaltenen Angaben werden mit den dazugehörigen Wahrscheinlichkeiten (Spalte (3)) gewichtet, d.h. multipliziert, und bilden die vierte Spalte. Aus der vierten Spalte wird durch Summenbildung ein Erwartungswert e_w abgeleitet (im Beispiel $e_w = 0{,}08$). Der Erwartungswert e_w gibt an, welchen Ertrag eine Wirtschaftseinheit im Mittel aus einer in Wertpapieren angelegten Geldeinheit erwartet. Das durch die Streuung s_w^2 bzw. durch die Standardabweichung s_w ausgedrückte Risiko einer in Wertpapieren angelegten Geldeinheit wird durch Summenbildung aus der Spalte (5) ermittelt (im Beispiel $s_w \sim 0{,}085$).

Die Ertrags- und Risikoraten e_w und s_w sind wichtige Elemente für ein Entscheidungsmodell, das die Zusammensetzung der (finanziellen) Vermögensbestandteile unter dem Gesichtspunkt mit Risiko behafteter Erwartungen analysiert. Wie schon erwähnt, wird der entsprechende Ansatz in der angelsächsischen Terminologie als *portfolio selection* bezeichnet[30].

---

30 Siehe hierzu Hicks, A Suggestion..., a.a.O., S. 1 ff. – H. M. Markowitz, Portfolio Selection. „The Journal of Finance", Vol. 7 (1952), S. 77 f. – Tobin, Liquidity Preference..., a.a.O., S. 65 ff. – H. M. Markowitz, Portfolio Selection. Efficient Diversification of Investments (Cowles Foundation, Monograph 16.) New York 1959. – J. Tobin, The Theory of Portfolio Selection. In: The Theory of Interest Rates, Proceedings of a Conference held by the International Economic Association. Ed. by F. H. Hahn and F. P. R. Brechling. London and New York 1966.

bb) Die möglichen Kombinationen von Ertrag und Risiko. - Die weitere Analyse soll davon ausgehen, dass eine Wirtschaftseinheit zu Beginn des Planungszeitraums einen für spekulative Zwecke verfügbaren Kassenbestand im Betrag von $\bar{l}_s$ besitzt und vor der Frage steht, wie sie diesen Betrag auf Kasse und Schuldverschreibungen mit einheitlicher Ausstattung aufteilen soll. Für ihre Entscheidung sind wesentlich:

1. der im Mittel aus dem gesamten Portefeuille erwartete, auf das Anfangsvermögen $\bar{l}_s$ bezogene Ertrag e und
2. das mit dem gesamten Portefeuille verbundene, auf das Anfangsvermögen bezogene Risiko s[31].

Beide Größen stellen - wie e_w und s_w - Raten dar, d.h. Verhältnis- bzw. Prozentzahlen.

Investiert die Wirtschaftseinheit den Anteil x_0 des Anfangsvermögens $\bar{l}_s$ als risikolose Anlage in (unverzinsliche) Kasse und den Anteil x_1 in ein risikobehaftetes Wertpapier, wobei die *Bilanzrestriktion*

$$(22) \quad x_0 + x_1 = 1$$

gilt, dann ergibt sich aus dem Portefeuille der Ertrag

$$(23) \quad e = e_w x_1$$

und das Risiko

$$(24) \quad s = s_w x_1.$$

Wird Gleichung (24) nach x_1 aufgelöst und das Ergebnis in Gleichung (23) eingesetzt, dann erhält man:

$$(25) \quad e = \frac{e_w}{s_w} s.$$

Beziehung (25) gibt an, welcher Zusammenhang zwischen Ertrag und Risiko bei gegebenem erwarteten Ertrag und Risiko einer in Wertpapieren angelegten Geldeinheit (also bei gegebenen Werten von e_w und s_w) besteht.

Da im Allgemeinen anzunehmen ist, dass der erwartete Ertrag einer Geldeinheit bei den mit Risiko behafteten Wertpapieren größer ist als bei einer von Risiko freien Kassenhaltung, unterstellen wir für den Regelfall $e_w > 0$. Unter dieser Annahme zeigt Gleichung (25), dass *sich der Ertrag nur vergrößern lässt, wenn dabei eine Zunahme des Risikos in Kauf genommen wird.* Wie aus Gleichung (24) hervorgeht, ist das bei einer Erhöhung des Wertpapieranteils (x_1) der Fall.

cc) Optimale Kombination von Ertrag und Risiko und optimales Portefeuille. - aaa) Mit der Ableitung der Beziehung (25) ist der erste Teil unseres Entscheidungsproblems gelöst. Die Aufgabe des zweiten Teils besteht darin, aus den verschiedenen durch Gleichung (25) beschriebenen Kombinationen von Ertrag

S. 3 ff. - J. R. HICKS, The Pure Theory of Portfolio Selection. In: Critical Essays in Monetary Theory. Oxford 1967. S. 103 ff.

31 Wir unterstellen damit, dass ein Portefeuille durch diese beiden Größen für den Entscheidungsträger hinreichend charakterisiert ist (vgl. zu dieser Annahme auch HICKS, The Pure Theory…, a.a.O., S. 117 ff., und TOBIN, Liquidity Preference…, a.a.O., S. 74 ff.).

und Risiko diejenige Kombination auszuwählen, die den individuellen Präferenzen für Ertrag und Risiko am besten entspricht. Da die Bestimmung einer solchen (optimalen) Kombination genaue Annahmen über die subjektive Nutzeneinschätzung von Ertrag und Risiko erfordert, wollen wir der weiteren Analyse folgende *Nutzenfunktion* zugrunde legen:

(26) $u = u\,(e, s), \quad wobei \quad \frac{\partial u}{\partial e} > 0, \quad \frac{\partial u}{\partial s} < 0.$

Es wird also unterstellt, dass der Grenznutzen des Ertrages positiv, der Grenznutzen des Risikos negativ ist. Letzteres bedeutet risikoaverses Verhalten[32]. Weiter wollen wir annehmen, dass das Nutzenniveau bei einer Zunahme von Ertrag und Risiko nur aufrechterhalten werden kann, wenn das marginale Risiko durch immer größer werdende Ertragszuwächse kompensiert wird, die Grenzrate $\frac{de}{ds}$ mit steigendem s also zunimmt. Diese Annahme bedeutet, dass die entsprechenden *Indifferenzkurven* in einem e/s-Diagramm (vgl. Abb. II.10) von unten gesehen *konvex* verlaufen.

bbb) Die Ermittlung der *optimalen* Kombination von Ertrag und Risiko (und damit die Bestimmung des Portefeuille-Gleichgewichts) erfolgt in der Weise, dass aus den durch die Beziehung (25) beschriebenen möglichen Kombinationen diejenige ausgewählt wird, die zum *Nutzenmaximum* führt. Formal besteht der Optimierungskalkül also darin, die Nutzenfunktion (26) unter der Nebenbedingung von Gleichung (25) zu maximieren. Die Technik der *LAGRANGEschen Multiplikatoren* ergibt dabei als Lösungsansatz:

(27) $u = u\,(e, s) + \lambda \left(e - \frac{e_w}{s_w} s\right) \quad Max!$

Hierbei bezeichnet λ den noch unbestimmten LAGRANGEschen Multiplikator.

Für das Nutzenmaximum ist es erforderlich, dass die ersten Ableitungen von (27) nach den Variablen e, s und λ null werden, d.h.

(28) $\frac{\partial u}{\partial e} + \lambda = 0,$

(29) $\frac{\partial u}{\partial s} - \lambda \frac{e_w}{s_w} = 0,$

(30) $e - \frac{e_w}{s_w} s = 0.$

Die drei Gleichungen (28) bis (30) bestimmen bei gegebener Nutzenfunktion und bei gegebenen Werten von e_w und s_w die optimalen Werte von e, s und λ. Aus der Beziehung (23) lässt sich dann der optimale Wertpapieranteil x_1 und damit auch der optimale Wertpapierbestand $x_1 \bar{l}_s$ sowie wegen $x_0 = 1 - x_1$ der optimale Anteil an Kasse x_0 und der optimale Kassenbestand $x_0 \bar{l}_s$ bestimmen. Es zeigt sich somit, dass der optimale Bestand an Kasse und Wertpapieren bei gegebener Nutzenfunktion festgelegt ist, wenn die Ertrags- und Risikoraten (e_w und s_w) sowie das Anfangsvermögen (in Form des Kassenbestandes $\bar{l}_s$) vorgegeben sind[33].

32 *Risikoneutrales* Verhalten liegt vor bei $\frac{\partial u}{\partial s} = 0$, *risikofreudiges* Verhalten bei $\frac{\partial u}{\partial s} > 0$

33 Zu beachten ist, dass die Anteile von Kasse und Wertpapieren am Anfangsvermögen annahmegemäß von der Höhe des Vermögens unabhängig sind. Damit wird unterstellt, dass sich die Bestände von Finanzaktiva proportional zum Vermögen verändern, der entspre-

Wird nach Umformung Gleichung (29) durch Gleichung (28) dividiert, dann ergibt sich für das Optimum auch folgende Bedingung:

$$\frac{\frac{\partial u}{\partial s}}{\frac{\partial u}{\partial e}} = -\frac{e_w}{s_w}$$

bzw.

$$(31)\quad \frac{\partial u}{\partial e}e_w = -\frac{\partial u}{\partial s}s_w{}^{34}.$$

Im Optimum muss der marginale Nutzenzuwachs aus dem Ertrag einer in Wertpapieren investierten Geldeinheit $\left(\frac{\partial u}{\partial e}e_w\right)$ gerade den marginalen Nutzenrückgang durch das hiermit verbundene zusätzliche Risiko $\left(\frac{\partial u}{\partial s}s_w\right)$ kompensieren.

ccc) Die eben analysierten Zusammenhänge werden anschaulicher, wenn man sie durch eine *graphische Darstellung* illustriert (vgl. Abb. II.10):

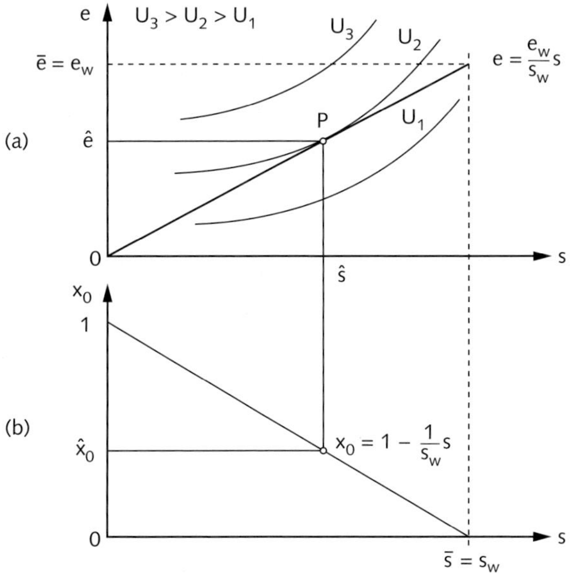

Abb. II.10

chende Zusammenhang also homogen vom Grade 1 ist. Zur Begründung dieser Annahme vgl. H.-J. JARCHOW, Theorie und Politik des Geldes, I. Geldtheorie. 7., neubearb. und erw. Aufl. Göttingen 1987. S. 75 ff., 84 f. – W. FUHRMANN, Geld und Kredit. Prinzipien Monetärer Makroökonomik. 2., erw. Aufl. München, Wien 1987. S. 99 ff.

[34] Diese Bedingung entspricht dem aus der Mikroökonomie bekannten zweiten GOSSENschen Gesetz.

Das *e/s*-Diagramm enthält zwei wichtige Bestandteile:

1. eine Möglichkeitskurve $\left(e = \frac{e_w}{s_w} s\right)$, die alle nach Gleichung (25) möglichen Kombinationen von Ertrag und Risiko darstellt, und
2. ein Indifferenzkurvensystem $(u = u(e, s))$, das die Nutzenfunktion und damit die individuelle Nutzeneinschätzung von Ertrag und Risiko angibt.

Das x_0/s-Diagramm (Abb. II.10 b) enthält eine Gerade, die den Anteil von Kasse am Vermögen (x_0) mit dem Risiko (s) verknüpft. Der entsprechende Zusammenhang ergibt sich, wenn in Gleichung (24) $s = x_1 s_w$ die Quote x_1 durch $1 - x_0$ ersetzt und anschließend nach x_0 aufgelöst wird. Man erhält dann:

(32) $$x_0 = 1 - \frac{1}{s_w} s.$$

Die Werte auf der *e*-Achse und den *s*-Achsen werden durch den maximalen Ertrag ($\bar{e}$) und das maximale Risiko ($\bar{s}$) begrenzt. Der maximale Ertrag und das maximale Risiko werden realisiert, wenn der gesamte Anfangskassenbestand $\bar{l}_s$ in Wertpapieren angelegt ist, d.h. bei $x_1 = 1$ und $x_0 = 0$. Der maximale Ertrag beläuft sich dementsprechend auf $\bar{e} = e_w$ und das maximale Risiko auf $\bar{s} = s_w$. Die Werte von $\bar{e}$ und $\bar{s}$, die in Abb. II.10 durch $x_0 = 0$ festgelegt werden, bestimmen den Punkt, in dem die Möglichkeitskurve in Abb. II.10 a abbricht.

Das Optimierungsproblem wird auf geometrischem Wege dadurch gelöst, dass man auf der Möglichkeitskurve einen Punkt sucht, der zu der am weitesten von der *s*-Achse entfernt liegenden Indifferenzkurve gehört. Er wird bestimmt als Berührungspunkt der Möglichkeitskurve mit einer Indifferenzkurve und liegt bei *P* (vgl. Abb. II.10 a). Der Punkt *P* fixiert das Portefeuille-Gleichgewicht; ihm entspricht die optimale Kombination von Ertrag ($\hat{e}$) und Risiko ($\hat{s}$). Wie Abb. II.10 b zeigt, bedeutet diese Kombination, dass Kasse in Höhe eines Anteils $\hat{x}_0$ und damit Wertpapiere in Höhe eines Anteils $(1 - \hat{x}_0)$ am Vermögen gehalten werden[35].

ddd) Unsere bisherigen Betrachtungen führen also zu dem Resultat, dass im Portefeuille-Gleichgewicht Kasse und Wertpapiere *nebeneinander* als Vermögensobjekte gehalten werden. Als Ergebnis eines Entscheidungskalküls lässt sich aber auch ableiten, dass ein optimales Portefeuille in besonderen Fällen *nur Kasse oder nur Wertpapiere* enthalten kann. Betrachten wir zur Illustration die beiden Darstellungen in Abb. II.11 und II.12.

Die beiden dargestellten Fälle stimmen darin überein, dass es im Bereich zwischen Ursprung und maximalem Risiko ($\bar{s}$) keinen Berührungspunkt der Möglichkeitskurve mit einer Indifferenzkurve gibt. Im *ersten* Fall (vgl. Abb. II.11) wird *der* Punkt auf der Möglichkeitskurve, der zu der am weitesten von der *s*-Achse entfernt liegenden Indifferenzkurve gehört, bei $s = 0$ realisiert, im zweiten Fall (vgl. Abb. II.12) bei $s = \bar{s}$. Die nutzenmaximalen Positionen bedeuten demnach *im ersten Fall* ein Portefeuille-Optimum, bei dem *nur Kasse*, und *im zweiten Fall* ein Portefeuille-Optimum, bei dem *nur Wertpapiere* gehalten werden. Wie die beiden Darstellungen vermuten lassen, tritt der *erste Fall* umso eher ein, je schwächer die Möglichkeitskurve ansteigt, d.h. je geringer der mit der Risikoerhöhung verbundene Ertragszuwachs ist, und je stärker die Indifferenzkurven

[35] Man beachte, dass bei gegebenem Ausgangsvermögen $\bar{l}_s$ mit x_0 und x_1 auch der Bestand an Kasse und Wertpapieren gegeben ist.

ansteigen, d.h. je größer der negative Grenznutzen des Risikos (absolut genommen) im Verhältnis zum Grenznutzen des Ertrags ist[36]. Ist die Steigung der Möglichkeitskurve im Extremfall gleich null oder sogar negativ, weil $e_w < 0$, dann wird bei der unterstellten positiven Steigung der Indifferenzkurven auf jeden Fall nur Kasse gehalten.

Der *zweite* Fall wird offenbar umso eher eintreten, je stärker die Möglichkeitskurve ansteigt, d.h. je größer der mit einer Risikoerhöhung verbundene Ertragszuwachs ist, und je schwächer die Indifferenzkurven ansteigen, d.h. je kleiner der negative Grenznutzen des Risikos (absolut genommen) im Verhältnis zum Grenznutzen des Ertrags ist. Geht die Steigung der Möglichkeitskurve im Extremfall gegen unendlich (fällt sie also mit der *e*-Achse zusammen), weil $s_w = 0$ (d.h. das zinstragende Wertpapier wie Kasse risikolos ist), dann wird das Portefeuille-Optimum stets im Punkt des maximalen Ertrags $\bar{e} (= e_w)$ realisiert und der gesamte Anfangskassenbestand wird auf jeden Fall nur in Wertpapieren angelegt.

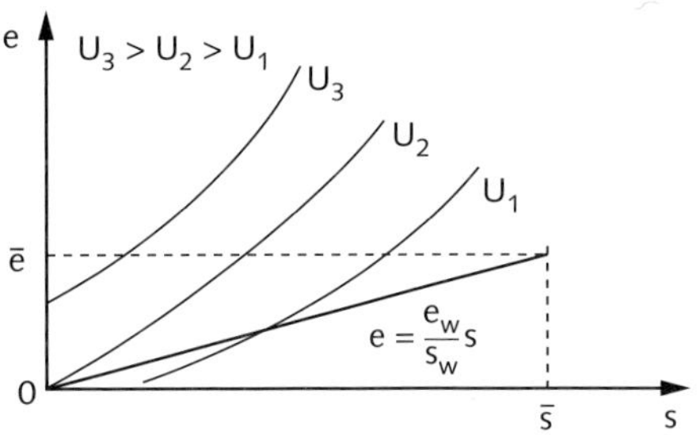

Abb. II.11

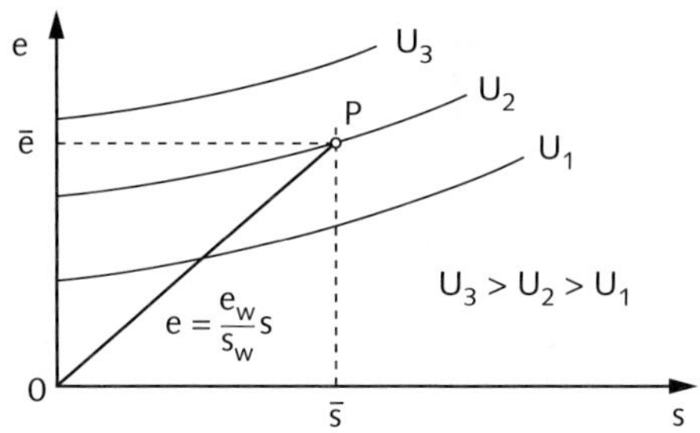

Abb. II.12

Die in den Abb. II.11 und II.12 dargestellten *Ecklösungen* betrachten wir als Spezialfälle. Für den allgemeinen Fall liefert die Bestimmung des Portefeuille-Optimums damit ein Ergebnis, das sich wesentlich von dem Resultat der Analyse bei sicheren Erwartungen unterscheidet: Während das optimale Portefeuille bei *mit Risiko behafteten Erwartungen* im Allgemeinen Kasse *und* Wertpapiere enthält, werden Kasse und Wertpapiere bei sicheren Erwartungen nebeneinander nur unter einer recht speziellen Parameterkonstellation gehalten. Umgekehrt stellt die bei sicheren Erwartungen als Regelfall abgeleitete *Entweder (Kasse) Oder (Wertpapiere)*-Entscheidung bei mit Risiko behafteten Erwartungen die Ausnahme dar.

dd) Parameteränderungen. – Neben der Bestimmung der optimalen Aktivakombination für vorgegebene Parameterwerte ist auch die Frage von Interesse, wie sich die Dispositionen ändern, wenn eine Variation der Parameterkonstellation vorgenommen wird. Wir betrachten dabei zuerst eine Veränderung der Ertragsrate e_w und danach eine Veränderung der Risikorate s_w, und zwar in beiden Fällen eine Zunahme.

---

[36] Die Steigung einer Indifferenzkurve *(de/ds)* wird ermittelt, indem eine marginale Bewegung auf einer Indifferenzkurve *(u = u (e, s))* analysiert wird. Hierfür gilt:

$$\text{(x)} \quad du = \frac{\partial u}{\partial e} de + \frac{\partial u}{\partial s} ds = 0 \quad und \quad \frac{de}{ds} = -\frac{\frac{\partial u}{\partial s}}{\frac{\partial u}{\partial e}}.$$

aaa) Eine Zunahme von e_w bedeutet in der graphischen Darstellung eine Linksdrehung der Möglichkeitskurve und damit in Abb. II.13 a eine Bewegung der optimalen Position von P_0 nach P_1. Die Erhöhung von e_w bewirkt also bei dem im Diagramm angenommenen Indifferenzkurvensystem, dass ein höheres Risiko ($\hat{s}_1$) hingenommen wird.

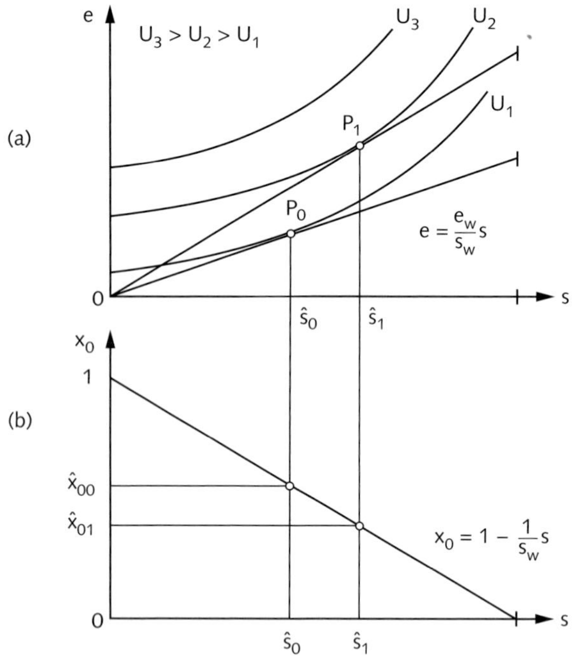

Abb. II.13

Bei anders als in Abb. II.13 a verlaufenden (aber weiterhin konvexen) Indifferenzkurven ergibt sich u.U. auch eine Senkung des Risikos. Dass das Ergebnis nicht eindeutig ist, lässt sich mit einem aus der Haushaltstheorie bekannten Konzept erklären: dem *Substitutions-* und *Einkommenseffekt*. Hier beinhaltet Ersterer, dass eine Erhöhung der Ertragsrate (e_w) einen Anreiz darstellt, den Wertpapieranteil zu vergrößern, d.h. mehr Risiko (s) auf sich zu nehmen; Letzterer bedeutet, dass sich dem Anleger bei einer Erhöhung der Ertragsrate die Möglichkeit bietet, mehr Ertrag bei sinkendem Risiko, d.h. bei steigender Sicherheit, zu erzielen[37].

---

37 Graphisch lässt sich der Substitutions- und Einkommenseffekt veranschaulichen, indem eine Parallele zur neuen Möglichkeitskurve an die U_1-Kurve gelegt wird. Bezeichnet man den Berührungspunkt auf der U_1-Kurve mit P', dann stellt die Bewegung von P_0 nach P' den Substitutionseffekt und die Bewegung von P' nach P_1 den Einkommenseffekt dar. Vgl. hierzu auch TOBIN, The Theory …, a.a.O., S. 50 f.

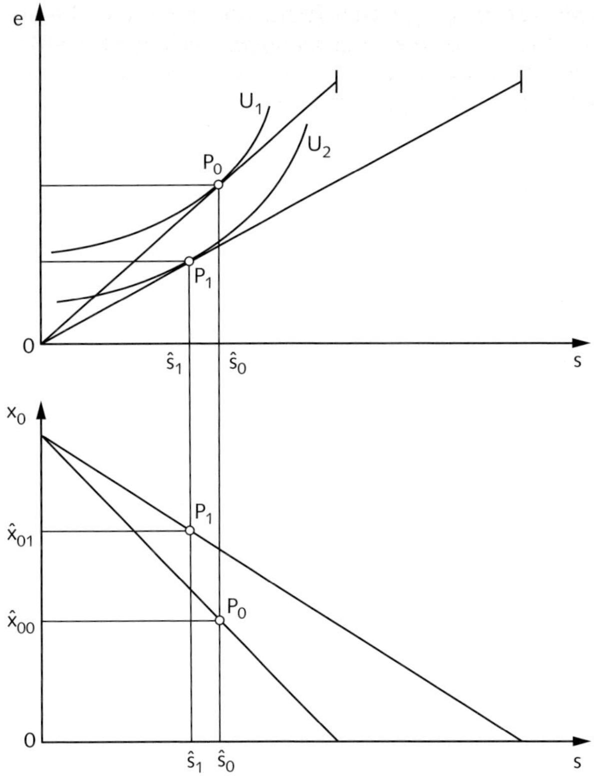

Abb. II.14

Werden Ertrag und Sicherheit als „normale Güter" angesehen, dann wird von beiden mehr realisiert (d.h. mehr Ertrag bei steigender Sicherheit, d.h. geringerem Risiko). Bei der weiteren Analyse gehen wir für den Regelfall davon aus, dass der Substitutionseffekt bezüglich des Risikos nicht durch den Einkommenseffekt kompensiert wird. Unter dieser Annahme führt ein Anstieg von e_w zu einem erhöhten Risiko (s) und dementsprechend zu einem (von $\hat{x}_{00}$ auf $\hat{x}_{01}$) verminderten Anteil von Kasse sowie einem (von $(1 - \hat{x}_{00})$ auf $(1 - \hat{x}_{01})$) vergrößerten Anteil von Wertpapieren am Anfangsvermögen (vgl. Abb. II.13 b). Da sich das Anfangsvermögen $\bar{l}_s$ nicht verändert hat, sinkt mit x_0 auch der *Kassenbestand* $(x_0\, \bar{l}_s)$, während der *Wertpapierbestand* $((1 - x_0)\, \bar{l}_s)$ steigt. Eine Senkung von e_w führt auf entsprechende Weise zu den umgekehrten Ergebnissen.

bbb) Eine Zunahme von s_w bedeutet in der graphischen Darstellung eine Rechtsdrehung der Möglichkeitskurve und damit in Abb. II.14 a eine Bewegung der optimalen Position von P_0 nach P_1. Eine Erhöhung von s_w bewirkt also bei dem im Diagramm angenommenen Indifferenzkurvensystem, dass ein niedrigeres Risiko (s) realisiert wird.

Auch hier kann sich bei anders als in Abb. II.14 a verlaufenden (aber weiterhin konvexen) Indifferenzkurven das umgekehrte Ergebnis einstellen. Dass das Ergebnis nicht eindeutig ist, lässt sich wieder mit dem *Substitutions- und Einkom-*

menseffekt erklären. Hier beinhaltet Ersterer, dass eine Erhöhung der Risikorate (s_w) den Anleger veranlasst, den Wertpapieranteil zu verringern, d.h. weniger Risiko (s) auf sich zu nehmen; Letzterer kann bedeuten, dass wegen der ungünstigeren Anlagemöglichkeiten mehr Risiko, d.h. weniger Sicherheit, bei sinkendem Ertrag erzielt wird[38]. Werden Ertrag und Sicherheit als „normale Güter“ angesehen, dann beinhaltet der Einkommenseffekt dieses Ergebnis. Ist der Substitutionseffekt (wie angenommen) stärker als der Einkommenseffekt, dann führt ein Anstieg von s_w (wie in Abb. II.14) zu einem niedrigeren Risiko (s) und dementsprechend zu einem (von $\hat{x}_{00}$ auf $\hat{x}_{01}$) erhöhten Anteil von Kasse sowie einem (von $(1 - \hat{x}_{00})$ auf $(1 - \hat{x}_{01})$) verminderten Anteil von Wertpapieren am Anfangsvermögen (vgl. Abb. II.14b). Da sich das Anfangsvermögen $\bar{l}_s$ nicht verändert hat, steigt mit x_0 auch der Kassenbestand $(x_0 \bar{l}_s)$, während der *Wertpapierbestand* $((1 - x_0) \bar{l}_s)$ sinkt . Eine Senkung von s_w führt auf entsprechende Weise zu den umgekehrten Ergebnissen.

ccc) Abschließend wollen wir die oben abgeleitete Beziehung zwischen optimaler Kassenhaltung und Ertragsrate e_w dazu verwenden, eine Hypothese über die Abhängigkeit der Kassenhaltung von der *gegenwärtigen Rendite* (i) aufzustellen. Wir benötigen hierzu einen Zusammenhang zwischen der Ertragsrate e_w und der Rendite i. Wie die folgenden Ableitungen zeigen, kann ein solcher Zusammenhang auf einfache Weise durch die Annahme hergestellt werden, dass der im Mittel für die Zukunft erwartete Kurs eines Wertpapiers dem gegenwärtigen Kurs des Wertpapiers entspricht[39], dass also im Mittel keine Änderung des Kurses und damit der Rendite erwartet wird. Nach Gleichung (21) auf S. 38 ergibt sich dann für ein Wertpapier mit unendlich langer Laufzeit als Erwartungswert (E) für den Ertrag einer in Wertpapieren angelegten Geldeinheit:

$$(33) \quad E\left(\frac{g^*}{p_w q}\right) = e_w = i.$$

Änderungen der gegenwärtigen Rendite i sind also in dem hier betrachteten einfachen Fall mit gleich gerichteten und gleich großen Änderungen der Ertragsrate e_w verbunden und wirken deshalb in gleicher Weise auf die optimale Kassenhaltung ein wie Änderungen von e_w. Zusammen mit den vorstehenden Ergebnissen folgt deshalb, dass die *optimale Kassenhaltung mit steigender gegenwärtiger Rendite (i) sinkt* und umgekehrt. Anders als bei sicheren Erwartungen (vgl. Abb. II. 9) ergibt sich somit jetzt bereits für den einzelnen Anleger eine kontinuierlich fallende Nachfragefunktion für Spekulationskasse[40].

---

38 Graphisch lässt sich der Substitutions- und Einkommenseffekt veranschaulichen, indem eine Parallele zur neuen Möglichkeitskurve an die U_1-Kurve gelegt wird. Vgl. die vorangegangene Fußnote.

39 Diese Annahme wird durch die Tabelle auf S. 40 illustriert. Sie wird auch von TOBIN (Liquidity Preference…, a.a.O., S. 71) bei der Analyse der Spekulationskasse verwendet. Sie impliziert für die HICKSsche Erwartungselastizität (bei $E(p_w) = p_w^* = p_w$ in der Ausgangslage) einen Wert von eins (vgl. hierzu Fußnote 25 in diesem Abschnitt).

40 Die entsprechende Kurve beginnt auf der i-Achse bei einem so hohen Wert für i, dass nur Wertpapiere (und keine Kasse) gehalten werden, und bricht ab, sobald i auf einen so niedrigen Wert fällt, dass das gesamte Ausgangsvermögen ($\bar{l}_s$) ausschließlich in Kasse angelegt wird.

Zusammenfassung zu 3 a und 3 b

1. Ein Zwei-Aktiva-Modell zur Bestimmung der Spekulationskasse, das die Erwartungen über Richtung und Umfang der Kursänderungen des Wertpapiers sowie die laufenden Zinserlöse als wesentliche Einflussgrößen berücksichtigt und dabei von sicheren Erwartungen ausgeht, führt im Allgemeinen zu einer Entweder (Kasse) Oder (Wertpapiere)-Entscheidung.

2. Das Modell zeigt weiter, dass die Entscheidung gegen Kasse und für Wertpapiere ausfällt, wenn die Summe aus erwarteten Kursänderungen und der laufenden Rendite größer ist als null, und umgekehrt.

3. Abweichend von den Ergebnissen einer Analyse bei sicheren Erwartungen führt ein Zwei-Aktiva-Modell zur Bestimmung der Spekulationskasse, das mit Risiko behaftete Erwartungen unterstellt und auf den Entscheidungsvariablen Ertrag und Risiko basiert, im Allgemeinen zu einem Portefeuille, das sowohl Kasse als auch Wertpapiere enthält. Der optimale Bestand an Kasse und Wertpapieren hängt dabei von der Größe der Ertrags- und Risikoraten ab.

4. Daneben legt dieses Modell die Hypothese nahe, dass die Kassenhaltung eingeschränkt und der Wertpapierbestand aufgestockt wird, wenn sich die Ertragsaussichten einer Wertpapieranlage verbessern oder sich das damit verbundene Risiko vermindert, und umgekehrt. Unter der zusätzlichen Hypothese, dass keine Kursänderung erwartet wird, lässt sich die Hypothese über den Zusammenhang zwischen Kassen- und Wertpapierbestand einerseits und Ertragsaussichten anderseits spezieller formulieren, nämlich: Die Kassenhaltung ist umso geringer und der Wertpapierbestand umso größer, je höher die gegenwärtige (laufende) Rendite ist, und umgekehrt.

c) Portefeuilles mit mehreren risikobehafteten Wertpapieren

Mit der folgenden Analyse wird *zweierlei* bezweckt: *Erstens* soll gezeigt werden, wie sich das Risiko eines Portefeuilles durch **Diversifikation** (Streuung) der Wertpapieranlagen verringern lässt, und *zweitens* wird der im folgenden Abschnitt dargestellte allgemeinere Ansatz zur **Portefeuille-Theorie** durch die Bestimmung sog. *effizienter Portefeuilles* vorbereitet.

aa) Risiko und Diversifikation. – In dem ausführlicher behandelten Fall von zwei risikobehafteten Wertpapieren sind der Gegenstand der Anlageentscheidung:

- x_1: der Vermögensanteil des Wertpapiers X_1 mit der Ertrags- und Risikorate e_1 und s_1 und
- x_2: der Vermögensanteil des Wertpapiers X_2 mit der Ertrags- und Risikorate e_2 und s_2,

wobei wegen der Budgetrestriktion

(34) $x_1 + x_2 = 1.$

Das hier besonders interessierende Portefeuille-Risiko (s) wird wie folgt durch die Varianz bestimmt:

$$s^2 = s_1^2 x_1^2 + 2 s_1 s_2 r_{12} x_1 x_2 + s_2^2 x_2^2$$

bzw. wegen (34)

(35) $s^2 = s_1^2 (1 - x_2)^2 + 2 s_1 s_2 r_{12} (1 - x_2) x_2 + s_2^2 x_2^2$ [41],

wobei r_{12} der Korrelationskoeffizient für die erwarteten Erträge aus den Wertpapieren X_1 und X_2 ist und

$$e_2 > e_1, \quad s_2 > s_1$$

gelten soll.

Aus Gleichung (35) geht hervor, dass die Beziehung zwischen x_2 und dem Risiko s durch eine *Risikokurve* dargestellt wird, die in einem s/x_2-Diagramm (vgl. Abb. II.15) bei $x_2 = 0, s = s_1$ beginnt und bei $x_2 = 1, s = s_2$ endet. Wie im Anhang A1) a) genauer hergeleitet wird, hängt der weitere Verlauf der Risikokurve davon ab, auf welchen Betrag sich der Korrelationskoeffizient in dem Bereich $-1 \leqq r_{12} \leqq +1$ beläuft.

---

[41] Häufig wird die Varianz auch unter Verwendung der Kovarianz der erwarteten Erträge (s_{ij}, hier: s_{12}) ausgedrückt. Dabei besteht folgender Zusammenhang:
$s_{12} = s_1 s_2 r_{12}$.
Zur Ableitung von Varianz und Kovarianz siehe im Einzelnen T. E. Copeland, J. F. Weston, K. Shastri, Finanzierungstheorie und Unternehmenspolitik. Konzepte der kapitalmarktorientierten Unternehmensfinanzierung. 4., aktual. Aufl. München 2008. S. 162.

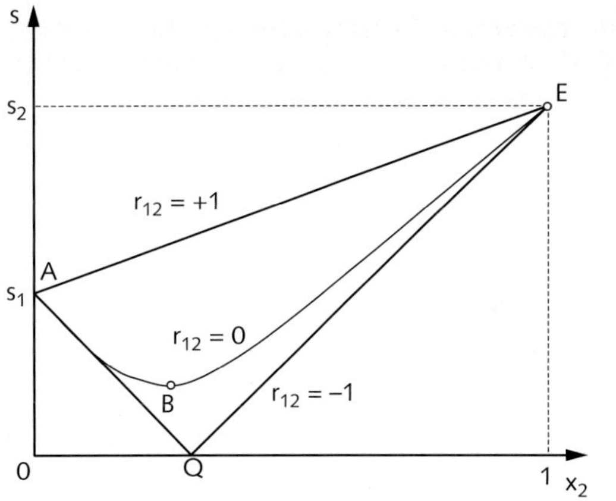

Abb. II.15

Bei $r_{12} = 1$, d.h. bei *vollständig positiver* Korrelation der erwarteten Erträge, wird die Risikokurve durch die Gerade

(36) $s = s_1(1 - x_2) + s_2x_2$[42] bzw.

(37) $s = s_1 + (s_2 - s_1)x_2$

dargestellt. Sie wird in Abb. II.15 durch die Strecke AE wiedergegeben. Wie Gleichung (36) zeigt, ist das Gesamtrisiko (s) bei $r_{12} = 1$ stets gleich dem (gewogenen) Durchschnittsrisiko aus beiden Anlagen.

Bei $r_{12} < 1$ sind die (erwarteten) Erträge *nicht vollständig positiv* miteinander korreliert. Wie Gleichung (35) zeigt, ist in diesem Fall die Varianz (s^2) und damit auch das Risilo (s) bei Diversifikation (d.h. bei $0 < x_2 < 1$) immer kleiner als bei $r_{12} = 1$. Solange also die Erträge nicht vollständig positiv miteinander korreliert sind, kann man durch *Diversifikation* das Gesamtrisiko unter das (durch (36) bestimmte) Durchschnittsrisiko drücken. Dem entspricht, dass die z.B. für $r_{12} = 0$ (d.h. für nicht korrelierte Erträge) in Abb. II.15 eingezeichnete Risikokurve (ABE) im Bereich $0 < x_2 < 1$ unterhalb der die Gleichung (36) abbildenden Risikokurve (AE) liegt. Die Risikokurve (ABE) zeigt weiter, dass sich das Risiko eines diversifizierten Portefeuilles - bestimmte Annahmen vorausgesetzt[43] - durch eine entsprechende Wertpapiermischung (wie beispielsweise im Minimum B) auch unter das Risiko eines Portefeuilles vermindern lässt, das nur das risikoärmere Wertpapier enthält (wie im Punkt A).

Besteht schließlich zwischen den Erträgen aus beiden Wertpapieren eine vollständig *negative Korrelation*, d.h. gilt $r_{12} = -1$, dann bietet eine bestimmte (nämlich die dem Punkt Q entsprechende) Diversifikation sogar die Möglichkeit, das Risiko *vollständig auszuschalten*.

bb) Effiziente und optimale Portefeuilles. - aaa) Die für $r_{12} = 0$ dargestellte Risikokurve zeigt den für den allgemeineren Fall nicht vollständig korrelierter

---

[42] Quadrieren von s führt zu Gleichung (35) bei $r_{12} = 1$.

[43] Die Bedingung lautet $-1 < r_{12} < s_1/s_2$. Siehe hierzu auch Fußnote 3 im Anhang A1).

Erträge $(-1 < r_{12} < 1)$ charakteristischen Verlauf, sofern die Bedingung $-1 < r_{12} < s_1/s_2$ erfüllt ist. Für diesen im Folgenden zugrunde gelegten Fall wird unter Verwendung der oben dargestellten Risikokurve und der durch

$$e = e_1(1 - x_2) + e_2x_2$$

bzw.

$$(38) \quad e = e_1 + (e_2 - e_1)x_2$$

bestimmten Ertragskurve die *Kurve effizienter Portefeuilles* für zwei risikobehaftete Wertpapiere hergeleitet. Dazu wird ein Vier-Quadranten-System benutzt (Abb. II.16)[44], das im IV. Quadranten die durch Gleichung (38) bestimmte *Ertragskurve*, im III. Quadranten die *Risikokurve*, im II. Quadranten eine *45°-Linie* und im I. Quadranten die hieraus resultierende Kurve möglicher Kombinationen von Ertrag und Risiko enthält. Sie entspricht der im vorhergehenden Abschnitt verwendeten *Möglichkeitskurve* und enthält im Bereich BE die sog. **effizienten Portefeuilles**. Risikoaversion vorausgesetzt, ist ein effizientes Portefeuille eine Kombination von Finanzaktiva, *die bei gegebenem Risiko den größten Ertrag und bei gegebenem Ertrag das kleinste Risiko* erwarten lässt. Ein Punkt auf der Möglichkeitskurve unterhalb von B (wie z.B. A) ist *nicht* effizient, da ein Portefeuille realisiert werden kann, das bei gleichem Risiko einen höheren Ertrag erwarten lässt. Wie Abb. II.16 verdeutlicht, entspricht jeder effizienten *e/s*-Kombination im I. Quadranten eine ganz bestimmte (effiziente) Aufteilung der Wertpapiere (x_2) im IV. Quadranten.

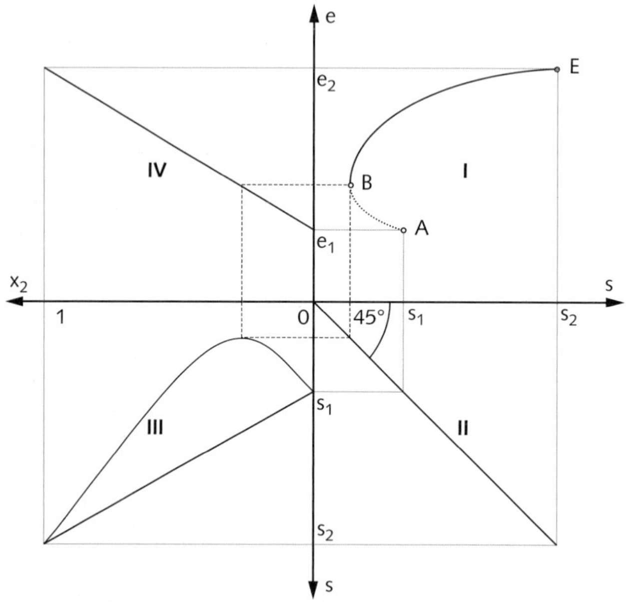

Abb. II.16

[44] Vgl. zu dieser Darstellung CLAASSEN, a.a.O., S. 160 f.

bbb) Wird die Betrachtung auf *n* risikobehaftete Wertpapiere ausgedehnt, dann werden die mit den verschiedenen Portefeuilles realisierbaren Ertrags/Risiko-Kombinationen durch ein *Möglichkeitsgebiet* bestimmt. Wie sich zeigen lässt[45], wird dieses bei nicht vollständig korrelierten Erträgen der *n* Wertpapiere nach links durch eine Kurve begrenzt, deren Form der Möglichkeitskurve (ABE) in Abb. II.16 entspricht. Aus den durch das Möglichkeitsgebiet beschriebenen realisierbaren Portefeuilles werden in einem *ersten* Schritt die *effizienten* ausgewählt. Sie liegen auf dem durchgezogenen Kurvenstück BE (vgl. Abb. II.17).

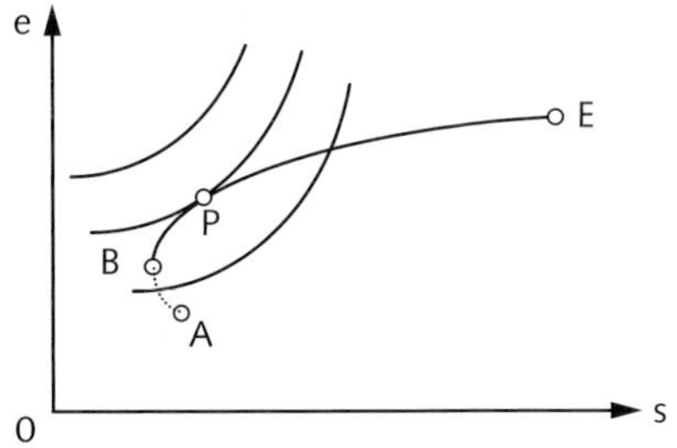

Abb. II.17

In einem *zweiten* Schritt wird dann unter Berücksichtigung der Ertrags/Risiko-Präferenzen aus den effizienten Portefeuilles das *optimale* ausgewählt. Dieses wird durch den Berührungspunkt der Kurve effizienter Portefeuilles mit einer Indifferenzkurve bestimmt (Punkt *P* in Abb. II.17) und enthält die Nutzen maximierenden Wertpapieranteile.

d) Portefeuilles mit einer risikolosen Anlage und mehreren risikobehafteten Wertpapieren

aa) Effiziente und optimale Portefeuilles. – aaa) Für Portefeuilles, die neben risikobehafteten Wertpapieren eine *risikolose* Anlage enthalten[46], lässt sich die für die weitere Analyse wichtige Aussage herleiten[47], dass das Verhältnis, in dem risikobehaftete Wertpapiere zueinander gehalten werden $(x_1 : x_2 : .. : x_n)$ unabhängig von ihrem Gesamtanteil am Vermögen ist. Damit gilt das auf Tobin und Hicks[48] zurückgehende **Separationstheorem**, wonach die Entscheidung über die Zusammensetzung eines Portefeuilles, das u.a. eine risikolose Anlage enthält $(0 < x_0 < 1)$, in *zwei* Teile zerlegt werden kann:

---

45 Vgl. Claassen, a.a.O., S. 161 f. – J. Drukarczyk, Finanzierungstheorie. München1980. S. 308 ff. – R. H. Schmidt, E. Terberger, Grundzüge der Investitions- und Finanzierungstheorie. 4., aktual. Aufl. Wiesbaden 1997 (Nachdruck 2006). S. 325 ff. – W. F. Sharpe, G. J. Alexander, Investments. 4th. ed. Englewood Cliffs, N.J., 1990. S. 154 ff.

46 Ein Beispiel für eine risikolose Anlage ist ein verzinslicher Staatstitel, der am Ende der Planungsperiode fällig wird.

47 Vgl. dazu Anhang A1) b).

48 Vgl. *Tobin*, Liquidity Preference…, a.a.O., S. 82 ff. – Hicks, The Pure Theory…, a.a.O., S. 106 ff.

- Im ersten Teil wird die Zusammensetzung bzw. Struktur des risikobehafteten Wertpapierbündels $(x_1 : x_2 : \dots : x_n)$ bestimmt, wobei individuelle Ertrags/Risiko-Präferenzen noch keine Rolle spielen.
- Im zweiten Teil wird das (gesamte) Vermögen auf die risikolose Anlage und das Wertpapierbündel aufgeteilt, wobei individuelle Ertrags/Risiko-Präferenzen zu berücksichtigen sind.

Wie im Anhang A1) b) gezeigt wird, sind für den ersten Teil die Ertrags- und Risikoraten sowie die Korrelationskoeffizienten der Erträge maßgeblich. Der zweite Teil lässt sich graphisch veranschaulichen. Hierzu werden zunächst ***Möglichkeitskurven*** für Portefeuilles hergeleitet, die neben der risikolosen Anlage ein risikobehaftetes Wertpapierbündel enthalten, dessen Struktur konstant ist und das deshalb als ein Wertpapier angesehen werden kann. Derartige Möglichkeitskurven beginnen in einem *e/s*-Diagramm (vgl. Abb. II.18 a) auf der *e*-Achse bei e_0 (der Ertragsrate für die risikolose Anlage)[49] und enden auf der Kurve ABE, weil dort das Portefeuille nur noch aus dem risikobehafteten Wertpapierbündel besteht. Die Verbindungslinien zwischen dem Anfangspunkt und den Endpunkten bezeichnen mögliche Mischungen aus der risikolosen Anlage und einem risikobehafteten Wertpapierbündel, dessen Struktur konstant und durch den jeweiligen Endpunkt auf der konkaven Kurve festgelegt ist. Sie werden durch Strecken dargestellt (wie e_0B oder e_0M), deren Form sich wie folgt herleiten lässt: Bezeichnet man die Ertragsrate der risikolosen Anlage mit e_0, die Ertrags- bzw. Risikorate des risikobehafteten Wertpapierbündels mit e_W bzw. s_W und seinen Vermögensanteil mit x_W, dann ergibt sich aus dem Portefeuille der *Ertrag*

$$e = e_0 (1 - x_W) + e_W x_W$$

bzw.

$$(39) \quad e = e_0 + (e_W - e_0) x_W$$

und das Risiko

$$(40) \quad s = s_W x_W,$$

wobei $e_W > e_0$ und $0 \leqq x_W \leqq 1$.

Wird Gleichung (40) nach x_W aufgelöst und das Ergebnis in Gleichung (39) eingesetzt, dann erhält man die Gerade

$$(41) \quad e = e_0 + \frac{e_W - e_0}{s_W} s.$$

Geraden, die die Kurve ABE unterhalb von *M* in Abb. II.18 a erreichen (wie die Strecke e_0B), stellen keine effizienten Portefeuilles dar, weil bei gleichem Risiko höhere Erträge erzielbar sind. Effiziente Portefeuilles werden ausschließlich durch *die* Strecke beschrieben, die im Berührungspunkt *M* endet. Der Punkt *M* beschreibt ein Portefeuille (*M*), das eine ganz bestimmte Struktur aufweist und durch die Ertrags- und Risikorate e_W^M und s_W^M gekennzeichnet ist (vgl. Abb. II. 18 a).

---

49 Ist die risikolose Anlage unverzinslich (wie Kasse), dann beginnen die Möglichkeitskurven im Ursprung.

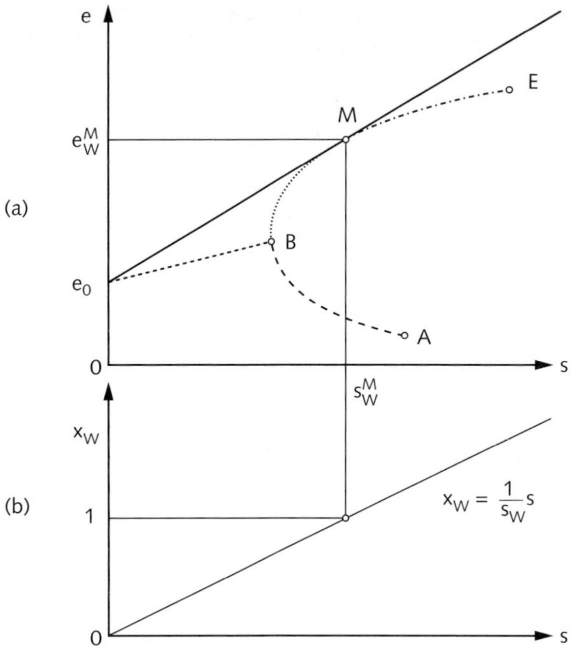

Abb. II.18

Effiziente Portefeuilles, die die risikolose Anlage nicht mehr enthalten, liegen in *M* und rechts von *M* auf der Kurve ABE. Demzufolge gibt der Kurvenzug e_0ME *sämtliche effizienten* Portefeuilles an, die mit dem Ausgangsvermögen finanzierbar sind. Eine Bewegung auf dieser Kurve beinhaltet Folgendes: Ausgehend vom Punkt e_0, in dem nur die risikolose Anlage gehalten wird, werden zunächst so lange Teile der risikolosen Anlage durch das risikobehaftete Wertpapierbündel mit konstanter Struktur ersetzt, bis Erstere verbraucht sind (Punkt *M*). Der durch eine marginale Ausweitung des Risikos ermöglichte Ertragsanstieg (d.h. de/ds) bleibt dabei konstant. Die über *M* hinausgehende Erhöhung der Ertragsrate *e* beruht darauf, dass das risikobehaftete Portefeuille *M* umstrukturiert wird. Risikoärmere (und ertragsschwächere) Wertpapiere werden so lange durch risikoreichere (und ertragsstärkere) Wertpapiere ersetzt, bis das effiziente Portefeuille nur noch das Wertpapier mit der höchsten Ertrags- und Risikorate enthält (Punkt *E*). Der durch eine marginale Ausweitung des Risikos ermöglichte Ertragsanstieg (d.h. de/ds) nimmt dabei ab.

bbb) Die Aussagen sind zu modifizieren, wenn die Möglichkeit *einer Kreditfinanzierung* von Wertpapiergeschäften berücksichtigt wird. Bei der Analyse dieser Erweiterung wird zunächst vereinfachend ein *vollkommener Kapitalmarkt* unterstellt, auf dem risikolos Geld angelegt und zum gleichen Zinssatz (e_0) aufgenommen werden kann, und zwar unbegrenzt . Die Kreditaufnahme bietet dem Investor die Möglichkeit, seine Anlagen in risikobehafteten Wertpapieren über sein Anfangsvermögen hinaus auszudehnen, so dass $x_W > 1$. Ein Wert von $x_W = 1{,}4$ bedeutet beispielsweise, dass der Investor bei einem Anfangsvermögen von 100 000

Geldeinheiten ein Portefeuille mit risikobehafteten Wertpapieren in Höhe von 140 000 hält, von denen 40 000 durch Kredite finanziert wurden.

Durch Kreditaufnahme gelingt es einem Investor, auch Portefeuilles zu realisieren, die in der Graphik (Abb. II.18 a) durch die Verlängerung der Strecke e_0M über M hinaus dargestellt werden[50]. In jedem Punkt der über M hinaus verlängerten Strecke bleibt die Struktur des risikobehafteten Wertpapierbündels unverändert. Während jedoch eine Aufstockung des risikobehafteten Wertpapierbündels bis *M durch Liquidierung der risikolosen Anlage* erfolgt, wobei Alternativkosten pro Geldeinheit in Höhe von e_0 entstehen, wird die über M hinausgehende Aufstockung durch Kredite finanziert, die mit Zinskosten in genau der gleichen Höhe verbunden sind.

Wie man sieht, sind *e/s*-Kombinationen auf der Verlängerung der Strecke e_0M den *e/s*-Kombinationen auf dem konkaven Kurvenstück *ME* überlegen; sie stellen *effiziente* Kombinationen dar. Offenbar bewirkt die Verschuldungsmöglichkeit zum Zinssatz e_0, dass sich für die Kurve effizienter Portefeuilles – wie für die Möglichkeitskurve im Fall von Kasse und einem risikobehafteten Wertpapier – durchgehend eine Gerade ergibt. Der zu jedem Punkt auf dieser Geraden gehörende Wertpapieranteil x_W kann an der Ordinatenachse von Abb. II. 18 b abgelesen werden.

Entsprechend dem *Separationstheorem*, dessen Geltungsbereich durch die Verschuldungsmöglichkeit über M hinaus ausgedehnt wird, erfolgt im *ersten* Teil der Portefeuilleentscheidung die Bestimmung der (konstanten) Struktur des risikobehafteten Wertpapierbündels. Sie wird in Abb. II.19 wieder durch den Punkt M festgelegt. Der *zweite* Teil ist – wie erwähnt – anders als der erste Teil von individuellen Ertrags/Risiko-Präferenzen abhängig. So wird ein stark risikoaverser Investor (A) neben dem risikobehafteten Wertpapierbündel auch risikolose Anlagen halten und sein Portefeuille z.B. im Punkt P_A optimieren; ein weniger risikoaverser Investor (B) wird dagegen nur noch das risikobehaftete Wertpapierbündel halten und dabei sein optimales Portefeuille teilweise durch Kreditfinanzierung über sein Anfangsvermögen ausdehnen, wie z.B. im Punkt P_B (vgl. Abb. II.19).

Neben diesen einzelwirtschaftlichen Aussagen zur Vermögensaufteilung lassen sich aus der Graphik auch *wohlfahrtstheoretische* Implikationen ablesen. So zeigt sich, dass die Existenz eines Kapitalmarktes zu Wohlfahrtsgewinnen führt. Ohne die Möglichkeit einer risikolosen Anlage hätte der Investor A die Position P'_A gewählt und damit eine Position mit geringerem Nutzen als in P_A. Entsprechend hätte der Investor B ohne die Möglichkeit, sich zu verschulden, den Punkt P'_B realisiert; auf Grund der Verschuldungsmöglichkeit kann er das höhere Nutzenniveau in P_B erreichen.

---

50 Der *Ertrag* des Portefeuilles ist (39 a) $e = e_W x_W - (x_W - 1) e_0$,
wobei $(x_W - 1) e_0$ die Verzinsung pro Geldeinheit für die Kreditaufnahme bezeichnet. Da sich (39 a) zu (39) umformen lässt und das *Risiko* weiterhin durch (40) bestimmt wird, gilt auch für den Bereich $x_W > 1$ die Möglichkeitskurve (41).

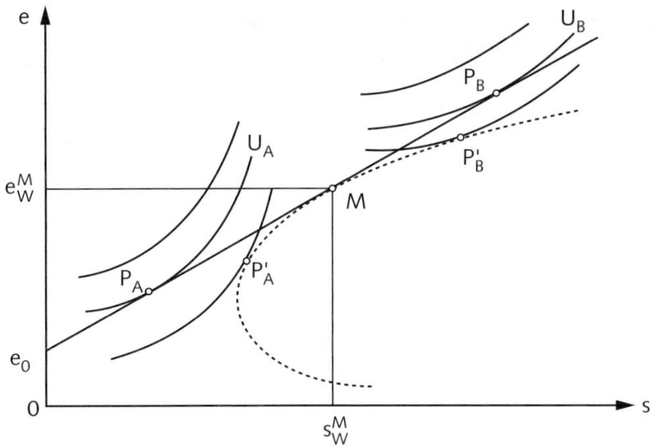

Abb. II.19

bb) Parameteränderungen. – Nach Bestimmung des Optimums soll abschließend noch kurz auf die Frage eingegangen werden, welche Anpassung sich bei einer Änderung der Parameterkonstellation ergibt. Bei der Beantwortung dieser Frage konzentrieren wir uns auf eine Änderung der Ertragsaussichten, und zwar auf den Fall, dass sich *sämtliche* Ertragsraten risikobehafteter Wertpapiere prozentual in gleichem Ausmaß erhöhen und damit auch die Ertragsrate des risikobehafteten Wertpapierbündels (e_W). In Abb. II.19 würde sich in diesem Fall eine Drehung der bei e_0 beginnenden Geraden nach oben einstellen und damit ein der Auswertung von Abb. II.13 a analoges Ergebnis: Wird der Substitutionseffekt (annahmegemäß) nicht durch den Einkommenseffekt kompensiert, dann erhöhen sich die Bestände an risikobehafteten Wertpapieren, und zwar entweder bei abnehmendem Bestand der risikolosen Anlage[51] oder bei zunehmender Kreditaufnahme[52].

cc) Ergänzende Betrachtungen. – Mit der Annahme eines vollkommenen Marktes wurde zweierlei unterstellt: *Erstens* wurde angenommen, dass der Zinssatz für eine Kreditaufnahme (e_s) mit dem Zinssatz für risikolose Anlagen (e_0) identisch ist, und *zweitens*, dass die Kreditaufnahme unbegrenzt ist. Im Folgenden wird gezeigt, welche Modifikationen sich für die Kurve effizienter Portefeuilles ergeben, wenn diese Annahmen aufgegeben werden.

aaa) Zunächst wird der Fall betrachtet, dass $e_s > e_0$ gilt, der Zugang zu Krediten aber nicht begrenzt ist, also keine Verschuldungsgrenze existiert. In diesem Fall ist für die Herleitung der Kurve effizienter Kombinationen zusätzlich zu der bei e_0 beginnenden Geraden noch eine weitere Gerade zu berücksichtigen, die auf der *e*-Achse bei dem höheren Niveau e_s beginnt und die konkave Kurve rechts von *M* bei *S* berührt (vgl. Abb. II.20). Die effizienten Portefeuilles werden

51 Vgl. hierzu die Fußnoten 46 und 49.

52 Zur Wirkung von Änderungen einzelner Ertrags- und Risikoparameter siehe auch den Anhang A1) b). – Vgl. ferner H.-J. JARCHOW, Der Bankkredit in einer Theorie der Portfolio Selection. „Weltwirtschaftliches Archiv", Bd. 104 (1970) II), S. 189 ff.

jetzt durch eine Kurve angegeben, die zunächst linear (von e_0 bis M), danach gekrümmt (von M bis S) und schließlich rechts von S auf der bei e_s beginnenden Geraden wieder linear verläuft (siehe Abb. II.20)[53]. Die Struktur des risikobehafteten Wertpapierbündels wird dabei im ersten Teilstück durch den Punkt M und im dritten Teilstück durch den Punkt S festgelegt. Die beiden Portefeuilles unterscheiden sich dadurch, dass die Ertrags- und Risikorate für das Wertpapierbündel in S höher ist als für das Wertpapierbündel in M.

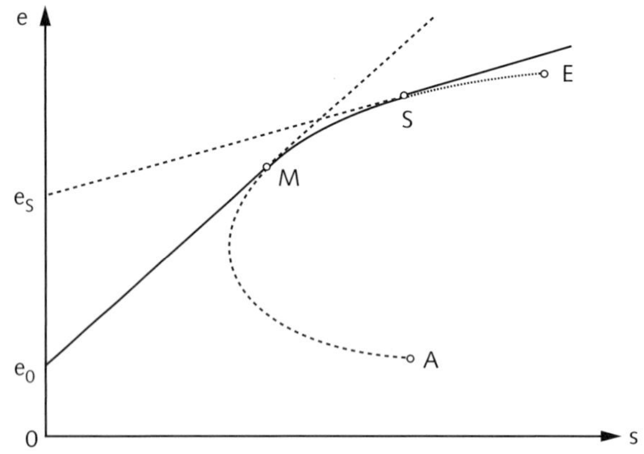

Abb. II.20

bbb) Als weitere Modifikation wird der Fall untersucht, dass zwar $e_s = e_0$ gilt, aber eine Verschuldungsgrenze existiert. Diese soll sich auf das Anfangsvermögen beziehen und das v-fache des Anfangsvermögens, z.B. das 0,5-fache, betragen. Sobald die Verschuldungsgrenze (V) erreicht ist, lässt sich ein höherer Ertrag, verbunden mit einem höheren Risiko, nur noch durch Umschichtung des durch den Punkt M bestimmten Wertpapierbündels erzielen. Risikoärmere (und ertragsschwächere) Wertpapiere werden so lange durch risikoreichere (und ertragsstärkere) Wertpapiere ersetzt, bis das Portefeuille in Höhe des 1,5-fachen des Anfangsvermögens nur noch das Wertpapier mit der höchsten Ertrags- und Risikorate enthält (Punkt E_V in Abb. II.21). Die effizienten Kombinationen von e und s liegen dabei auf dem konkaven Kurvenstück VE_V (vgl. Abb. II.21). Der Endpunkt dieses Kurvenstücks (E_V) wird durch folgende Überlegung bestimmt: Wie im Punkt E, der keine Kreditfinanzierung impliziert, besteht das Portefeuille im Punkt E_V ausschließlich aus dem Wertpapier mit der höchsten Ertrags- und Risikorate (e_E und s_E). Alle Portefeuilles, die dieses Wertpapier in Kombination mit einer risikolosen Anlage enthalten oder bei denen dieses Wertpapier z.T. mit Krediten zum Zinssatz der risikolosen Anlage (e_0) finanziert wurde, liegen auf der bei e_0 beginnenden, den Punkt E durchlaufenden Geraden. Die genaue Lage des Punktes E_V auf dieser Geraden wird durch seinen Abszissenwert festgelegt. Er muss eine Risikorate ausweisen, die in dem hier gewählten Beispiel eineinhalbmal so groß ist wie die im Punkt E.

---

53 Vgl. hierzu auch CLAASSEN, a.a.O., S. 164 ff. – SHARPE, ALEXANDER, a.a.O., S. 191 ff.

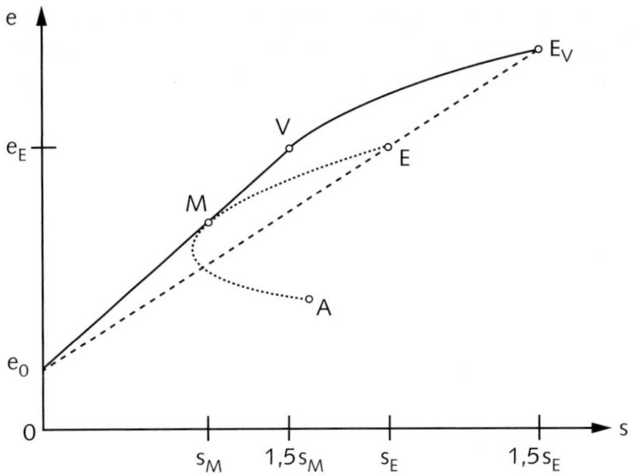

Abb. II.21

dd) Weiterführende Betrachtungen. - Die Bestimmung optimaler Portefeuilles führt zu interessanten Folgerungen, wenn man zur Analyse von Marktgleichgewichten übergeht und dabei bestimmte (z.T. schon verwendete) *Annahmen* zugrunde legt. Insbesondere wird unterstellt[54], dass

- erstens ein vollkommener Kapitalmarkt existiert, auf dem zum gleichen Zinssatz (e_0) risikolose Anlagen getätigt und Kredite unbegrenzt aufgenommen werden können, und
- zweitens alle Investoren bezüglich der Einschätzung von Risiko und Ertrag der Wertpapiere homogene (d.h. identische) Erwartungen aufweisen.

Diese Annahmen haben zur Folge, dass die effizienten Wertpapierkombinationen auf einer Geraden liegen (wie die Tangente in Abb. II.18 oder II.19), die für alle Investoren gleich ist. Dementsprechend wünschen alle Investoren, risikobehaftete Wertpapiere in der gleichen durch den Tangentialpunkt *M* (vgl. Abb. II.18a oder II.19) beschriebenen Zusammensetzung zu halten. Die jeweiligen Portefeuilles unterscheiden sich deshalb nur durch den auf das Anfangsvermögen bezogenen Gesamtbetrag an risikobehafteten Wertpapieren.

Da die Mengen der verschiedenen am Markt vorhandenen risikobehafteten Wertpapiere ($q_1, q_2, \ldots$) vorgegeben sind, werden sich ihre Kurse ($p_{w1}, p_{w2}, \ldots$) am Markt stets so anpassen, dass die von allen Investoren angestrebte (gleiche) Struktur des risikobehafteten Wertpapierbündels ($x_1 : x_2 : \ldots$) im Gleichgewicht mit der am Markt realisierten Struktur der bewerteten Bestände der entsprechenden Wertpapiere übereinstimmt.
Im Fall von zwei risikobehafteten Wertpapieren gilt dann beispielsweise:

(42) $$\frac{x_1}{x_2} = \frac{p_{w1} q_1}{p_{w2} q_2}.$$

Würde diese Übereinstimmung nicht vorliegen und z.B. in Gleichung (42) die linke Seite größer sein als die rechte, dann würden sich folgende Anpassungen

54 Siehe zu den Annahmen im Einzelnen SCHMIDT, TERBERGER, a.a.O., S. 343 ff.

ergeben: Die gewünschte Aufstockung des Bestandes vom Wertpapier 1 in Relation zum Bestand vom Wertpapier 2 bewirkt, dass der Wertpapierkurs p_{w1} im Verhältnis zum Wertpapierkurs p_{w2} steigt. Da hiermit ein Rückgang der erwarteten Ertragsrate e_1 im Verhältnis zu e_2 einhergeht, wird die gewünschte Relation x_1/x_2 gesenkt. Sowohl der Anstieg von p_{w1}/p_{w2} als auch die hierdurch ausgelöste Senkung von x_1/x_2 bewirken, dass Gleichung (42) wieder erfüllt wird[55].

Unter den genannten beiden Bedingungen folgt somit als Fazit das bereits konstatierte Ergebnis: Das von allen Investoren gewünschte und durch den Punkt M beschriebene Portefeuille risikobehafteter Wertpapiere ist im Marktgleichgewicht genauso zusammengesetzt wie die Marktwerte aller am Markt umlaufenden risikobehafteten Wertpapiere. Deshalb wird das durch den Punkt M beschriebene Wertpapierportefeuille auch als **Marktportefeuille** bezeichnet, und die für alle Investoren gleiche Gerade effizienter Portefeuilles wird **Kapitalmarktlinie** genannt. Beide Konzepte spielen eine Rolle für das **Capital Asset Pricing Model (CAPM)**, das ein wichtiges Instrument für die Bewertung von Anlagerisiken darstellt. Seine Behandlung ist Gegenstand der Finanzierungstheorie[56] und geht damit über den Rahmen dieses Bandes hinaus.

Zusammenfassung zu 3 c und 3 d[57]

1. Wie aus den Risikokurven für ein Portefeuille aus zwei risikobehafteten Wertpapieren hervorgeht, kann man das Gesamtrisiko durch Diversifikation unter das Durchschnittsrisiko drücken, solange die Erträge nicht vollständig positiv miteinander korreliert sind.
2. Der erste Schritt bei der Portefeuilleentscheidung besteht darin, solche Portefeuilles auszuwählen, die bei gegebenem Risiko den größten Ertrag und bei gegebenem Ertrag das kleinste Risiko erwarten lassen (effiziente Portefeuilles bei Risikoaversion). Aus diesen Portefeuilles wird dann in einem zweiten Schritt das Portefeuille ausgewählt, das am besten den individuellen Ertrags/Risiko-Präferenzen entspricht (optimales Portefeuille).
3. Bestehen effiziente Portefeuilles ausschließlich aus risikobehafteten Wertpapieren, dann nimmt der durch eine marginale Ausweitung des Risikos ermöglichte Ertragsanstieg ab. Enthalten effiziente Portefeuilles dagegen auch eine risikolose Anlage (bzw. ist eine Kreditaufnahme zum Zinssatz für risikolose Anlagen möglich), dann bleibt der durch eine marginale Ausweitung des Risikos ermöglichte Ertragsanstieg konstant. In diesem Fall ist die Struktur des risikobehafteten Wertpapierbündels von seinem (auf das Anfangsvermögen bezogenen) Bestand unabhängig, und es gilt das Separationstheorem. Danach wird nur der (auf das Anfangsvermögen) bezogene Bestand, nicht aber die Struktur des risikobehafteten Wertpapierbündels von individuellen Ertrags/Risiko-Präferenzen beeinflusst.

---

55 Die marktmäßige Anpassung des Zinssatzes e_0 bewirkt zudem, dass risikolose Anlagen und Kredite im Marktgleichgewicht gleich groß sind.

56 Siehe hierzu Copeland, Weston, Shastri, a.a.O., S. 208 ff. – Schmidt, Terberger, a.a.O., S. 343 ff. – Sharpe, Alexander, a.a.O., S. 261 ff.

57 Die Zusammenfassung zu 3 a und 3 b befindet sich auf S. 49.

4. Sind die Bedingungen für das Separationstheorem erfüllt, dann führt eine prozentual gleiche Erhöhung der Ertragsraten bei sämtlichen risikobehafteten Wertpapieren in der Regel zu einer Erhöhung ihrer Bestände, und zwar entweder bei abnehmendem Bestand an risikolosen Anlagen (bzw. an Kasse) oder bei zunehmender Kreditaufnahme.
5. Unter der Annahme eines vollkommenen Kapitalmarktes und homogener Erwartungen der Investoren ist das gewünschte Portefeuille risikobehafteter Wertpapiere für alle Investoren in der Struktur gleich und im Gleichgewicht auch genauso zusammengesetzt wie die Marktwerte der umlaufenden Wertpapiere.

Ausgewählte Literaturangaben zum II. Kapitel

W. J. Baumol, The Transactions Demand for Cash: An Inventory Theoretic Approach. „The Quarterly Journal of Economics", Vol. 66 (1952), S. 545 ff. (zu **1**).

E.-M. Claassen, Grundlagen der Geldtheorie. 2., neubearb. u. erw. Aufl. Berlin, Heidelberg, New York 1980 (zu **1**, **2** und **3**).

T. E. Copeland, J. F. Weston, K. Shastri, Finanzierungstheorie und Unternehmenspolitik. Konzept der kapitalmarktorientierten Unternehmensfinanzierung. 4., aktual. Aufl. München 2008. S. 162 ff. (zu **3**).

G. Gabisch, Portfoliotheorie der Geldnachfrage. „das wirtschaftsstudium", 5. Jg. (1976), Nr. 5, S. 220 ff. (zu **3**).

J. R. Hicks, A Suggestion for Simplifying the Theory of Money. „Economica", Vol. 2 (1935), S. 1 ff. (zu **3**).

–, The Pure Theory of Portfolio Selection. In: Critical Essays in Monetary Theory. Oxford 1967. S. 103 ff. (zu **3**).

H. M. Markowitz, Portfolio Selection. „The Journal of Finance", Vol. 7 (1952), S. 77 ff. (zu **3**).

–, Portfolio Selection. Efficient Diversification and Investments (Cowles Foundation, Monograph 16.) New York 1959 (zu **3**).

J. Tobin, Liquidity Preference as Behavior Towards Risk. „The Review of Economic Studies", Vol. 25 (1957–58), S. 65 ff. (zu **3**).

–, The Interest Elasticity of Transactions Demand for Cash. „The Review of Economics and Statistics", Vol. 38 (1956), S. 241 ff. (zu **1**).

E. L. Whalen, A Rationalization of the Precautionary Demand for Cash. „The Quarterly Journal of Economics", Vol. 80 (1966), S. 314 ff. (zu **2**).

U. Westphal, Theoretische und empirische Untersuchungen zur Geldnachfrage und zum Geldangebot (Kieler Studien, 110.) Tübingen 1970 (zu **1** und **2**).

Kapitel III
Gesamtwirtschaftliche Analyse des monetären Bereichs

Während es im vorhergehenden Kapitel um die Untersuchung der einzelwirtschaftlichen Kassenhaltung geht, steht im III. Kapitel die Frage im Vordergrund, wie die gesamte Geldnachfrage[1] der Nichtbanken und das gesamte Geldangebot[1] in einer Volkswirtschaft in Übereinstimmung zu bringen ist. Auf die *einzelwirtschaftliche* Analyse folgt somit eine *gesamtwirtschaftliche* Analyse.

Die gesamtwirtschaftliche Analyse beschränkt sich dabei zunächst allein auf den **monetären Bereich** einer Volkswirtschaft. Das bedeutet, dass nur das Zusammenspiel zwischen gesamtwirtschaftlicher Geldnachfrage und gesamtwirtschaftlichem Geldangebot untersucht wird und die hiervon ausgehenden Folgewirkungen auf die gesamtwirtschaftliche Produktion, die Beschäftigung und das Preisniveau (d.h. auf den güterwirtschaftlichen Bereich) vorerst *unberücksichtigt* bleiben. Das Volkseinkommen wird deshalb auch an dieser Stelle als *Parameter* behandelt, also als eine Größe, die vorgegeben ist und demzufolge keine endogenen, d.h. aus dem Modell heraus bestimmte, Änderungen erfährt.

Die vorläufige Beschränkung der Analyse auf den monetären Bereich erscheint aus Gründen der Darstellung zweckmäßig. Sie lässt sich aber auch damit rechtfertigen, dass Anpassungsvorgänge im monetären Bereich (z.B. eine Senkung des Zinsniveaus) wesentlich schneller ablaufen als die hierdurch ausgelösten Anpassungsvorgänge im güterwirtschaftlichen Bereich (z.B. die durch eine Zinssenkung induzierte Erhöhung der Investitionstätigkeit[2]).

1. Die Analyse des monetären Bereichs ohne Geschäftsbanken

Bei der Analyse des monetären Bereichs einer Volkswirtschaft wollen wir uns zunächst auf Aspekte der *Geldnachfrage (Liquiditätspräferenz)* konzentrieren. Wir beginnen deshalb mit der Darstellung einer Theorie des monetären Bereichs, die

---

[1] Unter *Geldnachfrage* ist genauer der Kassenbestand zu verstehen, den die Nichtbanken zu halten wünschen (*Liquiditätspräferenz*), unter *Geldangebot* der Kassenbestand, den die Nichtbanken zu halten wünschen (*Liquiditätspräferenz*).

[2] Vgl. auch M. FRIEDMAN and A. J. SCHWARTZ, Money and Business Cycles. „The Review of Economics and Statistics", Vol. 45 (1963, Suppl.), S. 61. – R. L. TEIGEN, Some Observations on Monetary Analysis. „Kredit und Kapital", 4. Jg. (1971), S. 254.

Details des Geldangebots und damit die Rolle der Geschäftsbanken vernachlässigt. Eine Theorie des monetären Bereichs, die sich auf die Geldnachfrage konzentriert und dabei das *Geldangebot* als eine exogen fixierte, von der Zentralbank bestimmte Größe ansieht, ist von KEYNES in Form der **Liquiditätspräferenztheorie** entwickelt worden. Diese Theorie steht im Vordergrund der folgenden Betrachtungen und wird zunächst vorgestellt. Ergänzend wird in diesem Abschnitt aber auch auf die Möglichkeit eingegangen, dass der *Zinssatz* eine exogene, von der Zentralbank gesteuerte Größe darstellt. Diese Vorstellung entspricht dem Neukeynesianischen Konsensmodell, das im V. Kapitel eingehend behandelt wird. In diesem neueren Ansatz steuert die Zentralbank einen (kurzfristigen) Zinssatz, der ihr beim Einsatz ihrer geldpolitischen Instrumente als Operationsziel dient.

Die KEYNESsche Liquiditätspräferenztheorie ist Teil der im Jahre 1936 publizierten *Allgemeinen Theorie* von KEYNES[3] und knüpft in einigen Teilen an die damals vorherrschende klassische Theorie an (auf die im IV Kapitel eingegangen wird), geht aber zugleich in anderen Teilen ganz neue Wege. Die Übereinstimmung mit traditionellen Vorstellungen äußert sich darin, dass der *Tauschmittelfunktion* des Geldes für die Analyse von Kassenbeständen auch bei KEYNES eine wesentliche Bedeutung zukommt; der entscheidende Unterschied ergibt sich daraus, dass die Rolle des Geldes als *Vermögensobjekt* von den Klassikern vernachlässigt[4], innerhalb der KEYNESschen Liquiditätspräferenztheorie aber zu einem Eckpfeiler des Modells wird[5]. Die mehr oder weniger traditionelle Komponente seiner Theorie bilden somit die beiden ersten der drei von ihm genannten Motive der Kassenhaltung: das *Transaktionsmotiv* und das *Vorsichtsmotiv*; ein neues Element wird von KEYNES mit dem *Spekulationsmotiv* eingeführt. Mit der Berücksichtigung des Spekulationsmotivs gelingt es ihm (wie noch zu zeigen ist), eine Zinsabhängigkeit der Kassenhaltung abzuleiten.

a) Die Transaktions- und Vorsichtskasse

aa) Transaktionskasse. – Die mikroökonomischen Wurzeln der KEYNESschen Analyse der **Transaktionskasse** deuten überwiegend auf eine institutionell bestimmte Kassenhaltung hin[6]. Das Halten einer Transaktionskasse dient dem Zweck, Unterschiede in Höhe und zeitlicher Verteilung von Aus- und Einzahlungen auszugleichen, d.h. genauer: den aus diesen Diskrepanzen herrührenden Finanzierungsbedarf bei Haushalten und Unternehmungen zu decken[7]. Der Umfang der einzelwirtschaftlichen Transaktionskasse wird deshalb vom *Zahlungsrhythmus* und vom *Umsatz* der Wirtschaftseinheiten bestimmt.

Daneben finden sich bei KEYNES aber auch vereinzelt Hinweise dafür, dass die Kassenhaltung für Transaktionszwecke von der Höhe potenzieller Kreditkosten

---

3 Vgl. J. M. KEYNES, The General Theory of Employment, Interest, and Money. London 1936. (Im Folgenden zitiert als KEYNES, a.a.O.).

4 Vgl. A. H. HANSEN, A Guide to Keynes. New York, Toronto, London 1953. S. 126. – R. F. HARROD, Money. London 1969. S. 4.

5 Vgl. A. LEIJONHUFVUD, On Keynesian Economics and the Economics of Keynes. New York, London, Toronto 1968. S. 366. – Vgl. auch A. H. HANSEN, a.a.O., S.126, 130.

6 Vgl. dazu Kapitel II unter 1a).

7 Vgl. KEYNES, a.a.O., S.195 ff.

beeinflusst wird[8] und zudem durch Verzicht auf eine verzinsliche Anlage Alternativkosten bedingt. KEYNES deutet also schon bei seinen Überlegungen zur Transaktionskasse an, dass die Kassenhaltung auch von der Höhe des Zinssatzes abhängig sein könnte[9]. Er hält diesen Einfluss im Zusammenhang mit dem Transaktionsmotiv aber für nicht sehr bedeutsam, solange man von außergewöhnlichen Zinsbewegungen absehen kann. Da außerdem davon ausgegangen wird, dass sich die Zahlungssitten (und damit der Zahlungsrhythmus von Ein- und Auszahlungen) nicht abrupt ändern, bleibt der Umsatz und damit in der Regel das Einkommen bei kurzfristiger Betrachtung[10] der maßgebliche Bestimmungsfaktor für die Höhe der Transaktionskasse einer Wirtschaftseinheit. Bei KEYNES wird deshalb auch die *gesamtwirtschaftliche Liquiditätspräferenz für Transaktionszwecke* (L_t) *als allein vom nominellen Volkseinkommen* (Y) abhängig angenommen[11] und in der speziellen Form

(1) $L_t = kY, \quad k > 0$

dargestellt.

bb) Vorsichtskasse. – Wie aus der einzelwirtschaftlichen Analyse bereits bekannt[12], ist für das Halten einer **Vorsichtskasse** die Überlegung maßgeblich, dass Zeitpunkt und Umfang der für die Bemessung der Transaktionskasse maßgeblichen Zahlungsvorgänge nicht in jedem Fall mit 100%iger Sicherheit vorhersehbar sind. Es können z.B. unerwartete Ausgaben notwendig werden oder sich unvorhergesehene Möglichkeiten für vorteilhafte Käufe ergeben[13]. Mit Vorgängen dieser Art wird bei KEYNES eine zusätzliche Kassenhaltung aus Vorsichtsgründen motiviert.

Bei der Frage, welche Faktoren den Umfang der Vorsichtskasse bestimmen, argumentiert KEYNES wie bei der Analyse der Transaktionskasse. Auch in diesem Zusammenhang deutet er die Möglichkeit an[14], dass die Höhe der Kassenhaltung einerseits von der Zuverlässigkeit und den Kosten einer nicht eingeplanten Geldbeschaffung (z.B. von Überziehungskrediten) abhängt, anderseits aber auch durch die Alternativkosten der Kassenhaltung beeinflusst wird. Während dabei eine Erhöhung der (zuerst genannten) Illiquiditätskosten auf eine Aufstockung

---

8 Siehe KEYNES, a.a.O., S. 201; aber auch Ders., The Theory of the Rate of Interest. In: The Lessons of Monetary Experience. (Ed. by A. D. GAYER). New York 1937. S. 149. – Vgl. ferner A. H. HANSEN, a.a.O., S. 128 f.

9 Sporadisch klingen also Überlegungen an, die bei den späteren Arbeiten von ALLAIS, BAUMOL und TOBIN über eine entscheidungslogisch begründete Kassenhaltung eine wesentliche Rolle spielen (vgl. Kapitel II unter 1 b). Im Wesentlichen deuten seine Hinweise aber auf eine mikroökonomische Fundierung hin, wie sie von uns im II. Kapitel im Rahmen der institutionell bestimmten Kassenhaltung skizziert worden ist.

10 Hierbei darf sich auch der Grad der vertikalen Integration in der Volkswirtschaft nicht verändern, da z.B. bei zunehmender Integration Zahlungsvorgänge entfallen, die andernfalls c. p. auftreten würden.

11 Hierbei unterstellt er auch ausdrücklich eine weitgehende Konstanz der Einkommensverteilung (vgl. KEYNES, a.a.O., S. 201).

12 Vgl. Unterabschnitt II. 2a).

13 Vgl. KEYNES, a.a.O., S.196.

14 Ebenda.

der Vorsichtskasse hinwirkt, führt eine Steigerung der Alternativkosten dazu, dass die Kassenhaltung eingeschränkt wird[15]. Die empirische Bedeutung einer solchen Beziehung wird allerdings von KEYNES (ähnlich wie bei der Transaktionskasse) relativ gering veranschlagt[16]. Unter normalen Umständen (d.h.: solange keine extremen Zinsschwankungen auftreten) wird die *Vorsichtskasse* hauptsächlich durch das Ausmaß der wirtschaftlichen Aktivität d.h. präziser: *durch das Volkseinkommen*, bestimmt[17]. Da damit sowohl für die Transaktionskasse als auch für die Vorsichtskasse der gleiche Einflussfaktor maßgeblich ist und deshalb in den entsprechenden Liquiditätspräferenzfunktionen die gleiche Größe als unabhängige Variable erscheint, wird das Vorsichtsmotiv in formaler Hinsicht unter das Transaktionsmotiv subsumiert und kann insofern durch Gleichung (1) als miterfasst angesehen werden.

b) Die Spekulationskasse

Bei der Analyse der KEYNESschen **Spekulationskasse** wird nicht zwischen verschiedenen Wertpapierarten differenziert. Es wird vielmehr angenommen, dass nur *ein* Wertpapier mit einheitlicher Ausstattung existiert.

Für die Analyse der Spekulationskasse sind die *Erwartungen* einer Wirtschaftseinheit bezüglich der zukünftigen Entwicklung der Wertpapierrendite, also die Zinserwartungen, von wesentlicher Bedeutung. Zinserwartungen können, wie unsere einzelwirtschaftlichen Überlegungen gezeigt haben[18], in verschiedener Weise zur Analyse spekulativer Kassenbestände herangezogen werden. Bei *sicheren* Erwartungen[19] kann eine Kassenhaltung nur damit begründet werden, dass eine Wirtschaftseinheit bei Wertpapieren mit Kursverlusten rechnet, die mit 100 %iger Wahrscheinlichkeit den laufenden Zinsertrag übersteigen (oder ihn gerade aufzehren)[20].

Bei mit Risiko behafteten Erwartungen[21] lässt sich dagegen mit Hilfe der Theorie *der portfolio selection* auch dann eine Kassenhaltung als rationale Verhaltensweise ableiten, wenn der Erwartungswert der Kursänderungen positiv (oder gleich null) ist. Offenbar resultiert die Kassenhaltung bei einer Wirtschaftseinheit im ersten Fall (d.h. bei sicheren Erwartungen) daraus, dass diese mit Sicherheit einen *anderen niedrigeren* Wertpapierkurs als den herrschenden Marktkurs erwartet, also mit einer sicheren Erhöhung der Wertpapierrendite rechnet[22]. Im zweiten Fall dagegen sind es die mit Risiko behafteten Erwartungen über die zukünftige Kursentwicklung, die eine Streuung der Vermögensanlage und damit

15 KEYNES deutet damit bereits auf Zusammenhänge hin, die erst in den sechziger Jahren in umfassendere Modelle zur Analyse der Vorsichtskasse eingebaut werden (vgl. z.B. die Ausführungen zu dem Modell von WHALEN in Kapitel II unter 2a)). Es bleibt allerdings in der Allgemeinen Theorie bei recht fragmentarischen Hinweisen, die in keiner Weise in ein geschlossenes mikroökonomisches Modell integriert werden.

16 Vgl. KEYNES, a.a.O., S. 196 f. – A. H. HANSEN, a.a.O., S. 128.

17 Vgl. KEYNES, a.a.O., S. 196 ff.

18 Vgl. Kapitel II unter 3.

19 Vgl. Kapitel II unter 3a).

20 Vgl. hierzu Kapitel II unter 3a) bb).

21 Vgl. hierzu die Ausführungen zur portfolio selection in Kapitel II unter 3b).

22 Zur Beziehung zwischen Wertpapierkurs und Rendite s. S. 36, Fußnote 24.

i.d.R. auch das Halten eines (spekulativen) Kassenbestandes zweckmäßig erscheinen lassen.

Wenn sich auch bei KEYNES gewisse Andeutungen dafür finden lassen, dass er im Risiko individueller Kurs- und Zinserwartungen einen Grund für das Halten von spekulativen Kassenbeständen sieht[23], so stützt sich doch seine Argumentation im Wesentlichen darauf, dass ein Kassenbestand aus spekulativen Gründen sinnvoll sein kann, wenn die von einer Wirtschaftseinheit *„mit ziemlicher Sicherheit"*[24] *erwartete Rendite von der gegenwärtigen Rendite abweicht*[25]. So heißt es bei KEYNES[26], dass eine Wirtschaftseinheit, die annimmt, dass die zukünftige Rendite über dem gegenwärtigen Marktniveau liegen wird, Grund hat, spekulative Kassenbestände zu halten[27]; umgekehrt besteht für eine Wirtschaftseinheit Anlass, Wertpapiere zu kaufen, wenn eine Rendite erwartet wird, die unter dem gegenwärtigen Marktniveau liegt.

Aus den bisherigen Überlegungen haben sich damit folgende beiden Größen als Bestimmungsgründe für die Höhe der Spekulationskasse herauskristallisiert: die **gegenwärtige Rendite** und die für die Zukunft **erwartete Rendite**. Wie sich die Spekulationskasse mit der gegenwärtigen Rendite verändert, ist die Frage, der wir uns zuerst zuwenden wollen. Wir betrachten dazu alternative Werte für die *gegenwärtige Rendite* und gehen dabei davon aus, dass die individuellen Erwartungen bezüglich der zukünftigen Rendite *a) sicher, b) von Wirtschaftseinheit zu Wirtschaftseinheit im Allgemeinen unterschiedlich und c) konstant* und damit in Bezug auf die gegenwärtige Rendite *vollkommen unelastisch*[28] sind[29]. Abnehmende Werte für die gegenwärtige Rendite (i) bedeuten dann Folgendes[30]: Bei Wirtschaftseinheiten, bei denen die Differenz zwischen gegenwärtiger und erwarteter Rendite ($i - i^*$) zunächst noch positiv ist, kann diese Differenz negativ werden, aus den ursprünglich erwarteten Kursgewinnen können also erwartete

---

23 Vgl. KEYNES, a.a.O., S. 168 f. – Siehe dazu auch A. H. HANSEN, a.a.O., S. 126 f. – Aus dem Hinweis, dass der aus einer Wahrscheinlichkeitsverteilung gewonnene (mathematische) Erwartungswert der Erträge einer Wertpapieranlage ausreichen muss, um das Risiko zu kompensieren (vgl. KEYNES, a.a.O., S. 169), lässt sich zudem ersehen, dass bei KEYNES bereits formale Elemente der portfolio selection sichtbar werden. Die fragmentarischen Andeutungen erfahren allerdings bei ihm keine Vertiefung.

24 KEYNES spricht von einem „fairly safe level" (a.a.O., S. 201).

25 Eine ins Detail gehende mikroökonomische Analyse, die dieser Argumentation entspricht, findet sich in Kapitel II unter 3a).

26 Vgl. KEYNES, a.a.O. S. 170. – Weitere Hinweise dazu finden sich in der *Allgemeinen Theorie* auf den Seiten 169, 172, 199 und 201, ferner bei A. H. HANSEN, a.a.O., S. 128 und 131f.

27 Der Vergleich der beiden Renditen berücksichtigt nur den dadurch implizierten Ertrag aus der erwarteten Kursänderung; der Ertrag aus der Nominalverzinsung wird an dieser Stelle von KEYNES offenbar vernachlässigt (vgl. dazu die Ausführungen in Kapitel II unter 3a) insbesondere Gleichung (21).

28 Zum Begriff *vollkommen unelastische Erwartungen* siehe Kapitel II unter 3a) bb).

29 Diese Annahmen können als typisch für die KEYNESsche Liquiditätspräferenztheorie angesehen werden (s. hierzu TOBIN, Liquidity Preference..., a.a.O., S. 67 ff. und auch den Hinweis bei LEIJONHUFVUD, a.a.O., S. 368). KEYNES sieht allerdings über die letzte Annahme hinweg, wenn er die Konsequenzen eines extrem niedrigen Zinsniveaus diskutiert und dabei schreibt, dass „a long term rate of interest of (say) 2 per cent. leaves more to fear than to hope, ...". (KEYNES, a.a.O., S.202).

30 Vgl. zu den folgenden Ausführungen Gleichung (21) im Kapitel II unter 3a).

Kursverluste werden. Bei Wirtschaftseinheiten, bei denen die Differenz zwischen laufender und erwarteter Rendite ($i - i^*$) in der Ausgangslage negativ ist, erhöhen sich die ursprünglich erwarteten Kursverluste. Hinzu kommt, dass bei sinkendem i die Aussichten immer geringer werden, Kursverluste aus den laufenden Zinserträgen zu decken[31]. Bei sinkendem i gibt es deshalb immer mehr Wirtschaftseinheiten, die mit Verlusten aus der Wertpapieranlage rechnen und die deshalb gegenüber einer Wertpapieranlage eine abwartende Haltung einnehmen. Sinkende laufende Renditen haben damit bei unveränderten erwarteten Renditen zur Folge, dass immer mehr Wirtschaftseinheiten zur Kassenhaltung übergehen und dass infolgedessen von der Gesamtheit aller Wirtschaftseinheiten eine zunehmende Spekulationskasse gehalten wird. Alle Wirtschaftseinheiten werden schließlich Kasse gegenüber Wertpapieren vorziehen, wenn eine so niedrige Rendite erzielt wird (also ein so hohes Kursniveau besteht), dass niemand mehr damit rechnet, mögliche Kursverluste durch Zinserträge kompensieren zu können[32]. Die gesamte Liquiditätspräferenz würde demnach bei diesem Zinssatz so groß werden, dass jeder Zufluss von Geld bei allen Wirtschaftseinheiten in voller Höhe zur Aufstockung von Kassenbeständen benutzt wird.

Die bisherigen Ausführungen über den Zusammenhang zwischen Spekulationskasse und gegenwärtiger Rendite (kurz: Zinssatz) gestatten nun eine erste Teilantwort auf die oben gestellte Frage: *Bei gegebenen Erwartungen über den zukünftigen Zinssatz nimmt die Liquiditätspräferenz für spekulative Zwecke (L_s) zu, wenn der Zinssatz (i) abnimmt.* Die Liquiditätspräferenz wird vollkommen elastisch, wenn der Zinssatz einen unteren Grenzwert ($\bar{i}$) erreicht. Die entsprechenden Zusammenhänge sind in linearisierter Form in Abb. III.1 dargestellt. Bei Geldzuflüssen wird dann die sog. KEYNESsche Liquiditätsfalle („liquidity trap")[33] wirksam. Formal besteht also folgender Zusammenhang:

$$(2) \quad L_s = L_s(i), \quad \frac{dL_s}{di} < 0 \text{ und } \frac{dL_s}{di} \to -\infty, \text{ wenn } i \to \bar{i}.$$

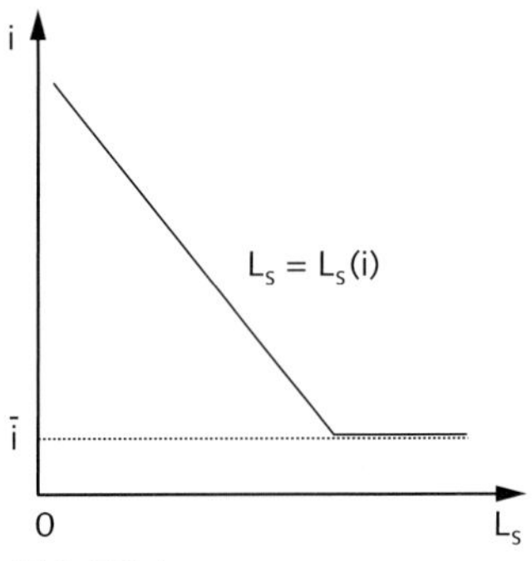

Abb.III.1

[31] Vgl. KEYNES, a.a.O., S. 202.

[32] Vgl. KEYNES, a.a.O., S. 207.

[33] Auf die Rolle der Liquiditätsfalle wird genauer im Rahmen der KEYNESianischen Theorie (Abschnitt IV.2) und des Neukeynesianischen Konsensmodells (Abschnitt V.3) eingegangen.

Die zweite Teilantwort bezieht sich auf den Zusammenhang zwischen der Höhe der Spekulationskasse und den *Erwartungen über die zukünftige Rendite* bei gegebener gegenwärtiger Rendite. Wird allgemein angenommen, dass die zukünftige Rendite höher sein wird als zunächst angenommen (werden also die Renditeerwartungen nach oben korrigiert), dann wird es bei jeder gegenwärtigen Rendite mehr Wirtschaftseinheiten geben, die mit Kursverlusten rechnen und deshalb gegenüber der Wertpapieranlage eine abwartende Haltung einnehmen. Tendenziell wird also in der Volkswirtschaft die Neigung zunehmen, Kasse aus spekulativen Gründen zu halten. Gleichbleibende Beträge an Spekulationskasse würden somit nur bei steigender gegenwärtiger Rendite (i) nachgefragt. Die Korrektur der Renditeerwartungen nach oben kommt deshalb in einer Verschiebung der L_s-Kurve nach oben zum Ausdruck und umgekehrt. Die zukünftige Rendite ist also Lageparameter der L_s-Kurve.

c) Eine Gleichgewichtsanalyse des monetären Bereichs

aa) Gleichgewicht. – aaa) Mit der Bestimmung der Liquiditätspräferenzfunktion (L) sind die wichtigsten Vorarbeiten getan, um eine *Gleichgewichtsanalyse des monetären Bereichs* durchführen zu können. Zu berücksichtigen ist nur noch zweierlei:

1. die KEYNESsche Annahme eines exogen fixierten Geldangebots M^a (in Höhe von $\overline{M}$) und
2. eine Beziehung, die zum Ausdruck bringt, dass Gleichgewicht besteht, wenn das gesamte Geldangebot (M^a) durch die Liquiditätspräferenz für Transaktions-, Vorsichts- und Spekulationszwecke (L) absorbiert wird, und dass im Gleichgewicht die Geldmenge M realisiert wird.

Das KEYNESsche Gleichgewichtsmodell für den monetären Bereich besteht demnach *bei gegebenem nominalen Volkseinkommen Y* aus folgenden Beziehungen:

(3) $M^a = \overline{M}$ (Geldangebot)

(4) $L = kY + L_s(i)$ (Liquiditätspräferenz bzw. Geldnachfrage)

und

(5), (6) $M^a = L = M$ (Gleichgewicht, Definition).

Das Modell enthält damit an:

Daten[34]: k

Parametern[35]: $\overline{M}, Y$

Variablen: M^a, M, L, i (insgesamt 4).

Vorausgesetzt, eine Lösung existiert, dann lassen sich mit den Gleichungen (3) bis (6) alle Variablen des Modells bestimmen.

---

[34] *Daten* sind Größen, die im Rahmen eines Modells ein für allemal fixiert sind.

[35] *Parameter* können im Rahmen eines Modells geändert werden, aber nur exogen. Daten und Parameter werden auch als exogene Variablen bezeichnet.

Für die Auswertung des Modells ist es sinnvoll, das Gleichungssystem (3) bis (5) auf eine Gleichung zu reduzieren. Dazu setzen wir die Beziehungen (3) und (4) in die Gleichgewichtsbedingung (5) ein.

Wir erhalten dann:

(7) $\overline{M} = kY + L_s(i).$

Gleichung (7) beinhaltet folgendes Endergebnis:

Bei gegebenem Volkseinkommen bestimmt das exogen fixierte Geldangebot zusammen mit der gesamten Liquiditätspräferenz des Nichtbankensektors (Geldnachfrage) den Gleichgewichtszinssatz,

oder:

Der Zinssatz stellt sich im Gleichgewicht so ein, dass die gesamte Liquiditätspräferenz des Nichtbankensektors (Geldnachfrage) durch das exogen fixierte Geldangebot befriedigt wird.

Der Zinssatz ist also in dieser Analyse die Variable, die das Gleichgewicht zwischen Geldnachfrage und Geldangebot herstellt.

bbb) Soll die Gleichgewichtslösung durch eine *geometrische Darstellung* illustriert werden, dann müssen wir zunächst eine Kurve für die gesamte Liquiditätspräferenz ableiten. Neben der bereits in Abb. III.1 abgebildeten L_s-Kurve ist die Liquiditätspräferenz für Transaktionskasse zu berücksichtigen. Da sie vom Zinssatz unabhängig und vom Volkseinkommen (positiv) abhängig ist, erscheint sie in einem *i/L*-Diagramm als senkrechte Gerade (L_t-Gerade), die sich mit steigendem Volkseinkommen nach rechts verlagert (vgl. Abb. III.2).

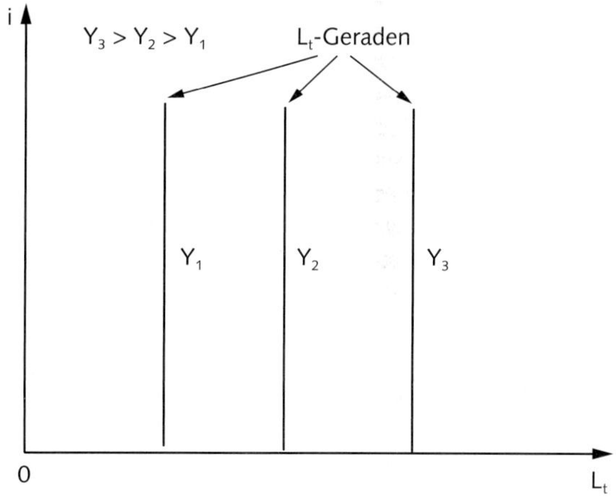

Abb. III.2

Die Kurve für die gesamte Liquiditätspräferenz bzw. Geldnachfrage (*L*-Kurve) ergibt sich, wenn die L_t-Gerade und die L_s-Kurve horizontal aggregiert werden (vgl. Abb. III.3).

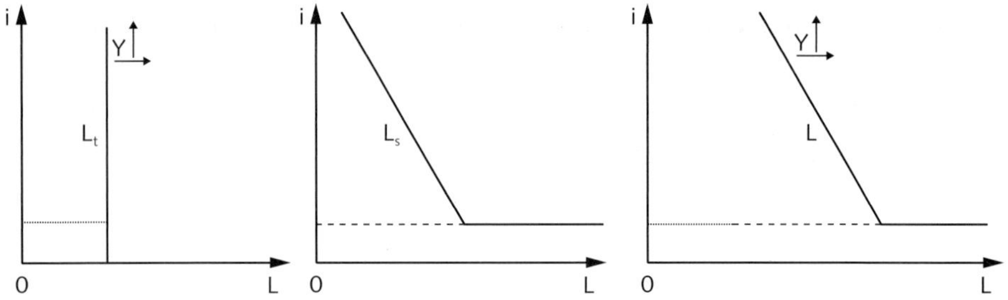

Abb. III.3

Wird die *L*-Kurve zusammen mit der das Geldangebot repräsentierenden Mª-Geraden in ein neues Diagramm (Abb. III.4) übertragen, dann bestimmt der Schnittpunkt (P_0) den *Gleichgewichtszinssatz* (i_0).

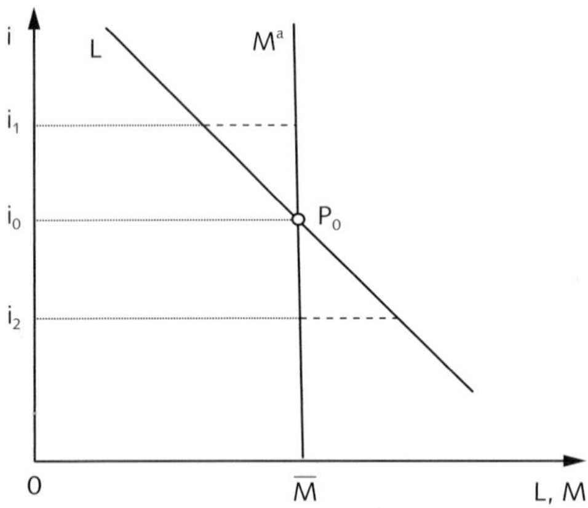

Abb. III.4

Bei Zinssätzen oberhalb oder unterhalb von i_0 herrscht Ungleichgewicht. Im ersten Fall (z.B. bei $i = i_1$) ist die Geldnachfrage kleiner als das Geldangebot; es wird also weniger Kasse gewünscht als vorhanden ist, und der Angebotsüberschuss an Geld bewirkt eine *Zinssenkung*. Im zweiten Fall (z.B. bei $i = i_2$) ist die Geldnachfrage größer als das Geldangebot; die Anpassung erfolgt in diesem Fall über *Zinserhöhung*.

bb) Parameteränderungen bei Geldmengenfixierung. – Für die Analyse von Parameteränderungen wird zunächst von der bisherigen Annahme einer (durch die Zentralbank) *fixierten Geldmenge* ($\overline{M}$) ausgegangen. Danach wird – wie bereits erwähnt – alternativ hierzu eine von der Zentralbank betriebene *Zinsfixierung* betrachtet. Dabei stehen jeweils die beiden folgenden Fälle im Vordergrund: a) eine (exogene) Änderung des Volkseinkommens und b) eine veränderte Ausrichtung der Zentralbankpolitik. Bei der Darstellung werden immer nur Parameteränderungen in eine Richtung untersucht, da sich bei Änderung in die entgegengesetzte Richtung lediglich eine Umkehrung der Ergebnisse ergibt. Von der Existenz einer Liquiditätsfalle wird im Folgenden abgesehen.

aaa) Wie bereits erwähnt, führt eine Änderung des *Volkseinkommens* zu einer Verlagerung der L_t-Geraden. *Erhöht* sich z.B. das Volkseinkommen, dann verschiebt sich die L_t-Gerade in Abb. III.3 und damit auch die *L*-Kurve nach rechts. Wie man sieht, verlagert sich der Gleichgewichtspunkt von P_0 nach P_1 und es ergibt sich ein *Zinsanstieg*.

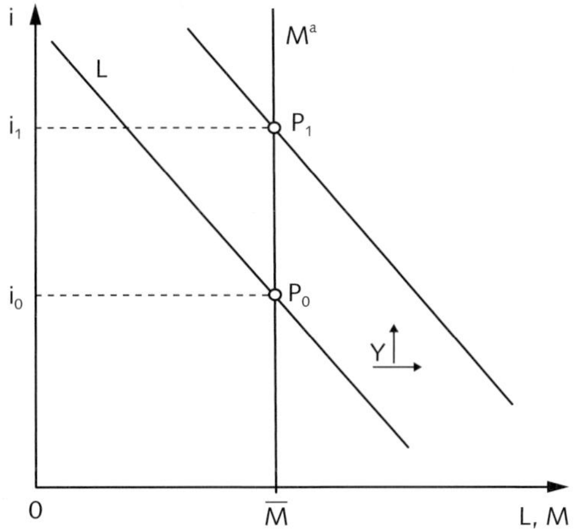

Abb. III.5

Hinter dem Zinsanstieg steht folgender Vorgang: Das steigende Volkseinkommen führt dazu, dass bei einer Reihe von Wirtschaftseinheiten ein erhöhter Bedarf an Transaktionskasse entsteht. Dieser zusätzliche Bedarf kann im Rahmen des KEYNESschen Systems nur dadurch gedeckt werden, dass aus der gesamtwirtschaftlichen Spekulationskasse ein entsprechender Betrag in die Transaktionskasse überführt wird. Bewerkstelligt wird dieser Transfer dadurch, dass von Wirtschaftseinheiten, deren Liquiditätspräferenz für Transaktionszwecke steigt, Wertpapiere verkauft werden. Die hiermit verbundene Senkung der Wertpapierkurse bzw. Erhöhung der Wertpapierrendite (des Zinssatzes) führt zu einer Einschränkung der Spekulationskasse und findet dann ein Ende, wenn die Spekulationskasse um einen Betrag vermindert worden ist, der dem zusätzlichen Bedarf an Transaktionskasse größenmäßig entspricht.

Neben dem Volkseinkommen (und veränderten Erwartungen hinsichtlich der zukünftigen Rendite[36]) gibt es noch eine Reihe anderer Einflussfaktoren, die die Lage der *L*-Kurve verändern. Hierzu gehören eine veränderte Risikoeinschätzung und Risikopräferenz bezüglich der Wertpapierhaltung sowie Veränderungen des Finanzvermögens und nicht zuletzt Neuerungen im Finanzsektor (*Finanzinnovationen*[37]), durch die z.B. enge Substitute für Geldbestände oder Finanzinstrumente zur Absicherung von Wertpapierrisiken geschaffen werden. Bei Geldmengenfixierung führen derartige Faktoren durch Lageverschiebungen der *L*-Kurve

[36] Bei einer Korrektur der Renditeerwartungen nach oben verlagert sich die *L*-Kurve nach oben, so dass sich ein Zinsanstieg ergibt.

[37] Siehe hierzu auch O. ISSING, Einführung in die Geldtheorie., 14., wesentlich überarb. Aufl. München 2006. S. 14 f.

zu Zinsschwankungen, die die Kalkulation von Kreditnehmern erschweren und zu Störungen in der Realwirtschaft führen können. Bei der unter *cc)* noch zu analysierenden Zinsfixierung entfällt dieser Nachteil.

bbb) Verändert die Zentralbank in Verfolgung ihrer geldpolitischen Ziele das von ihr fixierte Geldangebot, dann verlagert sich die Mª-Gerade.

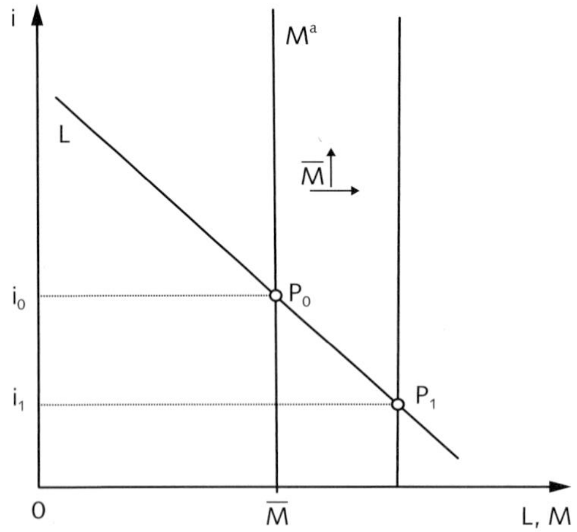

Abb. III.6

Wird das Geldangebot z.B. *erhöht,* dann verschiebt sich die Mª-Gerade nach rechts. Hierdurch bewegt sich der Gleichgewichtspunkt von P_0 nach P_1, und es ergibt sich eine *Zinssenkung* (vgl. Abb. III.6). Die in Abb. III.6 dargestellten Zusammenhänge lassen sich wie folgt erklären: Will die Zentralbank die Geldmenge erhöhen, dann wird sie z.B. expansive Offenmarktoperationen durchführen, d.h. Wertpapiere wie Staatsanleihen von den Nichtbanken auf dem Wertpapiermarkt kaufen. Damit die Nichtbanken Wertpapiere gegen Kasse verkaufen, muss für sie eine verstärkte Kassenhaltung attraktiv gemacht werden. Da das Volkseinkommen im Rahmen unserer auf den monetären Bereich beschränkten Analyse als Parameter angenommen wird, gibt es nur die Möglichkeit, die Liquiditätspräferenz für spekulative Zwecke zu beeinflussen. Tatsächlich erfolgt die notwendige Expansion der Kassenhaltung dadurch, dass die Wertpapierkäufe der Zentralbank zu Kurssteigerungen führen, also eine Senkung des Zinssatzes eintritt, und auf diese Weise ein Anreiz geschaffen wird, die Spekulationskasse zu vergrößern. *Nur* in der extremen Situation einer vollkommen elastischen Liquiditätspräferenz für spekulative Zwecke bleibt die Zinssenkung aus; sie ist in diesem Fall auch nicht erforderlich, um Wirtschaftseinheiten zu veranlassen, zusätzliche Kassenbestände zu bilden.

cc) Parameteränderungen bei Zinsfixierung. – Wenn die Zentralbank im Rahmen einer Zinssteuerung den Zinssatz fixiert, dann wechseln Geldmenge und Zinssatz in dem durch die Gleichungen (3) bis (7) beschriebenen Modell für den monetären Bereich ihre Rolle: Der Zinssatz wird zum Parameter, die Geldmenge zur Variablen. Die Auswirkungen der oben bei fixierter Geldmenge beschriebenen Parameteränderungen werden wieder graphisch analysiert.

aaa) Die Zentralbank fixiert den Zinssatz, z.B. auf dem Niveau $\bar{i} = i_0$, indem sie die Geldmenge so anpasst, dass die (gestrichelt gezeichnete) Mª-Gerade durch den Punkt P_0 läuft. Bei einer *Erhöhung* des Volkseinkommens verlagert sich der Gleichgewichtspunkt durch die Rechtsverschiebung der *L*-Kurve von P_0 nach P_1 (siehe Abb. III.7). Damit sich der Zinssatz nicht ändert, ist eine Anpassung der Geldmenge von M_0 auf das höhere Niveau M_1 erforderlich.

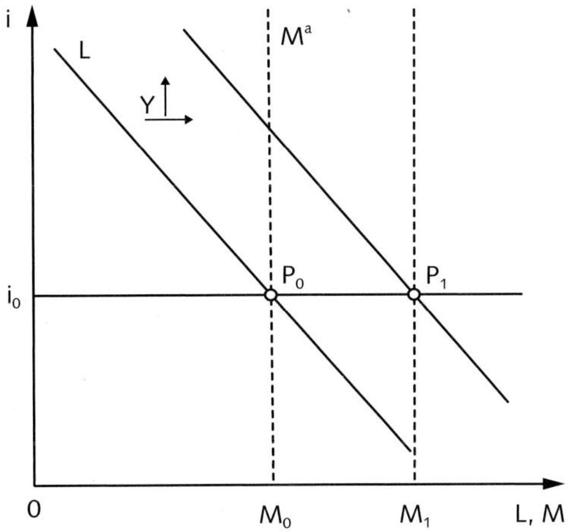

Abb. III.7

bbb) *Senkt* die Zentralbank den von ihr fixierten Zinssatz im Zuge einer *expansiven* Geldpolitik von $\bar{i} = i_0$ auf den niedrigeren Wert i_1, dann verlagert sich der Gleichgewichtspunkt bei gegebener Geldnachfragekurve (*L*) von P_0 nach P_1.

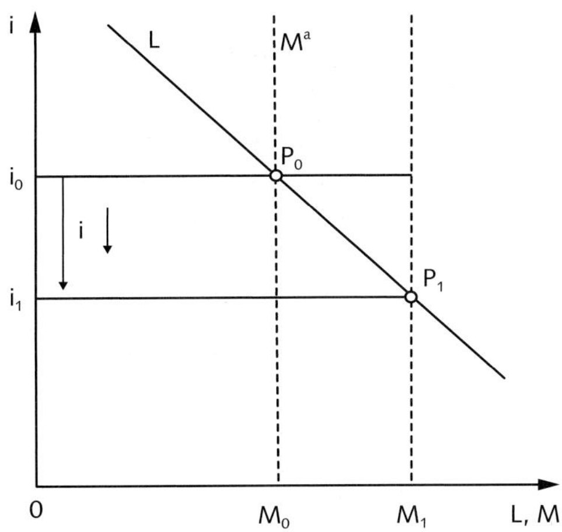

Abb. III.8

Damit der angestrebte Zinssatz i_1 realisiert werden kann, ist wieder eine Anpassung der Geldmenge von M_0 auf das höhere Niveau M_1 erforderlich (siehe dazu die Rechtsverschiebung der gestrichelt eingezeichneten Mª-Geraden in Abb. III.8).

Zusammenfassung:

1. Im Rahmen der KEYNESschen Liquiditätspräferenztheorie ist das Geldangebot und damit auch die im Gleichgewicht realisierte Geldmenge eine exogen fixierte Größe. Das Geldangebot wird durch eine mit zunehmendem Volkseinkommen steigende Kassenhaltung für Transaktionszwecke und eine mit zunehmendem Zinssatz sinkende Kassenhaltung für spekulative Zwecke absorbiert.

2. Der Ausgleich zwischen Geldangebot und Geldnachfrage (Liquiditätspräferenz) erfolgt bei einem als gegeben angenommenen Volkseinkommen über eine Anpassung des Zinssatzes.

3. Der Gleichgewichtszinssatz steigt, wenn das Volkseinkommen eine Erhöhung erfährt, die erwartete Rendite steigt oder die Geldmenge abnimmt, und umgekehrt.

4. Betreibt die Zentralbank keine Geldmengenfixierung, sondern eine Zinsfixierung, dann entfallen bei Lageveränderungen der Kurve der Liquiditätspräferenz (Geldnachfragekurve) Zinsschwankungen. Die Fixierung eines bestimmten Zinssatzes bei Verlagerungen der Geldnachfragekurve erfordern Anpassungen der Geldmenge – ebenso die Änderung dieses Zinssatzes im Zuge der Geldpolitik.

2. Das Geld- und Kreditschöpfungspotenzial von Bankensystemen

Eine Schwäche der im vorhergehenden Abschnitt durchgeführten Analyse des monetären Bereichs ist darin zu sehen, dass die Rolle des Geschäftsbankensystems im Geldschöpfungsprozess vernachlässigt und die Zentralbankpolitik stark vereinfacht dargestellt wird. Unser Ziel ist es deshalb, den für die Geldschöpfung wichtigen Kreditgewährungsprozess der Geschäftsbanken einzubeziehen und dabei die geldpolitischen Aktivitäten der Zentralbank genauer zu berücksichtigen.

Ein zu diesem Schritt hinführender erster Schritt besteht darin, den sog. *multiplen* Kreditschöpfungsprozess unter besonders einfachen Annahmen zu analysieren und dabei das **Kreditschöpfungspotenzial** von Bankensystemen, d.h. den maximalen Zugang zu Krediten, zu ermitteln. Da mit der Kreditschöpfung eine Geldschöpfung verbunden ist, wird zugleich das **Geldschöpfungspotenzial** von Bankensystemen bestimmt.

a) Geschäftsbankensystem bei ausschließlich bargeldlosem Zahlungsverkehr

Zu wesentlichen Einsichten über wichtige Bestimmungsgründe der Kreditschöpfung und der damit verbundenen Geldschöpfung gelangt man bereits, wenn das *Kreditschöpfungspotenzial* eines aus zwei Banken bestehenden Geschäftsbankensystems unter folgenden Annahmen analysiert wird:

- Die Nichtbanken halten nur Sichteinlagen bei den Geschäftsbanken (also nicht bei der Zentralbank) und zahlen ausschließlich *bargeldlos*. Die Überweisungen werden über die Zentralbank abgewickelt.
- Die Geschäftsbanken halten Zentralbankguthaben in Höhe eines bestimmten Prozentsatzes ihrer Sichteinlagen als Reserven. Im Folgenden wird (ohne Auswirkungen für die Ergebnisse) davon ausgegangen, dass diese Reserven ausschließlich aus obligatorischen Reserven, den sog. **Mindestreserven**, bestehen[38]. Zur Vereinfachung der Rechnungen im Zahlenbeispiel wird ein (unrealistisch hoher) Mindestreservesatz von 20 v.H. unterstellt.
- Die Geschäftsbanken gelangen nur aufgrund exogen bestimmter Vorgänge in den Besitz von Zentralbankgeld, z.B. dadurch, dass sie Aktiva, die ihnen von Nichtbanken verkauft werden (wie Devisen), an die Zentralbank weiterveräußern. Sie haben nicht die Möglichkeit, sich Zentralbankgeld allein auf eigene Initiative zu verschaffen, z.B. durch Verschuldung bei der Zentralbank.

Eine Begrenzung der Kreditgewährungsmöglichkeiten ergibt sich in diesem einfachen Modell eines Mischgeldsystems dadurch, dass die beiden Geschäftsbanken nur über einen bestimmten Bestand an Zentralbankgeld verfügen und als Folge der Kreditgewährung Verpflichtungen in Zentralbankgeld entstehen, die zu einem Liquiditätsproblem führen können. Das folgende Beispiel illustriert die entsprechenden Zusammenhänge: In der Ausgangslage verkaufen Nichtbanken Devisen im Wert von vierzig Millionen GE an eine Bank A, die diese an die Zentralbank

[38] Für Geldsysteme *ohne* obligatorische Mindestreserven wird dementsprechend unterstellt, dass die Geschäftsbanken freiwillige Reserven in Form von Zentralbankguthaben ebenfalls in einem festen Verhältnis zu den Sichteinlagen halten.

weiterverkauft. Um den gleichen Betrag erhöht sich dann der Bestand an Zentralbankgeld bei der Bank A, also ihre sog. **Barreserve**. Außerdem steigt die später[39] noch im Einzelnen zu behandelnde **monetäre Basis**, d.h. der Bestand an Zentralbankgeld bei Geschäftsbanken und Nichtbanken, ebenfalls um diesen Betrag.

Bilanz der Bank A (Periode 0)

Barreserve	+40 Mio	Sichteinlagen	+40 Mio

Zu beachten ist, dass der Zugang an Barreserven in Höhe von vierzig Millionen der Bank A *nicht* in vollem Umfang für zusätzliche Kredite zur Verfügung steht, da Mindestreserven in Höhe von 20 v.H. der Sichteinlagen zu halten sind. Der über die Mindestreserve hinausgehende und damit frei verfügbare Bestand an Zentralbankgeld, die sog. **Überschussreserve**, beläuft sich bei der Bank A auf einen Betrag von 32 Millionen, so dass sich für die Bilanzänderungen bei der Bank A in der Ausgangslage unter Berücksichtigung dieser Zusammenhänge folgende kontenmäßige Darstellung ergibt:

Bilanz der Bank A (Periode 0)

Mindestreserve	+ 8 Mio	Sichteinlagen	+40 Mio
Überschussreserve	+32 Mio		

Der *maximale Kreditbetrag*, den die Bank A im ungünstigsten Fall (d.h. bei Überweisung des gesamten von ihr gewährten Kreditbetrages auf ein Zentralbankkonto der Bank B) zusätzlich vergeben kann, ist durch die Überschussreserve von 32 Millionen bestimmt. Gewährt die Bank in dieser Höhe zusätzliche Kredite (weil sie mit dem ungünstigsten Fall rechnet)[40], und werden die so entstandenen Sichteinlagen in voller Höhe auf die Bank B übertragen, dann ergeben sich in der ersten Periode bei den Banken A und B folgende Bilanzänderungen:

Bilanz der Bank A (Periode 1)

Kredite	+32 Mio	Sichteinlagen	+32 Mio
Überschussreserve	-32 Mio	Sichteinlagen	-32 Mio

Bilanz der Bank B (Periode 1)

Mindestreserve	+ 6,4 Mio	Sichteinlagen	+32 Mio
Überschussreserve	+25,6 Mio		

Gewährt die Bank B in der zweiten Periode zusätzliche Kredite in Höhe der Überschussreserve und werden die uno actu entstandenen Sichteinlagen auf die Bank

[39] Eine genaue Begriffsbestimmung erfolgt in Kapitel III unter 3a) aa).

[40] In diesem Fall ist der von H.-D. Deppe (Bankbetriebliches Wachstum. Stuttgart 1969. S. 29, Fußnote 82) definierte **interne Verrechnungsfaktor**, d.h. das Verhältnis von Überweisungen an Kunden der eigenen Bank zu den Gesamtüberweisungen gleich null. – Die Annahme, dass die Geschäftsbanken mit einem internen Verrechnungsfaktor von null rechnen und deshalb in jeder Periode Kredite nur in Höhe der Überschussreserve gewähren, ist für die Höhe des *gesamten* Kreditschöpfungspotenzials unerheblich. Auch bei anderen internen Verrechnungsfaktoren würden wir das gleiche Ergebnis erhalten.

A übertragen, dann erhält man für die zweite Periode folgende kontenmäßige Darstellung:

Bilanz der Bank B (Periode 2)

Kredite	+25,6 Mio	Sichteinlagen	+25,6 Mio
Überschussreserve	-25,6 Mio	Sichteinlagen	-25,6 Mio

Bilanz der Bank A (Periode 2)

Mindestreserve	+ 5,12 Mio	Sichteinlagen	+25,6 Mio
Überschussreserve	+20,48 Mio		

In der dritten Periode ist die Überschussreserve im Bankensystem weiter gesunken, und zwar auf 20,48 Millionen; in dieser Höhe kann die Bank A maximal Kredite gewähren.

Die kontenmäßige Darstellung der folgenden Perioden des **multiplen Kredit- und Giralgeldschöpfungsprozesses** wollen wir uns ersparen, da der weitere Verlauf - wie die folgende Zusammenstellung erkennen lässt - durch die Ergebnisse der ersten Perioden bereits deutlich vorgezeichnet ist:

Periode	Δ Kredite	Δ Sichteinlagen (= Δ Giralgeld)	Δ Mindestreserven
0	-	40	8
1	32	32	6,4
2	25,6	25,6	5,12
3	20,48	20,48	4,096
⋮	⋮	⋮	⋮
∞	0	0	0
Spaltensumme	160	200	40

Offenbar folgt die Entwicklung der einzelnen Positionen den Gesetzmäßigkeiten einer *geometrischen Reihe*, so dass sich z.B. für die Gesamtsumme der zusätzlichen *Sichteinlagen* (ΔD), also des zusätzlichen Bestandes an Giralgeld, folgender Ausdruck ergibt:

$$\sum_{t=0}^{\infty} \Delta D_t = 40 + (1 - 0{,}2) \cdot 40 + (1 - 0{,}2)^2 \cdot 40 + \dots$$

$$= \frac{1}{1 - (1 - 0{,}2)} \cdot 40 = \frac{1}{0{,}2} \cdot 40 = 200.$$

Bezeichnen wir den Mindestreservesatz mit r (wobei $0 < r < 1$) und beachten wir, dass den in der Ausgangslage von der Bank A erworbenen Barreserven in Höhe von vierzig Millionen eine Ausweitung der monetären Basis (B) in gleicher Höhe entspricht, dann lässt sich die Bestimmungsgleichung für das *Geldschöpfungspotenzial* wie folgt formulieren:

(1) $\Delta D = \frac{1}{r} \Delta B.$

Der Zugang an Giralgeld (ΔD) geht dabei in Höhe von vierzig Millionen, d.h. der Ausweitung der monetären Basis (ΔB), auf die in der Ausgangslage erfolgte *Monetisierung* von Devisen durch Nichtbanken zurück; die restlichen 160 Millionen sind das Ergebnis eines *multiplen Kreditschöpfungsprozesses*. Der Zugang an Krediten und damit das *Kreditschöpfungspotenzial* (ΔK) entspricht also der Differenz ($\Delta D - \Delta B$). Unter Berücksichtigung von (1) ergibt sich demnach

$$\Delta K = \frac{1}{r}\Delta B - \Delta B$$

bzw.

$$(2) \quad \Delta K = \frac{1-r}{r}\Delta B.$$

In Höhe dieses Betrages ist zusätzliches Giralgeld durch Kreditgewährung entstanden.

Da in dem von uns betrachteten Fall zwischen der Überschussreserve in der Ausgangslage $\ddot{U}_0$ (= *32*) und der Ausweitung der monetären Basis ΔB (= *40*) offenbar die Beziehung

$$(3) \quad \ddot{U}_0 = (1-r)\Delta B$$

besteht, kann man an Stelle von (2) auch schreiben:

$$(4) \quad \Delta K = \frac{1}{r}\ddot{U}_0.$$

Zu beachten ist jedoch, dass der Zusammenhang zwischen $\ddot{U}_0$ und ΔB *nicht* unabhängig von der Entstehungsursache der Überschussreserven ist und die Beziehung (3) deshalb nicht in jedem Fall zutrifft. Würde die Entstehung der Überschussreserven nämlich nicht auf Transaktionen von Nichtbanken beruhen, sondern allein auf Initiative der Geschäftsbanken erfolgen, beispielsweise dadurch, dass Geschäftsbanken von Verschuldungsmöglichkeiten bei der Zentralbank Gebrauch machen und Kredite bei der Zentralbank aufnehmen, dann erhöht sich uno actu die monetäre Basis, und Überschussreserven entstehen genau in Höhe der Ausweitung der monetären Basis ($\ddot{U}_0 = \Delta B$)[41]. Dieser Fall ist jedoch durch die dritte der eingangs formulierten Annahmen ausgeschlossen worden. Im Übrigen sei auch hervorgehoben, dass der wichtige durch Gleichung (1) ausgedrückte Zusammenhang (ebenso wie Gleichung (4)) in jedem Fall, also unabhängig von der Entstehungsursache der Überschussreserven, gilt[42]. Dieses wird auch deutlich, wenn wir die maximale Geldmenge im folgenden Unterabschnitt bb) aaa) im Rahmen eines allgemeineren Ansatzes bestimmen.

---

41 Für das Kreditschöpfungspotenzial in Abhängigkeit von der monetären Basis würde sich in diesem Fall anstelle von (2) ergeben:

$$\Delta K = \frac{1}{r}\Delta B.$$

Wie der Vergleich mit (1) zeigt, sind also bei $\ddot{U}_0 = \Delta B$ das Kredit- und Geldschöpfungspotenzial gleich groß.

42 Entstehen Überschussreserven allein auf Initiative der Geschäftsbanken, z.B. durch Kreditaufnahme bei der Zentralbank, dann entfällt zwar der erwähnte anfängliche Monetisierungseffekt in Höhe von ΔB, dafür können aber in der ersten Kreditgewährungsrunde Kredite in Höhe von ΔB gewährt werden, da die Entstehung der Überschussreserven in diesem Fall nicht mit einer zusätzlichen Mindestreserveverpflichtung verbunden ist.

Wie aus der tabellarischen Übersicht schließlich noch hervorgeht, ist mit der Expansion der Sichteinlagen ein Anstieg der *Mindestreserven* verbunden. Die zusätzlichen Mindestreserven belaufen sich auf

$$\Delta Z = r \Delta D.$$

Wird in dieser Gleichung ΔD entsprechend Gleichung (1) ersetzt, dann zeigt sich, dass

$$(5) \quad \Delta Z = \Delta B.$$

Die Ausweitung der monetären Basis wird also letztlich in voller Höhe durch die zusätzliche Mindestreservehaltung absorbiert.

Wir finden somit folgende Ergebnisse:

1. *Steht am Anfang eines Geld- und Kreditschöpfungsprozesses eine aus der Sicht der Geschäftsbanken exogene Erhöhung der monetären Basis, dann ergibt sich hieraus ein Zugang an Giralgeld, der aus einem anfänglichen Monetisierungseffekt und einem multiplen Kreditschöpfungsprozess resultiert.*
2. *Der Geldschöpfungsprozess findet sein Ende, wenn die Überschussguthaben im Bankensystem verbraucht sind. Die mit der Mindestreserveverpflichtung verbundene Bindung von Zentralbankgeld hat dann einen Umfang erreicht, der der Ausweitung der monetären Basis gerade entspricht (Gleichung (5)).*
3. *Offenbar kann das Bankensystem als Ganzes von der Ausgangsperiode bis zum Ausklingen des multiplen Kreditschöpfungsprozesses insgesamt zusätzliches Giralgeld schaffen, das sich in seinem Umfang auf ein Vielfaches (nämlich auf das* $\frac{1}{r}$ *fache) der in der Ausgangslage eingetretenen Erhöhung der monetären Basis beläuft (Gleichung (1)).*
4. *Insbesondere kann das Bankensystem als Ganzes im Anschluss an die Ausgangsperiode bis zum Ausklingen des Kreditschöpfungsprozesses zusätzliche Kredite gewähren, die sich in ihrem Umfang auf ein Vielfaches (nämlich auf das* $\frac{1}{r}$ *fache) der mit der Ausweitung der monetären Basis entstandenen Überschussreserve belaufen (Gleichung (4)).*

Wie sich zeigen lässt[43], gelten die Aussagen über das Kreditschöpfungspotenzial (und damit auch über das Geldschöpfungspotenzial)[44] *unabhängig* davon, wie viele Geschäftsbanken existieren, wie sich die in der Ausgangslage vorhandenen Überschussreserven auf die Geschäftsbanken verteilen und welche Werte die internen Verrechnungsfaktoren der Geschäftsbanken besitzen[45].

---

43 Siehe hierzu die 8. Auflage der „Theorie und Politik des Geldes", S. 308 f.

44 Das Geldschöpfungspotenzial ergibt sich unter den gemachten Annahmen, indem die (möglicherweise auf viele Banken verteilte) Zunahme der monetären Basis zum Kreditschöpfungspotenzial addiert wird.

45 Im o.a. Modell befinden sich in der Ausgangslage alle Überschussreserven bei der Bank A, und die internen Verrechnungsfaktoren der beiden Banken sind gleich null.

b) Geschäftsbankensystem bei teilweise bargeldlosem Zahlungsverkehr

Wird die Annahme ausschließlich bargeldlosen Zahlungsverkehrs aufgegeben, so ergibt sich für die Ermittlung des Kreditschöpfungspotenzials insofern ein neuer Aspekt, als die Kreditnehmer über Teile des gewährten Kredits „in bar" verfügen können. Neben einer Bindung von Zentralbankgeld in Form der Mindestreserve sind also jetzt auch *Barabzüge* der Nichtbanken zu berücksichtigen. Für den Umfang der Barabzüge ist die Annahme maßgeblich, dass die Nichtbanken Bargeld in Höhe eines bestimmten Anteils an der Geldmenge bzw. an den Sichteinlagen zu halten wünschen. Der entsprechende Anteil wird als **Bargeldquote** bezeichnet. Wir beziehen die Bargeldquote zunächst auf die *Geldmenge* (Bargeldvolumen und Sichteinlagen), da die Bestimmung des Kredit- und Geldschöpfungspotenzials an Hand einer Sequenztabelle dann weniger umständlich wird als mit einer nur auf die Sichteinlagen bezogenen Bargeldquote[46].

aa) Kontenmäßige Darstellung. – Zur Illustration der Ableitungen verwenden wir das Beispiel aus dem letzten Unterabschnitt (2a)), wobei wir zusätzlich die Annahme einführen, dass sich die *Bargeldquote* auf 0,25 beläuft und die Nichtbanken dementsprechend immer 25 v.H. jeder Giralgelderhöhung bei Geschäftsbanken in Form von Zentralbankgeld (z.B. in Form von Noten) abfordern.

Die Ausgangslage sei durch folgende bereits bekannte Änderungen in der Bilanz der Bank A vorgegeben[47]:

Bilanz der Bank A (Periode 0)

Barreserve	+40 Mio	Sichteinlagen	+40 Mio

→ Barabzüge: 10 Mio

Berücksichtigen wir, dass Mindestreserven in Höhe von 20 v.H. der Sichteinlagen zu halten sind und Barabhebungen in Höhe von 25 v.H. des Giralgeldzuwachses erfolgen, dann werden in der Bilanz der Bank A folgende Änderungen ausgewiesen:

Bilanz der Bank A (Periode 0)

Mindestreserve	+ 6 Mio	Sichteinlagen	+30 Mio
Überschussreserve	+24 Mio		

Gewährt die Bank A in Höhe der Überschussreserve Kredite und verfügen die Kreditnehmer über die zusätzlichen Kredite in der Weise, dass sie 25 v.H. des Gegenwerts in Form von Bargeld abheben und den Rest an Kunden der Bank B überweisen, dann ergeben sich bei den Banken in der nächsten Periode folgende Bilanzänderungen:

---

[46] Im folgenden Unterabschnitt bb) aaa) wird das Geldschöpfungspotenzial auf andere Weise und unter Verwendung der auf *Sichteinlagen* bezogenen Bargeldquote bestimmt.

[47] Der Zugang an Barreserven und Sichteinlagen ergab sich im Zuge einer Monetisierung von Devisen durch Nichtbanken (siehe S. 75 f.).

Bilanz der Bank A (Periode 1)

Kredite	+ 24 Mio	Sichteinlagen	+ 24 Mio
Überschussreserve	- 24 Mio	Sichteinlagen	- 24 Mio

Barabzüge: 6 Mio

Bilanz der Bank B (Periode 1)

Mindestreserve	+ 3,6 Mio	Sichteinlagen	+ 18 Mio
Überschussreserve	+ 14,4 Mio		

Die Bank B schöpft ihr zusätzliches Kreditpotenzial in vollem Umfang aus, wenn sie Kredite in Höhe ihrer Überschussreserve gewährt. In diesem Fall ergeben sich für die Bilanzen der beiden Banken in der zweiten Periode folgende Änderungen:

Bilanz der Bank B (Periode 2)

Kredite	+ 14,4 Mio	Sichteinlagen	+ 14,4 Mio
Überschussreserve	- 14,4 Mio	Sichteinlagen	- 14,4 Mio

Barabzüge: 3,6 Mio

Bilanz der Bank A (Periode 2)

Mindestreserve	+ 2,16 Mio	Sichteinlagen	+ 10,8 Mio
Überschussreserve	+ 8,64 Mio		

In der nächsten Periode kann die Bank A maximal einen Betrag in Höhe von 8,64 Millionen GE an zusätzlichen Krediten zur Verfügung stellen usw. Die Gesetzmäßigkeiten der weiteren Entwicklung werden deutlich, wenn wir dazu folgende Tabelle betrachten:

Periode	Δ Kredite	Δ Bargeld-volumen	Δ Sichteinlagen (= Δ Giralgeld)	Δ Mindest-reserven
0	-	10	30	6
1	24	6	18	3,6
2	14,4	3,6	10,8	2,16
3	8,64	2,16	6,48	1,296
⋮	⋮	⋮	⋮	⋮
∞	0	0	0	0
Spalten-summe	60	25	75	15

Da sich die einzelnen Positionen im Zeitablauf wie eine *geometrische Reihe* entwickeln, lässt sich die Gesamtsumme der zusätzlichen *Sichteinlagen* folgendermaßen bestimmen:

$$\sum_{t=0}^{\infty} \Delta D_t = \overbrace{(1-0{,}25)\cdot 40}^{30} + (1-0{,}25)(1-0{,}2)\overbrace{(1-0{,}25)\cdot 40}^{30}$$

$$+ (1-0{,}25)^2(1-0{,}2)^2\overbrace{(1-0{,}25)\cdot 40}^{30} + \ldots$$

$$= \frac{1-0{,}25}{1-(1-0{,}25)(1-0{,}2)}\cdot 40 = 75.$$

Bezeichnen wir die auf die Geldmenge bezogene Bargeldquote mit c (wobei $0 < c < 1$) und – wie bisher – den Mindestreservesatz mit r sowie Änderungen der monetären Basis mit ΔB, dann lässt sich dieses Ergebnis allgemeiner wie folgt darstellen:

(6) $$\Delta D = \frac{1-c}{1-(1-c)(1-r)}\Delta B.$$

Der gesamte *Geldmengenzuwachs* und damit das *Geldschöpfungspotenzial* ergibt sich aus der Erhöhung des Bargeldvolumens (ΔC) und der Sichteinlagen (ΔD), d.h.

$$\Delta M = \Delta C + \Delta D.$$

Unter Verwendung der Bargeldquote $c = C/M$ kann man für die letzte Gleichung auch schreiben:

$$\Delta M = c\Delta M + \Delta D$$

bzw.

(7) $$\Delta M = \frac{1}{1-c}\Delta D.$$

Wird (6) in (7) eingesetzt, erhält man:

(8) $$\Delta M = \frac{1}{1-(1-c)(1-r)}\Delta B$$

bzw.

(9a) $$\Delta M = \frac{1}{r+c(1-r)}\Delta B$$

oder

(9b) $$\Delta M = \frac{1}{c+r(1-c)}\Delta B.$$

Der gesamte Geldmengenzuwachs im Betrage von 75 + 25 = 100 Millionen GE geht dabei in Höhe von vierzig Millionen (also in Höhe der Ausweitung der monetären Basis) auf die in der Ausgangslage erfolgte *Monetisierung* von Devisen durch Nichtbanken zurück; die restlichen sechzig Millionen sind wieder das Ergebnis eines *multiplen Kreditschöpfungsprozesses*. Der Zugang an Krediten und damit das *Kreditschöpfungspotenzial* (ΔK) entspricht also der Differenz ($\Delta M - \Delta B$). Unter Berücksichtigung von (8) ergibt sich demnach:

$$\Delta K = \frac{1}{1 - (1 - c)(1 - r)} \Delta B - \Delta B$$

bzw.

(10) $$\Delta K = \frac{(1 - c)(1 - r)}{1 - (1 - c)(1 - r)} \Delta B.$$

Da in dem von uns betrachteten Fall zwischen der Überschussreserve in der Ausgangslage $\ddot{U}_0$ (= *24*) und der Ausweitung der monetären Basis ΔB (= *40*) offenbar die Beziehung

(11) $$\ddot{U}_0 = (1 - c)(1 - r)\Delta B$$

besteht[48], kann man an Stelle von (10) auch schreiben:

(12) $$\Delta K = \frac{1}{1 - (1 - c)(1 - r)} \ddot{U}_0.$$

Wie aus der tabellarischen Übersicht weiter hervorgeht, ist mit der Expansion der Sichteinlagen ein Anstieg der Mindestreserve- und Bargeldhaltung verbunden. Die zusätzlichen Mindestreserven (ΔZ) belaufen sich wieder auf

$$\Delta Z = r \Delta D.$$

In Verbindung mit (6) erhält man

$$\Delta Z = \frac{r(1 - c)}{1 - (1 - c)(1 - r)} \Delta B \quad \text{(im Beispiel: } \frac{0{,}15}{0{,}4} \cdot 40 = 15\text{).}$$

Die zusätzliche Bargeldhaltung beläuft sich auf

$$\Delta C = c \Delta M.$$

In Verbindung mit Gleichung (8) erhält man

$$\Delta C = \frac{c}{1 - (1 - c)(1 - r)} \Delta B \quad \text{(im Beispiel: } \frac{0{,}25}{0{,}4} \cdot 40 = 25\text{).}$$

Fassen wir den Gesamtzuwachs an Mindestreserven und die Gesamterhöhung des Bargeldvolumens zusammen, dann zeigt sich, dass folgender Zusammenhang besteht:

(13) $\Delta Z + \Delta C = \Delta B$; denn

$$\frac{r(1 - c)}{1 - (1 - c)(1 - r)} + \frac{c}{1 - (1 - c)(1 - r)} = 1.$$

Die Ausweitung der monetären Basis wird also letztlich in voller Höhe durch die zusätzliche Mindestreservehaltung der Geschäftsbanken und die zusätzliche Bargeldhaltung der Nichtbanken absorbiert.

[48] Man beachte jedoch in diesem Zusammenhang die auch hier relevanten Ausführungen zu Gleichung (2) und (4) auf S. 78.

Zusammenfassend gelangen wir damit bei teilweise bargeldlosem Zahlungsverkehr zu folgenden Ergebnissen:

1. *Steht am Anfang eines Geld- und Kreditschöpfungsprozesses eine aus der Sicht der Geschäftsbanken exogene Erhöhung der monetären Basis, dann ergibt sich hieraus eine Geldmengenerhöhung, die aus einem anfänglichen Monetisierungseffekt und einem multiplen Kreditschöpfungsprozess resultiert.*
2. *Der Geldschöpfungsprozess findet sein Ende, wenn die Überschussguthaben im Bankensystem verbraucht sind. Die mit der Mindestreserveverpflichtung verbundene Bindung von Zentralbankgeld und die Barabzüge haben dann insgesamt einen Umfang erreicht, der der Ausweitung der monetären Basis gerade entspricht (Gleichung (13)).*
3. *Offenbar kann das Bankensystem als Ganzes von der Ausgangsperiode bis zum Ausklingen des multiplen Kreditschöpfungsprozesses zusätzliches Geld in einem Ausmaß schaffen, das sich auf ein Vielfaches (nämlich auf das* $\frac{1}{1-(1-c)(1-r)}$ *fache) der in der Ausgangslage eingetretenen Erhöhung der monetären Basis beläuft (Gleichung (8)).*
4. *Insbesondere kann das Bankensystem als Ganzes im Anschluss an die Ausgangsperiode bis zum Ausklingen des multiplen Kreditschöpfungsprozesses zusätzliche Kredite gewähren, die sich in ihrem Umfang auf ein Vielfaches (nämlich auf das* $\frac{1}{1-(1-c)(1-r)}$ *fache) der mit der Ausweitung der monetären Basis entstandenen Überschussreserve belaufen (Gleichung (12)).*
5. *Das Geldschöpfungspotenzial ist bei gegebener Erhöhung der monetären Basis um so größer, je kleiner die Bargeldquote und der Mindestreservesatz sind (siehe Gleichung (9a) und (9b)).*

bb) Algebraische Darstellung. – aaa) Mit den folgenden Ableitungen wird ein doppelter Zweck verfolgt: Zum einen soll das Geld- und Kreditschöpfungspotenzial ohne Rückgriff auf ein der Illustration dienendes Beispiel und unter Verzicht auf die Beschreibung von Anpassungsvorgängen in einzelnen Perioden hergeleitet werden. Zum anderen wird in Hinblick auf die Analyse im folgenden Abschnitt erstens die monetäre Basis als *absolute Größe* (und nicht als Änderungsbetrag) mit der *maximal möglichen Geld- und Kreditmenge* verknüpft und zweitens die *Bargeldquote* nicht auf die Geldmenge, sondern auf die *Sichteinlagen* bezogen.

Ausgangspunkt der Analyse ist die Überlegung, dass der Geldschöpfungsprozess abgeschlossen und damit ein Gleichgewichtszustand erreicht ist, wenn im Bankensystem kein Zentralbankgeld mehr in Form von Überschussreserven vorhanden ist. In diesem Fall besteht die monetäre Basis (B) ausschließlich aus den Mindestreserven (Z) und dem Bargeldumlauf (C). Die Ausgangsgleichung lautet deshalb:

(14) $B = Z + C.$

Die weiteren Gleichungen des Modells sind:

(15) $M = C + D$

(Die Geldmenge besteht aus dem Bargeldvolumen und dem Bestand an Sichteinlagen),

(16) $Z = rD$ $\qquad 0 < r < 1$

(Die Geschäftsbanken sind verpflichtet, Mindestreserven in Höhe eines bestimmten Anteils ihrer Sichteinlagen zu halten),

(17) $C = kD$ $\qquad k > 0$

(Nichtbanken halten Bargeld in einer festen Relation zu den Sichteinlagen).

Da das Bargeldvolumen, bezogen auf die Geldmenge ($M = C + D$), durch die Beziehung

$$C = c\,(C + D)$$

bzw.

(17 a) $C = \frac{c}{1-c} D$

bestimmt wird, zeigt der Vergleich von (17) und (17 a), dass zwischen k und c folgender Zusammenhang besteht:

$$k = \frac{c}{1-c} \text{ bzw. } c = \frac{k}{1+k}.$$

Bei der weiteren Analyse wird die Ausgangsgleichung (14) dazu benutzt, in einem ersten Schritt die Bestimmungsformel für die (maximalen) Sichteinlagen herzuleiten. Dazu wird auf der rechten Seite von (14) Z entsprechend (16) und C entsprechend (17) ersetzt. Man erhält dann

$$B = rD + kD$$

und bei Auflösung nach D

(18) $D = \frac{1}{r+k} B.$

In einem zweiten Schritt wird D aus Gleichung (18) in die Definitionsgleichung für die Geldmenge

$$M = C + D = kD + D = (1 + k) D$$

eingesetzt. Man erhält dann

(19) $M = \frac{1+k}{r+k} B.$

Gleichung (19) gibt an, wie groß die *Geldmenge maximal* sein kann, wenn sich die monetäre Basis auf einen Betrag in Höhe von B beläuft. Wird B geändert, dann ergibt sich als Geldschöpfungspotenzial

(19 a) $\Delta M = \frac{1+k}{r+k} \Delta B$ [49].

Der Multiplikator von ΔB ist umso größer, je kleiner k ist, und umgekehrt[50].

---

[49] Wird in (19) k durch $\frac{c}{1-c}$ ersetzt, dann ergibt sich Gleichung (9 b) und damit auch das Geldschöpfungspotenzial nach Gleichung (8).

[50] Der Multiplikator, differenziert nach k, ergibt $\frac{(r+k) - (1+k)}{(r+k)^2} < 0.$

Für die Bestimmung der *maximalen Kreditmenge* benötigen wir zusätzlich den sich aus der Bilanz der Geschäftsbanken ergebenden Zusammenhang, dass die Summe der Aktiva, d.h. bei Überschussreserven von null: die Summe aus Mindestreserven ($Z = rD$) und Krediten (K), den gesamten Passiva, d.h. in unserem Fall: den Sichteinlagen (D), entsprechen muss. Folglich ist:

$$rD + K = D$$ [51]

bzw.

(20) $K = (1 - r)D.$

Die maximale Kreditmenge (und damit auch das Kreditschöpfungspotenzial) wird bestimmt, indem (18) in diese Gleichung eingesetzt wird. Man erhält:

(21) $K = \frac{1 - r}{r + k} B$

und als Kreditschöpfungspotenzial

(21 a) $\Delta K = \frac{1 - r}{r + k} \Delta B.$

bbb) Unsere Überlegungen zum Geldschöpfungspotenzial bedürfen noch insofern einer Ergänzung, als bisher nur die auf Grund einer *Ausweitung* der monetären Basis maximal mögliche Geldschöpfung dargestellt worden ist. Wir wollen deshalb noch kurz auf die Frage eingehen, wie sich die maximal mögliche Geldschöpfung ändert, wenn die monetäre Basis *sinkt*. Zur Illustration sei angenommen, dass Nichtbanken Devisen im Werte von vierzig Millionen GE bei einer Bank A kaufen und diese in Höhe von zehn Millionen GE mit Bargeld und in Höhe von dreißig Millionen mit Giralgeld (Sichteinlagen) bezahlen. Die *Geldmenge sinkt* dementsprechend. Die erforderlichen Devisen beschafft sich die Bank A bei der Zentralbank und verliert in gleicher Höhe Barreserven. Die Bilanz der Bank A zeigt dann folgende Änderungen:

Bilanz der Bank A (Periode 0)

Barreserve	- 40 Mio	Sichteinlagen	- 30 Mio
Barreserve	+ 10 Mio		

Da mit der Senkung der Sichteinlagen bei einem Mindestreservesatz von beispielsweise 20 v.H. eine Mindestreserveersparnis von sechs Millionen GE verbunden ist, hat die Bank A letztlich Zentralbankgeld in Höhe von $30 - 6 = 24$ Millionen GE aufzubringen. Sind vorher Kredite in maximaler Höhe vergeben worden und ist deshalb keine Überschussreserve verfügbar, dann muss die Bank A ihre *Kreditmenge einschränken*, um in den Besitz von Zentralbankgeld zu ge-

[51] Zu beachten ist, dass die aus der Bilanz der Geschäftsbanken abgeleitete Beziehung in der oben angegebenen Form nur gilt, wenn die Geschäftsbanken – unseren Annahmen entsprechend – nicht die Möglichkeit besitzen, sich Zentralbankgeld allein auf eigene Initiative zu beschaffen (z.B. im Wege der Verschuldung).

langen. Die Einschränkung der Kreditgewährung, die eine *weitere* Reduktion der Geldmenge bedeutet, führt dabei in folgender Weise zu einer Erhöhung von Barreserven: Zum einen werden die Nichtbanken die Kredite entsprechend ihrer Bargeldquote teilweise in bar tilgen, zum anderen bedeutet der Rückgang der Kreditmenge, dass die Sichteinlagen abnehmen und demzufolge weiteres durch die Mindestreserveverpflichtung gebundenes Zentralbankgeld frei wird.

In dem hier betrachteten Fall kommt es also letztlich aus zwei Gründen zu einem Rückgang der Geldmenge: *erstens*, weil Nichtbanken Aktiva (hier Devisen) bei Geschäftsbanken kaufen und mit Bar- und Giralgeld bezahlen und *zweitens*, weil die Kreditgewährung eingeschränkt wird. Der sich hieraus insgesamt ergebende Rückgang der maximalen Geldmenge, der als Geldvernichtungspotenzial angesehen werden kann, ist aus Gleichung (8) bzw. (19a) ersichtlich, wenn eine negative Änderung von B betrachtet wird. Offenbar ergibt sich eine Geldvernichtung in einem Ausmaß, das sich auf ein *Vielfaches* (nämlich auf das $\frac{1}{1-(1-c)(1-r)}$ fache bzw. $\frac{1+k}{r+k}$ fache) der Senkung der monetären Basis beläuft.

Zusammenfassung

1. Der Bestand an Zentralbankgeld bei den Geschäftsbanken wird als Barreserve bezeichnet. Die Überschussreserve ist der über die Mindestreserven hinausgehende Teil der Barreserve und damit die frei verfügbare Barreserve.
2. Gelangen die Geschäftsbanken im Zuge der Ausweitung der monetären Basis in den Besitz einer Überschussreserve, dann kann die Kreditgewährung in einem Ausmaß ausgedehnt werden, das sich auf ein Vielfaches (nämlich auf das $\frac{1}{1-(1-c)(1-r)}$ fache bzw. $\frac{1+k}{r+k}$ fache) der ursprünglich vorhandenen Überschussreserve beläuft.
3. Erfolgt eine Erhöhung der monetären Basis, dann kann die Geldmenge insgesamt in einem Ausmaß steigen, das sich auf ein Vielfaches (nämlich auf das $\frac{1}{1-(1-c)(1-r)}$ fache bzw. $\frac{1+k}{r+k}$ fache) der Ausweitung der monetären Basis beläuft. Erfolgt eine Senkung, dann sinkt die Geldmenge um das oben genannte Vielfache der monetären Basis.

3. Die Analyse des monetären Bereichs mit Geschäftsbanken

– Geldangebot und Geldnachfrage –

Die im vorangegangenen Abschnitt erfolgte Bestimmung des Geld- und Kreditschöpfungspotenzials der Geschäftsbanken kann als Zwischenschritt zur Analyse des monetären Bereichs unter Einbeziehung der Geschäftsbanken betrachtet werden. Die dort zu Grunde gelegte vereinfachende Vorstellung, dass die Geld- und Kreditschöpfung der Geschäftsbanken durch das Geld- und Kreditschöpfungspotenzial, d.h. bei gegebenem Mindestreservesatz und gegebener Bargeldquote allein durch Veränderungen einer *exogen* bestimmten monetären Basis festgelegt wird, wird aufgegeben. Stattdessen wird jetzt angenommen, dass sich die Geschäftsbanken bei der Zentralbank verschulden, sich also auch auf eigene Initiative Zentralbankgeld verschaffen können. Inwieweit sie hiervon Gebrauch machen, hängt von den Refinanzierungskonditionen ab.

Das *Kreditangebot* wird damit aus einer rentabilitätsorientierten Verhaltensweise der Geschäftsbanken abgeleitet und auf diese Weise *von verschiedenen Zinssätzen abhängig.* Da mit jeder Kreditgewährung Geld zur Verfügung gestellt wird, impliziert jedes Kreditangebot auch ein entsprechendes *Geldangebot.* Mit der Ableitung des Kreditangebots werden also Vorarbeiten zur Bestimmung des Geldangebots geleistet.

Die Ermittlung der im Gleichgewicht realisierten Geldmenge und des Zinsniveaus rückt in diesem Abschnitt in den Mittelpunkt der Analyse. Hierfür ist neben dem Geldangebot auch die Geldnachfrage (oder Liquiditätspräferenz) zu berücksichtigen. **Geldangebot** und **Geldnachfrage** bilden somit die Schlüsselgrößen für eine Analyse, die wichtige Einflussfaktoren für *die Entwicklung von Geldmenge sowie Zinsniveau und Kreditmenge* aufdecken soll und die insofern auch Ansatzpunkte für die Beeinflussung dieser Größen (und damit für die Zentralbankpolitik) offen legt.

Ausgangspunkt der Analyse sind die Bilanzgleichungen für die Zentralbank und das Geschäftsbankensystem, aus denen dann nach gewissen Vereinfachungen durch Einführung von Verhaltensgleichungen, institutionell bestimmten Beziehungen und Gleichgewichtsbedingungen ein Gleichgewichtsmodell für den monetären Bereich entwickelt wird[52].

a) Bilanzgleichungen und analytische Konzepte

aa) Zentralbankbilanz und monetäre Basis. – aaa) Die für unsere Analyse benötigten Bilanzgleichungen ergeben sich aus den Bilanzen der Zentralbank und des Geschäftsbankensystems. Betrachten wir zunächst die *Zentralbankbilanz,* wobei ökonomisch unbedeutende Positionen vernachlässigt werden[53].

---

[52] Vgl. hierzu H.-J. JARCHOW, P. RÜHMANN und G. ENGEL, Geldmenge, Zinssatz, Bankenverhalten und Zentralbankpolitik. „Weltwirtschaftliches Archiv“, Bd. 105 (1970 II), S. 305 ff.

[53] Hierzu gehören die Münzbestände sowie das Realvermögen der Zentralbank und die Einlagen privater Nichtbanken bei der Zentralbank.

1 a. Zentralbankbilanz

Aktiva	Passiva
11. Nettoauslandsforderungen (einschließließlich Gold und Goldforderungen)	14. Banknotenumlauf
12. Kredite an Geschäftsbanken	15. Verbindlichkeiten gegenüber Geschäftsbanken
13. Kredite an den öffentlichen Sektor (einschließlich Wertpapiere des öffentlichen Sektors)	16. Einlagen des öffentlichen Sektors
	17. Reinvermögen

Die Bilanz der Zentralbank ist Spiegelbild ihrer speziellen Funktionen innerhalb der Volkswirtschaft: Die Position 11. enthält im Wesentlichen die *Währungsreserven* und die sonstigen Auslandsaktiva abzüglich der Auslandsverbindlichkeiten der Zentralbank. Die *Währungsreserven* des Eurosystems bestehen aus dem Goldbestand und den Goldforderungen (goldwertgesicherte Auslandsforderungen), der Reserveposition im Internationalen Währungsfonds (Ziehungsrechte in der Reservetranche, Kredite an den Fonds auf Grund besonderer Vereinbarungen) und Sonderziehungsrechten[54] sowie den Devisenreserven[55]. Letztere werden insbesondere durch Devisenmarktinterventionen der Zentralbank verändert. Sie umfassen die Forderungen in Fremdwährung an Ansässige außerhalb des Euro-Währungsgebiets hauptsächlich in Form von Bargeld, Bankguthaben und Wertpapieren.

Die Position 12. lässt erkennen, dass sich die Geschäftsbanken bei der Zentralbank Zentralbankgeld beschaffen. Im Eurosystem refinanzieren sich die Geschäftsbanken im Wesentlichen in der Weise, dass sie sich im Rahmen von Offenmarktgeschäften an der regelmäßigen Versteigerung von Zentralbankgeld durch die EZB, dem sog. *Tenderverfahren*[56], beteiligen und für eine sehr kurze Frist die sog. *Spitzenrefinanzierungsfazilität*[57] des Eurosystems in Anspruch nehmen. Die Besicherung der Zentralbankforderungen erfolgt in beiden Fällen entweder dadurch, dass Geschäftsbanken Wertpapiere unter Rückkaufsvereinbarung an die Zentralbank verkaufen (wie bei den sog. Wertpapierpensionsgeschäften)[58] oder Wertpapiere verpfänden.

Die Positionen 13. und 16. berücksichtigen die grundsätzlich bestehende Möglichkeit, dass die Zentralbank den öffentlichen Sektor bei der Finanzierung seiner Ausgaben durch Kredite unterstützt und an seiner Kassenhaltung beteiligt ist. Zu beachten ist jedoch, dass die Maastrichter Beschlüsse Mitgliedern der Europäischen Union seit dem Übergang zur zweiten Stufe der Europäischen Wirtschafts-

---

54 Ziehungsrechte in der Reservetranche sowie Sonderziehungsrechte bieten den Währungsbehörden eines Landes die Möglichkeit, Devisen beim Internationalen Währungsfonds (im Fall von Sonderziehungsrechten auch bei anderen Ländern) gegen Hergabe der heimischen Währung zu erlangen. Einzelheiten hierzu siehe Jarchow, Rühmann, Monetäre Außenwirtschaft. II., a.a.O., Unterabschnitt IV. 2 c) und Abschnitt V. 4.

55 Dazu kommen noch sog. "Sonstige Reserven", die aber größenmäßig nicht ins Gewicht fallen.

56 Zum Tenderverfahren siehe im Einzelnen H.-J. Jarchow, Grundriss der Geldpolitik. 9., aktualisierte und neu bearb. Aufl. Stuttgart 2010. Unterabschnitt IV. 3 b).

57 Siehe hierzu genauer ebenda, Unterabschnitt IV. 3 e).

58 Zu den Pensionsgeschäften siehe ebenda, Unterabschnitt III. 3a)dd).

und Währungsunion (EWWU) am 1.1.1994 *notenbankfinanzierte Staatskredite verbieten*[59]. Dieses schließt allerdings nicht aus, dass Wertpapiere öffentlicher Stellen, soweit sie bereits über den Markt gelaufen sind, vom Zentralbanksystem im Rahmen von *Offenmarktoperationen* angekauft werden dürfen.

Die Position 14. ist ein besonderes Merkmal der Zentralbankbilanz; sie weist auf das Notenmonopol hin und macht deutlich, dass *Noten* Forderungen an das Zentralbanksystem darstellen. Die Position 15. enthält im Eurosystem vor allem die auf Girokonten gehaltenen Einlagen, die in erster Linie *Mindestreserveguthaben* sind und zu einem geringen Teil darüber hinausgehende Einlagen (sog. Überschussreserven) darstellen. Daneben bestehen die Verbindlichkeiten gegenüber Geschäftsbanken im Eurosystem aus Guthaben in der Einlagefazilität[60], oder sie resultieren aus bestimmten Liquidität absorbierenden Feinsteuerungsoperationen des Eurosystems[61].

Die Position 17. ist schließlich Bestandteil nahezu jeder Bilanz; sie stellt einen Ausgleichsposten dar und enthält das Eigenkapital einschließlich des vorgetragenen Gewinns (bzw. Verlusts).

bbb) Aus der Zentralbankbilanz lässt sich das für geldtheoretische Analysen wichtige Konzept der **monetären Basis** (Geldbasis) ermitteln. Dieses Konzept umfasst den Bestand an Zentralbankgeld bei Geschäftsbanken und Nichtbanken (einschließlich Münzumlauf, aber ohne Zentralbankeinlagen des öffentlichen Sektors). Geht man bei der Berechnung der monetären Basis von der Zentralbankbilanz aus, wobei diese auf beiden Seiten um den Münzumlauf erweitert wird, dann erhält man unter den Positionen der *Passivseite* die

Monetäre Basis von der Verwendungsseite
= Banknotenumlauf (14.) zuzüglich Münzumlauf
+ Einlagen der Geschäftsbanken bei der Zentralbank (15.)[62].

Die Summe der Positionen 14. und 15., ergänzt um den Münzumlauf, lässt sich auch als Summe aller *Aktiva,* ergänzt um den Münzumlauf, abzüglich der Positionen 16. und 17. ermitteln. Man erhält dann die

Monetäre Basis von der Entstehungsseite
= Nettoauslandsforderungen (einschl. Goldbestand) der Zentralbank (11.)
+ Zentralbankkredite an Geschäftsbanken (12.)
+ Zentralbankkredite an den öffentlichen Sektor (einschl. Wertpapiere des öffentlichen Sektors) (13.)
- Einlagen des öffentlichen Sektors (16.)
- Reinvermögen der Zentralbank (17.)
+ Münzumlauf.

---

59 Siehe Artikel 101 in Verbindung mit Artikel 116 (3) des Vertrages von Amsterdam (Bundeszentrale für politische Bildung, Vertrag von Amsterdam, a.a.O.).

60 Siehe hierzu Jarchow, Grundriss der Geldpolitik, a.a.O., Unterabschnitt IV. 3e) bb).

61 Hierbei handelt es sich um die Hereinnahme von Termineinlagen (siehe ebenda, Unterabschnitt IV. 3c) cc)) oder um bestimmte befristete Transaktionen (siehe ebenda, Unterabschnitt IV. 3c) aa)).

62 Sollen Einlagen *privater* Nichtbanken auf Girokonten der Zentralbank nicht vernachlässigt werden, dann sind diese zu den angeführten Positionen hinzuzuzählen.

Die Bedeutung der monetären Basis als *analytisches Konzept* resultiert daraus, dass sie als sog. *Indikator* und (oder) als sog. *Zwischen*ziel Verwendung findet. Im Rahmen der Geldpolitik ist unter einem **Indikator** eine Variable des monetären Bereichs zu verstehen, die geeignet erscheint, in Form komparativer Feststellungen anzugeben, wie geldpolitische Maßnahmen der unmittelbar zurückliegenden Vergangenheit (oder umfassender: Impulse aus dem monetären Bereich, ausgelöst in der unmittelbar zurückliegenden Vergangenheit) auf die zukünftige Entwicklung der wirtschaftspolitischen Zielvariablen (wie Inlandsprodukt, Beschäftigung und Preisniveau) einwirken. Eine Indikatorvariable hat also eine *Prognosefunktion.* Veränderungen ihres Werts signalisieren beispielsweise, ob von den geldpolitischen Maßnahmen der unmittelbar zurückliegenden Vergangenheit eine expansive oder eine kontraktive Wirkung auf die zukünftige Entwicklung der wirtschaftspolitischen Zielvariablen ausgeht. Unter einem **Zwischenziel** (intermediate target) der Geldpolitik ist eine Variable des monetären Bereichs zu verstehen, die den Trägern der Geldpolitik bei Verfolgung eines bestimmten geldpolitischen Kurses als Leitlinie (Steuergröße) für ihre laufenden geldpolitischen Aktionen dient. Eine Zwischenzielvariable hat also eine *Lenkungsfunktion*[63].

bb) Geschäftsbankenbilanz und bereinigte Basis. – aaa) Betrachten wir als nächstes die zusammengefasste *Bilanz des Geschäftsbankensystems*:

2 a. Geschäftsbankenbilanz

Aktiva	Passiva
21. Münzen und Noten sowie Einlagen bei der Zentralbank	24. Verbindlichkeiten gegenüber der Zentralbank
22. Nettoauslandsforderungen	25. Verbindlichkeiten gegenüber inländischen Nichtbanken
23. Kredite an inländische Nichtbanken	251. Sichteinlagen
	252. Befristete Verbindlichkeiten
	26. Reinvermögen

Einer ergänzenden Erläuterung bedürfen nur die Positionen 23. und 25.: Die Position 23. resultiert aus dem *Kreditgeschäft mit Nichtbanken;* sie enthält zum überwiegenden Teil Buchkredite, zu einem geringeren Teil auch Forderungen in Form von marktfähigen Obligationen und Geldmarktpapieren sowie Wechseldiskontkredite. Die Position 25. umfasst die Verbindlichkeiten der Geschäftsbanken gegenüber Nichtbanken. Diese stellen Zahlungsmittel dar (wie 251) oder dienen den Nichtbanken als Vermögensanlage (wie 252); sie bestehen vor allem aus Einlagen (Sichteinlagen, Termineinlagen mit bestimmten Laufzeiten oder Kündigungsfristen und Spareinlagen mit vereinbarter Kündigungsfrist), zu einem geringeren Teil auch aus verbrieften Schuldtiteln (insbesondere Bankschuldverschreibungen).

bbb) Wie aus der Ermittlung der *monetären Basis* von der Entstehungsseite und aus der Geschäftsbankenbilanz ersichtlich, haben die Geschäftsbanken die Möglichkeit, mit einigen Transaktionen unmittelbar auf den Umfang der monetären Basis Einfluss zu nehmen. So können sich die Geschäftsbanken durch Kre-

63 Zur Konkretisierung von Zwischenzielen siehe JARCHOW, Grundriss der Geldpolitik, a.a.O., Abschnitt I. 3 und die dort angegebene Literatur.

ditaufnahme bei der Zentralbank, genauer: durch Inanspruchnahme der Spitzenrefinanzierungsfazilität oder Beteiligung am Tenderverfahren, Zentralbankgeld beschaffen, wodurch sich die monetäre Basis erhöht. Wird der Einfluss derartiger Transaktionen bei der Ermittlung der monetären Basis *ausgeschaltet,* dann erhält man ein Basiskonzept, das bei der sich anschließenden theoretischen Analyse als gegenüber den Geschäftsbanken *exogener* Einflussfaktor eine wichtige Rolle spielen wird. Seine Abgrenzung erfolgt durch Bereinigung der monetären Basis. Bei der Bereinigung ist zu bedenken, dass die monetäre Basis *kleiner* gewesen wäre, wenn die Geschäftsbanken keine Kredite bei der Zentralbank aufgenommen hätten. Hieraus ergibt sich, dass man die monetäre Basis von solchen Einflüssen *bereinigen* kann, wenn man sie wie folgt korrigiert:

Monetäre Basis
– Zentralbankkredite der Geschäftsbanken
= Monetäre Basis nach Bereinigung.

Als Ergebnis erhalten wir ein weiteres analytisches Konzept, nämlich die **bereinigte** (monetäre) **Basis**.

Die konkreten Bestimmungsgründe der bereinigten Basis werden deutlich, wenn die monetäre Basis (von der Entstehungsseite her gesehen) in ihre Komponenten aufgespalten wird. Dann ist die

Bereinigte Basis

= Nettoauslandsforderungen (einschl. Goldbestand) der Zentralbank + Zentralbankkredite an Geschäftsbanken + Zentralbankkredite an den öffentlichen Sektor (einschl. Wertpapiere des öffentlichen Sektors) - Einlagen des öffentlichen Sektors - Reinvermögen der Zentralbank + Münzumlauf	monetäre Basis
- Zentralbankkredite an Geschäftsbanken	

oder bei entsprechender Zusammenfassung:

Bereinigte Basis
= Nettoauslandsforderungen der Zentralbank
+ Nettoverschuldung des öffentlichen Sektors bei der Zentralbank (Zentralbankkredite an den öffentlichen Sektor abzüglich der Einlagen des öffentlichen Sektors bei der Zentralbank)
- Reinvermögen der Zentralbank
+ Münzumlauf.

Die oben im Einzelnen angeführten Komponenten der bereinigten Basis lassen erkennen, dass diese Größe - anders als die monetäre Basis - durch Vorgänge bestimmt wird, die sich in ihrer Gesamtwirkung dem Einflussbereich der Geschäftsbanken weitgehend entziehen und insofern für sie überwiegend *exogen* bedingt erscheinen. Wie oben erwähnt, erfolgte die Bereinigung dadurch, dass Zentralbankkredite an Geschäftsbanken aus der monetären Basis eliminiert wurden. Diese Vorgehensweise mag in Hinblick auf eine Liquiditätsbereitstellung im Wege des Tenderverfahrens insofern bedenklich erscheinen, als die Zentralbank den zugeteilten Gesamtbetrag an Zentralbankgeld autonom festlegen kann. Anderseits spricht für die Bereinigung der monetären Basis auch um die Tendergeschäfte, dass derartige Transaktionen nicht gegen den Willen der Geschäftsbanken durchgeführt werden können. Dieses und Vereinfachungen bei der theoretischen Analyse waren der Grund dafür, Zentralbankkredite in jeder Form aus der monetären Basis zu eliminieren.

Zusammenfassung zu 3 a):

1 . Die häufig als Indikator und (oder) Zwischenziel der Geldpolitik verwendete monetäre Basis bezeichnet den Bestand an Zentralbankgeld bei den Geschäftsbanken und Nichtbanken einschließlich Münzumlauf, aber ohne Zentralbankeinlagen des öffentlichen Sektors. Sie lässt sich aus der Zentralbankbilanz ermitteln.

2. Die bereinigte (monetäre) Basis ist eine Größe, die in ihrer Gesamthöhe dem Einflussbereich der Geschäftsbanken weitgehend entzogen ist. Sie wird im Wesentlichen durch die Nettoauslandsforderungen der Zentralbank und die Nettoverschuldung des öffentlichen Sektors bei der Zentralbank bestimmt. Man erhält die bereinigte Basis, indem Zentralbankkredite der Geschäftsbanken von der monetären Basis abgezogen werden.

b) Ein Grundmodell für eine Gleichgewichtsanalyse des monetären Bereichs

Die sich aus den Bilanzen ergebenden saldenmechanischen Beziehungen zwischen den einzelnen Bilanzpositionen müssen stets erfüllt sein; sie bilden deshalb die Rahmenbedingungen für unsere Analyse. Aus diesen Rahmenbedingungen wird (wie schon erwähnt) ein *Gleichgewichtsmodell zur Bestimmung von Geldmenge, Kreditmenge und Zinssatz* entwickelt, in dem neben definitorischen und saldenmechanischen Zusammenhängen institutionelle Gegebenheiten (z.B. auf Grund von Notenbankgesetzen) berücksichtigt, Hypothesen über Verhaltensweisen der beteiligten Sektoren (z.B. der Geschäftsbanken) aufgestellt und schließlich Gleichgewichtsbedingungen eingeführt werden. Dabei kommt der monetären Basis (Geldbasis) in der bereinigten Form als wichtiger Einflussgröße eine besondere Rolle zu. Sie liefert in Verbindung mit zinsabhängigen Multiplikatoren als neues monetäres Analyseinstrument Geldangebotsfunktionen.

aa) Die vereinfachten Bilanzen. – Die Gleichgewichtsanalyse erfolgt zunächst unter stark vereinfachten Annahmen. Die Art der Vereinfachung wird deutlich, wenn wir die für das einführende Modell geltenden Bilanzen an den Anfang stellen.

1 b. Zentralbankbilanz

Aktiva		Passiva	
Nettoauslandsforderungen	W	Banknotenumlauf bei Nichtbanken	C
Nettoverschuldung des öffentlichen Sektors (Kredite ./. Einlagen)	$Ö$	Mindestreserveeinlagen	Z
Kredite an Geschäftsbanken	F	Reinvermögen	RV_Z

2b. Geschäftsbankenbilanz

Aktiva		Passiva	
Mindestreserveeinlagen	Z	Sichteinlagen der Nichtbanken	D
Kredite an inländische Nichtbanken	K	Zentralbankverschuldung	F

3b. Konsolidierte Bilanz des gesamten Bankensystems

Aktiva		Passiva	
Nettoauslandsforderungen der Zentralbank	W	Banknotenumlauf bei Nichtbanken	C
Nettoverschuldung des öffentlichen Sektors bei der Zentralbank	$Ö$	Sichteinlagen bei Nichtbanken	D
Kredite an inländische Nichtbanken	K	Reinvermögen der Zentralbank	RV_Z

4b. Bilanz der inländischen Nichtbanken

Aktiva		Passiva	
Banknotenumlauf bei Nichtbanken	C	Kredite von Geschäftsbanken	K
Sichteinlagen	D	Nettoverschuldung des öffentlichen Sektors bei der Zentralbank	$Ö$
		Reinvermögen	RV_Z

Diese vier Bilanzen enthalten die saldenmechanischen Zusammenhänge für den monetären Bereich einer offenen Volkswirtschaft mit den folgenden Merkmalen:

- Realvermögensbestände bei Banken und Nichtbanken werden ebenso wie die Kassenbestände und das Reinvermögen der Geschäftsbanken vernachlässigt und gleich null gesetzt.
- Alle Zahlungen erfolgen durch Übertragung von Banknoten und (oder) Sichteinlagen.
- Die Zentralbank gewährt dem öffentlichen Sektor Kredite und hält seine Einlagen.
- Nettoauslandsforderungen hält nur die Zentralbank.
- Die Geschäftsbanken erwerben Ertrag bringende Kredittitel aus Buchkrediten an Nichtbanken und Wertpapierkäufen von Nichtbanken. Buchkredite und Wertpapieranlagen (Obligationen) werden als homogene Finanzaktiva betrachtet, für die der gleiche Ertragssatz bzw. Zinssatz i gilt.
- Geschäftsbanken refinanzieren sich im Wege einer Zentralbankverschuldung.
- Die Verbindlichkeiten der Geschäftsbanken gegenüber Nichtbanken bestehen aus Sichteinlagen. Die Geschäftsbanken müssen hierfür Mindestreserven halten.

Wie die Zentralbankbilanz (1 b.) erkennen lässt, entspricht die *monetäre Basis* (B) - von der Entstehungsseite her gesehen - in diesem Modell der Summe aus den Nettoauslandsforderungen bei der Zentralbank (W), der Nettoverschuldung des öffentlichen Sektors bei der Zentralbank ($Ö$) und den Krediten der Zentralbank an Geschäftsbanken (F) abzüglich des Reinvermögens der Zentralbank (RV_Z). Es gilt also:

$$B = W + \ddot{O} + F - RV_Z.$$

Die *bereinigte Basis (B')* wird in diesem Modell als Differenz aus monetärer Basis ($B = W + \ddot{O} + F - RV_Z$) und der Zentralbankverschuldung der Geschäftsbanken (F) berechnet. Somit ist

$$B' = W + \ddot{O} - RV_Z.$$

bb) Die Ausgangsgleichungen. – Unter Beachtung der durch die vereinfachten Bilanzen 1 b. und 3 b. gegebenen Restriktionen lässt sich das Modell des monetären Bereichs wie folgt formulieren:

1) Die Zentralbankbilanz (1 b.) und die konsolidierte Bilanz des gesamten Bankensystems (3 b.) können als Gleichungen gelesen werden; sie ergeben dann folgende *Bilanzrestriktionen*:

(1) $B' + F = C + Z$ (Bilanzrestriktion)

und

(2) $B' + K = C + D,\ B' > 0.$ (Bilanzrestriktion).

2) Die Geschäftsbanken sind verpflichtet, *Mindestreserven* in Höhe eines bestimmten Prozentsatzes (r) der Sichteinlagen (D) bei der Zentralbank zu halten, d.h. es gilt:

(3) $Z = r\,D,\ 0 < r < 1$ (Mindestreserven).

3) Die Geschäftsbanken können sich Zentralbankgeld verschaffen, indem sie sich an der regelmäßigen Versteigerung von Zentralbankgeld durch die Zentralbank, also am Tenderverfahren, beteiligen oder die Spitzenrefinanzierungsfazilität der Zentralbank in Anspruch nehmen. Für Offenmarktgeschäfte im Tenderverfahren wird vereinfachend eine Abwicklung als Mengentender unterstellt[64]. Angenommen wird weiter, dass die Zentralbank für beide Refinanzierungsgeschäfte einen als einheitlich angenommenen[65] Refinanzierungssatz (z) fixiert[66]. Dieser Refinanzierungssatz ist – wie im Eurosystem – als zentraler geldpolitischer Aktionsparameter anzusehen. Im Eurosystem entspricht er dem Hauptrefinanzierungssatz[67]. Mit ihm lenkt die EZB einen für die Kreditvergabe der Geschäftsban-

---

64 Dieses ist eine Vereinfachung, weil Tenderoperationen auch als Zinstender durchgeführt werden. Bei diesem Verfahren wird der Zinssatz nicht wie bei einem Mengentender vor Abgabe der Gebote von der Zentralbank fixiert, sondern er ist abhängig vom Betrag an Zentralbankgeld, den die Zentralbank durch Abschluss von Tendergeschäften bei den Geschäftsbanken unterbringen will.

65 Tatsächlich liegt der Zinssatz der Spitzenrefinanzierungsfazilität über dem Zinssatz von Tenderoperationen.

66 Quantitative Begrenzungen dadurch, dass die Zentralbank einen Zuteilungsbetrag festlegt, der kleiner ist als der von den Geschäftsbanken gewünschte Betrag an Zentralbankgeld, bleiben unberücksichtigt.

67 Konkret handelt es sich im Eurosystem bei dem als Leitzins der EZB fungierenden Hauptrefinanzierungssatz im Fall des Mengentenders um den von der EZB angekündigten Festzinssatz. Beim Zinstender entspricht dem Hauptrefinanzierungssatz der von der EZB angekündigte Mindestbietungssatz (siehe hierzu genauer JARCHOW, Grundriss der Geldpolitik, a.a.O., Unterabschnitt III.3b) oder IV.3b)).

ken wesentlichen kurzfristigen Geldmarktzins[68]. Insofern ist die Gleichgewichtsanalyse des monetären Bereichs mit dem in Kapitel V noch zu behandelnden Neukeynesianischen Konsensmodell kompatibel.

Hinsichtlich des Umfangs der Zentralbankverschuldung der Geschäftsbanken F wird davon ausgegangen, dass das Refinanzierungsobligo ausgeweitet wird, wenn sich die Ertragsrate für Bankkredite, also der (Soll-)Zinssatz (i), erhöht und abnimmt, wenn die Refinanzierungskosten infolge eines steigenden Refinanzierungssatzes (z) größer werden (und umgekehrt). Ferner wird berücksichtigt, dass die Sichteinlagen (D) – ähnlich wie das gegebene Anfangsvermögen bei der Portefeuille-Theorie im Abschnitt II.3 – eine für den Gesamtumfang des Portefeuilles maßgebliche *Skalargröße*[69] darstellen. Inhaltlich lässt sich dieses damit begründen, dass Banken die Auswirkungen von Schwankungen bei den Einlagen (D) durch die Inanspruchnahme von Zentralbankkrediten (F) als weiterer Finanzierungsquelle abfedern wollen. Je höher die Einlagen sind und je stärker deshalb ihre Schwankungen ausfallen, desto größer veranschlagen die Banken die Finanzierung durch Zentralbankkredite. Somit lässt sich folgende Beziehung formulieren:

$$F = F(i, z, D),\ \frac{\partial F}{\partial i} > 0,\ \frac{\partial F}{\partial z} < 0,\ \frac{\partial F}{\partial D} > 0.$$

Wird zusätzlich angenommen, dass bei gegebenen Zinssätzen i und z zwischen den von den Geschäftsbanken bei der Zentralbank aufgenommenen Refinanzierungskrediten F und den Sichteinlagen (D) ein proportionaler Zusammenhang besteht, dann erhält man:

$$(4)\ F = f(i, z) \cdot D,\ \frac{\partial f}{\partial i} > 0,\ \frac{\partial f}{\partial z} < 0 \qquad \text{(Refinanzierungskredite).}$$

4) Die von den Nichtbanken entfaltete Geldnachfrage (L) hängt – in Übereinstimmung mit den grundsätzlichen Ergebnissen unserer einzelwirtschaftlichen Analyse – von der Höhe des nominalen Volkseinkommens (Y) und vom Zinssatz (i) ab (der wegen der unterstellten Homogenität von Buchkrediten und Wertpapieranlagen der Wertpapierrendite entspricht). Dabei wird angenommen, dass die Geldnachfrage bei einer Expansion des Volkseinkommens zunimmt sowie bei steigendem Zinssatz abnimmt und umgekehrt.

$$(5)\ L = L(i, Y)^{70},\ \frac{\partial L}{\partial i} < 0,\ \frac{\partial L}{\partial Y} > 0 \qquad \text{(Geldnachfrage).}$$

Der negative Zinseinfluss lässt sich damit erklären, dass Geldbestände bei einem Zinsanstieg in Wertpapiere (wegen der mit einer Erhöhung des Zinssatzes (i) einhergehenden Erhöhung der Wertpapierrendite) umgeschichtet werden.

---

[68] Konkret handelt es sich im Euroraum um den Geldmarktsatz EONIA, der eng mit dem Festzinssatz bzw. Mindestbietungssatz der EZB korreliert ist (siehe hierzu JARCHOW, Grundriss der Geldpolitik, a.a.O., Unterabschnitt III.4c)).

[69] Eine Skalargröße ist in erster Linie für den Umfang des Portefeuilles maßgeblich, weniger oder gar nicht für seine Struktur. Siehe hierzu G. DIECKHEUER, Wirkung und Wirkungsprozess der Geldpolitik. Eine mikro- und makroökonomische Analyse. (Untersuchungen über das Spar-, Giro- und Kreditwesen, Bd. 77.) Berlin 1975. S. 158.

[70] Die einzelwirtschaftlichen Überlegungen zur Portefeuille-Theorie legen nahe, auch das Gesamtvermögen der Nichtbanken als Bestimmungsfaktor der Geldnachfrage zu berücksichtigen. Aus Gründen der Vereinfachung ist hierauf verzichtet worden.

5) Die Geldnachfrage (L) ist im *Gleichgewicht* gleich dem Geldangebot (M^a) und damit gleich der *realisierten Geldmenge* (M)

(6) $M^a = L = M$ (Gleichgewicht für die
(7) Geldmenge, Definition).

(Wie noch zu zeigen sein wird, lässt sich das Geldangebot aus den übrigen Beziehungen des Modells herleiten. Es ist also implizit in den Ausgangsgleichungen enthalten).

6) Die Nichtbanken halten Bargeld in einem konstanten Verhältnis (k) zu den Sichteinlagen:

(8) $C = k\,D,\ k > 0$[71] (Bargeldhaltung).

7) Die *Geldmenge* im *eng abgegrenzten Sinne* (M) besteht aus dem Bargeldumlauf (C) und den Sichteinlagen der Nichtbanken (D):

(9) $M = C + D$ (Definition).

Das Modell enthält an

Daten: k,
Parametern: B', Y, r, z,
Variablen: $C, D, F, K, L, M, M^a, Z, i$ (*insgesamt* also 9).

Vorausgesetzt eine Lösung existiert, dann lassen sich mit den Gleichungen (1) bis (9) alle neun Variablen des Modells bestimmen. Zu ihnen gehört auch die Geldmenge, die – anders als in der schon behandelten KEYNESschen Liquiditätpräferenztheorie – hier und in dem später noch zu behandelnden Neukeynesianschen Konsensmodell eine *endogene* Größe darstellt.

cc) Angebot und Nachfrage auf dem Markt für Geld. – Die den monetären Bereich beschreibenden Strukturgleichungen (1) bis (9) werden im Folgenden so weit zusammengefasst, dass sich der Markt für Geld durch eine Angebots- und Nachfragefunktion beschreiben lässt. Dadurch wird es möglich, die Gleichgewichtslösung für die Geldmenge anhand einfacher *graphischer Darstellungen* in einem Zinssatz/Geldmengen-Diagramm abzubilden[72].

aaa) Um den *Markt für Geld* zu beschreiben, ist es erforderlich, die implizit in dem Gleichungssystem enthaltene *Geldangebotsfunk*tion herzuleiten. Ausgangspunkt hierfür ist die sich aus der Zentralbankbilanz ergebende Bilanzrestriktion:

(1) $B' + F = C + Z.$

Die Zentralbankbilanz (1) macht deutlich, dass die monetäre Basis ($C + Z$) aus zwei Quellen resultiert: den Komponenten der bereinigten Basis und der Zentralbankverschuldung der Geschäftsbanken.

---

71 An Stelle von (8) kann zur Beschreibung der Bargeldhaltung auch die Beziehung $C = cM$ $(0 < c < 1)$ benutzt werden.

72 Die Vorgehensweise, Strukturgleichungen aus Gründen der Darstellung zu bündeln, ist auch in anderen Bereichen der makroökonomischen Analyse üblich. So werden die Strukturgleichungen des KEYNESianischen Modells (siehe Unterabschnitt IV. 2a)) zu makroökonomischen Angebots- und Nachfragefunktionen zusammengefasst.

Aus Gleichung (1) wird in einem *ersten* Schritt die Bestimmungsformel für die *Sichteinlagen* (D), also für das Giralgeld, hergeleitet. Dazu wird auf der linken Seite von (1) F entsprechend (4) ersetzt und auf der rechten Seite für C der Ausdruck kD sowie für Z der Ausdruck rD verwendet. Man erhält dann:

$$B' + fD = (k + r)D.$$

Bei Auflösung nach D ergibt sich:

$$(10) \quad D = \frac{B'}{k + r - f}.$$

In einem *zweiten* Schritt wird D aus Gleichung (10) in die Definitionsgleichung für die Geldmenge

$$M = C + D = kD + D = (1 + k)D$$

eingesetzt. Mit $M = M^a$ folgt dann unmittelbar:

$$(11) \quad M^a = \frac{1 + k}{k + r - f} B',$$

wobei $f = f(i, z)$.

Gleichung (11) charakterisiert die Geldangebotsseite; wir bezeichnen diese Funktion als **Geldangebotsfunktion**[73]. Sie lässt erkennen, dass das gesamte Geldangebot durch die bereinigte *Basis* (B') und den *Multiplikator*

$$m = \frac{1 + k}{k + r - f(i, z)}$$

bestimmt wird. Der Multiplikator wiederum hängt einerseits von Größen ab, die sich dem Einflussbereich der Geschäftsbanken entziehen, nämlich von der Bargeldhaltung (hier: der Bargeldquote k) und den Parametern der Geldpolitik (z und r); er enthält anderseits den eine Verhaltensweise beschreibenden Verschuldungskoeffizienten f, der von den Geschäftsbanken unter Berücksichtigung des Zinssatzes (i) und des Refinanzierungssatzes (z) festgelegt wird. Unter der Annahme $0 < r < 1$ ist $1 + k > k + r - f$, d.h. der Zähler des Multiplikators ist größer als der Nenner. Der Multiplikator muss dementsprechend *größer als eins* sein[74]. In dem Spezialfall, dass sich die Geschäftsbanken bei der Zentralbank nicht refinanzieren können $(F = 0)$, wird $f = 0$, und wir erhalten den im vorhergehenden Abschnitt (III.2) abgeleiteten *Geldschöpfungsmultiplikator*

$$m = \frac{1 + k}{k + r}.$$

Wie Gleichung (11) weiter erkennen lässt, geht von Änderungen des Zinssatzes i bei gegebener Bargeldquote (k) und vorgegebenen Werten der Parameter

---

[73] Zu beachten ist, dass diese Funktion unter Verwendung von $C = kD$, d.h. unter Berücksichtigung der Bargeldhaltung der Nichtbanken, abgeleitet worden ist. Gleichung (11) wird aber unabhängig von der Geldnachfragefunktion (5) ermittelt.

[74] Der Nenner ist positiv, solange $B' > 0$; denn aus der Bilanzrestriktion (1) folgt unter Berücksichtigung von (3), (4) und (8)

$$B' = kD + rD - fD$$

bzw.

$$k + r - f = \frac{B'}{D}.$$

B', r und z über den Verschuldungskoeffizienten f ein *positiver Einfluss* auf das Geldangebot M^a aus. So erhöht ein Zinsanstieg den Verschuldungskoeffizienten f, so dass der Nenner des Multiplikators sinkt und der Multiplikator dementsprechend größer wird. Ökonomisch interpretiert, stellt eine Erhöhung des Zinssatzes für die Geschäftsbanken einen Anreiz dar, ihr Kreditangebot auszuweiten und sich deshalb stärker bei der Zentralbank zu verschulden.

dd) Gleichgewicht. – Grundlage für die graphische Ermittlung der Gleichgewichtswerte für die Geldmenge M und den Zinssatz i ist die Angebots- und Nachfragekonstellation auf dem Markt für Geld. Entsprechend den vorangegangenen Ausführungen hat die Geldangebotskurve (Mª-Kurve) in einem i/M-Diagramm eine positive und die durch die Beziehung (5) beschriebene Geldnachfragekurve (L-Kurve) eine negative Steigung (vgl. Abb. III.9).

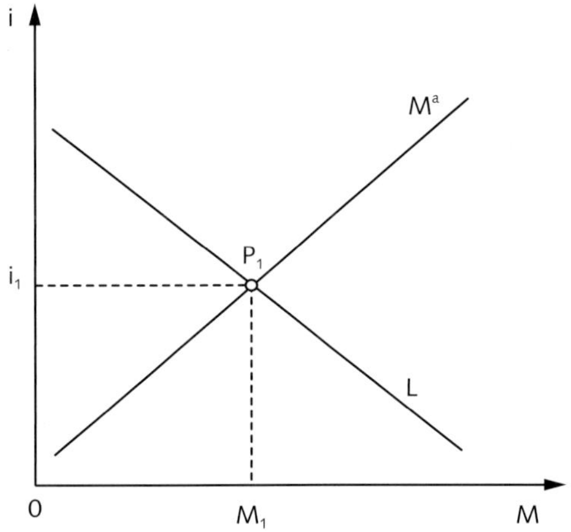

Abb. III.9

Der Schnittpunkt der beiden Kurven bestimmt den Gleichgewichtspunkt P_1 und damit die Geldmenge M_1 und den Zinssatz i_1 (vgl. Abb. III.9).

ee) Parameteränderungen. – Von besonderem Interesse ist die Frage, wie sich die Variablen des Modells, vor allem die Geldmenge und der Zinssatz, ändern, wenn sich Parameteränderungen ergeben. Wir behandeln zunächst Parameteränderungen, die zu einer *Verschiebung der Geldangebotskurve* führen, und danach Parameterveränderungen, die zu einer *Verschiebung der Geldnachfragekurve* führen.

aaa) Wir betrachten als erstes den Fall, dass sich die *bereinigte Basis B' erhöht.* Zur Illustration sei angenommen, dass die Nettoauslandsforderungen der Zentralbank zunehmen, weil Exportüberschüsse bei den Nichtbanken in Form von Devisen anfallen, die von den Nichtbanken an die Geschäftsbanken und von diesen weiter an die Zentralbank verkauft werden[75]. Wie aus Gleichung (11) her-

[75] Dass solche Transaktionen in der Realität in Form von Interventionen der Zentralbank auf dem Devisenmarkt abgewickelt werden, spielt für unsere Gleichgewichtsanalyse keine Rolle.

vorgeht, steigt das Geldangebot M^a bei alternativen Werten für den Zinssatz i, d.h. bei gegebenen Werten von f, wenn B' ansteigt. Demnach verschiebt sich die Geldangebotskurve M^a nach rechts.

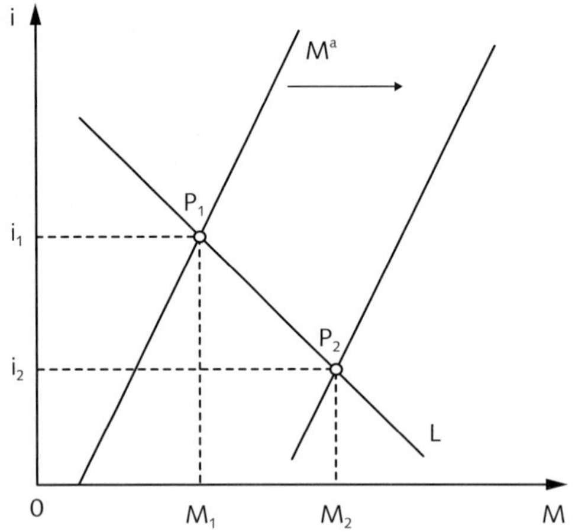

Abb. III.10

Zunächst einmal zeigt sich, dass im neuen Gleichgewicht P_2 die *größere Geldmenge* M_2 bei dem *niedrigeren Zinssatz* i_2 realisiert wird (vgl. Abb. III.10). Was die Entwicklung der Kreditmenge K anbelangt, so lässt sich das diesbezügliche Ergebnis durch Rückgriff auf die Bilanzrestriktion (2) erläutern. Wird diese nach K aufgelöst, erhält man:

(2') $K = (C + D) - B'$.

Da bei einer Erhöhung von B' die Geldmenge M $(= C + D)$ größer wird, wirken auf K zwei Größen in unterschiedlicher Richtung ein, so dass die Veränderung von K nicht eindeutig ist, d.h. die *Kreditmenge* kann bei einem Anstieg der bereinigten Geldbasis *steigen, sinken oder konstant bleiben.*

Nach Behandlung der von einer Änderung der bereinigten Basis ausgehenden Wirkungen ist noch zu untersuchen, wie die geldpolitischen Parameter *Refinanzierungssatz* (z) und *Mindestreservesatz* (r) die Geldmenge M und den Zinssatz beeinflussen. Wie bereits erwähnt, ist der Refinanzierungssatz z im Rahmen des Eurosystems als zentraler geldpolitischer Parameter anzusehen, mit dem die EZB einen für die Kreditvergabe der Geschäftsbanken wichtigen kurzfristigen Geldmarktzins lenkt. Wie aus der Bestimmungsgleichung für das Geldangebot M^a (11) hervorgeht, vermindert eine Senkung von z (wegen $\partial f / \partial z < 0$) den Nenner des Multiplikators, so dass das Geldangebot bei alternativen Werten für den Zinssatz steigt. Ebenso bewirkt eine Herabsetzung des Mindestreservesatzes eine Ausweitung des Geldangebots, da der Nenner des Multiplikators mit sinkendem r kleiner wird. Hinter der Zunahme des Geldangebots steht in beiden Fällen eine verstärkte Kreditgewährung der Geschäftsbanken. Wie aus Gleichung (2') genauer hervorgeht, steigt die Kreditmenge bei unverändertem B' im Ausmaß des Anstiegs der Geldmenge.

Die aus einer Senkung von z und r resultierende Geldmengen- und Zinsentwicklung ist ebenfalls aus Abb. III.10 ablesbar. Zusammenfassend bleibt also festzuhalten:

Eine Erhöhung der bereinigten Basis (B') sowie eine Senkung des Refinanzierungssatzes (z) oder eine Herabsetzung des Mindestreservesatzes (r) bewirken eine Geldmengenexpansion bei sinkendem Zinssatz.

Erfolgt eine Änderung der Parameter B', z und r jeweils in entgegengesetzter Richtung, dann vermindert sich das Geldangebot (die Mª-Kurve verschiebt sich nach links), und die Geldmenge M sinkt bei steigendem Zinssatz.

bbb) Betrachten wir nun im Folgenden eine Parameteränderung, die eine *Verlagerung der Geldnachfragekurve* bewirkt. Im Rahmen unserer Modellannahmen kann dieser Fall dadurch eintreten, dass sich das *Volkseinkommen* verändert. Erhöht sich das Volkseinkommen, dann verschiebt sich die Kurve der Geldnachfrage nach rechts (vgl. Abb. III.11). Zunächst einmal zeigt sich, dass im neuen Gleichgewicht P_2 die *größere Geldmenge* M_2 bei dem *höheren Zinssatz* i_2 realisiert wird. Die Geldmengenexpansion ist mit einer Ausweitung der Kreditgewährung der Geschäftsbanken verbunden.

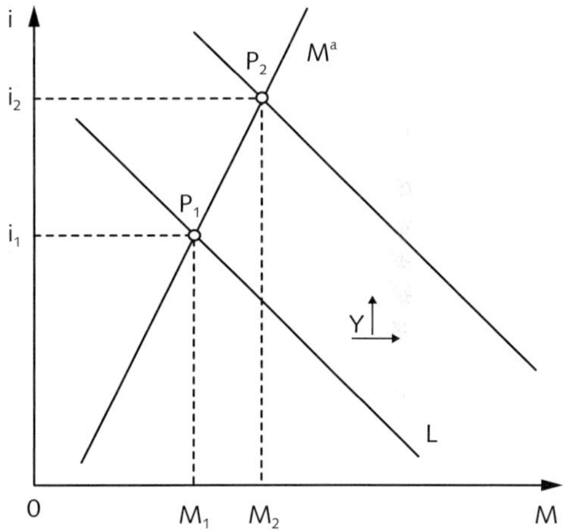

Abb. III.11

Wie wieder aus Gleichung (2') genauer hervorgeht, steigt die *Kreditmenge* bei unverändertem B' im Ausmaß des Anstiegs der Geldmenge. Im Endergebnis *erhöhen* sich also – trotz gleich bleibender bereinigter Basis – die *Geld- und Kreditmenge, allerdings bei steigendem Zinssatz.*

ccc) Eine Erhöhung der bereinigten Basis und ein steigendes Volkseinkommen führen also gleichermaßen zu einem Anstieg der Geldmenge M. Die Kreditmenge kann bei einer Ausweitung der bereinigten Basis zunehmen, abnehmen oder konstant bleiben; bei einer Erhöhung des Volkseinkommens nimmt sie in jedem Fall zu, und zwar im Ausmaß der Geldmengenerhöhung. Ein weiterer Unterschied besteht in der Wirkung auf den Zinssatz: Während der Zinssatz bei einer Ausweitung der bereinigten Basis sinkt, steigt er bei zunehmendem Volkseinkommen.

ff) Einige Anmerkungen zur Dynamik. – Die bisherige Darstellung könnte den Eindruck vermitteln, dass die durch Parameteränderungen ausgelösten Anpassungsvorgänge ohne zeitliche Verzögerung und simultan erfolgen. Tatsächlich benötigen die geschilderten Anpassungsvorgänge aber eine gewisse Zeit, und es ist anzunehmen, dass die Geschwindigkeit der Anpassung an das neue Gleichgewicht bei den einzelnen Variablen unterschiedlich ist.

So könnte man z.B. vermuten, dass ein Zufluss an Zentralbankgeld, der sich bei den Geschäftsbanken im Zuge der Ausweitung der bereinigten Basis einstellt, zunächst im Wesentlichen zur Tilgung von Zentralbankschulden genutzt und erst mit der Zeit in dem gewünschten Umfang zur Kreditgewährung und damit zur Geldschöpfung verwendet wird. Umgekehrt ist bei einer Verminderung der bereinigten Basis zu erwarten, dass die hiermit verbundenen Zentralbankgeldverluste bei den Banken zunächst im Wesentlichen durch Erhöhung der Zentralbankverschuldung finanziert werden und erst im Laufe der Zeit eine Einschränkung der Kreditgewährung und damit der Geldschöpfung erfolgt. Die *Zentralbankverschuldung* würde somit bei den Banken eine Art *Pufferfunktion* zwischen Änderungen ihres Zentralbankgeldbestandes und der Kreditgewährung gegenüber dem Publikum übernehmen. Die Möglichkeit weiterer Puffereffekte wäre zu berücksichtigen, wenn man die Kredite disaggregieren und z.B. zwischen dem Erwerb von *Wertpapieren* einerseits und Direktkrediten (z.B. Kontokorrentkrediten) anderseits unterscheiden würde[76]. So hat die Bundesbank in der Vergangenheit verschiedentlich auf die Erfahrungstatsache hingewiesen, „dass die Banken auf eine Einschränkung ihres freien Liquiditätsspielraums zuerst und relativ rasch mit einer Drosselung ihrer Wertpapierkäufe reagieren“[77] und erst in zweiter Linie die erforderliche Anpassung bei den Direktkrediten vornehmen[78].

gg) Endogene und exogen bestimmte Geldmenge. – Wir wollen die in diesem Abschnitt durchgeführte Analyse bei endogen bestimmter Geldmenge nicht abschließen, ohne sie noch kurz vor dem Hintergrund der im ersten Abschnitt dieses Kapitels dargestellten *KEYNESschen Liquiditätspräferenztheorie* betrachtet zu haben. Wir abstrahieren dabei vom Detail und konzentrieren uns nur auf folgenden Punkt:

- Im Gegensatz zu den Ergebnissen einer endogen bestimmten Geldmenge geht die KEYNESsche Liquiditätspräferenztheorie von einem vollkommen zinsunelastischen Geldangebot aus und unterstellt damit eine exogen fixierte Geldmenge.

---

76 Siehe hierzu die Beobachtungen von B. S. BERNANKE, A. S. BLINDER, The Federal Funds Rate and the Channels of Monetary Transmission. „The American Economic Review“, Vol. 82 (1992), S. 918 f. – Vgl. auch L. HÜBL, Bankenliquidität und Kapitalmarktzins. (Veröffentlichungen des Instituts für Empirische Wirtschaftsforschung, Bd. 2.) Berlin 1969. S. 70. – K. HÄUSER, Die Geldmarktabhängigkeit des deutschen Kapitalmarktes. In: Geld- und Währungspolitik in der Bundesrepublik Deutschland. (Beihefte zu Kredit und Kapital, H. 7.) Hrsg. von W. EHRLICHER, D. B. SIMMERT. Berlin 1982. S. 316.

77 Geschäftsbericht der DEUTSCHEN BUNDESBANK für das Jahr 1964, S. 51.

78 Vgl. Geschäftsbericht der Deutschen Bundesbank für das Jahr 1965, S. 69.

Dieser Unterschied hat *zweierlei* Konsequenzen:

1. Steigt die bereinigte Basis (z.B. im Zuge von Devisenzuflüssen) oder wird der Refinanzierungssatz gesenkt, liegt also eine *Angebotsstörung* auf dem Markt für Geld vor, dann erfolgt sowohl bei vollkommen zinsunelastischem Geldangebot als auch bei zinselastischem Geldangebot eine Erhöhung der Geldmenge und eine Senkung des Zinsniveaus. Da eine Senkung des Zinsniveaus bei endogen bestimmter Geldmenge eine Einschränkung der von den Geschäftsbanken angebotenen Kredit- und Geldmenge induziert, dieser Effekt im KEYNESschen Modell aber unberücksichtigt bleibt, ist die Geldmengenexpansion und damit die Zinssenkung im Rahmen der Liquiditätspräferenztheorie *stärker* als bei endogen bestimmter Geldmenge (und umgekehrt).
2. Ein Anstieg des Volkseinkommens, d.h. eine *Nachfragestörung* auf dem Markt für Geld, führt in beiden Modellen zu einer Erhöhung des Zinsniveaus. Da die Erhöhung des Sollzinssatzes bei endogen bestimmter Geldmenge eine Erhöhung der von den Geschäftsbanken angebotenen Kredit- und Geldmenge induziert, die Geldmenge im KEYNESschen Modell in diesem Fall aber konstant bleibt, fällt die Zinserhöhung im Rahmen der Liquiditätspräferenztheorie *stärker* aus als bei endogen bestimmter Geldmenge.

Zusammenfassung zu 3 b)

1. Ausgehend von der Zentralbankbilanz wird eine Gleichgewichtsanalyse des monetären Bereichs einer Volkswirtschaft durchgeführt, die u. a. die Geldmenge (M), den Zinssatz und die Kreditmenge als endogene Größen enthält.

2. Als Ergebnis einer komparativ-statischen Analyse findet man, dass die Geldmenge (M) steigt und der Zinssatz sinkt, wenn die bereinigte Basis zunimmt. Die Kreditmenge kann steigen, sinken oder konstant bleiben. Weiter zeigt sich, dass die Geldmenge (M) und die Kreditmenge zunehmen und der Zinssatz fällt, wenn der Refinanzierungssatz und der Mindestreservesatz gesenkt werden.

3. Schließlich ergibt sich noch, dass die Geldmenge (M) und die Kreditmenge bei steigendem Zinssatz zunehmen, wenn die Geldnachfrage, z. B. infolge einer Erhöhung des Volkseinkommens, ansteigt.

4. Ändern sich die Parameter in der entgegengesetzten Richtung, dann ergeben sich jeweils die umgekehrten Resultate.

5. Im Fall eines vollkommen zinsunelastischen Geldangebots (wie bei der KEYNESschen Liquiditätspräferenztheorie) ist die Zinsreaktion bei Angebots- und Nachfragestörungen auf dem Markt für Geld stärker als bei zinselastischem Geldangebot.

c) Eine Ergänzung des Modells um befristete Einlagen

Die Gleichgewichtsanalyse des vorhergehenden Unterabschnitts wird im Folgenden durch Berücksichtigung von befristeten Einlagen (Termin- und Spareinlagen) ergänzt. Auf diese Weise wird es möglich, neben der eng abgegrenzten Geldmenge M im Sinne von $M1$ noch ein Geldmengenkonzept in einem *weiteren* Sinne in die Betrachtungen einzubeziehen. Weit abgegrenzte Geldmengenaggregate werden von den Zentralbanken im Rahmen ihrer geldpolitischen Strategie gegenüber eng abgegrenzten Geldmengenaggregaten bevorzugt.

bb) Die Ausgangsgleichungen. – Mit der Einbeziehung von befristeten Einlagen sind gegenüber dem Grundmodell folgende ergänzende Annahmen bzw. Modifikationen zu berücksichtigen:

1) Die Nichtbanken orientieren sich bei der *Aufteilung ihrer gesamten Einlagen* in Termin- und Spareinlagen (T) einerseits sowie in Sichteinlagen (D) anderseits an der Höhe des Habenzinssatzes (i_b). Genauer wird angenommen, dass sie die Summe aus Termin- und Spareinlagen in einem durch den Einlagenkoeffizienten t angegebenen Verhältnis zu den Sichteinlagen halten, wobei die Größe t mit steigendem Habenzinssatz zunimmt und umgekehrt[79]. Es besteht also folgende Beziehung:

(12) $T = t(i_b) \cdot D, \ \frac{\partial t}{\partial i_b} > 0.$ (Aufteilung der Einlagen)

2) Der *Habenzinssatz* wird von den Geschäftsbanken in Anlehnung an die Entwicklung des (Soll-)Zinssatzes festgelegt. Zu diesem Zinssatz sind die Geschäftsbanken bereit, unbegrenzt Termin- und Spareinlagen entgegenzunehmen. Es gilt also:

(13) $i_b = i_b(i), \ \frac{\partial i_b}{\partial i} > 0.$ (Fixierung des Habenzinssatzes)

3) Da der Habenzinssatz die Aufteilung der gesamten Einlagen in Termin- und Spareinlagen einerseits und Sichteinlagen anderseits beeinflusst, ist anzunehmen, dass die Geldnachfrage (L) nicht nur wie bisher vom Sollzinssatz (i_s) und dem nominalen Volkseinkommen (Y), sondern zusätzlich auch vom Habenzinssatz (i_b) abhängt, und zwar entsprechend folgender Beziehung:

(14) $L = L(i, i_b, Y), \ \frac{\partial L}{\partial i} < 0, \ \frac{\partial L}{\partial i_b} < 0, \ \frac{\partial L}{\partial Y} > 0.$ (Geldnachfrage)

Der negative Einfluss der beiden Zinssätze auf die Geldnachfrage lässt sich damit erklären, dass Geldbestände bei einem Zinsanstieg in Wertpapiere (wegen der mit einer Erhöhung des Zinssatzes (i) einhergehenden Erhöhung der Wertpapierrendite) und in Termin- und Spareinlagen (wegen der Erhöhung des Habenzinssatzes) umgeschichtet werden.

---

[79] Bei dieser Hypothese wird unterstellt, dass für Termin- und Spareinlagen ein einheitlicher Habenzinssatz berechnet wird und der Habenzinssatz für Sichteinlagen gleich Null ist. Die erste Annahme bedeutet, dass Umschichtungen zwischen Termin- und Spareinlagen unberücksichtigt bleiben; die zweite Annahme hat zur Folge, dass der Habenzinssatz für Sichteinlagen als Einflussfaktor von t entfällt.

4) Termin- und Spareinlagen sind (wie Sichteinlagen) mindestreservepflichtig. Es wird angenommen, dass für Sichteinlagen sowie für Termin- und Spareinlagen (wie im Eurosystem) ein *einheitlicher Mindestreservesatz* (r) fixiert wird.

Neben diesen neuen Annahmen sind die konsolidierte Bilanz des gesamten Bankensystems (2), die Beziehung für die Mindestreserven (3) und die Beziehung für das Refinanzierungsobligo (4) durch Einbeziehung der Termin- und Spareinlagen zu modifizieren. Nach Anpassung erhält man:

(2') $B' + K = C + D + T,\ B' > 0$ (Bilanzrestriktion),

(3') $Z = r(D + T),\ 0 < r < 1$ (Mindestreserven),

(4') $F = f(i, z) \cdot (D + T),\ \dfrac{\partial f}{\partial i} > 0,\ \dfrac{\partial f}{\partial z} < 0$ (Refinanzierungskredite).

Zusätzlich zu M wird die weiter gefasste Geldmenge

(15) $M^{+} = M + T$ (Definition)

abgegrenzt.

cc) Angebot und Nachfrage auf dem Markt für Geld. – aaa) Um den *Markt für Geld* zu beschreiben, ist es erforderlich, die implizit in dem Gleichungssystem enthaltene *Geldangebotsfunk*tion herzuleiten. Wie im Grundmodell bildet die sich aus der Zentralbankbilanz ergebende Bilanzrestriktion (1) hierfür den Ausgangspunkt:

(1) $B' + F = C + Z.$

Aus Gleichung (1) wird wieder in einem *ersten* Schritt die Bestimmungsformel für die *Sichteinlagen* (D), also für das Giralgeld, hergeleitet. Dazu wird auf der linken Seite von (1) F entsprechend (4') ersetzt und auf der rechten Seite für C der Ausdruck kD sowie für Z der Ausdruck $r(D+T)$ verwendet. Man erhält dann:

$$B' + f(D + T) = kD + r(D + T).$$

Wird für T entsprechend (12) tD eingesetzt, dann ergibt sich

$$B' + f(1 + t)D = kD + r(1 + t)D, \text{ wobei } f = f(i, z) \text{ und } t = t(i_b).$$

Bei Auflösung nach D erhält man:

(16) $D = \dfrac{B'}{k + (1 + t)(r - f)}.$

In einem *zweiten* Schritt wird D aus Gleichung (16) in die Definitionsgleichung für die Geldmenge

$$M = C + D = kD + D = (1 + k)D$$

eingesetzt. Mit $M = M^a$ folgt dann unmittelbar:

(17) $M^a = \dfrac{1 + k}{k + (1 + t)(r - f)} B',$

wobei $f = f(i, z)$ und $t = t(i_b)$.

Diese Funktion bezeichnen wir wieder als **Geldangebotsfunktion**. Wie unmittelbar aus Gleichung (17) ersichtlich ist, ergibt sich bei $t = 0$ als Spezialfall die im Grundmodell abgeleitete Geldangebotsfunktion (11). Wie Gleichung (17) weiter zeigt, geht von Änderungen des Zinssatzes i nicht nur (wie im Grundmodell) über den Verschuldungskoeffizienten f ein positiver Effekt auf M^a aus, sondern auch über den Einlagenkoeffizienten t (vorausgesetzt $(r - f) < 0$); denn ein Zinsanstieg führt zu einer Erhöhung von t, so dass der Nenner von (17) wegen $(r - f) < 0$ kleiner wird. Für den positiven t-Effekt ist ausschlaggebend, dass die Erhöhung des Zinssatzes eine Erhöhung des Habenzinssatzes nach sich zieht, wodurch Nichtbanken veranlasst werden, Sichteinlagen in Termin- und Spareinlagen umzuschichten und dabei wegen der Beziehung $C = kD$ auch *Bargeldbestände* zu ersetzen. Demzufolge steigen die Gesamteinlagen $(D + T)$, so dass die Geschäftsbanken ihr Kreditangebot und damit auch das Geldangebot ausweiten[80]. Somit hängt das Geldangebot M^a positiv vom Zinssatz ab (vgl. Abb. III.12(a) auf S. 108).

Zur Ermittlung der Gleichgewichtslösung benötigen wir neben der Geldangebotsfunktion (17) die bereits angegebene *Geldnachfragefunktion* (14)

$$(14) \quad L = L(i, i_b, Y).$$

Da zwischen Habenzinssatz i_b und Zinssatz i ein gleichgerichteter Zusammenhang besteht, hängt die Geldnachfrage letztlich negativ von i ab (vgl. Abb. III.12(a)).

bbb) Wird das Geldangebot auf *Geld in einem weiteren Sinne* (M^+) bezogen, dann findet ein Geldmengenkonzept Berücksichtigung, das die Geldmenge weiter fasst und neben dem Bargeldumlauf und den Sichteinlagen auch die befristeten Einlagen der Nichtbanken (Termin- und Spareinlagen) miteinbezieht[81]. Zur Ermittlung der *Angebotsfunktion für* M^+ $(= M + T)$ ersetzen wir T durch tD und erhalten bei $M = M^a$ sowie $M^+ = M^{a+}$

$$M^{a+} = M^a + tD.$$

Wir ersetzen in dieser Gleichung M^a entsprechend (17) und D entsprechend (16). Dann ergibt sich wegen des gleichen Nenners in (16) und (17) unmittelbar:

$$(18) \quad M^{a+} = \frac{1 + k + t}{k + (1 + t)(r - f)} B',$$

wobei $t = t(i_b)$ und $f = f(i, z)$

---

[80] Offenbar ist der expansive Effekt höherer Gesamteinlagen stärker als der Geldvernichtungseffekt, der daraus resultiert, dass Geldbestände (Bargeld und Sichteinlagen) in Nicht-Geld darstellende Aktiva (Termin- und Spareinlagen) umgeschichtet werden.

[81] Das Konzept M^+ lässt sich mit der *Geldmenge M3* in traditioneller Abgrenzung identifizieren, wenn man der Größe T Einlagen mit vereinbarter Laufzeit von bis zu 2 Jahren und mit vereinbarter Kündigungsfrist von bis zu 3 Monaten sowie Bankverbindlichkeiten aus Repogeschäften sowie Schuldverschreibungen mit einer Laufzeit bis zu 2 Jahren einschließlich Geldmarktpapiere und Geldmarktfondsanteile (jeweils netto) zuordnet (siehe hierzu den Unterabschnitt I. 1c) dd)).

Der Zusammenhang zwischen M^{a+} und i ist positiv. Wie bereits bei der Erläuterung der Geldangebotsfunktion (17) für M^a ausgeführt, wird der Nenner bei steigendem i kleiner. *Zusätzlich* steigt der Zähler, da t mit i größer wird. Deshalb reagiert das Angebot von Geld in einem weiteren Sinne M^+ auch stärker (positiv) auf Zinsänderungen als das Angebot von Geld in einer engen Abgrenzung M. In Abb. III.12(b) verläuft die Angebotskurve M^{a+} deshalb auch flacher als die Angebotskurve für M^a. Die ökonomische Erklärung für die größere Zinsempfindlichkeit ist Folgende: Wie schon bei der Erläuterung des Geldangebots M^a erwähnt, erhöhen sich bei einer Umschichtung von Sichteinlagen in Termin- und Spareinlagen die Gesamteinlagen ($D + T$), weil mit den Sichteinlagen auch Bargeldbestände ersetzt werden[82]. Der hieraus resultierende Geldschöpfungseffekt wird in seiner Wirkung auf M^{a+} – anders als bei M^a – nicht dadurch abgeschwächt, dass Geldbestände im Sinne von M in Termin- und Spareinlagen umgewandelt werden; denn durch derartige Umschichtungsvorgänge wird nur die Zusammensetzung, nicht aber der Umfang der Geldmenge in einem weiteren Sinne (M^+) geändert.

Was die *Nachfrage für die erweiterte Geldmenge* L^+ anbelangt, so sprechen empirische Gründe dafür, dass diese ebenfalls negativ vom Zinssatz i abhängt, die Zinsabhängigkeit aber schwächer ist als die Nachfrage nach Geld in einem engen Sinne L[83]. Für den negativen Einfluss von i auf L^+ ist maßgeblich, dass bei einem Zinsanstieg und der damit einhergehenden Erhöhung der Wertpapierrendite eine Umschichtung von M^+-Bestandteilen in Wertpapiere erfolgt. Die geringere Reagibilität von L^+ auf i rührt daher, dass die mit einem Zinsanstieg einhergehende Erhöhung des Habenzinssatzes zu einer Umschichtung von M-Bestandteilen in Termin- und Spareinlagen führt, die die Geldmenge M^+ unberührt lässt, M dagegen verringert. Dementsprechend wird die L^+-Kurve in Abb. III.12(b) steiler eingezeichnet als die L-Kurve.

---

82 Dementsprechend lässt die Bestimmungsfunktion für M^{a+} (18) auch erkennen, dass der (expansive) Einfluss von t auf M^{a+} bei *bargeldlosem* Zahlungsverkehr, d.h. bei $k = 0$, entfällt.

83 In empirischen Untersuchungen gelangte man hinsichtlich der Zinselastizität der Geldnachfrage sowohl bei enger als auch bei weiter Abgrenzung der Geldmenge in den weitaus meisten Fällen zu negativen Werten (vgl. dazu M. M. G. Fase, J. B. Kune, The Demand for Money in Thirteen European and Non-European Countries: A Tabular Survey. „Kredit und Kapital", Jg. 8 (1975), S. 410 ff.). – Die empirischen Ergebnisse dürften jedoch nicht unwesentlich davon abhängen, wie die Geldmenge in einem weiteren Sinne abgegrenzt wird und welcher Zinssatz Verwendung findet. Eigene, auf die Bundesrepublik bezogene Schätzungen der Geldnachfragefunktion mit Quartalswerten für den Zeitraum I 80 bis IV 96 führten bei Verwendung der Geldmenge *M3* in Abhängigkeit vom nominalen Sozialprodukt und Zinssatz auch zu einer (signifikant) negativen Zinselastizität, die jedoch betragsmäßig kleiner ausfiel als die auf *M1* bezogene Zinselastizität. Für das engere und deshalb auch nicht mit M^+ gleichzusetzende (frühere) Geldmengenkonzept *M2* (*M1* plus Termineinlagen mit einer Befristung bis zu vier Jahren) ergab sich eine niedrige (signifikant) positive Zinselastizität. Die Erklärung für eine positive Zinsabhängigkeit dürfte darin zu sehen sein, dass bei Veränderungen des Zinssatzes die Anpassung des Habenzinssatzes für Spareinlagen i.a. langsamer und wohl auch schwächer ist als die Anpassung beim Habenzinssatz für Termineinlagen. Deshalb ist z.B. bei einer Zinserhöhung damit zu rechnen, dass Spareinlagen durch Termineinlagen ersetzt werden und sich hierdurch *M2* – trotz Abnahme von *M1* – erhöht.

dd) Gleichgewicht. – ccc) Grundlage für die graphische Ermittlung der Gleichgewichtswerte für den Zinssatz sowie die Geldmenge M und die Geldmenge M^+ ist die Angebots- und Nachfragekonstellation auf dem Markt für Geld im engen und weiteren Sinne (vgl. Abb. III.12). Der Schnittpunkt der Mª-Kurve mit der L-Kurve bestimmt den Gleichgewichtspunkt P_1 und damit die Geldmenge M_1 und den Zinssatz i_1 (vgl. Abb. III.12(a)). Ist der Zinssatz im Gleichgewicht ermittelt, dann sind damit auch die im Gleichgewicht realisierte Geldmenge in einem weiteren Sinne M_1^+ bestimmt (vgl. Abb. III.12(b)).

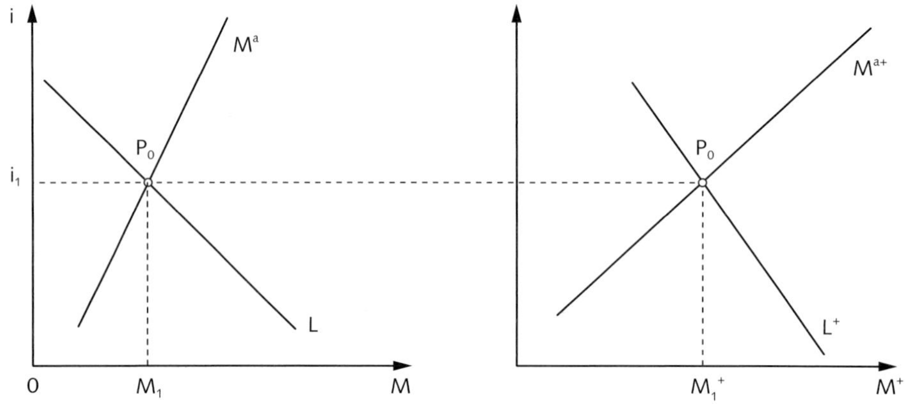

(a) (b)

Abb. III.12

ee) Parameteränderungen. – Von besonderem Interesse ist die Frage, wie sich die Variablen des Modells, vor allem die Geldmenge im engen und weiteren Sinne sowie der Zinssatz, ändern, wenn sich Parameteränderungen ergeben. Wie im Grundmodell behandeln wir zunächst Parameteränderungen, die zu einer Verschiebung der *Geldangebotskurve* führen, und danach Parameterveränderungen, die zu einer Verschiebung der *Geldnachfragekurve* führen.

aaa) Wir betrachten wieder als erstes den Fall, dass sich die *bereinigte Basis B' erhöht.* Wie aus Gleichung (17) hervorgeht, steigt das Geldangebot M^a bei alternativen Werten für den Zinssatz i, d.h. bei gegebenen Werten von f und t, wenn B' ansteigt. Demnach verschiebt sich die Geldangebotskurve M^a nach rechts.

Zunächst einmal zeigt sich, dass im neuen Gleichgewicht P_2 die *größere Geldmenge M* bei dem *niedrigeren Zinssatz* i_2 realisiert wird (vgl. Abb. III.13(a)). Zur Bestimmung der Geldmenge M^+ im neuen Gleichgewicht reicht es, entweder die Geldangebotskurve M^{a+} oder die Geldnachfragekurve L^+ einzubeziehen. Hier wird die Geldnachfragekurve L^+ berücksichtigt, da diese ihre Lage bei einer Angebotsstörung nicht verändert und deshalb ein eindeutiges Ergebnis graphisch ableitbar ist (siehe. Abb. III.13(b)).

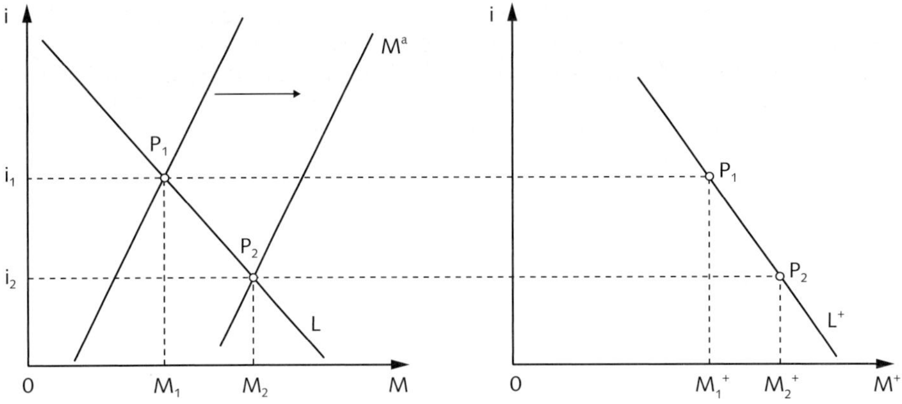

(a) (b)
Abb. III.13

Wie man sieht, bestimmt das neue Gleichgewicht P_2 mit dem niedrigeren Zinssatz i_2 die neue (größere) Geldmenge M_2^+ auf der L^+-Kurve. Offensichtlich erhöht sich die Geldmenge *M stärker* als die Geldmenge M^+. Maßgeblich ist hierfür, dass im Zuge der Zinssenkung auch der Habenzinssatz fällt und deshalb Termin- und Spareinlagen in Sichteinlagen und Bargeldbestände umgeschichtet werden. Da die Umschichtung mit einer Erhöhung der Bestände an Bargeld und Sichteinlagen einhergeht, steigt hierdurch - isoliert betrachtet - die eng abgegrenzte Geldmenge M, die Termin- und Spareinlagen nicht enthält. Innerhalb des weiter abgegrenzten Geldmengenkonzepts M^+, das Termin- und Spareinlagen einschließt, kommt es demgegenüber nur zu einer Veränderung der Zusammensetzung von M^+. Da der Umschichtungseffekt M erhöht, M^+ aber betragsmäßig unberührt lässt, steigt M stärker als M^+.

Was schließlich die Entwicklung der Kreditmenge K anbelangt, so lässt sich das diesbezügliche Ergebnis durch Rückgriff auf die Bilanzrestriktion (2′) erläutern. Wird diese nach K aufgelöst, erhält man:

(2″) $K = (C + D + T) - B'$.

Da bei einer Erhöhung von B' die Geldmenge M^+ $(= C + D + T)$ größer wird, wirken auf K zwei Größen in unterschiedlicher Richtung ein, so dass die Veränderung von K nicht eindeutig ist, d.h. die *Kreditmenge* kann bei einem Anstieg der bereinigten Geldbasis *steigen, sinken oder konstant bleiben.*

Nach Behandlung der von einer Änderung der bereinigten Basis ausgehenden Wirkungen ist noch zu untersuchen, wie die geldpolitischen Parameter *Refinanzierungssatz* (z) und *Mindestreservesatz* (r) die Geldmenge M und M^+ sowie den Zinssatz beeinflussen. Wie die Bestimmungsgleichung für das Geldangebot M^a (17) zeigt, vermindert eine Senkung von z (wegen $\partial f/\partial z < 0$) den Nenner des Multiplikators, so dass das Geldangebot bei alternativen Werten für den Zinssatz steigt. Ebenso bewirkt eine Herabsetzung des Mindestreservesatzes eine Ausweitung des Geldangebots, da der Nenner des Multiplikators mit sinkendem r kleiner wird. Hinter der Zunahme des Geldangebots steht eine verstärkte Kreditgewährung der Geschäftsbanken. Wie aus Gleichung (2″) genauer hervorgeht, steigt die Kreditmenge bei unverändertem B' im Ausmaß des Anstiegs der Geldmenge in einem weiteren Sinne.

Die aus einer Senkung von z und r resultierende Geldmengen- und Zinsentwicklung ist ebenfalls aus Abb. III.13 ablesbar. Zusammenfassend bleibt also festzuhalten:

Eine Erhöhung der bereinigten Basis (B') sowie eine Senkung des Refinanzierungssatzes (z) oder eine Herabsetzung des Mindestreservesatzes (r) bewirken eine Geldmengenexpansion bei sinkenden Zinssätzen. Der Anstieg der eng abgegrenzten Geldmenge M ist dabei stärker als der Anstieg der weiter abgegrenzten Geldmenge M^+.

Erfolgt eine Änderung der Parameter B', z und r jeweils in entgegengesetzter Richtung, dann vermindert sich das Geldangebot (die Mª-Kurve verschiebt sich nach links), und die Geldmengen M und M^+ sinken bei steigendem Zinssatz. Die Geldmenge fällt M dabei stärker als die Geldmenge M^+.

bbb) Betrachten wir nun im Folgenden noch eine Parameteränderung, die eine *Verlagerung der Geldnachfragekurve* bewirkt. Wie bereits im Rahmen des Grundmodells erwähnt, kann dieser Fall dadurch eintreten, dass sich das *Volkseinkommen* verändert. Erhöht sich das Volkseinkommen, dann verschiebt sich die Kurve der Geldnachfrage nach rechts (vgl. Abb. III.14(a)). Zunächst einmal zeigt sich, dass im neuen Gleichgewicht P_2 die *größere Geldmenge M* bei dem *höheren Zinssatz* i_2 realisiert wird (vgl. Abb. III.14(a)). Zur Bestimmung der Geldmenge M^+ im neuen Gleichgewicht wird die Geldangebotskurve M^{a+} einbezogen, da diese ihre Lage bei einer Nachfragestörung nicht verändert und deshalb ein eindeutiges Ergebnis graphisch ableitbar ist (siehe. Abb. III.14(b)).

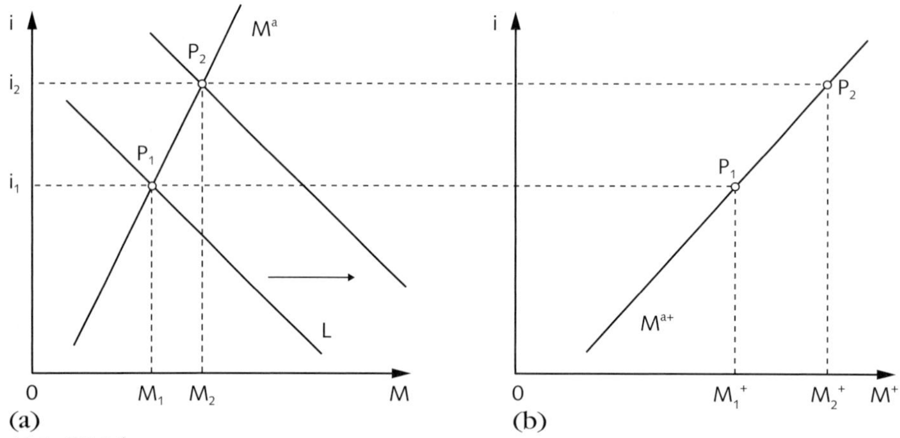

Abb. III.14

Wie man sieht, bestimmt das neue Gleichgewicht P_2 mit dem höheren Zinssatz i_2 die neue (größere) Geldmenge $M_2{}^+$ auf der M^{a+}-Kurve. Offensichtlich erhöht sich die Geldmenge M^+ um mehr als die Geldmenge M. Maßgeblich ist hierfür, dass im Zuge der Zinserhöhung auch der Habenzinssatz steigt und deshalb Sichteinlagen und Bargeldbestände zu Lasten von M in Termin- und Spareinlagen umgeschichtet werden.

Hinter der Geldmengenexpansion steht eine Ausweitung der Kreditgewährung der Geschäftsbanken. Wie wieder aus Gleichung (2'') genauer hervorgeht, steigt die *Kreditmenge* bei unverändertem B' im Ausmaß des Anstiegs der Geldmenge in einem weiteren Sinne. Im Endergebnis *erhöhen* sich also – trotz gleich bleibender bereinigter Basis – die *Geld- und Kreditmenge bei steigenden Zinssätzen.*

ff) Aspekte geldpolitischer Strategien. – In Hinblick auf Aspekte geldpolitischer Strategien soll abschließend untersucht werden, wie sich eine *Geldmengenfixierung* und alternativ hierzu eine *Zinsstabilisierung* der Zentralbank bei Parameteränderungen auswirken. Eine Geldmengenfixierung kann in Hinblick auf bestimmte Geldmengenziele erfolgen; mit einer Zinsstabilisierung kann bezweckt werden, die Zinsrisiken für Geschäftsbanken und damit auch für Nichtbanken in Grenzen zu halten.

aaa) Zunächst wird auf die Frage eingegangen, ob sich Konsequenzen für die Zinsentwicklung einstellen, wenn Parameteränderungen erfolgen und die Zentralbank in Hinblick auf bestimmte Geldmengenziele *Geldmengenaggregate* (wie die eng abgegrenzte Geldmenge M bzw. die weiter abgegrenzte Geldmenge M^+) *fixiert.* Betrachten wir zunächst *Angebotsstörungen* auf dem Markt für Geld, wie sie in Abb. III.13 dargestellt sind. Will die Zentralbank die dargestellte Geldmengenexpansion vermeiden, dann müsste sie kontraktive geldpolitische Maßnahmen ergreifen. Sie müsste dabei den Einsatz ihrer geldpolitischen Instrumente so dosieren, dass sich die Geldangebotskurve M^a in den Ausgangspunkt P_1 zurückverlagert. Die Geldmengen M und M^+ blieben dann letztlich unverändert. Offensichtlich bewirkt die Geldmengenfixierung im Fall von Angebotsstörungen, dass auch die Zinswirkungen kompensiert werden, der *Zinssatz* sich also gegenüber dem Ausgangsniveau *nicht verändert.*

Die Konsequenzen für die Zinsentwicklung sind anders, wenn die Zentralbank eine Strategie der Geldmengenfixierung betreibt und *Nachfragestörungen* erfolgen. Betrachten wir dazu einen Anstieg der Geldnachfrage, weil z.B. die Risiken bezüglich der zukünftigen Wertpapierrendite steigen. Die Rechtsverschiebung der Geldnachfragekurve L würde ohne Geldmengenfixierung – wie bereits in Abb. III.14 dargestellt – zu einem neuen Gleichgewicht bei P_2 in Abb. III.14 (a) und (b) führen.

Die Auswirkungen einer Geldmengenfixierungsstrategie werden deutlich, wenn Abb. III.14 (b) um die durch P_1 und P_2 verlaufenden (steileren) L_2-Kurven ergänzt wird (siehe Abb. III.15 (b). Würde die Zentralbank nun die eng abgegrenzte Geldmenge M auf dem ursprünglichen Niveau M_1 fixieren, dann würde der Zinssatz auf den durch P' in Abb. III.15(a) gekennzeichneten Wert ansteigen. Würde die Zentralbank alternativ hierzu die weiter abgegrenzte Geldmenge M^+ auf dem ursprünglichen Niveau M_2^+ fixieren, dann würde sich der Zinssatz auf den durch P'' in Abb. III.15(b) gekennzeichneten Wert erhöhen.

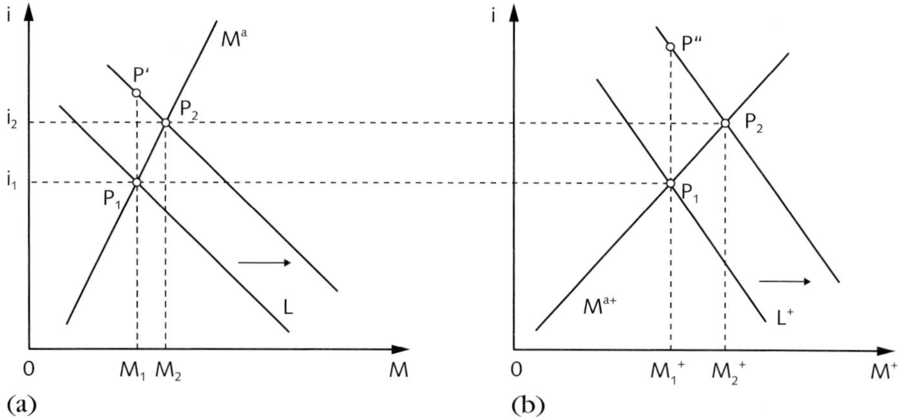

Abb. III.15

Deutlich wird *zweierlei*: 1. Der Zinssatz liegt im Gleichgewicht bei fixierter Geldmenge höher als bei endogen bestimmter Geldmenge (vgl. P' und P'' mit P_2 in Abb. III.15 (a) und (b)). 2. Die Strategie der Geldmengenfixierung führt zu einem Zinsanstieg, der im Fall einer Fixierung der weiter abgegrenzten Geldmenge *stärker* ausfällt als bei Fixierung der eng abgegrenzten Geldmenge.

bbb) Wie eine *Zinsstabilisierung* bei Angebotsstörungen erreicht werden kann, ergibt sich aus der oben durchgeführten Analyse anhand von Schaubild III.13. Wie erläutert, bleibt der Zinssatz bei *Angebotsstörungen* unverändert, wenn die Zentralbank die Geldmenge fixiert.

Bei *Nachfragestörungen*, wie sie in Abb. III.14 dargestellt werden, kann die Zentralbank den Zinssatz auf dem alten Niveau stabilisieren, indem sie die Geldmenge anpasst, d.h. bei einem Anstieg der Geldnachfrage das Geldangebot entsprechend ausdehnt[84]. Eine derartige *akkomodierende* Geldpolitik erscheint dann bedenklich, wenn die Nachfragestörung konjunkturbedingt ist und dementsprechend in einer Veränderung des nominalen Volkseinkommens zum Ausdruck kommt. Sie würde nämlich z.B. bei einem Anstieg des nominalen Volkseinkommens und einem hierdurch bedingten Anstieg der Geldnachfrage bedeuten, dass die Geldpolitik einen expansiven Kurs einschlägt und den Anstieg des nominalen Volkseinkommens noch verstärkt. Derartige Bedenken gegenüber einer akkomodierenden Geldpolitik - und einer damit u.U. verbundenen Überschreitung von Geldmengenzielen - bestehen nicht, wenn die Nachfragestörungen auf dem Markt für Geld konjunkturunabhängig sind und beispielsweise darauf zurückgehen, dass die mit der Haltung von Geldsubstituten (wie Obligationen bzw. Aktien) verbundenen Risiken zunehmen und aus diesem Grund ein höherer Bestand an Geld (insbesondere in einem weiteren Sinne) gewünscht wird.

84 In Abb. III.14 müsste die Geldangebotskurve M^a so nach rechts verschoben werden, dass sie die nach rechts verschobene Geldnachfragekurve L beim alten Zinssatz i_1 schneidet.

Zusammenfassung zu 3 c)

1. Als Ergebnis einer komparativ-statischen Analyse findet man, dass die Geldmenge *M* sowie die Geldmenge in einem weiteren Sinne (M^+) steigen und der Soll- und Habenzinssatz sinken, wenn die bereinigte Basis zunimmt. Dabei steigt die Geldmenge *M* stärker als die Geldmenge M^+. Die Kreditmenge kann steigen, sinken oder konstant bleiben.
   Weiter zeigt sich, dass die Geldmenge (*M*) und die Geldmenge in einem weiteren Sinne (M^+) sowie die Kreditmenge zunehmen und der Soll- und Habenzinssatz fallen, wenn der Refinanzierungssatz und der Mindestreservesatz gesenkt werden. Dabei steigt die Geldmenge *M* stärker als die Geldmenge M^+.

2. Schließlich ergibt sich noch, dass die Geldmenge (*M*) und die Geldmenge in einem weiteren Sinne (M^+) sowie die Kreditmenge bei steigendem Soll- und Habenzinssatz zunehmen, wenn die Geldnachfrage, z. B. infolge einer Erhöhung des Volkseinkommens, steigt. Dabei erhöht sich die Geldmenge M^+ stärker als die Geldmenge *M*.

3. Betreibt die Zentralbank eine Geldmengenfixierung, dann bleibt der Zinssatz bei Angebotsstörungen unverändert. Bei Nachfragestörungen auf dem Markt für Geld stellen sich Zinsausschläge ein, die größer sind als bei endogener Geldmengenanpassung und die im Fall einer Fixierung von M^+ stärker ausfallen als bei Fixierung von *M*. Soll der Zinssatz bei Nachfragestörungen stabilisiert werden, ist eine akkomodierende Geldpolitik erforderlich. Sie erscheint problematisch, wenn die Veränderungen der Geldnachfrage konjunkturbedingt sind.

d) Eine Erweiterung des Modells um Vermögenswerte (Aktien)

Mit der Erweiterung des auch als Geldmarkttheorie bezeichneten Modells um den Markt für Vermögenswerte (wie Aktien und Immobilien bzw. Immobilienzertifikate) wird des möglich, neben dem Zinssatz eine zweite Preisvariable zu ermitteln: den *Preis für Vermögenswerte*[85]. Vereinfachend und anschaulich soll im Folgenden unter dem Markt für Vermögenswerte der *Aktienmarkt* verstanden werden. Dabei wird unterstellt, dass sämtliche Unternehmungen in Form von Aktiengesellschaften organisiert sind. Dementsprechend gehört das vorhandene

---

[85] In der traditionellen *Kreditmarkttheorie* wird die Geldmarkttheorie durch explizite Formulierung eines Kreditmarktes mit selbständiger Angebots- und Nachfragefunktion erweitert und dadurch auch die Bestimmung des Preises für Vermögenswerte ermöglicht. Siehe hierzu K. Brunner, Zwei alternative Theorien des Geldangebotsprozesses: Geldmarkt- versus Kreditmarkttheorie. In: Geldtheorie. (Hrsg. K. Brunner, H.-G. Monissen, M. J. M. Neumann). Köln 1974. S. 114 ff. sowie den Anhang A5). – Die Vorgehensweise von Brunner führt zu prinzipiell gleichen Implikationen wie der hier gewählte, in der Darstellung etwas einfachere Ansatz mit einem explizit berücksichtigten Markt für Vermögenswerte.

(bereits produzierte) Sachvermögen Aktionären. Jede Aktie repräsentiert einen Anspruch auf eine Sachvermögenseinheit. Jeder Anspruch wird durch den *Aktienkurs* bewertet. Er repräsentiert den Preis für Vermögenswerte und drückt auch den Preis für vorhandenes Sachvermögen aus.

aa) Die Ausgangsgleichungen. – In dem erweiterten Modell tritt neben den Zinssatz als weitere wichtige Einflussgröße des Marktgeschehens die (erwartete) **Aktienrendite**. Sie wird genauer durch folgende Beziehung bestimmt:

$$(19) \quad e = \frac{p \cdot E^r}{P \cdot a}.$$

Dabei bezeichnen p das als gegeben betrachtete Preisniveau für laufend produzierte Güter, E^r den exogen bestimmten erwarteten realen Nettoertrag aus vorhandenem Sachvermögen bzw. Aktienvermögen, P den Preis für vorhandenes Sachvermögen bzw. den Aktienkurs, a den gegebenen physischen Bestand an vorhandenem Sachvermögen bzw. die Stückzahl an umlaufenden Aktien. Mit der Berechnung der *Aktienrendite* wird also der nominale Nettoertrag aus Aktienvermögen auf das nominale Aktienvermögen $(P \cdot a)$ bezogen.

Unter Berücksichtigung der Aktienrendite lässt sich das erweiterte Modell[86] durch die beiden folgenden Gleichgewichtsbedingungen beschreiben:

$$(20) \quad m\,(i, z, r)\,B' = L\,(i, e, Y, W), \qquad \text{(Markt für Geld)}$$

wobei

$$M + O + Pa = W \text{ und}$$

$$\frac{\partial m}{\partial i} > 0,\ \frac{\partial m}{\partial z} < 0,\ \frac{\partial m}{\partial r} < 0;\ \frac{\partial L}{\partial i} < 0,\ \frac{\partial L}{\partial e} < 0,\ \frac{\partial L}{\partial Y} > 0,\ 0 < \frac{\partial L}{\partial W} < 1.$$

$$(21) \quad Pa = A\,(i, e, Y, W) \qquad \text{(Aktienmarkt)}$$

$$\frac{\partial A}{\partial i} < 0,\ \frac{\partial A}{\partial e} > 0,\ \frac{\partial a}{\partial Y} > 0,\ 0 < \frac{\partial A}{\partial W} < 1.$$

Die linke Seite von Gleichung (20) beschreibt in allgemeiner Form das Geldangebot, wobei m den Geldangebotsmultiplikator angibt. Die Formulierung ist mit den Geldangebotsfunktionen (11) und (17) kompatibel.

Die rechte Seite von Gleichung (20) stellt die Geldnachfrage dar, wobei die Aktienrendite e und das Finanzvermögen (W) als zusätzliche Einflussfaktoren berücksichtigt werden. Das Finanzvermögen enthält neben dem Geldbestand (M), den Bestand an Obligationen (O)[87] und das mit dem laufenden Aktienkurs bewertete Aktienvermögen $(P \cdot a)$. Die Geldnachfrage (L) ist mit der Nachfrage nach Geld in engerem und weiterem Sinne kompatibel (wegen $i_b = i_b(i_s)$). Der negative Einfluss von e auf L ergibt sich daraus, dass Geld- und Aktienbestände Substitute sind

86 Siehe hierzu auch H.-J. Jarchow, Der Einfluss von Geldpolitik und Konjunktur auf Zinsniveau und Vermögenspreise. „Jahrbuch für Wirtschaftswissenschaften", Bd. 55 (2004), S. 127 ff.

87 Es werden zinsvariable Obligationen angenommen. Bei kursvariablen Obligationen hätte man Kursveränderungen von Obligationen berücksichtigen müssen. Die Annahme zinsvariabler Obligationen vereinfacht die Analyse in dieser Hinsicht, ohne die qualitativen Ergebnisse zu beeinträchtigen.

und die Nachfrage nach Geld zurückgeht, wenn die Rendite von Aktien steigt[88]. Bezüglich des (positiven) Vermögenseinflusses auf die Geldnachfrage wird davon ausgegangen, dass sich eine Änderung des Finanzvermögens (*W*) nicht nur in einer Zunahme der Geldhaltung, sondern auch in erhöhten Beständen an Obligationen und Aktien niederschlägt, d.h. $0 < \frac{\partial L}{\partial W} < 1$. Die Einbeziehung zusätzlicher Einflussgrößen wie *e* und *W* weist auf Möglichkeiten hin, die den traditionellen Zusammenhang zwischen Geldnachfrage einerseits und Volkseinkommen und Zinssatz anderseits instabiler machen können[89].

Die linke Seite von Gleichung (21) stellt das Aktienangebot dar, wobei dieses durch die (gegebene) Stückzahl der emittierten Aktien (*a*) und deren Kursniveau (*P*) bestimmt wird. Die Aktiennachfrage *A* hängt negativ vom Zinssatz *i* sowie positiv von der Aktienrendite *e*, dem (nominalen) Volkseinkommen und dem Finanzvermögen ab. Der negative Einfluss von *i* auf *A* lässt sich zum einen damit begründen, dass sich eine kreditfinanzierte Anschaffung von Aktien umso weniger lohnt, je höher der Zinssatz ist. Zum anderen bewirkt ein höherer Zinssatz, dass Nichtbanken Aktien in Obligationen umtauschen wollen. Das Volkseinkommen (*Y*) und die (erwartete) Aktienrendite (*e*) stellen für die Aktiennachfrage relevante Konjunkturdaten dar, wobei *Y* die aktuelle Konjunkturlage indiziert. Die aktuelle Konjunkturlage beeinflusst die Aktiennachfrage nicht zuletzt dadurch, dass bei zunehmenden Einkommen auch mehr in Form von Aktien gespart wird. Die Erwartung einer in der Zukunft steigenden Aktienrendite ($e\uparrow$) – Begleiterscheinung verbesserter Konjunkturaussichten – macht die Aktienanlage gegenüber Substituten (wie Geldbestände oder Obligationen) attraktiver und erhöht dadurch die Aktiennachfrage. Wie oben bereits angedeutet, wird auch bei der Nachfrage nach Aktien von einem positiven Vermögenseinfluss mit $0 < \frac{\partial A}{\partial W} < 1$ ausgegangen.

Was die Empirie des Modells anbelangt, so ist eine Untersuchung aus den USA[90], die sich mit amerikanischen Aktienmärkten über einen Zeitraum von mehr als 150 Jahren befasst, von Interesse. Abgesehen von dem Ergebnis, dass sich die meisten boom-Phasen mit Kurssteigerungen auf dem Aktienmarkt in Zeiten *raschen wirtschaftlichen Wachstums, begleitet von hohem Produktivitätswachstum*, ereigneten, zeigte sich, dass viele boom-Phasen auf dem Aktienmarkt von einem starken Wachstum der Geld- und Kreditmenge begleitet waren. Dieses weist auf die Bedeutung der Zentralbankpolitik für die Vermögensmärkte hin. Sie wird auch dadurch belegt, dass ein Wechsel zu einer restriktiven Geldpolitik eine boom-Phase auf Vermögensmärkten beenden kann – wie die Erhöhungen

---

88 Der Zusammenhang dürfte bei einem weiter abgegrenzten Geldmengenaggregat (wie beim EZB-Konzept *M3*) stärker ausgeprägt sein, weil dieses auch längerfristige Anlagen enthält (wie Einlagen und Schuldverschreibungen mit einer Befristung von bis zu zwei Jahren) und deshalb in einer engeren Substitutionsbeziehung zu Aktien und Immobilienzertifikaten steht als z.B. *M1*.

89 Gleiches gilt für das mit Aktien verbundene Risiko. Würde dieses z.B. höher eingeschätzt, dann steigt ceteris paribus die Geldnachfrage.

90 Siehe M. D. Bordo, D. C. Wheelock, Monetary Policy and Asset Prices: A Look Back at Past U.S. Stock Market Booms. "Federal Reserve Bank of St. Louis Review", Vol. 86, Nr.6 (2004), S. 19 ff.

des Diskontsatzes in Japan 1989 und 1990 zeigten, die den Umschwung von der boost-Phase in eine lange durch Kurssenkungen gekennzeichnete bust-Phase auf den japanischen Vermögensmärkten markierten[91].

bb) Gleichgewicht. – Im Mittelpunkt der folgenden Ausführungen steht die Analyse geldpolitischer Maßnahmen. Sie erfolgt auf graphischem Wege. Dabei bilden die Gleichgewichtsbedingen für den Markt für Geld (20) und den Aktienmarkt (21) die Basis der Darstellung. Sie werden in einem Zinssatz(i)/Aktienkurs(P)-Diagramm abgebildet, und zwar durch eine *ML*-Kurve für den Geldmarkt und eine *A*-Kurve für den Aktienmarkt.

Die *ML*-Kurve hat im i/P-Diagramm (siehe Abb. III.16) eine *positive* Steigung: *Steigt* der Zinssatz (i), dann wird das Geldangebot ausgeweitet und die Geldnachfrage geht zurück, d.h. es entsteht ein Überschussangebot auf dem Markt für Geld. Damit das Gleichgewicht erhalten bleibt, muss sich der Aktienkurs (P) *erhöhen*, da hierdurch die Aktienrendite (e) sinkt und das Finanzvermögen steigt und demzufolge die Geldnachfrage zunimmt.

Die Steigung der *A*-Kurve wird durch Gleichung (21) bestimmt. Wie (21) verdeutlicht, wirkt der Aktienkurs nicht nur auf die Nachfrage nach Aktien, sondern auch auf das Angebot ein. Der auf der Angebotsseite wirksame Effekt bedeutet z.B. bei einem *Anstieg* des Aktienkurses, dass ein wertmäßig höherer Bestand an Aktien unterzubringen ist. Auf der Nachfrageseite führt der mit der Kurssteigerung verbundene Anstieg des Finanzvermögens zu einer Erhöhung der Aktiennachfrage, die aber (wegen $0 < \frac{\partial A}{\partial W} < 1$) schwächer ausfällt als der Angebotseffekt. Außerdem führt die mit einem Anstieg des Aktienkurses verbundene Senkung der Aktienrendite zu einem Rückgang der Aktiennachfrage. Es entsteht also insgesamt ein Überschussangebot an Aktien, so dass zur Aufrechterhaltung des Gleichgewichts eine *Zinssenkung* erforderlich ist, die die Aktiennachfrage erhöht. Die *A*-Kurve hat also eine *negative* Steigung (siehe Abb. III.15).

cc) Veränderungen geldpolitischer Parameter. – aaa) Der Einfluss geldpolitischer Maßnahmen wird am Beispiel *expansiv* wirkender geldpolitischer Maßnahmen erläutert. Wie sich die Gleichgewichtskonstellation verändert, wenn die bereinigte Geldbasis erhöht bzw. der Refinanzierungssatz oder der Mindestreservesatz gesenkt wird, zeigt folgende Überlegung: Durch derartige expansive Maßnahmen wird das Geldangebot ausgeweitet. Damit Gleichgewicht auf dem Geldmarkt bestehen bleibt, muss der Zinssatz bei gegebenem Aktienkurs fallen, da hierdurch das Geldangebot ab- und die Geldnachfrage zunimmt. Folglich verlagert sich die *ML*-Kurve nach *unten*, wenn z.B. der Refinanzierungssatz sinkt.

Wie aus der Verlagerung des Gleichgewichts von P_1 nach P_2 in Abb. III.16 hervorgeht, sinkt der Zinssatz und der Aktienkurs steigt. Der steigende Aktienkurs geht darauf zurück, dass eine Kreditfinanzierung von Aktien wegen des sinkenden Zinssatzes billiger und eine Umschichtung von festverzinslichen Wertpapieren in Aktien attraktiver wird. Beides erhöht die Nachfrage nach Aktien.

---

91 Der Nikkei-Index erreichte am 29.12.1989 mit 38919 den Gipfel, fiel dann Ende 1990 auf 23 580 und erreichte den Tiefstand im März 2003 mit 7500.

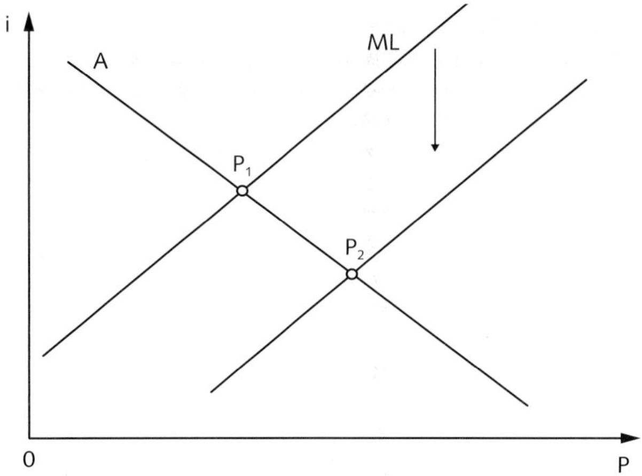

Abb. III.16

Da der Zinssatz fällt und mit dem Anstieg des Aktienkurses eine Senkung der Aktienrendite verbunden ist und außerdem mit dem Aktienvermögen das Finanzvermögen zunimmt, muss die Geldnachfrage und damit die im Gleichgewicht realisierte Geldmenge gestiegen sein. Die Liquidisierung der Wirtschaft geht also mit höheren Aktienkursen einher.

dd) Veränderungen anderer Einflussfaktoren. – Die bisherige Analyse ergänzend, sollen die Wirkungen weiterer exogener Einflussfaktoren auf Aktienkurs und Zinsniveau noch kurz skizziert werden. Steigt der *erwartete reale Nettoertrag pro Aktie* (E^r/a), z.B. auf Grund starken Produktivitätswachstums, dann verlagert sich die *A*-Kurve nach rechts (oben) und die *LM*-Kurve nach rechts (unten). Dementsprechend steigt der Aktienkurs, während der Zinseffekt nicht eindeutig ist. Wäre der Einfluss von *e* auf die Geldnachfrage unerheblich und bliebe die *LM*-Kurve demzufolge in ihrer Lage unverändert, dann würde sich ein Zinsanstieg einstellen. Der Grund hierfür ist die Zunahme der Geldnachfrage durch ein erhöhtes Finanzvermögen im Zuge steigender Aktienkurse. Würde das mit Aktien verbundene *Risiko* höher eingeschätzt, dann würden sich die durch steigende reale Nettoerträge bedingten Kurvenverschiebungen in ihrer Richtung umkehren: Die A-Kurve würde sich nach links (unten), die *LM*-Kurve nach links (oben) verschieben. Dementsprechend würde der Aktienkurs sinken, während der Zinseffekt wieder nicht eindeutig wäre. Bei unerheblichem Einfluss von *e* auf die Geldnachfrage würde sich eine Zinssenkung ergeben.

ee) Geldpolitische Transmissionskanäle. – Abschließend und zum nächsten Kapitel überleitend soll noch auf die geldpolitisch relevante Frage eingegangen werden, über welche Transmissionskanäle sich geldpolitische Aktionsparameter – unter Einbeziehung von Vermögensmärkten (wie Aktienmärkten) – auf die gesamtwirtschaftliche Güternachfrage und damit auch auf Produktion, Beschäftigung und Preisniveau auswirken. Dabei wird zur Illustration von expansiv wirkenden geldpolitischen Maßnahmen mit der Folge sinkender Zinssätze und steigender Vermögenspreise wie Aktienkurse ausgegangen.

Der *erste* Transmissionskanal basiert auf der Zinsanpassung, die im Beispiel einer Zinssenkung die Nachfrage nach dauerhaften Konsumgütern, insbesondere aber die Nachfrage nach Investitionsgütern stimuliert. Auf die Zinsabhängigkeit des Investitionskalküls wird im folgenden Kapitel detailliert eingegangen.

Beim *zweiten* Transmissionskanal rücken die Vermögenspreise und damit die Aktienkurse in den Vordergrund. Das sog. **Tobinsche q** stellt dabei einen wichtigen Transmissionsriemen dar. Es wird durch das Verhältnis des Preises für vorhandenes Sachvermögen, repräsentiert durch den Aktienkurs P, und den Preis für laufend neu produzierte Güter einschließlich der neu produzierten Sachkapitalgüter (p) bestimmt. Der Quotient P/p ist Bestandteil der (erwarteten) Ertragsrate auf Sachkapital bzw. der Aktienrendite (e). Zwischen q (= P/p) und e besteht nach Gleichung (19) genauer folgender Zusammenhang:

$$(19) \quad e = \frac{p \cdot E^r}{P \cdot a} = \frac{1}{q}\frac{E^r}{a}.$$

Steigt z.B. der Preis für vorhandenes Sachvermögen bzw. der Aktienkurs (P) und erhöht sich damit bei *gegebenem* Preis für laufend neu produzierte Güter p und *gegebenem* Verhältnis E^r/a das *Tobin*sche q (= P/p), dann sinkt die Ertragsrate auf Sachvermögen bzw. die Aktienrendite (e). Wird nun durch eine expansiv wirkende geldpolitische Maßnahme, wie eine Senkung des Refinanzierungssatzes (z), eine Erhöhung des Preises für vorhandenes Sachkapital bzw. des Aktienkurses (P) ausgelöst, dann wird vorhandenes Sachkapital gegenüber neu produzierten vergleichsweise teurer bzw. unter Renditegesichtspunkten vergleichsweise ungünstig, und es entsteht so ein Anreiz, verstärkt neu produziertes Sachkapital nachzufragen, also zu investieren, und weniger Beteiligungen an bestehendem Sachkapital durch Aktienkäufe zu erwerben. Hinzu kommt, dass höhere Aktienkurse Neuemissionen von Aktien für Unternehmungen attraktiver machen und dadurch mehr Eigenkapital zur Finanzierung von Investitionsgütern zur Verfügung steht. Neben diesen Effekten wird noch ein Vermögenseffekt wirksam, da die Kurserhöhung bei Aktien (ebenso wie Preiserhöhungen bei Immobilien oder Immobilienzertifikaten) einen Wertzuwachs beim privaten Nettovermögen bedeutet. In die gleiche Richtung würden bei kursvariablen Obligationen die mit der Zinssenkung einhergehenden Kurserhöhungen bei festverzinslichen Wertpapieren wirken. Durch den Vermögenszuwachs wird die Nachfrage nach Konsumgütern, insbesondere nach dauerhaften Konsumgütern, stimuliert.

Der *dritte* Transmissionskanal beruht vor allem darauf, dass der Kreditzugang und die Kreditbedingungen für Nichtbanken wesentlich von ihrer Kreditwürdigkeit sowie – bei einer Besicherung von Krediten – vom Beleihungswert ihrer Pfänder abhängen. Durch sinkende Zinsen und steigende Vermögenspreise wie Aktienkurse wird beides erhöht, so dass sich verbesserte Möglichkeiten einer Kreditaufnahme bei Banken ergeben und ein gesamtwirtschaftlicher Expansionsprozess verstärkt wird. Auf Details dieses Kreditkanals wird ebenfalls im folgenden Kapitel eingegangen.

Zusammenfassung zu 3 d)

1. Durch Einbeziehung von Vermögensmärkten in das Modell wird es möglich, neben dem Zinssatz den Preis von Vermögenswerten wie den Aktienkurs als weitere Variable zu bestimmen.

2. Wenn sich die bereinigte Geldbasis erhöht bzw. der Refinanzierungssatz und (oder) der Mindestreservesatz gesenkt wird, dann steigt der Aktienkurs bei vergrößerter Geldmenge und sinkendem Zinssatz.

3. Das TOBINsche q ist der Quotient aus dem Preis für vorhandenes Sachvermögen, repräsentiert durch den Aktienkurs (P), und dem Preis für laufend neu produzierte Güter (p). Steigt der Aktienkurs, dann erhöht sich das TOBINsche q ($= P/p$) und die Aktienrendite fällt.

4. Geldpolitische Maßnahmen, wie eine Senkung des Refinanzierungssatzes, wirken auf die gesamtwirtschaftliche Güternachfrage über folgende Transmissionskanäle ein:
   - den sinkenden Zinssatz, der insbesondere die Nachfrage nach Investitionsgütern erhöht,
   - das steigende TOBINsche q bzw. die sinkende Aktienrendite, die neu produzierte Güter gegenüber vorhandenem Sachkapital (repräsentiert durch Aktien) attraktiver macht,
   - steigende Preise für Vermögenswerte (wie Aktienkurse), die über einen Wertzuwachs beim Vermögen die Konsumgüternachfrage stimulieren, und
   - verbesserte Kreditbedingungen und einen verbesserten Kreditzugang für Nichtbanken als Folge sinkender Zinssätze und steigender Vermögenspreise (wie Aktienkurse), die einen Expansionsprozess verstärken.

4. Exkurs zur Theorie der Zinsstruktur

Abgesehen davon, dass in der erweiterten Gleichgewichtsanalyse des monetären Bereichs neben dem Sollzinssatz auch ein hiervon abhängiger Habenzinssatz berücksichtigt wurde, lag den bisherigen theoretischen Untersuchungen stets die Vorstellung zugrunde, dass in der Volkswirtschaft nur ein einziger Zinssatz existiert. Demgegenüber trifft man in der Realität auf eine Vielzahl unterschiedlicher Zinssätze, wobei eine Differenzierung u.a. nach Regionen, der Bonität des Schuldners und der Fristigkeit der Schuldtitel festzustellen ist. Auf den zuletzt genannten Aspekt konzentriert sich die folgende Analyse und damit auf die sog. **zeitliche Zinsstruktur**. Diese beschreibt die in einem bestimmten Zeitpunkt geltenden effektiven Zinssätze (Renditen) von Wertpapieren, geordnet nach der Restlaufzeit, bei sonst gleichen Ausstattungsmerkmalen. Graphisch wird die Beziehung zwischen (effektiven) Zinssätzen und Restlaufzeiten durch die sog. **Zinsstrukturkurve** bzw. **Renditenstrukturkurve** dargestellt (vgl. Schaubild III.1).

Die Ausführungen in diesem Exkurs sind wie folgt gegliedert: Den Ausgangspunkt der Betrachtungen bilden beobachtete Charakteristika der Zinsstruktur (Unterabschnitt a)), vor dem Hintergrund der beschriebenen Beobachtungen erfolgt danach eine ausführliche theoretische Analyse (Unterabschnitte b) bis d)), und abschließend werden geldpolitisch relevante Implikationen aufgezeigt (Unterabschnitt e)).

a) Empirische Charakteristika

Empirisch betrachtet weisen die zeitliche Zinsstruktur und ihre Entwicklung bestimmte Charakteristika auf, die sich in den folgenden fünf Punkten zusammenfassen lassen[92]:

1) Im Allgemeinen liegt der Zinssatz von Wertpapieren umso höher, je länger ihre Restlaufzeit ist (normale Zinsstruktur); seltener sinkt der Zinssatz mit zunehmender Restlaufzeit (inverse Zinsstruktur).
2) Der (bei normaler Zinsstruktur) mit einer Verlängerung der Restlaufzeit einhergehende Zinsanstieg wird mit zunehmender Restlaufzeit tendenziell geringer.
3) Auf die inverse Zinsstruktur trifft man bei relativ hohem Zinsniveau eher als bei relativ niedrigem Zinsniveau.
4) Kurz- und langfristige Zinssätze bewegen sich überwiegend gleichgerichtet.
5) Kurzfristige Zinssätze schwanken in der Regel stärker als langfristige.

Die geschilderten Charakteristika der Zinsstruktur werden im Folgenden durch empirische Belege veranschaulicht und untermauert. Schaubild III.1 beschreibt die *durchschnittlichen* Zinssätze für Bundeswertpapiere (Schuldtitel des Bundes) über den Zeitraum von September 1973 bis September 2009, geordnet nach Restlaufzeiten.

92 Vgl. hierzu auch D. KATH, Die verschiedenen Ansätze der Zinsstrukturtheorie. Versuch einer Systematisierung. „Kredit und Kapital", 5. Jg. (1972), S. 32.

Schaubild III.1: *Durchschnittliche Rendite[a] für Bundeswertpapiere (Sept. 1973 - Sept. 2009)*[93]

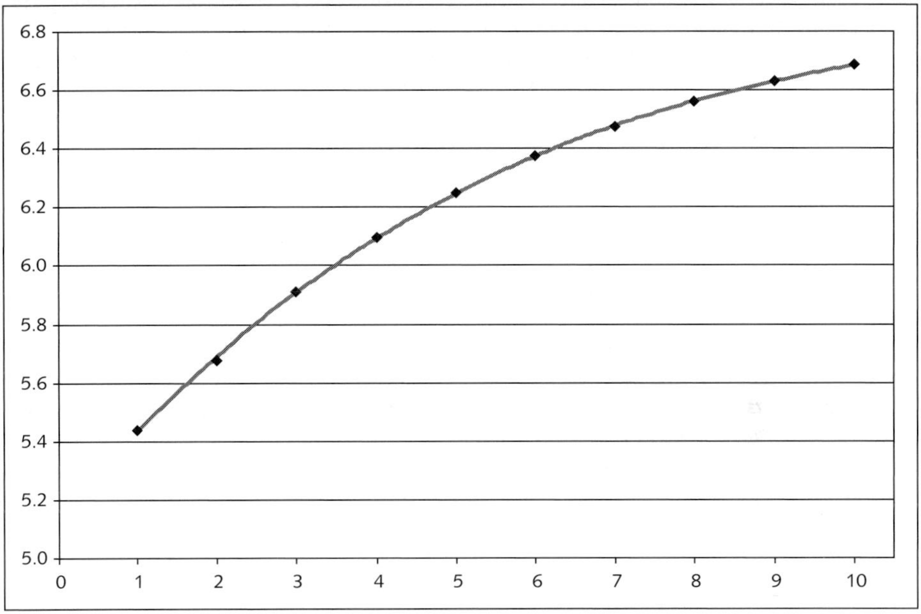

[a] Durchschnitte der Monatsendstände in den jeweiligen Restlaufzeitklassen von Sept. 1972 bis Sept. 2009.

Schaubild III.1 bringt zum Ausdruck, dass in Übereinstimmung mit *Punkt 1)* - über einen längeren Zeitraum betrachtet - eine normale Zinsstruktur vorherrscht. Außerdem zeigt sich, dass die Zinssätze entsprechend *Punkt 2* über das gesamte Laufzeitenspektrum mit abnehmender Rate ansteigen.

Schaubild III.2 beschreibt die Zinsstruktur am deutschen Rentenmarkt zu Zeitpunkten eines hohen Zinsniveaus (z.B. 1992) und eines niedrigen Zinsniveaus (z.B. Oktober 1997). In Übereinstimmung mit *Punkt 3* liegt im ersten Fall eine inverse und im zweiten Fall eine normale Zinsstruktur vor.

Die inverse Zinsstruktur im Jahr 1992 zeigt sich auch im „Zinsstrukturgebirge" von Schaubild III.3. Außerdem lässt dieses Schaubild (wie Schaubild III.2) erkennen, dass im Jahr 1981, in dem das Zinsniveau außergewöhnlich hoch war, eine besonders ausgeprägte inverse Zinsstruktur vorlag.

93 Quelle: Zeitreihen-Datenbank der Deutschen Bundesbank, http://www.bundesbank.de/statistik/statistik_zeitreihen (Zugriffszeitpunkt 22.Oktober 2009).

Schaubild III.2: *Inverse und normale Zinsstruktur*[a] *am deutschen Rentenmarkt, Monatsdurchschnitte*[94]

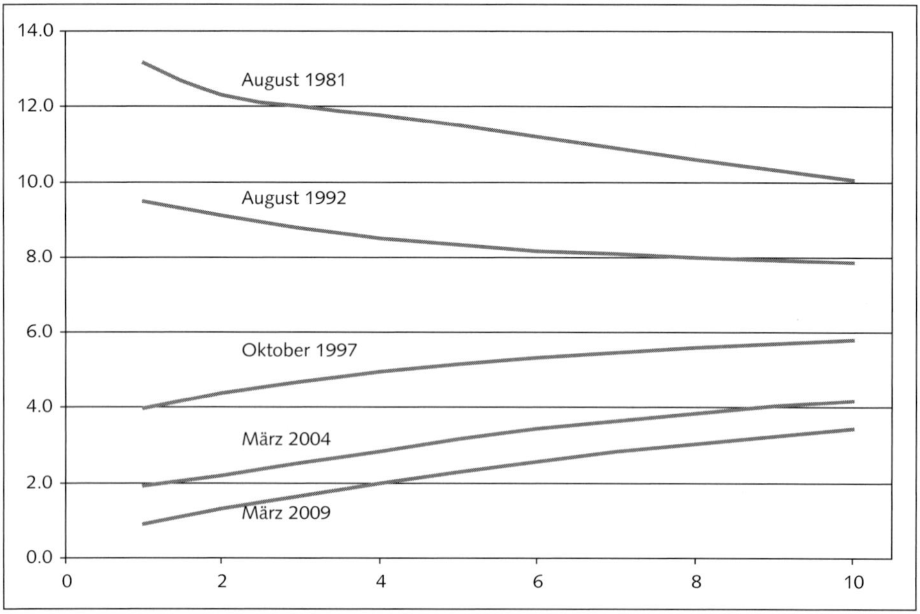

[a] Durchschnitte der Monatsendstände in den jeweiligen Restlaufzeitklassen.

Schaubild III.3: *Zinsstrukturkurven am deutschen Rentenmarkt (Jan. 1967 - Jan. 1995)*[95]

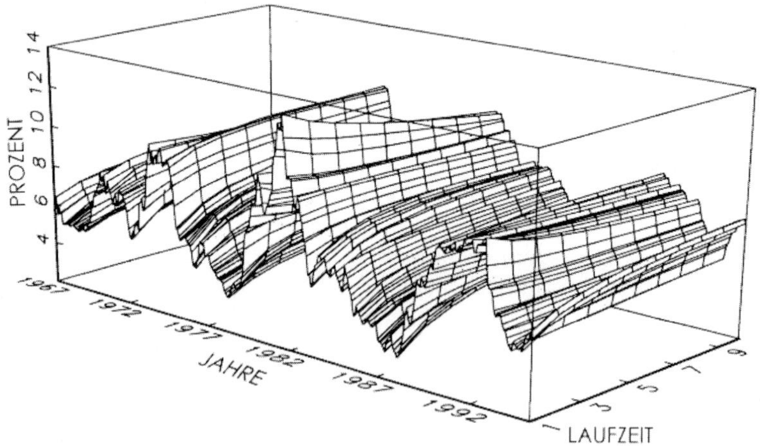

94 Quelle: Siehe Fußnote 2.

95 Quelle: Übernommen aus S. Gerlach, The Information Content of the Term Structure. Evidence for Germany. „BIS Working papers", No. 29 (1995), S. 6.

Schaubild III.4 zeigt am Beispiel von Bundeswertpapieren mit einer Restlaufzeit von einem Jahr und von zehn Jahren, dass sich der Zinssatz für kürzerfristige Anlagen und der Zinssatz für längerfristige Anlagen *entsprechend Punkt 4* zwar nicht immer, aber überwiegend gleichgerichtet entwickelt haben.

Schaubild III.4: *Zinssätze für Bundeswertpapiere*[a] *mit Laufzeiten von einem Jahr und von zehn Jahren (Sept. 1972 - Dez. 2008)*[96]

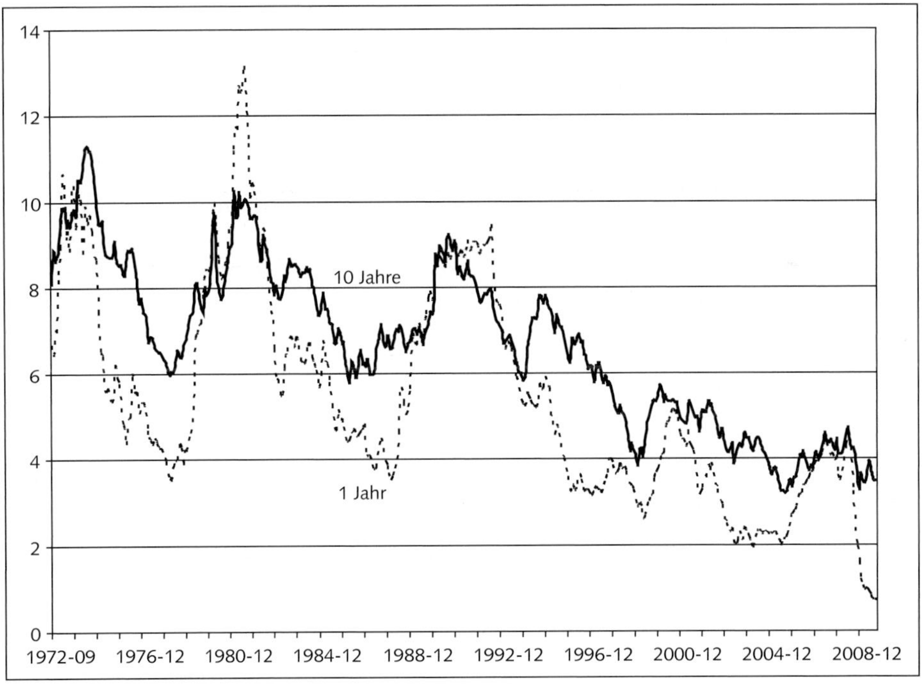

[a] Monatsendstände.

Schaubild III.5 liefert schließlich einen empirischen Beleg dafür, dass die Variabilität der nach Restlaufzeiten angeordneten Zinssätze entsprechend *Punkt 5* mit zunehmender Restlaufzeit abnimmt. Wie man sieht, wird die Standardabweichung der Zinssätze für Bundeswertpapiere, ermittelt aus ihren Monatswerten für den Zeitraum 1973 - 2009, mit zunehmender Restlaufzeit kleiner.

96 Quelle: Siehe Fußnote 93.

Schaubild III.5: *Standardabweichungen*[a] *von Bundeswertpapieren (1973 - 2009)*[97]

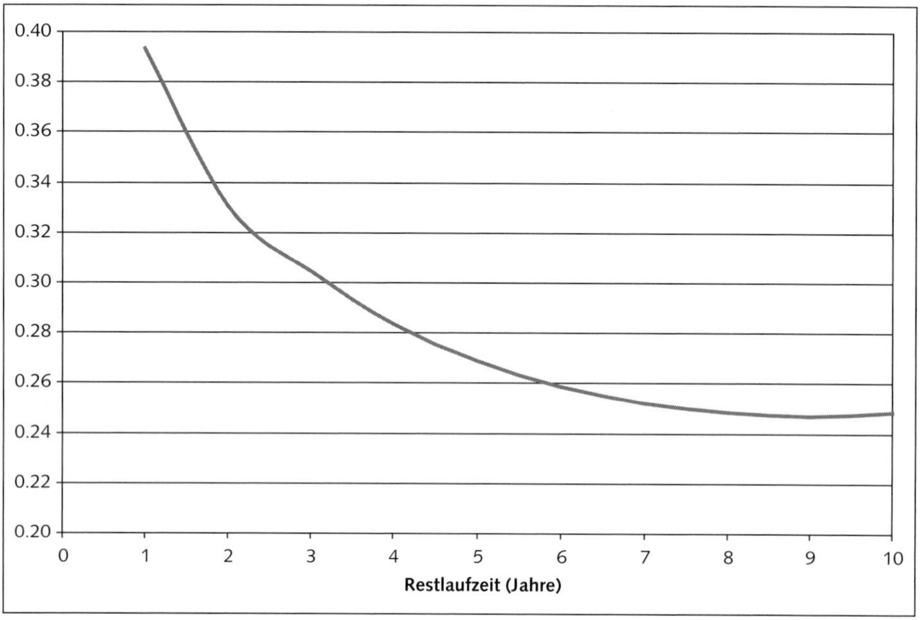

[a] Monatsendstände in den jeweiligen Restlaufzeitklassen. Standardabweichungen berechnet aus den Veränderungen gegenüber dem Vormonat.

Die theoretische Analyse, wie sie im Folgenden mit der *Erwartungs-, Marktsegmentations- und Liquiditätsprämientheorie* vorgenommen wird, hat insbesondere den Zweck, zur Erklärung der beobachteten Charakteristika beizutragen.

b) Erwartungstheorie

aa) Lang- und kurzfristiger Zinssatz. - Nach der **Erwartungstheorie**, deren Wurzeln auf I. Fisher[98] zurückreichen, wird der gegenwärtige langfristige Zinssatz durch den gegenwärtigen kurzfristigen Zinssatz und die bis zum Ende der Laufzeit der langfristigen Anlage erwarteten kurzfristigen Zinssätze bestimmt. Um die entsprechende Beziehung formal zu präzisieren, wird auf den individuellen Wirtschaftlichkeitskalkül eines Kapitalanlegers zurückgegriffen. Angenommen sei, dass der Kapitalanleger einen Geldbetrag für eine bestimmte Dauer, z.B. für drei Jahre, in Wertpapieren anlegen will und dabei eine Anlage in langfristigen Papieren (hier mit dreijähriger (Rest-)Laufzeit) gegen eine wiederholte Anlage in kurzfristigen Papieren (mit jeweils einjähriger Laufzeit) abwägt. Wird der gegen-

97 Quelle: Siehe Fußnote 2.

98 Vgl. I. Fisher, The Theory of Interest. New York 1930. S. 70, 209 f., 313 f. - Siehe auch F.A. Lutz, The Structure of Interest Rates. „The Quarterly Journal of Economics", Vol. 55 (1941), S. 36 ff. - J. R. Hicks, Value and Capital. 2nd ed. Oxford 1946. S. 144 ff.

wärtige langfristige Zinssatz (p.a.) mit i_l bezeichnet, dann ergibt sich bei *langfristiger* Anlage am Ende des dritten Jahres pro angelegter Geldeinheit ein Liquidationserlös (e_l) von:

$$e_l = (1 + i_l)^3,$$

wenn die jährlichen Zinserträge - wie vereinfachend angenommen wird - zum gegenwärtigen langfristigen Zinssatz (i_l) reinvestiert werden[99].

Bezeichnet man den gegenwärtigen, für das erste Jahr geltenden kurzfristigen Zinssatz mit i_1, den für das zweite Jahr erwarteten kurzfristigen Zinssatz mit i_2^* und den für das dritte Jahr erwarteten kurzfristigen Zinssatz mit i_3^*, dann ergibt sich bei dreimaliger *kurzfristiger* Anlage am Ende des dritten Jahres pro angelegter Geldeinheit insgesamt ein (erwarteter) Liquidationserlös (e_k^*) von:

$$e_k^* = (1 + i_1)\ (1 + i_2^*)\ (1 + i_3^*),$$

wenn die jährlichen Liquidationserlöse (einschließlich der Zinserträge) nach dem ersten Jahr zu dem für das zweite Jahr erwarteten Zinssatz i_2^* und nach dem zweiten Jahr zu dem für das dritte Jahr erwarteten Zinssatz i_3^* reinvestiert werden.

Entsprechend der Erwartungstheorie wird im Folgenden unterstellt, dass ein Kapitalanleger die zukünftigen kurzfristigen Zinssätze *mit Sicherheit* erwartet (einwertige bzw. sichere Erwartungen) und (oder) sich gegenüber einem mit unsicheren Zinserwartungen verbundenen Risiko *neutral* verhält (Risikoneutralität). Unter dieser Annahme entscheidet sich ein gewinnmaximierender Anleger ausschließlich für kurzfristige Wertpapiere, wenn $e_k^* > e_l$, ausschließlich für langfristige Wertpapiere, wenn $e_k^* < e_l$, und er verhält sich indifferent, d.h., er verteilt seinen Anlagebetrag in beliebigen Anteilen auf beide Wertpapiere, wenn $e_k^* = e_l$. Abgesehen vom (speziellen) dritten Fall, erfolgt also eine *Entweder (kurzfristige Wertpapiere) Oder (langfristige Wertpapiere)-Entscheidung*[100].

Für den Schritt vom einzelwirtschaftlichen Kalkül zum Marktgleichgewicht wird - entsprechend der Erwartungstheorie - zusätzlich angenommen, dass die für die Zukunft erwarteten kurzfristigen Zinssätze aus der Sicht sämtlicher Kapitalanleger gleich sind (identische Erwartungen). Unter dieser Annahme besteht Gleichgewicht auf dem Wertpapiermarkt nur, wenn $e_l = e_k^*$, d.h.:

(1) $(1 + i_l)^3 = (1 + i_1)\ (1 + i_2^*)(1 + i_3^*).$

Dass sich diese Bedingung nach Abschluss der Anpassungsvorgänge ergibt, dafür sorgt schon eine *intertemporale Arbitrage* zwischen kurz- und langfristigen

99 Diese Annahme liegt der Ermittlung einer *Renditenstrukturkurve* zu Grunde. Sie ist von der *Zinsstrukturkurve* zu unterscheiden, die nicht unter dieser einschränkenden Wiederanlageprämisse berechnet wird. Genauer siehe hierzu DEUTSCHE BUNDESBANK. Monatsbericht Oktober 1997, S. 61 ff. - Im Folgenden werden Unterschiede zwischen der Renditen- und Zinsstrukturkurve vernachlässigt. Sie entfallen bei Wertpapieren *ohne* periodische Zinszahlungen (Kuponzahlungen) wie den Nullkuponanleihen.

100 Eine Parallele hierzu bietet die Analyse auf den S. 36 ff. - Zu ergänzen ist, dass als Anlagemöglichkeiten noch weitere Varianten existieren, z.B. zunächst eine Anlage für ein Jahr in kurzfristigen Wertpapieren und anschließend eine Anlage für zwei Jahre in langfristigen Wertpapieren. Die genannte Variante erfordert Erwartungen über den in einem Jahr herrschenden langfristigen Zinssatz. Zur Vereinfachung der Betrachtungen werden derartige Zwischenformen nicht weiter berücksichtigt.

Wertpapieren, da diese wegen sicherer Erwartungen bzw. Risikoneutralität perfekte Substitute darstellen. Steigt beispielsweise der gegenwärtige kurzfristige Zinssatz (i_1) gegenüber dem Ausgangsgleichgewicht, dann bieten Arbitrageure langfristige Wertpapiere an und fragen gleichzeitig kurzfristige Wertpapiere nach. Das Überschussangebot bei den langfristigen Wertpapieren führt dort zu einer Kurssenkung bzw. einem Zinsanstieg, während sich bei den kurzfristigen Wertpapieren infolge einer Überschussnachfrage ein Kursanstieg bzw. eine Zinssenkung einstellt[101]. Dieser Prozess setzt sich solange fort, bis die Bedingung (1) wieder erfüllt wird.

Die durch die Erwartungstheorie implizierte Bestimmungsgleichung für den langfristigen Zinssatz (i_l) ergibt sich, wenn Gleichung (1) nach i_l aufgelöst wird. Man erhält dann:

$$(2) \quad i_l = \sqrt[3]{(1 + i_1)(1 + i_2^*)(1 + i_3^*)} - 1^{102}.$$

Wie aus Gleichung (2) hervorgeht, wird der langfristige Zinssatz i_l (plus eins) als geometrisches Mittel aus dem gegenwärtigen kurzfristigen Zinssatz i_1 (plus eins) und den bis Ende der Laufzeit des langfristigen Wertpapiers erwarteten kurzfristigen Zinssätzen (plus eins) bestimmt.

Die Herleitung weiterer Implikationen wird vereinfacht, wenn Gleichung (1) in Logarithmen geschrieben wird und danach übliche Annäherungen vorgenommen werden. Nach Logarithmierung erhält man[103]:

$$(1') \quad 3 \cdot ln(1 + i_l) = ln(1 + i_1) + ln(1 + i_2^*) + ln(1 + i_3^*).$$

Annäherungsweise gilt $ln(1 + x) = x$, wenn x niedrige Werte aufweist (wie z.B. $x = i = 0{,}05$). Wird dieses berücksichtigt, ergibt sich aus (1')

$$(2'a) \quad 3 i_l = i_1 + i_2^* + i_3^*$$

bzw.

$$(2') \quad i_l = \frac{i_1 + i_2^* + i_3^*}{3}{}^{104}.$$

Angenähert kann der langfristige Zinssatz somit auch als einfaches *arithmetisches* Mittel aus kurzfristigen Zinssätzen bestimmt werden. Weiter erkennt man,

- dass $i_l = i_1$, wenn gegenüber dem laufenden Jahr keine Änderung des kurzfristigen Zinssatzes erwartet wird (d.h. $i_1 = i_2^* = i_3^*$),

---

101 Die Anpassungsvorgänge werden dadurch unterstützt, dass sich die potenziellen Kapitalnehmer, also die Anbieter von Wertpapieren, dem Markt für langfristige Titel zuwenden, während die potenziellen Kapitalgeber, also die Nachfrager von Wertpapieren, kurzfristige Titel bevorzugen.

102 Beträgt die Laufzeit des langfristigen Wertpapiers ganz allgemein n Jahre, dann tritt an die Stelle von (2)

$$i_l = \sqrt[n]{(1 + i_1)(1 + i_2^*)...(1 + i_n^*)} - 1.$$

103 Verwendet werden die Formeln: $ln(xy) = ln x + ln y$ und $ln x^n = n\, ln x$.

104 Beträgt die Laufzeit des langfristigen Wertpapiers ganz allgemein n Jahre, dann tritt an die Stelle von (2')

$$(x) \quad i_l = \frac{i_1 + i_2^* + ... + i_n^*}{n}.$$

- dass $i_l > i_1$, wenn ein Anstieg des kurzfristigen Zinssatzes erwartet wird (wie z.B. bei $i_1 < i_2^* = i_3^*$) und
- dass $i_l < i_1$, wenn eine Senkung des kurzfristigen Zinssatzes erwartet wird (wie z.B. bei $i_1 > i_2^* = i_3^*$).

Da sich aus der Erwartungstheorie a priori keine Hinweise für eine Dominanz einer dieser drei Fälle ergeben, liefert sie allein auch keine Begründung für die in der Realität überwiegend anzutreffende normale Zinsstruktur (mit $i_l > i_1$ entsprechend Punkt 1)).

Bei *unveränderten* Zinserwartungen folgt aus Gleichung (1) bzw. (2) für eine Änderung des gegenwärtigen kurzfristigen Zinssatzes (i_1),

- dass sich der langfristige Zinssatz (i_l) (entsprechend Punkt 4)) gleichgerichtet verändert und
- dass die Änderung des langfristigen Zinssatzes (entsprechend Punkt 5)) dabei geringer als die Änderung des kurzfristigen Zinssatzes ausfällt[105].

Die erste Aussage impliziert die geldpolitisch relevante Folgerung, dass Zentralbanken im Rahmen ihrer konventionellen an (sehr) *kurzfristigen* Zinssätzen ausgerichteten Zinssteuerungspolitik den für die gesamtwirtschaftliche Güternachfrage relevanten *langfristigen* Zinssatz beeinflussen können.

bb) (Kassa-)Zinssätze und (implizite) Terminzinssätze. – Für die folgenden Betrachtungen wird die Unterscheidung zwischen (Kassa-)Zinssätzen und Terminzinssätzen relevant.

(Kassa-)Zinssätze sind Zinssätze, die im Zeitpunkt t für Anlagen (z.B. in Wertpapieren) vereinbart werden, deren für die Verzinsung relevante Laufzeit in t beginnt und in T endet ($T > t$). Sie entsprechen den bisher verwendeten Zinssätzen. **Terminzinssätze** sind Zinssätze, die im Zeitpunkt t für Anlagen (z.B. in Wertpapieren) vereinbart werden, deren Laufzeit in einem späteren Zeitpunkt (t') beginnt und in einem noch späteren Zeitpunkt (T') endet ($T' > t' > t$). Sie geben also die Verzinsung von Anlagen an, deren Laufzeit in zukünftige Perioden fällt. Handelt es sich dabei um einjährige Wertpapieranlagen (was unterstellt wird), dann gibt der Terminzinssatz die Verzinsung einer einjährigen Wertpapieranlage an, deren Laufzeit in das Jahr n fällt. Unter den Annahmen der Erwartungstheorie, d.h. bei sicheren und identischen Erwartungen, wird der Terminzinssatz im Gleichgewicht durch den für das n-te Jahr erwarteten kurzfristigen (Kassa-)Zinssatz i_n^* bestimmt, d.h.

(3) $i_n = i_n^*$.

Ist nämlich $i_n > i_n^*$, dann lohnt sich eine Geldanlage per Termin, weil man erwartet, den Gegenwert im n-ten Jahr zu einem (Kassa-)Zinssatz finanzieren zu können, der niedriger ist als der Zinssatz aus dem Terminkontrakt. Ist $i_n < i_n^*$, dann lohnt sich eine Geldaufnahme per Termin, weil man erwartet, den Gegenwert im n-ten Jahr zu einem (Kassa-)Zinssatz anlegen zu können, der höher ist als der Zinssatz aus dem Terminkontrakt. Im ersten Fall sinkt i_n, im zweiten Fall steigt i_n. In beiden Fällen führen Anpassungsvorgänge also zu einer Erfüllung der Gleichgewichtsbedingung.

---

105 Differentiation von (2') nach i_1 ergibt $di_l/di_1 = 1/3$.

Stehen Terminzinssätze, die entsprechend Beziehung (3) Zinserwartungen für zukünftige Jahre widerspiegeln, nur begrenzt für weiter in der Zukunft liegende Einjahresanlagen zu Verfügung, dann kann man sich bei empirischen Analysen damit behelfen, sog. **implizite Terminzinssätze** aus (Kassa-)Zinssätzen für benachbarte Laufzeiten (n und $n - 1$) herzuleiten. Zur Illustration der Herleitung soll ein (einjähriger) Terminzinssatz für das dritte Jahr betrachtet werden. Ausgangspunkt der Herleitung ist Gleichung (2'a), die durch eine analoge Bestimmungsgleichung für den langfristigen Zinssatz einer Zweijahresanlage ergänzt wird, wobei in beiden Beziehungen die erwarteten Zinssätze i_2^* und i_3^* entsprechend Gleichung (3) durch die Terminzinssätze i_2 und i_3 ersetzt und zur Unterscheidung der beiden langfristigen Zinssätze die Symbole $i_{l(3)}$ und $i_{l(2)}$ verwendet werden. Wird von der Gleichung

$$3\, i_{l(3)} = i_1 + i_2 + i_3$$

$$2\, i_{l(2)} = i_1 + i_2$$

abgezogen, erhält man

(4) $\quad i_3 = 3\, i_{l(3)} - 2\, i_{l(2)}$ [106].

Wie Gleichung (4) zeigt, ergibt sich aus den langfristigen (Kassa-)Zinssätzen für Drei- und Zweijahresanlagen der implizite Terminzinssatz für Einjahresanlagen, deren Laufzeit ins dritte Jahr fällt.

Der implizite Terminzinssatz ist nicht nur ein theoretisch ableitbarer, sondern auch ein durch (Kassa-)Transaktionen in langfristigen Wertpapieren mit benachbarten Laufzeiten realisierbarer Zinssatz. So kann sich ein Wirtschaftssubjekt, das z.B. im dritten Jahr Geld *anlegen* möchte, den Zinssatz heute schon sichern, indem es Wertpapiere mit einer Laufzeit von zwei Jahren emittiert und gleichzeitig Wertpapiere mit einer Laufzeit von drei Jahren erwirbt. Möchte ein Wirtschaftssubjekt im dritten Jahr Geld *aufnehmen,* so kann sich das Wirtschaftssubjekt den Zinssatz heute schon sichern, indem es Wertpapiere mit einer Laufzeit von drei Jahren emittiert und gleichzeitig Wertpapiere mit einer Laufzeit von zwei Jahren erwirbt.

Werden implizite Terminzinssätze von Einjahresanlagen analog zu Gleichung (4) bzw. verallgemeinert für n Jahre nach Gleichung

(5) $\quad i_n = n\, i_{l(n)} - (n - 1)\, i_{l(n-1)}$

für verschiedene Jahre berechnet und nach den Jahren $1, 2, \ldots, n$ geordnet, dann erhält man eine **Terminzinsstrukturkurve** (siehe Schaubild III.6). Sie gibt Aufschluss über den Zeitpfad der erwarteten Zinssätze von zukünftigen Einjahresanlagen (da $i_n^* = i_n$) und ermöglicht so auch eine genauere zeitliche Lokalisierung von Zinsänderungserwartungen.

---

106 Der präzise Wert für i_3 lässt sich ermitteln, wenn in (1) die erwarteten (kurzfristigen) Zinssätze entsprechend (3) durch Terminzinssätze ersetzt werden, für i_l genauer $i_{l(3)}$ geschrieben wird und die so umgeformte Gleichung durch die Bestimmungsgleichung für $i_{l(2)}$

$$(1 + i_{l(2)})^2 = (1 + i_1)(1 + i_2)$$

geteilt wird. Auflösung der entsprechenden Gleichung nach i_3 liefert dann den impliziten Terminzinssatz für Einjahresanlagen, deren Laufzeit ins dritte Jahr fällt. In analoger Weise lässt sich auch generell der präzise Wert für den impliziten Terminzins i_n aus den Bestimmungsgleichungen für langfristige Zinssätze von Wertpapieren mit benachbarter Laufzeit (n und $n - 1$) ermitteln.

Zwischen der Zinsstrukturkurve und der Terminzinsstrukturkurve bestehen Zusammenhänge, die deutlicher hervortreten, wenn Gleichung (4) zu Gleichung

(4a) $i_3 = 2i_{l(3)} - 2i_{l(2)} + i_{l(3)}$

umgeformt wird. Wie man sieht, impliziert Gleichung (4a) folgende Aussagen:

- Bei $i_{l(3)} = i_{l(2)}$, d.h. bei horizontaler Zinsstrukturkurve, folgt $i_3 = i_{l(3)}$, d.h. der (einjährige) Terminzinssatz für das dritte Jahr und der langfristige Zinssatz für Dreijahresanlagen sind gleich,
- bei $i_{l(3)} > i_{l(2)}$, d.h. bei normaler Zinsstrukturkurve, folgt $i_3 > i_{l(3)}$ und
- bei $i_{l(3)} < i_{l(2)}$, d.h. bei inverser Zinsstrukturkurve, folgt $i_3 < i_{l(3)}$.

Schaubild III.6: *Zinsstruktur- und implizite Terminzinsstrukturkurve (Monatsendstand Februar 2008)*[107]

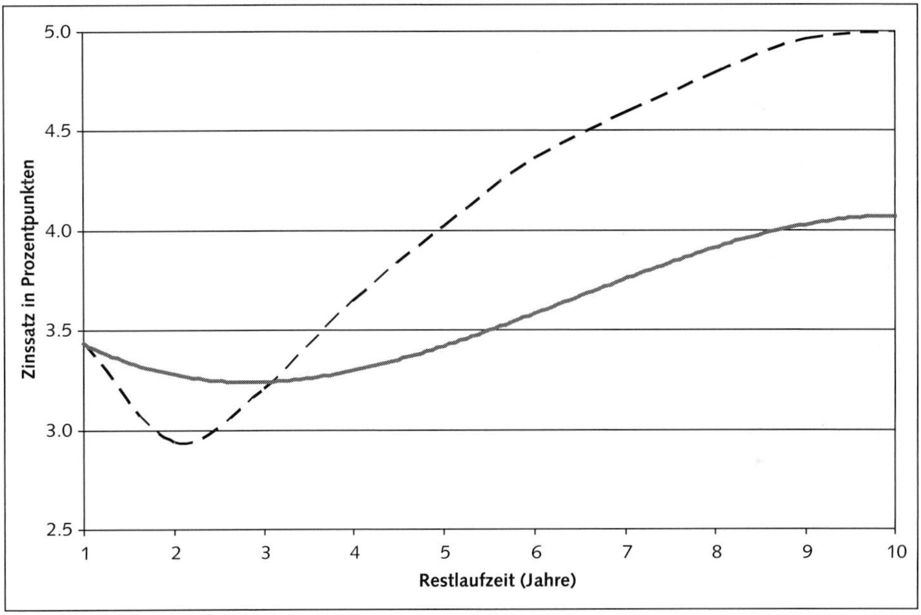

In Übereinstimmung mit diesen Ergebnissen zeigt Schaubild III.6[108], dass die Terminzinsstrukturkurve bei normaler Zinsstruktur oberhalb und bei inverser Zinsstruktur unterhalb der Zinsstrukturkurve verläuft und dass sie die Zinsstrukturkurve in deren Minimum schneidet[109]. Die Bewegungen der Terminzinsstrukturkurve sind deshalb notwendigerweise ausgeprägter als die der Zinsstrukturkurve.

107 Quelle: Siehe Fußnote 2.

108 Zur Interpretation von Schaubild III.6 siehe auch den Unterabschnitt d) bb).

109 In ihrem Minimum ist die Steigung der Zinsstrukturkurve Null, d.h. sie verläuft horizontal. – Außerdem zeigt die Abbildung, dass der implizite Terminzinssatz und (Kassa-) Zinssatz bei einer Laufzeit von 1 gleich groß sind. Dieses Ergebnis folgt aus Gleichung (5); denn bei $n = 1$ ist der Terminzinssatz i_1 gleich dem (Kassa-)Zinssatz $i_l(1)$.

Der Erwartungstheorie und der auf ihr basierenden Berechnung von impliziten Terminzinssätzen liegen eine Reihe restriktiver Voraussetzungen zu Grunde. So erscheinen insbesondere die Annahme sicherer Zinserwartungen bzw. risikoneutralen Verhaltens und die Vorstellung identischer Zinserwartungen bei den Kapitalanlegern wenig realistisch. Auch fehlt eine Theorie darüber, in welcher Weise Erwartungen über die zukünftigen Zinssätze gebildet werden[110]. Trotz dieser Schwächen liefert die Erwartungstheorie aber Beiträge zur Erklärung der Realität. So ist davon auszugehen, dass sich tendenziell auch unter unsicheren und nicht von Kapitalanleger zu Kapitalanleger identischen Erwartungen bei einer Änderung des kurzfristigen Zinssatzes auf Grund von intertemporalen Arbitragevorgängen die den Punkten 4) und 5) entsprechenden Änderungen des langfristigen Zinssatzes einstellen. Darüber hinaus impliziert die Erwartungstheorie für den Fall einer Änderung von Zinserwartungen wichtige Schlussfolgerungen, auf die wir in den Unterabschnitten d) und e) noch zurückkommen.

c) Marktsegmentationstheorie

Im Unterschied zur Erwartungstheorie liegt der Marktsegmentationstheorie die Annahme zu Grunde, dass Zins- bzw. Kurserwartungen unsicher sind und sich die Wirtschaftssubjekte *strikt risikoavers* in dem Sinne verhalten, dass sie jedes Risiko vermeiden wollen. Risiken können für eine Wirtschaftseinheit alternativ in Form des sog. **Kapitalrisikos** oder in Form des sog. **Einkommensrisikos** auftreten. Für einen Kapitalgeber (also einen Nachfrager nach Wertpapieren) ergibt sich ein Kapitalrisiko, wenn er Wertpapiere mit einer Laufzeit erwirbt, die über den Zeitraum hinausgeht, für den ihm Mittel als Anleger zur Verfügung stehen (Anlageperiode). Das Risiko besteht darin, dass der Wertpapiernachfrager am Ende der Anlageperiode Wertpapiere u.U. mit Kursverlusten verkaufen muss. Umgekehrt ergibt sich für ihn ein Einkommensrisiko, wenn er Wertpapiere mit einer Laufzeit kauft, die kürzer ist als die Anlageperiode. Das Risiko besteht in diesem Fall darin, dass er die am Ende der Laufzeit des Wertpapiers frei werdenden Mittel u.U. nur zu einem gesunkenen Zinssatz wieder anlegen kann. Für einen Kapitalnehmer (also einen Anbieter von Wertpapieren) ergibt sich ein Kapitalrisiko, wenn er Wertpapiere mit einer Laufzeit emittiert, die über den Zeitraum hinausgeht, für den ein Finanzierungsbedarf besteht (Finanzierungsperiode). Das Risiko besteht darin, dass er am Ende der Finanzierungsperiode seine Verbindlichkeiten ablösen möchte und dabei die von ihm emittierten Titel u.U. zu gestiegenen Kursen zurückkaufen muss, weil die Rendite gesunken ist[111]. Umgekehrt ergibt sich für ihn ein Einkommensrisiko, wenn er Wertpapiere mit einer Laufzeit emittiert, die kürzer ist als die Finanzierungsperiode. Das Risiko besteht in diesem Fall darin, dass er die erforderliche Anschlussfinanzierung u.U. nur zu einem höheren Zinssatz durchführen kann.

---

110 Ein Beitrag hierzu findet sich bei D. MEISELMAN, The Term Structure of Interest Rates. Englewood Cliffs, N.J., 1962. S. 18 ff.

111 Verwendet der Kapitalnehmer die am Ende der Finanzierungsperiode frei werdenden Mittel nicht zum Rückkauf der von ihm emittierten Wertpapiere, sondern zum Ankauf fremder Titel, dann ergeben sich Verluste dadurch, dass die Zinsaufwendungen für die emittierten Wertpapiere größer sind als die Zinserträge aus den erworbenen (fremden) Wertpapieren.

Soll (wie angenommen) jegliches Risiko vermieden werden, dann muss die Laufzeit eines Wertpapiers für einen Kapitalgeber mit der Anlageperiode und für einen Kapitalnehmer mit der Finanzierungsperiode genau übereinstimmen. Dementsprechend werden Kapitalgeber und Kapitalnehmer jeweils nur Wertpapiere mit ganz bestimmter Laufzeit kaufen bzw. verkaufen, so dass der Wertpapiermarkt in viele nach Laufzeiten abgegrenzte Marktsegmente zerfällt, zwischen denen wegen strikter Risikoaversion keine Arbitrage stattfindet. Die Zinssätze auf den verschiedenen Marktsegmenten würden dabei eine normale Zinsstruktur entsprechend Punkt 1) ergeben, wenn bei den *Kapitalanbietern* relativ *kurze* Anlageperioden und bei den *Kapitalnachfragern* relativ *lange* Finanzierungsperioden vorherrschen. Bei dieser Konstellation (auf die im Folgenden noch eingegangen wird) würde sich nämlich im Fall gleicher kurz- und langfristiger Zinssätze im kurzfristigen Bereich ein Angebotsüberschuss an Kapital (d.h. ein Nachfrageüberschuss an Wertpapieren) und im langfristigen Bereich ein Nachfrageüberschuss an Kapital (d.h. ein Angebotsüberschuss an Wertpapieren) ergeben, so dass zur Herstellung des Gleichgewichts langfristige Zinssätze erforderlich sind, die *über* den kurzfristigen Zinssätzen liegen[112].

Im Gegensatz zur Erwartungstheorie ergibt sich aus der Marktsegmentationstheorie für die Geldpolitik die Folgerung, dass die langfristigen Zinssätze - wegen der gegeneinander abgeschotteten Teilmärkte des Wertpapiermarktes - nicht durch Veränderung des kurzfristigen Zinssatzes beeinflusst werden können. Hinsichtlich der Relevanz dieser Folgerung ist allerdings zu beachten, dass die Marktsegmentationstheorie mit der Annahme strikter Risikoaversion und den sich hieraus ergebenden Konsequenzen in Hinblick auf die Realität als recht restriktiv erscheint. In dieser strengen Form sollte man sie auch mehr als gedankliche Gegenposition zur Erwartungstheorie betrachten und nicht als wirklichkeitsnahe Beschreibung der Zinsstruktur[113].

d) Liquiditätsprämientheorie

aa) Keine Zinsänderungserwartungen. - aaa) Die Implikationen der mit dem Namen von J. R. Hicks verbundenen Liquiditätsprämientheorie sollen zunächst unter der Annahme behandelt werden, dass *keine* Änderung der Zinssätze erwartet wird. Nach der Erwartungstheorie müssen dann der kurzfristige Zinssatz und die für verschiedene Laufzeiten notierten langfristigen Zinssätze gleich sein;

---

112 Zu beachten ist dabei, dass das Gleichgewicht durch den relativen Anstieg des langfristigen Zinssatzes nicht im Wege einer intertemporalen Arbitrage zwischen kurz- und langfristigen Wertpapieren hergestellt wird, sondern dadurch, dass sich Anbieter von kurzfristigem Kapital und Nachfrager von langfristigem Kapital vom Wertpapiermarkt zurückziehen, während (neue) Nachfrager nach kurzfristigem Kapital und Anbieter von langfristigem Kapital in den Wertpapiermarkt eintreten. - Vgl. zu dieser Argumentation L. Harris, Monetary Theory. New York 1985. S. 336.

113 So auch Kath, a.a.O., S. 52, Fußnote 25. - Auch J. M. Culbertson, der die Erwartungstheorie kritisiert und als Vertreter der Marktsegmentationstheorie gilt, geht in seiner Analyse nicht von einer strikten Risikoaversion aus; er sieht jedoch die Substituierbarkeit zwischen kurz- und langfristigen Wertpapieren - im Unterschied zur Erwartungstheorie - als begrenzt an (The Term Structure of Interest Rates. „The Quarterly Journal of Economics", Vol. 71 (1957), S. 485 ff.).

denn es gilt $i_1 = i_2^* = ... = i_n^*$. Bei dieser Zinskonstellation stellt sich – so die Liquiditätsprämientheorie – bei den langfristigen Wertpapieren ein Überschussangebot und bei den kurzfristigen Wertpapieren eine Überschussnachfrage ein. Diese *„konstitutionelle Schwäche"* am langen Ende des Marktes[114] lässt sich mit einer Konstellation begründen, die im Zusammenhang mit der Marktsegmentationstheorie bereits erwähnt wurde: Bei Kapitalnehmern (wie Unternehmungen) herrschen wegen des Finanzierungsbedarfs für langfristige Realinvestitionen relativ lange Finanzierungsperioden vor, während bei Kapitalgebern (wie Haushalten) aus Vorsichtsgründen eher eine Vorliebe für kurze Anlageperioden zu vermuten ist, weil Zeitpunkt und Umfang des zukünftigen Kassenbedarfs häufig schwer vorhersehbar sind.

Bei eher langen Finanzierungsperioden und eher kurzen Anlageperioden ist das vorherrschende Risiko bei Kapitalnehmern das Einkommensrisiko (wegen der Unsicherheit über die zukünftigen Zinskonditionen für den Fall einer erforderlichen Anschlussfinanzierung) und bei Kapitalgebern das Kapitalrisiko (wegen möglicher Kursverluste bei Wertpapierliquidierung vor Fälligkeit). Kapitalnehmer können längerfristige Wertpapiere in gewünschtem Umfang am Markt unterbringen und so das Einkommensrisiko vermeiden, wenn sie den Käufern, also den Kapitalgebern, für die Aufgabe von Liquidität und das damit verbundene Kapitalrisiko als Entschädigung eine „Risikoprämie" zahlen. Die Risikoprämie bewirkt, dass die langfristigen Zinssätze über dem kurzfristigen Zinssatz liegen und stellt damit eine Zinskonstellation her, die Marktgleichgewicht bei lang- und kurzfristigen Wertpapieren ermöglicht.

bbb) Genauere Aussagen über die Zinsstruktur lassen sich herleiten, wenn man die Risikoprämie in einen formalen Ansatz integriert. Ausgangspunkt sei dabei der Kalkül eines Kapitalnehmers, der Finanzierungsmittel für einen längeren Zeitraum, z.B. für drei Jahre benötigt, und keine Zinsänderungsrisiken eingehen möchte. Zur Ausschaltung von Zinsänderungsrisiken bieten sich ihm zwei Möglichkeiten an: Zum einen kann er langfristige Wertpapiere mit einer Laufzeit von drei Jahren verkaufen, zum anderen kann er für das erste Jahr kurzfristige (d.h. einjährige) Papiere zum Kassazinssatz i_1 und für die beiden folgenden Jahre jeweils kurzfristige Papiere zu den Terminzinssätzen i_2 bzw. i_3 verkaufen. Bei der ersten Alternative muss er pro erlöster Geldeinheit am Ende des dritten Jahres den Betrag:

$$a_l = (1 + i_{l(3)})^3$$

und bei der zweiten Alternative den Betrag

$$a_k = (1 + i_1)(1 + i_2)(1 + i_3)$$

aufwenden.

Gleichgewicht auf den Wertpapiermärkten besteht nur, wenn $a_l = a_k$, d.h.

(6) $$(1 + i_{l(3)})^3 = (1 + i_1)(1 + i_2)(1 + i_3).$$

Dass diese Bedingung nach Abschluss aller Anpassungsvorgänge erfüllt wird, bewirkt schon eine vollständige Arbitrage zwischen den beiden Alternativen – vorausgesetzt, es sind Terminkontrakte für die relevanten Perioden verfügbar. Ist

---

114 Siehe zu diesem Begriff J. R. Hicks, Value and Capital. Oxford 1939. S. 146.

beispielsweise die linke Seite größer als die rechte, dann ist es lohnend, kurzfristige Wertpapiere zu den Kassa- bzw. Terminzinssätzen zu verkaufen, um mit den Liquidationserlösen langfristige Wertpapiere zu erwerben. Das Überschussangebot bei den kurzfristigen Wertpapieren führt dort zu einer Kurssenkung bzw. einem Zinsanstieg, während sich bei den langfristigen Wertpapieren infolge einer Überschussnachfrage ein Kursanstieg bzw. eine Zinssenkung einstellt. Anpassungsvorgänge dieser Art setzen sich solange fort, bis Gleichung (6) erfüllt ist.

Unter den Annahmen der Erwartungstheorie, d.h. bei sicheren Zinserwartungen bzw. Risikoneutralität, wird der Terminzinssatz für ein bestimmtes Jahr - entsprechend Gleichung (3) - im Gleichgewicht durch den für dieses Jahr erwarteten kurzfristigen (Kassa)-Zinssatz bestimmt. Im Rahmen der *Liquiditätsprämientheorie* sind demgegenüber die Zinserwartungen unsicher, und es besteht *Risikoaversion*. Deshalb ist Gleichung (3) durch Einbeziehung von Risikoüberlegungen zu modifizieren. So würde ein Kapitalgeber, der Wertpapiere für zukünftige Perioden, z.B. das zweite und dritte Jahr, im Rahmen von Termingeschäften übernimmt, bedenken, dass sich bei ihm möglicherweise in diesen Jahren ein unerwarteter Liquiditätsbedarf einstellt, den er aus eigenen Mitteln nicht decken kann, weil er sie durch Terminkontrakte gebunden hat. Er müsste deshalb einen Kredit zu den dann gültigen (Kassa-)Zinssätzen aufnehmen. Sind nun die Kassazinsen gegenüber dem Zeitpunkt des Abschlusses der Terminkontrakte gestiegen, dann würde sich der Terminkontrakt als unvorteilhaft für den Kapitalgeber herausstellen. Den Verlust, den der Kapitalgeber hierbei realisiert, bewertet er bei der unterstellten Risikoaversion höher als einen möglichen Gewinn, den er bei sinkenden Kassazinsen erzielen würde. Beim Abschluss des Terminkontrakts würde der Kapitalgeber zur Kompensation dieses Risikos daher eine Prämie verlangen: die **Risikoprämie *RP***. Der Kapitalgeber wird wegen seiner längeren Finanzierungsperiode zur Vermeidung von Zinsänderungsrisiken bereit sein, diese Prämie zu entrichten. Für die Bestimmungsgleichung des (Termin-)Zinssatzes für das n-te Jahr (i_n) ergibt sich dementsprechend

$$i_n = i_n^* + RP_n, \quad n > 1.$$

Wird diese Beziehung für die Jahre 2 und 3 in Gleichung (6) eingesetzt und dabei berücksichtigt, dass zunächst im Mittel *unveränderte Zinserwartungen* unterstellt werden (d.h.: $i_1 = i_2^* = i_3^* = i$), dann erhält man unter der vereinfachenden Annahme konstanter Risikoprämien folgenden Zusammenhang:

$$(7) \qquad (1 + i_{l(3)})^3 = (1 + i)(1 + i + RP)(1 + i + RP).$$

Allgemeinere Aussagen zur Zinsstruktur lassen sich herleiten, indem Gleichung (7) für n Perioden (Jahre) formuliert wird. Man erhält:

$$(8) \qquad (1 + i_{l(n)})^n = (1 + i)(1 + i + RP)^{n-1}.$$

Werden beide Seiten dieser Gleichung logarithmiert, ergibt sich:

$$(9) \qquad n \ln(1 + i_{l(n)}) = \ln(1 + i) + (n - 1)\ln(1 + i + RP).$$

Gleichung (9) lässt sich ohne Konsequenzen für die Auswertung vereinfachen, wenn wieder die Näherungsformel $\ln(1+x) = x$ verwendet wird. Man erhält dann:

$$n\, i_{l(n)} = i + (n - 1)(i + RP) \text{ bzw.}$$

$$n\, i_{l(n)} = i + (n - 1)i + (n - 1)RP.$$

Bei Auflösung nach $i_{l(n)}$ ergibt sich als Bestimmungsgleichung für die Zinsstruktur:

$$(10) \qquad i_{l(n)} = i + \frac{n - 1}{n} RP.$$

Gleichung (10) lässt zunächst einmal erkennen, dass der langfristige Zinssatz auch bei unveränderten Zinserwartungen wegen der Existenz einer Risikoprämie über dem kurzfristigen liegt. Die Risikoprämie schiebt sich sozusagen wie ein Keil zwischen den lang- und kurzfristigen Zinssatz. Außerdem zeigt sich, dass der Abstand des langfristigen Zinssatzes vom kurzfristigen, d.h. der sog. **spread** (genauer: *term spread*), mit zunehmender Risikoprämie steigt. Die Risikoprämie steigt, wenn die Unsicherheit über die Einflussfaktoren der zukünftigen Zinsentwicklung (wie die zukünftige Entwicklung von Konjunktur und Inflation sowie den zukünftigen Kurs der Geldpolitik) zunimmt.
Wird Gleichung (10) zu

$$i_{l(n)} = i + \left(1 - \frac{1}{n}\right) RP$$

umgeformt, dann lassen sich hieraus zwei weitere, in Hinblick auf empirische Charakteristika relevante Aussagen ablesen:

- Der langfristige Zinssatz steigt mit zunehmender (Rest-)Laufzeit (entsprechend Punkt 1).
- Der langfristige Zinssatz nähert sich mit zunehmender (Rest-)Laufzeit dem Grenzwert $(i + RP)$ asymptotisch an (da $1/n \rightarrow 0$, wenn $n \rightarrow \infty$). Dieses impliziert, dass sich der Zinsanstieg mit zunehmender (Rest-)Laufzeit abflacht (entsprechend Punkt 2).

ccc) Bisher wurde vereinfachend unterstellt, dass die Risikoprämie über die Perioden 2 bis *n konstant* bleibt. Zu vermuten ist jedoch, dass die Risikoprämie mit der Laufzeit tendenziell *ansteigt*[115]. Dafür spricht, dass das Risiko einer Fehleinschätzung des (Kassa-)Zinssatzes umso höher ist, je weiter die Periode in die Zukunft hineinreicht. Die Annahme einer mit der (Rest-)Laufzeit steigenden Risikoprämie würde ein zusätzliches Argument dafür liefern, dass der langfristige Zinssatz mit der (Rest-)Laufzeit und damit der spread größer wird. Allerdings könnte diese Annahme u.U. auch bedeuten, dass sich der Anstieg der Zinsstrukturkurve – entgegen Punkt 2) – nicht abflacht. So lässt sich für den Fall einer linear mit der (Rest-)Laufzeit zunehmenden Risikoprämie zeigen, dass der langfristige Zinssatz linear mit der (Rest-)Laufzeit ansteigt[116]. Allerdings dürfte die Vorstellung

---

115 Siehe auch B. G. MALKIEL, term structure of interest rates. In: The New Palgrave Dictionary of Money & Finanace. 3. London and Basingstoke 1992. S. 651.

116 Wird $RP_n = \varrho\,(n - 1)$ angenommen, dann tritt an die Stelle von (8):

$$(1 + i_{l(n)})^n = (1 + i)(1 + i + \varrho)(1 + i + 2\varrho) \ldots (1 + i + (n - 1)\varrho).$$

Nach Logarithmierung und Verwendung der Näherungsformel $ln\,(1 + x) = x$ erhält man nach einigen Umformungen:

$$i_{l(n)} = i + \frac{\varrho}{2}(n - 1),$$

d.h. der langfristige Zinssatz steigt proportional zur (Rest-)Laufzeit.

wohl realistischer sein, dass die Risikoprämie mit der (Rest-)Laufzeit nur *degressiv* zunimmt. Wird deshalb von einer mit der (Rest-)Laufzeit degressiv ansteigenden Risikoprämie ausgegangen, dann folgt für die Zinsstrukturkurve – in Übereinstimmung mit Punkt 2) –, dass ihr Anstieg mit steigender (Rest-)Laufzeit geringer ausfällt. Somit bleiben die beiden oben unter der Annahme einer konstanten Risikoprämie formal hergeleiteten Aussagen erhalten.

bb) Zinsänderungserwartungen. – Die aus der Liquiditätsprämientheorie folgende (normale) Zinsstruktur wird durch Zinsänderungserwartungen modifiziert. Wird damit gerechnet, dass die Zinssätze in der Zukunft *über* dem gegenwärtig herrschenden Niveau liegen, dann werden Kapitalgeber hierdurch (zusätzlich) angeregt, weniger langfristig und mehr kurzfristig zu investieren, d.h. weniger langfristige und mehr kurzfristige Wertpapiere nachzufragen. Umgekehrt besteht für Kapitalnehmer ein (zusätzlicher) Anreiz, sich mehr langfristig und weniger kurzfristig zu verschulden, d.h. mehr langfristige und weniger kurzfristige Wertpapiere anzubieten. Folglich entsteht ein Angebotsüberschuss an langfristigen Wertpapieren und ein Nachfrageüberschuss an kurzfristigen Wertpapieren. Aus dieser Marktkonstellation folgt, dass die Kurse für langfristige Titel sinken und für kurzfristige steigen und sich damit die langfristigen Zinssätze relativ zum kurzfristigen Zinssatz erhöhen[117]. Auf entsprechende Weise lässt sich begründen, dass die Erwartung einer *Zinssenkung* – für sich gesehen – bewirkt, dass sich die langfristigen Zinssätze relativ zum kurzfristigen Zinssatz vermindern[118]. Für die Zinsstrukturkurve folgt hieraus: Eine Zinserhöhungserwartung lässt einen positiv geneigten Verlauf (wie bei a) in Abb. III.7) steiler werden, und eine Zinssenkungserwartung kann dazu führen, dass sich eine horizontale Linie ergibt (wie bei b)) oder ein negativ geneigter Verlauf, der eine *inverse Zinsstruktur* zum Ausdruck bringt (wie bei c)). Zinssenkungserwartungen können also den durch die Liquiditätsprämientheorie erklärten positiven Anstieg der Zinsstrukturkurve kompensieren (wie bei b)) oder auch überkompensieren (wie bei c)).

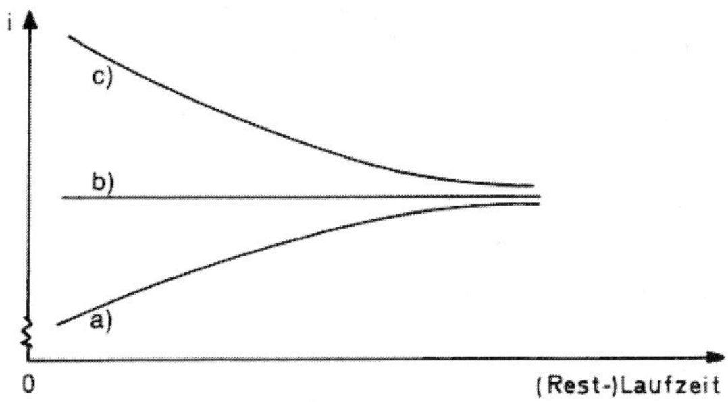

Abb. III.7

117 Dieses Ergebnis entspricht den Implikationen der Erwartungstheorie.
118 Die Änderung der Zinsstruktur ist die Folge einer Überschussnachfrage bei langfristigen Wertpapieren und eines Überschussangebots bei kurzfristigen Wertpapieren.

Anzunehmen ist, dass die Erwartungen über die zukünftige Zinsentwicklung auch vom gegenwärtigen Zinsniveau beeinflusst werden. Ausgehend von einer normalen Bandbreite der Zinsschwankungen[119] werden bei einem sehr niedrigen Zinsniveau eher Zinssteigerungen und bei einem sehr hohen Zinsniveau eher Zinssenkungen erwartet. Deshalb ist damit zu rechnen, dass bei sehr niedrigen Zinssätzen die längerfristigen Zinssätze auf Grund von Zinserhöhungserwartungen über den kurzfristigen Zinssatz steigen und bei sehr hohem Zinsniveau auf Grund von Zinssenkungserwartungen unter den kurzfristigen Zinssatz fallen[120]. Vor diesem Hintergrund erscheint Punkt 3) plausibel, wonach eine *inverse Zinsstruktur* bei relativ hohem Zinsniveau (wie bei c)) eher anzutreffen ist.

Bezüglich der Einschätzung zukünftiger Zinsentwicklungen ist bereits erwähnt worden, dass die Analyse der *Terminzinsstrukturkurve* noch genauere Rückschlüsse zulässt als die Zinsstrukturkurve. Anhand von Schaubild III.6 lässt sich diese Aussage illustrieren: Die zunächst inverse und danach normale Zinsstruktur deutet darauf hin, dass Ende Februar 2008 für eine gewisse Zeitspanne Zinssenkungen erwartet wurden. *Genauer* geht aus dem Verlauf der Terminzinsstrukturkurve hervor, dass für eine Frist bis zu etwa zwei Jahren mit sinkenden Zinssätzen und für eine längere Frist mit steigenden Zinssätzen gerechnet wurde, wobei diese nach etwa dreieinhalb Jahren über dem Ausgangsniveau liegen.

cc) Fristentransformation. - Abschließend ist noch kurz auf die Frage einzugehen, ob die aus der Liquiditätsprämientheorie hervorgehende normale Zinsstruktur geändert wird, wenn Finanzierungsinstitute (finanzielle Intermediäre) - wie Geschäftsbanken - in die Betrachtungen einbezogen werden. Geschäftsbanken betreiben **Fristentransformation,** indem sie auf der Basis (formell) kurzfristiger Finanzierungsmittel langfristige Finanzanlagen vornehmen, mit der Konsequenz, dass die durchschnittliche Fristigkeit ihrer Finanzanlagen (Kredite und Wertpapiere) größer ist als die durchschnittliche Fristigkeit ihrer vor allem aus Einlagen bestehenden Verbindlichkeiten. Sie sind hierzu - anders als andere Wirtschaftseinheiten - in besonderem Maße befähigt, weil sie auf Grund der großen Zahl ihrer Gläubiger mit hoher Wahrscheinlichkeit davon ausgehen können, dass ihnen aus formell kurzfristigen Einlagen bzw. Sichteinlagen materiell ein Bodensatz an langfristig verfügbaren Finanzierungsmitteln zur Verfügung steht[121].

---

119 Die normale Bandbreite der (nominalen) Zinsschwankungen verlagert sich nach oben, wenn das Inflationsniveau anhaltend größer wird (und umgekehrt). Vgl. hierzu auch den Unterabschnitt V.1 b.

120 Siehe hierzu auch die Beobachtungen von CULBERTSON, a.a.O., S. 504, und R. A. Kessel (The Cyclial Behavior of the Term Structure of Interest Rates. New York 1965. S. 3 f., 59 ff.). - Zur Interpretation siehe auch KATH, a.a.O., S. 43 ff., der sich an B. G. MALKIEL (The Term Structure of Interest Rates. Expectations and Behaviour Patterns. Princeton, N. J., 1966. S. 59 ff.) anlehnt, sowie KESSEL, a.a.O., S. 84 ff.

121 Der auf A. WAGNER zurückgehenden **Bodensatztheorie** (1857) steht die mehr auf der inhaltlichen Linie der Marktsegmentationstheorie liegende **goldene Bankregel** von O. HÜBNER (1854) gegenüber, „die verlangt, die Fristen des eingesetzten Kapitals exakt den Fristen des beschafften Kapitals anzupassen". Siehe hierzu O. FISCHER, Der geschäftspolitische Bereich als Gegenstand der wissenschaftlichen Bankbetriebslehre. In: Bankbetriebliches Lesebuch. (LUDWIG MÜLHAUPT zum 65. Geburtstag.) Hrsg. von H.-D. DEPPE. Stuttgart 1978. S. 230.

Die Fristentransformation von kurz- in langfristige Laufzeiten hat - isoliert gesehen - zur Folge, dass sich tendenziell der kurzfristige Zinssatz erhöht und die langfristigen Zinssätze vermindern. Dass dennoch als Regelfall eine normale Zinsstruktur beobachtet wird, ist damit zu erklären, dass die mit der Fristentransformation verbundene Tätigkeit der Geschäftsbanken Kosten verursacht und mit Risiken einhergeht[122]. Die Geschäftsbanken müssen deshalb eine Ertragsmarge erwirtschaften, die sich insbesondere aus der positiven Differenz zwischen den Zinserträgen der (eher langfristigen) Kredite und den Zinsaufwendungen der (eher kurzfristigen) Einlagen ergibt. Die Existenz der Geschäftsbanken bewirkt somit letztlich, dass eine normale Zinsstruktur zwar eingeebnet, aber nicht beseitigt wird.

e) Implikationen der Zinsstruktur

Geldpolitisch relevante Implikationen der Zinsstruktur ergeben sich insbesondere daraus, dass sie durch Einschätzungen der Marktteilnehmer über zukünftige konjunkturelle Entwicklungen und über die Erfolgschancen einer Antiinflationspolitik beeinflusst werden. Ihre Eignung als Konjunktur- und „Glaubwürdigkeitsindikator“[123] beruht also letztlich darauf, dass die Zinsstruktur - entsprechend der Erwartungstheorie - auch Zinserwartungen widerspiegelt.

aa) Konjunkturindikator. - Für die Rolle der Zinsstruktur als Konjunkturindikator (genauer: als Indikator der von den Marktteilnehmern erwarteten Konjunkturentwicklung) sind folgende Überlegungen maßgeblich: Wird allgemein ein Konjunkturaufschwung mit zunehmenden Wachstumsraten des realen Sozialprodukts und steigenden Inflationsraten erwartet, dann werden zukünftige Zinserhöhungen antizipiert, da stärker steigende Nominaleinkommen die (nominale) Geldnachfrage ausweiten. Außerdem bewirkt die Erwartung später steigender Inflationsraten, dass Kreditgebern dann zum Ausgleich zusätzlicher Kaufkraftverluste höhere (nominale) Zinssätze von Kreditnehmern konzediert werden[124]. Da sich Zinserhöhungserwartungen in einer steiler werdenden (normalen) Zinsstruktur bzw. einer größeren Spanne (spread) zwischen einem lang- und kurzfristigen Referenzzinssatz widerspiegeln, kann hierin auch ein Indikator für einen zukünftigen wirtschaftlichen Aufschwung mit steigender wirtschaftlicher Aktivität und höheren Inflationsraten gesehen werden. Mit zukünftig höheren Zinssätzen ist aber auch zu rechnen, wenn ein Anstieg der Staatsverschuldung, begleitet von einem vergrößerten Angebot an Staatstiteln, in der Zukunft erwartet wird. Auch dieses dürfte zu einer Ausweitung des spread führen. Schließlich weist Gleichung (10) - wie schon erwähnt - daraufhin, dass eine Erhöhung der Risikoprämie den spread vergrößert.

Wird eine Abschwächung der Konjunktur mit sinkender wirtschaftlicher Aktivität und niedrigeren Inflationsraten erwartet, dann werden zukünftige Zinssenkungen antizipiert. Da sich Zinssenkungserwartungen in einer sich abflachenden

---

122 Vgl. zu diesen Überlegungen auch KESSEL, a.a.O., S. 52 ff.

123 ISSING, Einführung in die Geldtheorie, a.a.O., S. 140.

124 Siehe hierzu genauer die Darstellung des FISHER-Theorems im Unterabschnitt V.1b). - Das dort behandelte vereinfachte FISHER-Theorem zeigt auch, dass sich Veränderungen der erwarteten Inflationsrate bei konstantem realen Zinssatz (und Vernachlässigung zeitvariabler Risikoprämien) in vollem Umfang im nominalen Zinssatz widerspiegeln.

oder invers werdenden Zinsstruktur bzw. einem abnehmenden oder negativ werdenden spread niederschlagen, kann hierin auch ein Indikator für eine zukünftige Rezession gesehen werden.

Die Eignung der Zinsstruktur als Konjunkturindikator wird durch Länderstudien überwiegend *empirisch* gestützt. So weisen HESSE und ROTH darauf hin, dass in Deutschland mit einer Ausnahme[125] „zu Beginn jeder Phase der Konjunkturabschwächung eine deutliche Abflachung oder sogar eine Inversion der Zinsstrukturkurve zu erkennen (ist)“[126]. BERNARD und GERLACH bestätigen diese Aussage, indem sie für eine Reihe von Ländern (darunter Deutschland) zeigen, dass die Wahrscheinlichkeit einer zukünftigen Rezession mit sinkendem spread steigt und dementsprechend bei einer ausgeprägt inversen Zinsstruktur besonders hoch ist[127]. GERLACH gelangt in einer anderen (bereits erwähnten) Untersuchung für Deutschland ferner zu dem Ergebnis, dass die spreads im Sinne der oben geschilderten Zusammenhänge auch einen beträchtlichen Informationsgehalt über zukünftige Inflationsraten enthalten[128]. Die ökonometrischen Länderstudien von ESTRELLA und MISHKIN belegen ebenfalls die beachtliche Prognosequalität der Zinsstruktur für die reale wirtschaftliche Aktivität und die Inflation, und zwar mit einem Vorlauf von ein bis zwei Jahren für erstere und mit einem längeren Vorlauf für letztere[129].

In einem neueren Beitrag von WHEELOCK und WOHAR[130], die einen umfassenden Literaturüberblick bieten und auswerten, wird die Nützlichkeit der Zinsstruktur bzw. des term spread als Prognoseinstrument bestätigt. Genauer gelangen die Autoren bei der Beantwortung der beiden Fragen: „Prognostiziert der term spread Produktionswachstum?“ und „ Prognostiziert er Rezessionen?“ zu einem „qualifizierten Ja“[131]. Sie zeigen z.B., dass jeder Rezession in den USA zwischen 1953 und 2009 eine starke Senkung des spread vorausging (siehe Schaubild III.8). Gleiches lässt sich für das Vereinigte Königreich für den Zeitraum von 1963 bis 2009 feststellen[132]. In Übereinstimmung mit dem oben zitierten Ergebnis von HESSE und ROTH, aber für den längeren Zeitraum von 1969 bis 2009, gelangen WHEELOCK und WOHAR auch für Deutschland zu dem Ergebnis, dass den Rezessionen durchweg ein starker Rückgang des spread vorausging[133]. Signifikante Einflüsse des spread zeigten sich dabei für die drei Länder bei einem Vorlauf des spread von 1 bis 6 Quartalen[134].

---

125 Die Ausnahme betrifft die schwerlich vorhersehbare Verlängerung der Aufschwungphase durch die Wiedervereinigung im Jahre 1990.

126 Siehe H. HESSE, G. ROTH, Die Zinsstruktur als Indikator der Geldpolitik? „Kredit und Kapital“, 25. Jg. (1992), S. 17.

127 Siehe H. BERNARD, S. GERLACH, Does the Term Structure Predict Recessions? The International Evidence. „BIS Working paper“, No. 37 (1996), S. 10.

128 Siehe GERLACH, a.a.O., S. 5, 8.

129 Siehe A. ESTRELLA, F. S. MISHKIN, The predictive power of the term structure of interest rates in Europe and the United States: Implications for the European Central Bank. „European Economic Review“, Vol. 41 (1997), S. 1375 ff., insbesondere S. 1398.

130 Siehe D. C. WHEELOCK, M. E. WOHAR, Can the Term Spread Predict Output Growth and Recessions? A Survey of the Literature. „Federal Reserve Bank of St. Louis Review“, Vol. 91, No. 5 (2009), S. 419 ff.

131 Siehe ebenda, S. 436.

132 Siehe ebenda, S. 421 f.

133 Siehe ebenda. S. 421.

134 Siehe ebenda, S. 421 f.

Schaubild III.8: *U.S. term spread und Rezessionen*[a] *in den USA (1953 - 2009)*[135]

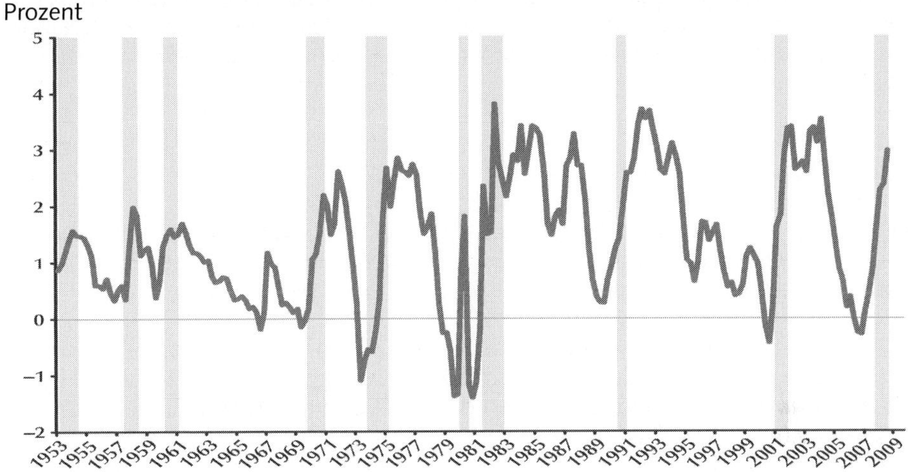

[a] Der spread ist die Differenz zwischen den Zinssätzen von 10-jährigen und 3-monatigen US-Staatsschuldverschreibungen. - Rezessionsphasen sind durch die grauen Flächen markiert.

Allgemein zeigen die von WHEELOCK und WOHAR ausgewerten Studien, dass spreads Veränderungen des Produktionswachstums und von Rezessionen besonders bis etwa zu einem Jahr im Voraus gut vorhersagen, wobei sich die spreads für Rezessionen als zuverlässigere Prognosegröße erweisen als für das Produktionswachstum[136].

bb) Glaubwürdigkeitsindikator. - Für die Rolle der Zinsstruktur als Glaubwürdigkeitsindikator einer Antiinflationspolitik ist wesentlich, dass eine von den Marktteilnehmern als vertrauenswürdig eingeschätzte Restriktionspolitik der Zentralbank in *zweifacher* Weise auf die Zinsstruktur einwirkt. Der *erste* Effekt besteht darin, dass eine restriktive Geldpolitik zu einem Zinsanstieg führt, der in erster Linie die kurzfristigen Zinssätze trifft. Werden die Erfolgschancen der Restriktionspolitik zudem positiv eingeschätzt, dann stellt sich ein zweiter Effekt ein. Er wird dadurch ausgelöst, dass die Inflationserwartungen für spätere Perioden nach unten revidiert werden und damit auch die für die Zukunft erwarteten Zinssätze. Demzufolge ergibt sich als *zweiter* Effekt eine Senkung der langfristigen Zinssätze. Beide Effekte zusammengenommen, führen somit zu einem abnehmenden oder negativ werdenden spread bzw. zu einer sich abflachenden bzw. invers werdenden Zinsstruktur. Nach den vorausgegangenen Ausführungen kann dieses „als Vertrauensbeweis der Marktteilnehmer in den längerfristigen Erfolg der Stabilitätsbemühungen der Notenbank gewertet werden.“[137].

135 Quelle: Ebenda, S. 420.
136 Siehe ebenda, S. 436.
137 Monatsberichte der DEUTSCHEN BUNDESBANK, Juli 1991, S. 40.

Die schon erwähnten Länderstudien von ESTRELLA und MISHKIN bestätigen, dass die Geldpolitik ein wichtiger Einflussfaktor der Zinsstruktur ist und dass restriktive geldpolitische Maßnahmen (gemessen durch einen repräsentativen Refinanzierungssatz der Zentralbank) den spread negativ beeinflussen, wobei das Ausmaß vom Grad der Glaubwürdigkeit der Antiinflationspolitik abhängig zu sein scheint[138].

Zusammenfassung

1. Wichtige Theorien zur (zeitlichen) Zinsstruktur sind die Erwartungstheorie und die Liquiditätsprämientheorie. Erwähnenswert ist daneben die Marktsegmentationstheorie.

2. Ausgehend von sicheren Erwartungen bzw. Risikoneutralität erfolgt nach der Erwartungstheorie eine vollständige intertemporale Arbitrage zwischen kurz- und langfristigen Wertpapieren, so dass sich der langfristige Zinssatz für bestimmte (Rest-)Laufzeiten als (geometrisches oder angenähert als arithmetisches) Mittel aus kurzfristigen Zinssätzen ergibt. Aus langfristigen Zinssätzen für Anlagen mit benachbarten Laufzeiten lassen sich implizite Terminzinssätze ermitteln.

3. Im Gegensatz zur Erwartungstheorie geht die Marktsegmentationstheorie von strikter Risikoaversion aus mit der Folge, dass zwischen kurz- und langfristigen Wertpapieren keine Arbitrage stattfindet und der Wertpapiermarkt in viele gegeneinander abgeschottete Teilmärkte zerfällt.

4. Nach der Liquiditätsprämientheorie müssen Kapitalnehmer mit einer Präferenz für längere Finanzierungsperioden (und dem sog. Einkommensrisiko) Kapitalgebern mit einer Präferenz für kürzere Anlageperioden (und dem sog. Kapitalrisiko) für die Bereitstellung längerfristiger Mittel eine (mit der (Rest-) Laufzeit steigende) Risikoprämie zahlen.

5. Als Regelfall wird eine mit der (Rest-)Laufzeit steigende Wertpapierrendite beobachtet. Diese normale Zinsstruktur lässt sich mit einer Risikoprämie im Rahmen der Liquiditätsprämientheorie begründen. Eine normale Zinsstruktur wird durch Zinsänderungserwartungen modifiziert. So kann sich durch Zinssenkungserwartungen auch eine inverse Zinsstruktur mit einer negativen Spanne (spread) zwischen einem lang- und kurzfristigen Referenzzinssatz ergeben.

6. Eine steiler werdende Zinsstruktur kann einen zukünftigen Aufschwung, eine sich abflachende bzw. invers werdende Zinsstruktur eine zukünftige Rezession indizieren (Konjunkturindikator). Eine sich abflachende bzw. invers werdende Zinsstruktur kann bei restriktiver Geldpolitik aber auch als Vertrauensbeweis für die Glaubwürdigkeit der Antiinflationspolitik interpretiert werden (Glaubwürdigkeitsindikator).

---

138 Siehe ESTRELLA, MISHKIN, a.a.O., S. 1375 ff., insbesondere S. 1377 u. 1398.

Ausgewählte Literaturangaben zum III. Kapitel

E.-M. CLAASSEN, Grundlagen der Geldtheorie. 2., neubearb. u. erw. Aufl. Berlin, Heidelberg, New York 1980 (zu **2** und **3**).

D. DUWENDAG, K.-H. KETTERER, W. KÖSTERS, R. POHL, D. B. SIMMERT, Geldtheorie und Geldpolitik. Eine problemorientierte Einführung mit einem Kompendium bankstatistischer Fachbegriffe. 4., überarb. u. erw. Aufl. Köln 1993 (zu **1** und **2**).

H. FASSBENDER, Zur Theorie und Empirie der Fristigkeitsstruktur der Zinssätze. (Untersuchungen über das Spar-, Giro- und Kreditwesen, Bd. 72.) Berlin 1973 (zu **4**).

L. HARRIS, Monetary Theory. New York 1985 (zu **4**).

O. ISSING, Einführung in die Geldtheorie. 14., wesentlich überarb. Aufl. München 2006 (zu **2** und **4**).

H.-J. JARCHOW, Grundriss der Geldpolitik. 9., aktualisierte und neu bearb. Aufl. Stuttgart 2010 (zu **3**).

H.-J. JARCHOW, H. MÖLLER, Geldbasiskonzepte und Geldmenge (I). Erster Teil: Theoretische Zusammenhänge. „Kredit und Kapital", 9. Jg. (1976), S. 177 ff., Geldbasiskonzepte und Geldmenge (II), Zweiter Teil: Empirische Zusammenhänge. „Kredit und Kapital", 9. Jg. (1976), S. 317 ff. (zu **3**).

H.-J. JARCHOW, P. RÜHMANN und G. ENGEL, Geldmenge, Zinssatz, Bankenverhalten und Zentralbankpolitik. „Weltwirtschaftliches Archiv", Bd. 105 (1970 II), S. 304 ff. (zu **3**).

J. M. KEYNES, The General Theory of Employment, Interest and Money. London 1936 (zu **1**).

B. G. MALKIEL, term structure of interest rates. In: The New Palgrave Dictionary of Money & Finanace. 3. London and Basingstoke 1992, S. 650 ff. (zu **4**).

H. MÖLLER, Ökonometrische Untersuchung zur Bestimmung von Geldmenge, Kreditvolumen und Zinssatz in der Bundesrepublik unter besonderer Berücksichtigung zentralbankpolitischer Maßnahmen. Göttingen 1978 (zu **3**).

M. NELDNER, Die Bestimmungsgründe des Volkswirtschaftlichen Geldangebots. Berlin, New York 1976 (zu **2** und **3**).

R. RICHTER, U. SCHLIEPER, W. FRIEDMANN, Makroökonomik. Eine Einführung. Mit einem Beitrag von J. EBEL, 4., korr. u. erg. Aufl. Berlin, Heidelberg, New York 1981 (zu **1** und **3**).

E. SCHNEIDER, Einführung in die Wirtschaftstheorie, III. Teil. Geld, Kredit, Volkseinkommen und Beschäftigung. 11., verb. und erw. Auflage. Tübingen 1969 (zu **1** und **2**).

J. SIEBKE, M. WILLMS, Theorie der Geldpolitik. Berlin, Heidelberg, New York 1974 (zu **1** und **3**).

U. WESTPHAL, Theoretische und empirische Untersuchungen zur Geldnachfrage und zum Geldangebot. (Kieler Studien, 110) Tübingen 1970 (zu **3**).

M. WILLMS, K. W. RIECHEL, Geldtheorie und Geldpolitik VII: Geldangebot. In: Handwörterbuch der Wirtschaftswissenschaft (HdWW). Zugleich Neuauflage des Handwörterbuchs der Sozialwissenschaften. 3. Bd. (1981), S. 451 ff. (zu **3**).

Kapitel IV

Monetärer Bereich und güterwirtschaftlicher Bereich

In den beiden vorhergehenden Abschnitten wurde gezeigt, wie sich das Gleichgewicht im monetären Bereich einer Volkswirtschaft etabliert und welche Anpassungsvorgänge bei Störungen ausgelöst werden. Dabei wurden das nominale Volkseinkommen ebenso wie seine Komponenten, das reale Inlandsprodukt und das Preisniveau, als Parameter angesehen, also nicht aus dem Modell heraus erklärt. Die Erklärung der Höhe bzw. Veränderung des realen *Inlandsprodukts* (und damit der *Beschäftigung*[1]) sowie des *Preisniveaus* stellt jedoch gerade ein Anliegen dar, das von großem allgemeinen Interesse ist und deshalb schon seit langem einen wichtigen Gegenstand systematischer Forschung in der Nationalökonomie bildet. Und auch in Hinblick auf die Analyse geldpolitischer Maßnahmen können wir nicht bei einer Darstellung stehen bleiben, die nur die Anpassungsvorgänge im monetären Bereich einer Volkswirtschaft beschreibt. Wir haben vielmehr zu untersuchen, wie die (z.B. durch Einsatz geldpolitischer Aktionsparameter) ausgelösten Anpassungsvorgänge im monetären Bereich auf die letztlich wirtschaftspolitisch relevanten Größen des güterwirtschaftlichen Bereichs (das reale Inlandsprodukt, die Beschäftigung und das Preisniveau) weiterwirken. Dazu müssen wir die Analyse des monetären Bereichs durch eine Analyse des güterwirtschaftlichen Bereichs (einschließlich des Arbeitsmarktes) ergänzen und dabei die Verbindungslinien zwischen *monetären Impulsen,* z.B. ausgelöst durch Einsatz geldpolitischer Parameter, und den *Zielgrößen im güterwirtschaftlichen Bereich* aufzeigen, also den sog. **Transmissionsmechanismus** offen legen. Zur Klärung der Zusammenhänge werden wir verschiedene Theorien heranziehen, die sich u.a. dadurch unterscheiden, dass sie Änderungen der Geldmenge unterschiedliche Wirkungen auf den güterwirtschaftlichen Bereich beimessen. Behandelt werden dabei in *diesem* Kapitel die klassische bzw. die neoklassische Theorie und die KEYNESianische Theorie mit der neoklassichen Synthese sowie der Transmissionsmechanismus der relativen Preise, ergänzt durch den Kreditkanal-Ansatz, und im *folgenden* Kapitel das monetaristische Modell, die Neuklassische Theorie sowie das Neukeynesianiscche Konsensmodell.

---

[1] Die Verbindung zwischen dem realen Inlandsprodukt und der Beschäftigung wird durch eine gesamtwirtschaftliche Produktionsfunktion hergestellt (vgl. dazu S. 145).

1. Die klassische-neoklassische Theorie

Die *klassische Nationalökonomie*, die ADAM SMITH (1723 - 1790), DAVID RICARDO (1772 - 1823) und JOHN STUART MILL (1806 - 1873) zu ihren einflussreichen Architekten zählt, betont die Vorzüge einer Marktwirtschaft, die durch die „invisible hand“ (A.SMITH) des Preismechanismus gesteuert wird. Sie besteht aus einer *Geld-* und einer *Werttheorie*[2]. Erstere befasst sich mit dem monetären Bereich in Form der schon z.B. bei D. HUME[3] anzutreffenden *Quantitätstheorie*. Durch sie werden die Geldpreise bzw. die nominalen (absoluten) Preise bestimmt. Die Werttheorie bezieht sich demgegenüber auf den güterwirtschaftlichen Bereich (einschl. des Kapitalmarktes). Dort werden die realen Größen und die relativen Preise ermittelt und die Basis für die *Vollbeschäftigungsthese* der Klassiker gelegt.

Als *neoklassisch*[4] wollen wir eine jüngere Denkrichtung in der Nationalökonomie bezeichnen, die anders als die mehr makroökonomisch ausgerichtete Klassisk überwiegend mikroökonomisch angelegt ist und dabei die Tradition der klassischen Nationalökonomie fortführt. Zu ihren Vertretern gehören C. MENGER, L. WALRAS, V. PARETO, A. MARSHALL, K. WICKSELL und A. C. PIGOU. Mit der Neoklassik wird die *Marginalanalyse* mit Begriffen wie Grenznutzen, Grenzertrag und Grenzkosten eingeführt, und die Vorstellungen der Klassiker werden u.a. durch einzelwirtschaftliche Optimierungskalküle und die von L. WALRAS entwickelte *Totalanalyse der Gleichgewichtsbildung* auf Märkten für produzierte Güter, Dienste und Faktoren präzisiert und erweitert[5].

a) Quantitätsgleichung und Quantitätstheorie

Ein wichtiges Konzept der Quantitätstheorie ist die **Umlaufgeschwindigkeit des Geldes** (V_T), die durch folgende Beziehung definiert wird:

$$(1) \quad V_T = \frac{P_T \cdot T^r}{M}.$$

Hierbei bezeichnen

T^r: den Realwert aller während einer Periode gehandelten Güter einschl. Dienstleistungen (das sog. Handelsvolumen),

P_T: den dazugehörigen Durchschnittspreis und

M: (wie bisher) die Geldmenge.

Die *Umlaufgeschwindigkeit des Geldes* ist also eine Beziehung zwischen dem Wert aller Gütertransaktionen, die innerhalb einer Periode durchgeführt werden, und der Geldmenge; sie gibt an, wie häufig eine Geldeinheit innerhalb einer Periode im Durchschnitt benutzt wird, um Gütertransaktionen zu finanzieren.

---

2 Vgl. B. FELDERER, ST. HOMBURG, Makroökonomik und neue Makroökonomik, 9., verb. Aufl. Berlin 2005. S.52.

3 Vg. D. HUME, Political Discourses. 2nd ed. Edinburgh 1752. S. 41 ff, S. 82 f.

4 Vgl. D. PATINKIN, Money, Interest, and Prices. An Integration of Monetary and Value Theory. 2nd ed. New York 1966. S. 162 f.

5 Ein mikroökonomisch angelegtes Modell, das die Vorstellungen der Neoklassiker zum Ausdruck bringt, findet sich im Anhang A 2).

Aus der Definitionsgleichung für die Umlaufgeschwindigkeit des Geldes lässt sich die FISHERsche **Quantitätsgleichung**[6] herleiten:

(2) $MV_T = p_T T^r$ [7].

Diese Gleichung ist weiterhin eine *definitorische* Beziehung zwischen M, V_T, p_T und T^r. Sie enthält beispielsweise die Aussage, dass eine Vergrößerung der Geldmenge bei *konstanter* Umlaufgeschwindigkeit des Geldes und bei *konstantem* Realwert aller Gütertransaktionen von einer Erhöhung des Preisniveaus begleitet sein muss.

Wird die Quantitätsgleichung nicht auf das Volumen *aller* Gütertransaktionen, sondern nur auf Transaktionen der *gesamtwirtschaftlichen Endnachfrage* (Konsum, Investition und Außenbeitrag) bezogen, dann sind in Gleichung (2) die Größen V_T, p_T und T^r durch V, p und Y^r zu ersetzen. Man erhält so folgende Beziehung:

(3) $MV = pY^r$.

Die genaue Bedeutung der Symbole ist hierbei folgende:

- Die Größe V gibt an, wie häufig eine Geldeinheit innerhalb einer Periode im Durchschnitt benutzt wird, um Beiträge zum Inlandsprodukt (bzw. Volkseinkommen)[8] zu finanzieren. Man bezeichnet V deshalb auch als **Einkommenskreislaufgeschwindigkeit des Geldes**[9].
- Die Größe p ist der Durchschnittspreis für alle Güter und Dienstleistungen, die im Inlandsprodukt enthalten sind.
- Die Größe Y^r unterscheidet sich von der Größe T^r dadurch, dass von den Güter- und Dienstleistungstransaktionen nur solche berücksichtigt werden, die in die volkswirtschaftliche Endnachfrage eingehen und damit Bestandteile des Inlandsprodukts bzw. Volkseinkommens sind. Die Größe Y^r berücksichtigt im Unterschied zu T^r also keine Umsätze von Vorleistungen bzw. Zwischenprodukten und ist deshalb auch *kleiner* als T^r [10].

Mit der Gleichung (2) stimmt (3) darin überein, dass sie eine *Identitätsgleichung* ist, also eine *tautologische* Beziehung darstellt.

Aus der *Quantitätsgleichung* (3), also einer *Identitätsgleichung*, entsteht eine *Theorie*, und zwar die **Quantitätstheorie**, wenn bestimmte Annahmen hinsichtlich der in (3) enthaltenen Größen gemacht werden, die durch Erfahrun-

---

6 Vgl. hierzu I. FISHER, The Purchasing Power of Money. Its Determination and Relation to Credit, Interest and Crisis. New and rev. ed. New York 1922 (Reprinted 1963). S. 14 ff.

7 Die mit der Definitionsgleichung (2) formulierte Quantitätsgleichung lässt sich modifizieren, indem z.B. wie bei FISHER (vgl. ebenda, S. 48) auf der linken Seite zwischen Zahlungen in Bargeld und Zahlungen in Form von Giralgeld unterschieden wird.

8 Wenn wir Inlandsprodukt und Volkseinkommen gleichsetzen, unterstellen wir, dass es sich beim Inlandsprodukt um das Nettoinlandsprodukt zu Faktorkosten handelt und der Saldo der Primäreinkommen (Faktoreinkommen) vom und an das Ausland null beträgt.

9 Siehe z.B. SCHNEIDER, Einführung in die Wirtschaftstheorie. III. Teil, ..., a.a.O., S. 233.

10 Vgl. hierzu M. FRIEDMAN, A Theoretical Framework for Monetary Analysis. „The Journal of Political Economy", Vol. 78 (1970), S. 198 f.

gen widerlegt, also *falsifiziert* werden können[11]. Zum Beispiel kann unterstellt werden, dass sich die Einkommenskreislaufgeschwindigkeit im Zeitablauf nicht ändert (d.h. $V = \overline{V}$) und das Geldangebot autonom (z.B. in Höhe von $\overline{M}$) fixiert ist. In diesem Fall tritt an die Stelle von (3) folgender Zusammenhang:

(4) $MV = pY^r$ mit $M = \overline{M}$ und $V = \overline{V}$.

Aus Gleichung (4) ergibt sich dann die *Schlussfolgerung,* dass wegen der konstanten Einkommenskreislaufgeschwindigkeit eine (autonome) Erhöhung der Geldmenge eine proportionale Zunahme des nominalen Volkseinkommens bewirkt und umgekehrt.

Eine abgewandelte Ausprägung erfuhr die *Quantitätstheorie* in Form der sog. **Kassenhaltungstheorie**, die insbesondere durch A. MARSHALL[12] und seine Schüler bekannt wurde. In formaler Hinsicht lässt sich die *Kassenhaltungstheorie* aus der Quantitätstheorie herleiten, indem Gleichung (4) nach der Geldmenge aufgelöst und der reziproke Wert der Einkommenskreislaufgeschwindigkeit (V) durch den **Kassenhaltungskoeffizienten *k*** (das sog. *Cambridge-k*) ersetzt wird:

(5) $M = kpY^r$.

Inhaltlich ist diese Gleichung wie folgt zu interpretieren: Die *rechte* Seite enthält die Faktoren, die den Umfang der gewünschten Kassenhaltung (L) bestimmen, also die durch k charakterisierten und als gegeben angenommenen Kassenhaltungsgewohnheiten sowie das nominale Inlandsprodukt (pY^r). Die linke Seite enthält das fixierte Geldangebot (M^a), das in Höhe von $\overline{M}$ bei den Nichtbanken untergebracht werden soll. Die Gleichung (5) lässt sich demzufolge als *Bedingung für das Gleichgewicht* zwischen dem Angebot an Geld (linke Seite von (5)) und der Nachfrage nach Geld (rechte Seite von (5))[13] auffassen.

b) Der güterwirtschaftliche Bereich (einschl. Kapitalmarkt)

Um die Wesenszüge der klassischen-neoklassischen Nationalökonomie in einfacher Form zum Ausdruck zu bringen, werden im Folgenden makroökonomische Beziehungen verwendet, und zwar für die Produktionsbedingungen, den Arbeitsmarkt und den Kapitalmarkt.

aa) Produktionsbedingungen. – Die Produktionsbedingungen werden durch die gesamtwirtschaftliche *Produktionsfunktion* erfasst. Sie stellt eine Beziehung zwischen der gesamtwirtschaftlichen Produktion an Konsum- und Investitionsgütern, d.h. dem gesamtwirtschaftlichen Angebot an Gütern der Endnachfrage, und der gesamtwirtschaftlichen Beschäftigung (N) her, und zwar bei gegebenem Bestand an Erzeugersachkapital (K_0^r). Sie lautet:

(6) $Y^{ra} = Y^{ra}(K_0^r, N), \ \dfrac{\partial Y^{ra}}{\partial N} > 0, \ \dfrac{\partial^2 Y^{ra}}{\partial N^2} < 0.$

---

[11] Im Unterschied zu einer tautologischen Beziehung (wie der Quantitätsgleichung) lässt sich eine Theorie (wie z.B. die Quantitätstheorie) also *falsifizieren.*

[12] Vgl. A. MARSHALL, Money, Credit, and Commerce. London 1929. S. 38 ff., insbesondere S. 45.

[13] Vgl. zu dieser Interpretation: G. N. HALM, Economics of Money and Banking. Homewood, Ill., 1966. S. 74. – FRIEDMAN, A Theoretical Framework ..., a.a.O., S. 200 ff.

Diese Formulierung impliziert, dass die gesamtwirtschaftliche Produktion mit zunehmender Beschäftigung steigt $\left(\frac{\partial Y^{ra}}{\partial N} > 0\right)$ und die Grenzproduktivität der Arbeit dabei abnimmt $\left(\frac{\partial^2 Y^{ra}}{\partial N^2} < 0\right)$.

bb) Arbeitsmarkt. – Die Unternehmer fragen Arbeit nach, und zwar umso mehr, je *niedriger* der Reallohn (w/p) ist. Die mikroökonomische Begründung liefert folgende Optimalbedingung: Gewinnmaximierende Unternehmer stellen solange Arbeiter ein, bis ihre Grenzproduktivität dem Reallohnsatz entspricht[14]. Da angenommen wird, dass die Grenzproduktivität der Arbeit mit steigendem Arbeitseinsatz abnimmt, folgt, dass die Arbeitsnachfrage nur dann steigt, wenn der Reallohnsatz sinkt. Bezüglich des Arbeitsangebots gilt aus mikroökonomischer Sicht: Nutzenmaximierende Haushalte weiten ihr Arbeitsangebot solange aus, bis die Grenzrate der Substitution von Realeinkommen durch Freizeit dem Reallohnsatz entspricht. Aus dieser Optimalbedingung lässt sich kein eindeutiger Zusammenhang zwischen dem Arbeitsangebot eines Haushalts und dem Reallohnsatz herleiten[15]. Für das Gesamtangebot an Arbeit wird üblicherweise davon ausgegangen, dass umso mehr Arbeit angeboten wird, je *höher* der Reallohnsatz ist[16].

Gleichgewicht auf dem *Arbeitsmarkt* besteht, wenn sich der (flexible) Reallohnsatz so anpasst, dass das Arbeitsangebot (N^a) und die Arbeitsnachfrage (N^n) gleich sind, d.h.

$$(7) \quad N^a\left(\frac{w}{p}\right) = N^n\left(\frac{w}{p}\right); \; \frac{dN^a}{d(w/p)} > 0, \; \frac{dN^n}{d(w/p)} < 0.$$

Bei dem so bestimmten Gleichgewichts-Reallohnsatz werden die Optimalbedingungen für Unternehmer und Haushalte erfüllt, d.h. die Grenzproduktivität der Arbeit und die Grenzrate der Substitution von Realeinkommen und Freizeit entsprechen im Gleichgewicht dem Reallohnsatz.

cc) Kapitalmarkt. – Auf dem Kapitalmarkt werden Wertpapiere gehandelt, von denen vereinfachend unterstellt wird, dass sie mit einem flexiblen Zinssatz und unendlich langer Laufzeit begeben werden. Wichtig ist die Vorstellung, dass die Unternehmungen zur Finanzierung der realen (Netto-)Investitionen (I^r) zusätzliche Wertpapiere (ΔB^a) ausgeben, und die Haushalte ihre realen Ersparnisse (S^r) für den Erwerb zusätzlicher Wertpapiere (ΔB^n) verwenden. Den realen Investitionen entspricht also das zusätzliche reale Angebot an Wertpapieren und den realen Ersparnissen die zusätzliche reale Nachfrage von Wertpapieren, d.h.

$$I^r = \frac{\Delta B^a}{p} \text{ und } S^r = \frac{\Delta B^n}{p}.$$

Ersteres ist gleichbedeutend mit einer realen Kapitalnachfrage der Unternehmungen, Letzteres mit einem realen Kapitalangebot der Haushalte.

---

14 Zum entsprechenden Optimierungskakül siehe z.B. H. G. Wohltmann, Grundzüge der makroökonomischen Theorie. Totalanalyse geschlossener und offener Volkswirtschaften. 5., vollständig überarb. u.. erw. Auflage. München, Wien 2007. S. 107 ff., und Felderer, Homburg, a.a.O., S. 58 ff.

15 Substitutions- und Einkommenseffekt wirken einander entgegen. Siehe hierzu genauer z.B. Wohltmann, a.a.O., S. 268 ff.

16 Siehe z.B. ebenda, S. 272 f.

Hinsichtlich der *realen Investitionen* wird angenommen, dass diese bei gegebener (erwarteter) Ertragsrate von Sachkapital zunehmen, wenn der Zinssatz auf dem Wertpapiermarkt sinkt. Die mikroökonomische Begründung liefert folgende Optimalbedingung: Gewinnmaximierende Unternehmer werden ihren Bestand an Sachkapital solange erweitern, bis die Grenzproduktivität des Sachkapitals (die gleichbedeutend ist mit der Ertragsrate von Sachkapital) dem Zinssatz auf dem Wertpapiermarkt entspricht[17]. Da angenommen wird, dass die Grenzproduktivität des Sachkapitals mit zunehmendem Kapitaleinsatz sinkt, folgt, dass der Bestand an Sachkapital nur dann ausgeweitet wird und die dazu erforderlichen Investitionen vorgenommen werden, wenn der Zinssatz sinkt.

Bezüglich der *realen Ersparnis* ist aus mikroökonomischer Sicht zu bedenken, dass Haushalte beim Sparen auf gegenwärtigen Konsum zu Gunsten zukünftigen Konsums verzichten. Da eine Gütereinheit an Gegenwartskonsum - den üblichen Annahmen entsprechend - einen höheren Nutzen stiftet als eine Gütereinheit an Zukunftskonsum, verlangen die Haushalte für ihren Konsumverzicht eine Kompensation durch einen Zinsertrag. Genauer lautet die entsprechende mikroökonomische Optimalbedingung: Nutzenmaximierende Haushalte werden ihre Ersparnis (d.h. den Verzicht auf Gegenwartskonsum) so festlegen, dass die (um 1 verminderte) Grenzrate der intertemporalen Substitution von Gegenwartskonsum durch Zukunftskonsum dem Zinssatz entspricht[18]. Aus dieser Optimalbedingung lässt sich kein eindeutiger Zusammenhang zwischen der Ersparnis eines Haushalts und dem Zinssatz herleiten[19]. Für die gesamte Ersparnis wird in Übereinstimmung mit der klassisch-neoklassischen Theorie üblicherweise davon ausgegangen, dass diese zunimmt, wenn der Zinssatz steigt.

Gleichgewicht auf dem Kapitalmarkt besteht, wenn sich der Zinssatz so anpasst, dass die reale Investition und damit das (zusätzliche) reale Angebot an Wertpapieren mit der realen Ersparnis und damit mit der (zusätzlichen) realen Nachfrage nach Wertpapieren übereinstimmt, d.h.

$$(8) \qquad I^r(i) \left[= \frac{\Delta B^a}{p}(i)\right] = S^r(i) \left[= \frac{\Delta B^n}{p}(i)\right], \quad \frac{dI^r}{di} < 0, \quad \frac{dS^r}{di} > 0.$$

Bei dem so bestimmten Gleichgewichts-Zinssatz werden die Optimalbedingungen für Unternehmer und Haushalte erfüllt, d.h. die Grenzproduktivität des Sachkapitals und die (um 1 verminderte) Grenzrate der intertemporalen Substitution von Gegenwartskonsum durch Zukunftskonsum entsprechen im Gleichgewicht dem Zinssatz.

---

17 Zum entsprechenden Optimierungskakül und der folgenden Aussage siehe z.B. WOHLTMANN, a.a. O., S. 107 ff. - FELDERER, HOMBURG, a.a.O., S. 59 ff.

18 Siehe hierzu R. LINDE, Einführung in die Mikroökonomie. 3., überarb. u. erw. Aufl. Stuttgart, Berlin, Köln 1996. S. 66 ff., wobei zu beachten ist, dass oben konstante Preise unterstellt werden. - Die um 1 verminderte Grenzrate der intertemporalen Substitution von Gegenwartskonsum durch Zukunftskonsum entspricht der sog. marginalen Zeitpräferenzrate.

19 Substitutions- und Einkommenseffekt wirken einander entgegen. Siehe hierzu M. NEUMANN, Theoretische Volkswirtschaftslehre II. Produktion, Nachfrage und Allokation. 4., überarb. Aufl. München 1995. S. 152.

c) Das Gesamtmodell und seine Implikationen

aa) Langfristige Implikationen. – Die Auswertung des klassisch-neoklassischen Gesamtmodells vorbereitend, werden der Arbeitsmarkt in Verbindung mit der gesamtwirtschaftlichen Produktionsfunktion und der Kapitalmarkt graphisch dargestellt.

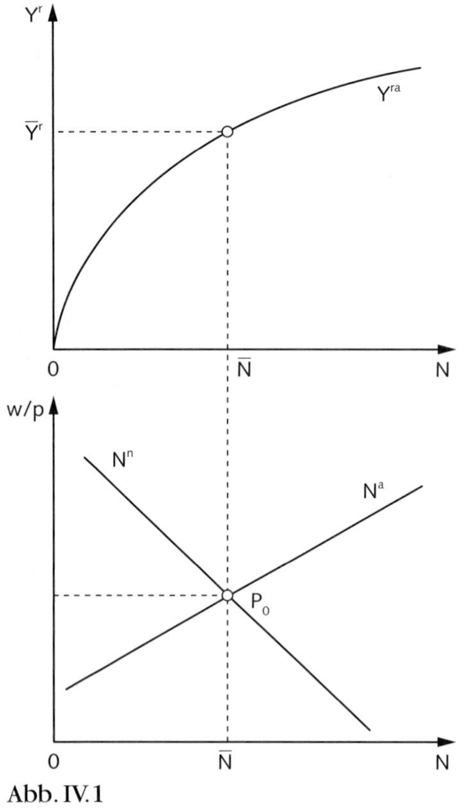

Abb. IV.1

Auf dem in Abb. IV.1 unten dargestellten Arbeitsmarkt passt sich der Reallohnsatz über den Geldlohnsatz so an, dass **Vollbeschäftigung** herrscht, d.h. jeder, der beim herrschenden Reallohnsatz arbeiten möchte, findet Arbeit. Wie aus Abb. IV.1 oben hervorgeht, entspricht dem Vollbeschäftigungsniveau ($\bar{N}$) auf Grund der gesamtwirtschaftlichen Produktionsfunktion (Y^{ra}) das reale Inlandsprodukt bei Vollbeschäftigung ($\bar{Y}^r$). Hierdurch wird – unabhängig vom Preisniveau – das gesamtwirtschaftliche Angebot bestimmt. Dieses wird allerdings nur solange aufrechterhalten, wie das der Vollbeschäftigung entsprechende Güterangebot durch eine entsprechende Güternachfrage aufgenommen wird. Nach den Vorstellungen der Klassiker war diese Übereinstimmung entsprechend dem **Sayschen Gesetz**, wonach sich jedes Angebot selbst seine Nachfrage schafft, gewährleistet. Die Begründung hierfür ist folgende: Bei der Herstellung von Gütern auf dem Vollbeschäftigungsniveau ($\bar{Y}^r$) entstehen Realeinkommen in gleicher Höhe, die den

Haushalten zufließen. Diese verwenden das Vollbeschäftigungseinkommen z.T. für den Erwerb von Konsumgütern; den nicht verausgabten Teil sparen sie. Durch die Ersparnis entsteht aber keine Nachfragelücke, da mit ihr Nettoinvestitionen von Unternehmungen in gleicher Höhe finanziert werden. Dieses geschieht durch den Kapitalmarkt (vgl. Abb. IV.2).

Wie bereits ausgeführt, entspricht der positiv vom Zinssatz abhängigen realen Ersparnis auf dem Kapitalmarkt eine zusätzliche reale Nachfrage nach Wertpapieren und den negativ vom Zinssatz abhängigen realen Investitionen ein zusätzliches reales Angebot von Wertpapieren. Die Anpassung des Zinssatzes bewirkt, dass im Gleichgewicht (bei P_0) die reale Ersparnis und die realen Investitionen gleich sind. Das durch den Arbeitsmarkt und die Produktionsbedingungen bestimmte gesamtwirtschaftlichen Angebot ($\overline{Y}^r$) wird im Gleichgewicht durch eine Investitionsgüternachfrage in Höhe von AP_0 und eine Konsumgüternachfrage ($\overline{Y}^r$ - S^r) in Höhe von P_0B absorbiert (siehe Abb. IV.2).

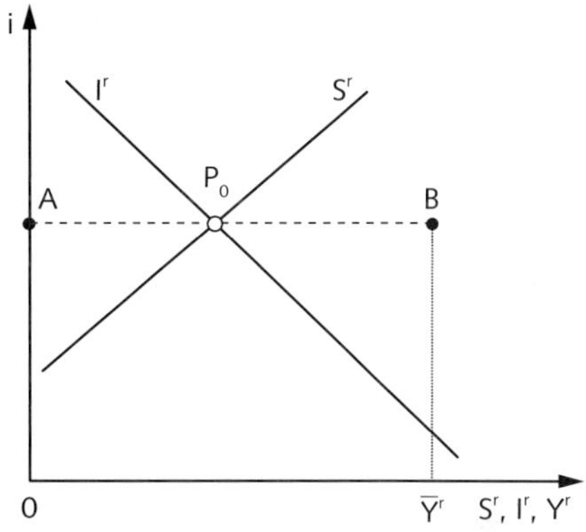

Abb. IV.2

Das klassisch-neoklassische Gesamtmodell wird durch Berücksichtigung des geldtheoretischen Teils in Form quantitätstheoretischer Zusammenhänge vollständig. Dazu wird die bereits eingeführte Bestimmungsgleichung für die Kassenhaltung

(5) $\overline{M} = kpY^r \quad mit \ Y^r = \overline{Y}^r$

in die folgenden Betrachtungen einbezogen.

Wie die graphische Analyse anhand von Abb. IV.1 und IV.2 veranschaulicht, bestimmen das Gleichgewicht auf dem Arbeitsmarkt in Verbindung mit der gesamtwirtschaftlichen Produktionsfunktion und das Gleichgewicht auf dem Kapitalmarkt (kurz: der güterwirtschaftliche Bereich) den Reallohnsatz und den Zinssatz sowie die Beschäftigung, das reale Inlandsprodukt und seine beiden Komponenten den realen Konsum und die reale Investition auf dem Vollbeschäftigungsniveau. Diese realwirtschaftlichen Größen (einschl. Zinssatz) werden *unabhängig* von der Höhe der Geldmenge ermittelt. Die Geldmenge liegt wie *„ein Schleier"* über dem güterwirtschaftlichen Bereich. Auf die dort bestimmten Größen hat die Geldmenge keinen Einfluss. Das ist gemeint, wenn von der **Neutralität des Geldes** gesprochen wird. Diese Eigenschaft des klassisch-neoklassischen Modells hängt letztlich damit zusammen, dass sich das gesamte System in den güterwirtschaftlichen und monetären Bereich, also in zwei Teilmodelle, zerlegen lässt, in denen die Variablen getrennt voneinander ermittelt werden. Insofern liegt eine **Dichotomie** (Zweiteilung) vor. Sie tritt deutlicher hervor, wenn die Rolle des monetären Bereichs anhand von Gleichung (5) betrachtet wird. Offenbar bestimmt die Geldmenge bei gegebenen Angebots- und Nachfragefunktionen auf dem Arbeitsmarkt und gegebener gesamtwirtschaftlicher Produktionsfunktion, d.h. bei gegebenem realen Inlandsprodukt Y^r (= $\overline{Y}^r$), allein die Höhe des absoluten Preisniveaus. Mit dem Preisniveau wird dann auch der Geldlohnsatz bestimmt, nachdem der Reallohnsatz (w/p) – wie ausgeführt – im güterwirtschaftlichen Bereich festgelegt ist. Weiter geht aus Gleichung (5) hervor, dass Veränderungen der Geldmenge zu gleichgerichteten proportionalen Veränderungen des Preisniveaus führen. Dieses Ergebnis wird als wesentlicher Inhalt der **Quantitätstheorie** angesehen. Die Preisanpassung erfolgt im Rahmen der klassischen Quantitätstheorie ohne Berücksichtigung des Wertpapiermarktes auf folgendem *direkten* Wege[20]: Erhöht sich die Geldmenge, dann wird der Geldangebots-Überschuss zu Güterkäufen verwendet, wodurch das Preisniveau steigt. Sinkt die Geldmenge, dann führt der Geldnachfrage-Überschuss zu Güterverkäufen, wodurch das Preisniveau sinkt.

bb) Temporäre Effekte. – Bei der Aussage über die Geldmengenwirkung auf das Preisniveau handelt es sich um eine Betrachtungsweise, bei der im Rahmen einer *komparativ-statischen Analyse* ein Gleichgewicht mit einem (neuen) Gleichgewicht verglichen wird, realistischerweise *auf lange Sicht*. Bei den Vertretern der klassischen bzw. neoklassischen Nationalökonomie finden sich aber auch Hinweise zum Anpassungsprozess *zwischen* dem langfristigen Ausgangs- und Endgleichgewicht. Dabei beschreibt D. HUME in seinem Beitrag „Of Money" Hypothesen, wie sie auch in neueren (noch zu behandelnden) makroökonomischen Konzeptionen (wie der neoklassischen Synthese, dem monetaristischen Modell und dem Neukeynesianischen Konsensmodell) üblich sind. So geht er bei Geldmengenänderungen davon aus, dass *erstens* die Preisanpassung allmählich, d.h. verzögert, erfolgt und *zweitens* während des Übergangs bis zur vollständigen Preisanpassung zwischenzeitlich realwirtschaftliche Effekte wirksam sind, d.h. sich z.B. nach einer Geldmengenexpansion vorübergehend eine Produktionsausweitung einstellt[21].

In der bildhaften Sprache seiner Zeit führt HUME in seinem Beitrag „Of Money"[22] hierzu genauer aus: „Wir sehen also, dass in jedem Lande, in dem ein reichlicher Zufluß von Geld auftritt, alles ein verändertes Aussehen gewinnt; Arbeit und Industrie beleben sich, der Kaufmann wird unternehmungslustiger, der Gewerbetreibende fleißiger, und geschickter und selbst der Landmann geht geschwinder und aufmerksamer hinter seinem Pfluge her …

---

20 Vgl. K. WICKSELL, Geldzins und Güterpreise. 2. berichtigter Neudruck der Ausgabe Jena 1898. Stuttgart 1984. S. 35 ff.

21 Die Produktionsausweitung erfolgt dabei auf direktem Wege, indem ein Geldangebotsüberschuss bei einem sich verzögert anpassenden Preisniveau eine vorübergehende Zunahme der realen Kassenhaltung bedeutet, die zu Güterkäufen anregt.

22 Die Übersetzung findet sich in K. DIEHL, P. MOMBERT, Ausgewählte Lesestücke zum Studium der politischen Ökonomie. Erster Band. Zur Lehre vom Geld. 3., verbesserte Auflage. Karlsruhe i. B. 1920. S. 48 ff., insbesondere S. 52.

Um diese merkwürdige Erscheinung zu verstehen, müssen wir bedenken, dass ein hoher Warenpreis zwar die notwendige Folge der Zunahme von Gold und Silber ist, dass diese Zunahme aber nicht sofort eintritt, dass es vielmehr einiger Zeit bedarf, bis das Geld im ganzen Land im Umlauf ist und seine Wirkung in allen Schichten des Volkes fühlbar wird. Zuerst lässt sich keine Veränderung feststellen, allmählich steigen die Preise, erst bei einer Ware, dann bei einer anderen, bis das Ganze zuletzt im richtigen Verhältnis zu der neuen Menge des Edelmetalls im Lande steht. Meiner Ansicht nach ist die Vermehrung des Gold- und Silbervorrats nur in dieser Zwischenzeit oder Übergangsperiode, zwischen der Erwerbung des Geldes und der Preissteigerung, dem Gewerbe günstig".

Ein weiteres Ergebnis der komparativ-statischen Analyse des klassischen Modells besteht darin, dass sich das Zinsniveau bei einer Geldmengenänderung in langfristiger Sicht nicht verändert. Wie die Zinsentwicklung zwischenzeitlich bis zur vollständigen Anpassung bei Geldmengenänderungen verläuft und wie sich in deren Folge das Preisniveau anpasst, ist eine Frage, mit der sich K. Wicksell im Rahmen des von ihm beschriebenen, durch Geldmengenänderungen ausgelösten „kumulativen Prozesses" eingehend beschäftigt hat. Die entsprechende Darstellung ist Gegenstand des folgenden Unterabschnitts.

d) Eine Ergänzung: Wicksells (kumulativer) Prozess

Im Rahmen des Wicksellschen Prozesses wird - genauer und realistischer als in der klassischen Theorie - untersucht, wie sich die Preisanpassung unter Einbeziehung des Wertpapiermarktes im Zeitablauf vollzieht[23], und zwar unter expliziter Berücksichtigung der Geschäftsbanken, die - so Wicksell[24] - „Mittelpunkt und Kern des modernen Geldwesens bilden". Zu Grunde gelegt wird dabei als währungspolitischer Rahmen ein Goldstandardsystem, bei dem Geschäftsbanken ihre Barreserven und Nichtbanken ihre Bargeldbestände in Gold bzw. Goldmünzen halten. Ausgangspunkt der dynamischen Betrachtung sind Goldzuflüsse bei den Geschäftsbanken, die daraus resultieren, dass Ausländer Finanzanlagen bei ihnen tätigen, z.B. in Form längerfristiger Termineinlagen. Hierdurch erhöhen sich die Barreserven der Geschäftsbanken[25], und es entstehen Überschussreserven. Um diese durch zusätzliche Kreditgewährung in Form eines Ankaufs von Wertpapieren abzubauen, senken die Banken den Zinssatz, zu dem sie Kapital auf dem Kapitalmarkt anbieten, d.h. genauer: Wertpapiere nachfragen, z.B. auf i_1 (vgl. Abb. IV.3). Bei diesem Zinssatz gehen die geplanten realen Investitionen über die bei diesem Zinssatz geplanten realen Ersparnisse hinaus. Die nicht durch Ersparnisse gedeckten Investitionen finanzieren die Unternehmungen, indem sie die beim Zinssatz i_1 von den Banken nachgefragten Wertpapiere anbieten. Hierfür erhalten sie im Gegenzug zusätzliches (Giral-)Geld, das sich real betrachtet, auf $\Delta D/p$ $(= A P_1)$ beläuft.

---

[23] Die in diesem Zusammenhang relevanten Werke von K. Wicksell sind Geldzins ..., a.a.O., und Vorlesungen über Nationalökonomie. Band 2. 2. Neudruck der Ausgabe Jena 1922. Stuttgart 1984.

[24] Siehe Wicksell, Vorlesungen ..., a.a.O., S. 83.

[25] Siehe Wicksell, Vorlesungen ..., a.a.O., S. 225 f.

Den durch die Geld- und Kreditschöpfungstätigkeit der Banken beeinflussten (Wertpapier-)Zinssatz nennt WICKSELL den *Darlehenszins* bzw. **Geldzins**. Er unterscheidet ihn von dem im langfristigen Vollbeschäftigungs-Gleichgewicht (bei P_0) realisierten, mit der Ertragsrate auf Sachkapital übereinstimmenden Zinssatz i_0, den er als **natürlichen (Kapital-)Zins** bezeichnet[26]. Immer wenn diese beiden Zinssätze auseinander fallen, werden auf dem Kapitalmarkt Anpassungsvorgänge ausgelöst, die das Preisniveau verändern[27]. Sinkt der Geldzins z.B. wie in dem hier betrachteten Fall unter den natürlichen Zins, dann nehmen die realen Ersparnisse ab, der reale Konsum steigt also entsprechend, und die realen Investitionen nehmen zu. Beide Vorgänge bewirken, dass die gesamtwirtschaftliche Nachfrage über das Vollbeschäftigungsangebot ansteigt, wodurch eine inflatorische Lücke entsteht, die einen Preisanstieg auslöst. In der *ersten* Phase ändern sich Zinssatz und Preisniveau also *gegenläufig*.

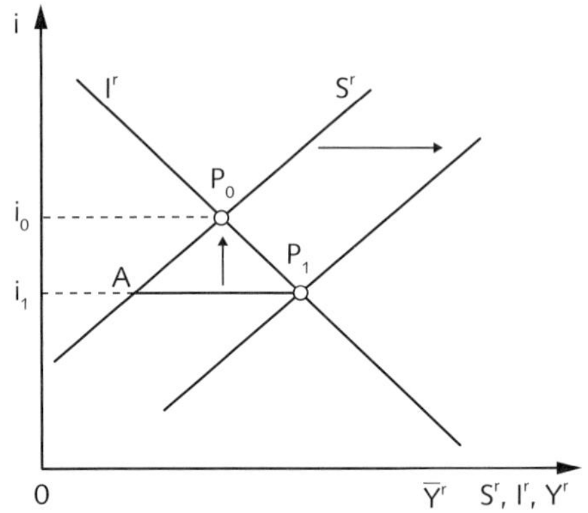

Abb. IV.3

Solange die Geschäftsbanken das zusätzliche reale Kredit- und Geldangebot in Höhe von AP_1 aufrechterhalten und der Geldzins dementsprechend weiter bei i_1 liegt, *wiederholt sich* die Einwirkung auf das Preisniveau und die jeweiligen Preisänderungen summieren sich auf, „*kumulieren*" also[28]. Ein derartiger „**kumulativer Prozess**" charakterisiert auch die Entwicklung der Geldmenge. Da die Geschäftsbanken wiederholt die Ersparnislücke AP_1 finanzieren, ist die Geldschöpfung kumulativ. Dabei wird sie *nominal* betrachtet noch dadurch ausgeweitet, dass die Preise steigen und die zu finanzierende (reale) Ersparnislücke hierdurch nominal vergrößert wird. Der kumulative Prozess findet in dem zu Grunde gelegten Goldstandardsystem dadurch ein Ende, dass mit zunehmender nominaler (Giral-)Geldmenge die Bargeldhaltung der Nichtbanken in Form von Goldmünzen proportional hierzu steigt und sich die Barreserven der Geschäftsbanken in Form von Goldreserven demzufolge verringern. Da diese für die Geschäftsbanken eine Art Transaktions- und Vorsichtskasse darstellen, werden die Geschäftsbanken die Kreditgewährung bei schrumpfenden Barreserven und da-

26 Siehe zu diesen Begriffen WICKSELL, Geldzins ..., a.a.O., S. 93 ff.
27 Vgl. WICKSELL, Vorlesungen ..., a.a.O., S. 221 ff., und Geldzins ..., a.a.O., S. 101.
28 K. WICKSELL, Interest and Prices. Translated by R. F. KAHN. New York 1962. S. 95.

durch steigenden Illiquiditätsrisiken einschränken und dabei die Zinssätze anheben[29]. Sukzessive Zinsanhebungen begleiten also in der *zweiten* Phase den Prozess der Preissteigerungen. Somit ergibt sich ein Zusammenhang, der schon von J. M. KEYNES unter besonderem Bezug auf die Beobachtungen von A. H. GIBSON als „eines der unumstößlichsten empirischen Fakten“ betrachtet wird: die langfristige Parallelentwicklung von Zinsen und Preisen[30]. Zwar steht diesem empirischen Befund die gegenläufige Entwicklung dieser beiden Größen in der ersten Phase des Anpassungsprozesses entgegen, er gewinnt aber aus der Sicht des WICKSELLschen Prozesses an Plausibilität, wenn man exogene Änderungen des *natürlichen Zinssatzes* analysieren und diese (wie WICKSELL[31]) als besonders relevant ansehen würde.

Bei Änderungen des *natürlichen Zinssatzes* entfällt die erste Phase der Anpassung, die im Falle einer Geldmengenexpansion mit Zinssenkungen einhergeht. Der Anpassungsprozess beginnt auf der Stufe der zweiten Phase. Erhöht sich z.B. der natürliche Zins, weil die Ertragsrate von Sachkapital steigt (sich die I^r-Kurve also nach rechts verschiebt), dann entsteht eine inflatorische Lücke. Die hierdurch ausgelösten Preissteigerungen sind (wie oben für die zweite Phase erläutert) von Erhöhungen des Geldzinses begleitet. Dieser bewegt sich so allmählich auf den natürlichen Zinssatz zu, folgt seinem Anstieg in dem betrachteten Fall also sukzessive[32]. Die Parallelentwicklung von Preisen und Zinsen entspricht (wie erwähnt) den Beobachtungen von GIBSON.

Bei der in Abb. IV.3 beschriebenen Anpassung im Fall einer *Geldmengenexpansion*, kehrt die Gleichgewichtsposition infolge des Zinsanstiegs in der zweiten Phase des kumulativen Prozesses mit der Zeit zur Ausgangslage P_0 zurück. Nach Abschluss des Anpassungsprozesses entspricht der Geldzins wieder dem natürlichen Zins. Das Preisniveau ist demgegenüber endgültig gestiegen, und zwar im Einklang mit quantitätstheoretischen Vorstellungen proportional zu der durch die Banken erhöhten Geldmenge[33]. Wäre das nicht der Fall, würden noch weitere Anpassungsvorgänge auf dem Kapitalmarkt erfolgen, die das Preisniveau verändern[34]. Ist das Geldangebot M in Gleichung (5) z.B. höher als die Geldnachfrage kpY^r dann wird der Geldangebotsüberschuss für Wertpapierkäufe verwendet, so dass der Geldzins unter den natürlichen Zins fällt, wodurch – wie schon beschrieben – Preissteigerungen ausgelöst werden. Dieser Vorgang ist abgeschlossen, so-

29 Wie WICKSELL (Vorlesungen ..., a.a.O., S. 231) anmerkt, erfolgt eine Zinsanhebung auch in dem Fall, dass die Bankverbindlichkeiten im Verhältnis zu den Goldreserven als zu groß angesehen werden. Die Bankverbindlichkeiten steigen im Zuge eines Geldschöpfungsprozesses, weil die Sichteinlagen zunehmen.

30 Siehe hierzu seine Ausführungen zu dem von ihm so benannten "*Gibson-Paradoxon*" (Vom Geld (A Treatise on Money). München, Leipzig 1932. S. 457 f.).

31 WICKSELL, Vorlesungen ..., a.a.O., S. 233.

32 Vgl. hierzu WICKSELL, Vorlesungen ..., a.a.O., S. 233 ff., und später KEYNES, Vom Gelde, a.a.O., S. 461 ff., der den Beitrag von WICKSELL offenbar übersehen hatte. – Eine graphische Darstellung findet sich bei G. ACKLEY (Macroeconomic Theory. New York 1961. S. 149 f.).

33 Würde man unter der Geldmenge nur den Bargeldumlauf und keine Sichteinlagen subsumieren (wie WICKSELL), dann würde sich an den Folgerungen nichts Wesentliches ändern, da sich annahmegemäß der Bargeld- und Giralgeldbestand proportional zueinander entwickeln und damit auch der Bargeldgeldbestand und der gesamte Geldbestand.

34 Vgl. ACKLEY, a.a.O., S. 150.

bald Gleichung (5) erfüllt wird. Der betrachtete WICKSELLsche Prozess konvergiert also und erreicht schließlich eine stabile Lage.

Die Möglichkeit, dass der Anpassungsprozess nicht stabil ist und die Preissteigerungen andauern, ist gegeben, wenn das Geldwesen anders, nämlich in Form der *WICKSELLschen Idealbank*[35], organisiert wäre. Diese Bank ist mit ihren Filialen die einzige Bank in einer Volkswirtschaft, in der nur bargeldlos gezahlt wird. Sämtliche Zahlungen erfolgen durch Übertragung von Sichteinlagen von Konto zu Konto bei der Idealbank. Da auch keine Zentralbank existiert, bei der Mindestreserven zu halten wären, muss die Idealbank niemals Zahlungen in einem Gelde leisten, das sie selbst nicht schaffen kann (wie Zentralbankgeld oder Goldmünzen). Da für sie somit kein Liquiditätsproblem und damit auch keine Geldschöpfungsbremse besteht, ist sie immer in der Lage, durch ein entsprechend hohes Geldangebot bzw. eine entsprechend hohe Nachfrage nach Wertpapieren auf dem Kapitalmarkt einen Geldzins durchzusetzen, der dauerhaft unter dem natürlichen Zins liegt. Bei dieser Konstellation würden die Preissteigerungen anhalten[36], der Anpassungsprozess wäre also explosiv. WICKSELL hält das Modell einer Idealbank wegen seiner Implikationen für die Entwicklung des Preisniveaus zwar für theoretisch interessant, aber nicht für realistisch. Das besondere Interesse in der ökonomischen Theoriengeschichte gilt deshalb auch seinem oben ausführlicher beschriebenen Beitrag zum kumulierenden und dabei konvergierenden Prozess.

---

35 Siehe hierzu WICKSELL, Vorlesungen ..., a.a.O., S. 95 ff. - Sie entspricht dem im Unterabschnitt I.2a) dargestellten Einbanksystem.

36 Vgl. WICKSELL, Vorlesungen ..., a.a.O., S. 226 ff.

Zusammenfassung

1. Die Quantitätstheorie und die Kassenhaltungstheorie beschreiben bei isolierter Betrachtungsweise eine positive proportionale Beziehung zwischen einer autonom fixierten Geldmenge und dem nominalen Volkseinkommen.

2. Wird die Quantitäts- bzw. Kassenhaltungstheorie durch makroökonomische Beziehungen für die Produktionsbedingungen, den Arbeitsmarkt und den Kapitalmarkt ergänzt, dann erhält man ein klassisch-neoklassisches Modell, das die Aussagen der Klassiker präzisiert und zu folgenden Aussagen gelangt:
   - Der Reallohnsatz und der Zinssatz sowie die Beschäftigung und das reale Inlandsprodukt werden unabhängig von der Geldmenge bestimmt. Geld ist in Bezug auf diese Größen neutral.
   - Unfreiwillige Arbeitslosigkeit existiert nicht, da sich der Lohnsatz immer so einpendelt, dass auf dem Arbeitsmarkt Angebot und Nachfrage gleich groß sind und das so bestimmte Vollbeschäftigungsangebot – entsprechend dem SAYschen Gesetz – auch nachgefragt wird.
   - Bei gegebenen Bedingungen für die gesamtwirtschaftliche Produktion und den Arbeitsmarkt bestimmt die Geldmenge allein die Höhe des Preisniveaus. Eine Erhöhung der Geldmenge führt dabei (langfristig) entsprechend der Quantitätstheorie zu einem proportionalen Anstieg des Preisniveaus und umgekehrt.

3. In WICKSELLS (kumulativem) Prozess wird die Preisanpassung unter Berücksichtigung der Zinsentwicklung und unter Einbeziehung von Geschäftsbanken im Zeitablauf dargestellt. Bei einem Anstieg der Geldmenge durch zusätzliche Wertpapierkäufe der Geschäftsbanken fällt der Wertpapierzins auf dem Kapitalmarkt (bei WICKSELL: der Darlehenszins bzw. Geldzins) vorübergehend unter den langfristigen, der realen Ertragsrate auf Sachkapital entsprechenden Gleichgewichtszins (bei WICKSELL: der natürliche Zins). Dadurch entsteht eine inflatorische Lücke. Die hieraus resultierenden Preissteigerungen sind von sukzessiven Zinserhöhungen begleitet, bis der Wertpapierzins wieder seinem Ausgangsniveau entspricht. Das Preisniveau hat sich dann entsprechend der Quantitäts- bzw. Kassenhaltungstheorie angepasst.

2. Die KEYNESianische Theorie

Die Vollbeschäftigungsthese der Klassiker wurde durch die Erfahrungen der Weltwirtschaftskrise widerlegt. Das große soziale Problem Anfang der dreißiger Jahre, die anhaltende Massenarbeitslosigkeit, konnte mit der klassischen und neoklassischen Theorie nicht in Einklang gebracht und durch sie auch nicht adäquat gelöst werden. Die Zeit für eine Erneuerung der Theorie war somit reif geworden.

Dass es gerade KEYNES mit seiner im Jahre 1936 veröffentlichten *Allgemeinen Theorie*[37] gelang, eine neue Phase in der ökonomischen Theorie einzuleiten, hat verschiedene Gründe[38]. Ein Grund ist darin zu sehen, dass KEYNES die klassischen Vorstellungen im Rahmen einer neuen (oder erneuerten) Theorie einer grundlegenden Kritik unterzieht und dabei zentrale Positionen der Klassiker in Frage stellt: So sind der bei den Klassikern durch Marktkräfte bewirkte Vollbeschäftigungsautomatismus, der damit verbundene „zelebrierte Optimismus“[39] und die implizit enthaltene Forderung des laissez-faire wesentliche Angriffspunkte der KEYNESschen Kritik. Ein weiterer Grund für den Erfolg der KEYNESianischen Revolution besteht aber auch darin, dass die *Allgemeine Theorie* mit der Kritik an den klassischen Vorstellungen zugleich eine Erklärung für die Möglichkeit genereller Unterbeschäftigung anbietet und für diesen Fall auch eine plausibel erscheinende Therapie enthält.

Für die Beurteilung geldpolitischer Maßnahmen ist von besonderem Interesse, dass KEYNES die Rolle des Geldes in den klassischen und neoklassischen Theorien nicht akzeptiert. Wie bereits aus der Darstellung seiner Liquiditätspräferenztheorie bekannt, führt er bei der Analyse der Kassenhaltung als ein neues Element gegenüber den Klassikern und Neoklassikern das *Spekulationsmotiv* ein. Er kritisiert deshalb die mit der Quantitäts- und Kassenhaltungstheorie zum Ausdruck gebrachte enge (und proportionale) Verknüpfung zwischen Geldmenge und nominalem Volkseinkommen. Hinsichtlich der Wirkungen der Geldmenge auf den güterwirtschaftlichen Bereich gelangt er zu Ergebnissen, die der Hypothese der Klassiker von der Neutralität des Geldes entgegenstehen. Aus der Sicht der KEYNESianischen Analyse ergeben sich demzufolge andere und neue Aspekte für die Wirkungsweise der Geldpolitik.

KEYNESianische Ideen erlebten im Zusammenhang mit den Auswirkungen der Mitte 2007 einsetzenden und im zweiten Halbjahr 2008 eskalierenden internationalen Finanz- und Wirtschaftskrise eine Renaissance. Dieses ist insofern nicht verwunderlich, als im Zuge der Krise die Industrieproduktion seit April 2008 binnen eines Jahres weltweit stark einbrach, die Arbeitslosigkeit deutlich anstieg, nachgebende Preise Deflationsängste schürten und die konventionelle Zinssteuerungspolitik der Zentralbanken mit Leitzinsen von nahe null an ihre Grenze stieß. Neben Stützungsmaßnahmen der Regierungen und Zentralbanken für Banken und Finanzmärkte ergriff man in allen großen Volkswirtschaften zur

---

37 KEYNES, The General Theory …, a.a.O. (Im Folgenden kurz KEYNES, a.a.O.).

38 Vgl. hierzu und zum Folgenden die Kriterien, die von H. G. JOHNSON für den Erfolg einer Revolution ökonomischer Doktrinen in seiner RICHARD T. Ely Lecture genannt werden (The KEYNESian Revolution and the Monetarist Counter-Revolution. „The American Economic Review", Papers and Proceedings, Vol. 61 (1971), S. 1 ff.).

39 Vgl. KEYNES, a.a.O., S. 33.

Konjunkturstimulierung - ganz im KEYNESianischen Sinne - expansive fiskalpolitische Maßnahmen.

a) Strukturgleichungen

Das hier analysierte KEYNESianische Modell bezieht sich auf eine *geschlossene* Volkswirtschaft mit wirtschaftlicher Aktivität des Staates. Bei seiner Darstellung wird so vorgegangen, dass in einem *ersten Schritt* die Strukturgleichungen des Modells vorgestellt werden.

aa) Der monetäre Bereich. - Der monetäre Bereich des KEYNESianischen Modells ist bereits in Form der Liquiditätspräferenztheorie im Einzelnen beschrieben worden. Dabei wurde allerdings auf eine Aufspaltung des nominalen Inlandsprodukts in die beiden Komponenten Preisniveau und reales Inlandsprodukt verzichtet. Beide Komponenten stellen aber wirtschaftspolitische Zielgrößen dar und sind insofern für unsere weiteren Betrachtungen von Bedeutung. Bei der Einbeziehung des monetären Bereichs in das KEYNESianische Gesamtmodell wollen wir deshalb das nominale Volkseinkommen Y $(= p \cdot Y^r)$ in seine beiden Komponenten aufspalten und gelangen dann zu folgender leicht modifizierter Darstellung der KEYNESschen **Liquiditätspräferenztheorie**:

(1) $M^a = \overline{M}$ (Geldangebot)

(2) $L = p \cdot L^r(Y^r, i);$ (Geldnachfrage)[40]

$\frac{\partial L^r}{\partial Y^r} > 0, \ \frac{\partial L^r}{\partial i} < 0$

(3) $M^a = L = M$ (Gleichgewicht,

(4) Definition).

bb) Der Gütermarkt. - Im güterwirtschaftlichen Bereich sollen zunächst die Bestimmungsgründe für **die gesamtwirtschaftliche Nachfrage,** d.h. für die Aggregate *privater Konsum, private Investition* und *Staatsausgaben,* untersucht werden.

aaa) Der wesentliche Bestimmungsgrund des privaten *realen*[41] *Konsums* (C^r) ist in der KEYNESianischen Theorie - anders als bei den Klassikern[42] - das

[40] Diese Schreibweise impliziert, dass sich die (nominale) Geldnachfrage bei gegebenem Realeinkommen und Zinssatz proportional zum Preisniveau entwickelt.

[41] Dass KEYNES für die Ermittlung des realen Inlandsprodukts und seiner Komponenten nicht den Preisindex des Inlandsprodukts als Deflator benutzt, sondern den Geldlohnsatz, ist für die weiteren Betrachtungen nicht wesentlich (siehe hierzu auch A. H. HANSEN, a.a.O., S. 39 ff.).

[42] Bei den Klassikern ist die gesamtwirtschaftliche Ersparnis (S^r) und damit auch der gesamtwirtschaftliche Konsum ($C^r = Y^r - S^r$) vom Zinssatz abhängig (siehe hierzu Unterabschnitt IV. 1.b) cc), in dem die wirtschaftliche Aktivität des Staates vernachlässigt wird). - Auf eine Begründung dafür, dass bei KEYNES im Unterschied zu den Klassikern mit dem realen Volkseinkommen eine Transaktionsgröße in der Konsumfunktion erscheint, wird auf S. 170, Fußnote 65, hingewiesen.

reale verfügbare Einkommen ($Y^r - T^r$), wobei T^r die realen Steuern bezeichnet[43]. Dementsprechend lautet die **Konsumfunktion**:

$$(5) \quad C^r = C^r(Y^r - T^r);\ 0 < \frac{dC^r}{d(Y^r - T^r)} < 1,$$

wobei gilt:

$$(6) \quad T^r = \tau Y^r;\ 0 < \tau < 1.$$

Materiell bedeutet dieser Zusammenhang, dass die Konsumenten mit einer Ausdehnung ihres realen Konsums reagieren, wenn das (verfügbare) Realeinkommen zunimmt, das Nominaleinkommen z.B. stärker steigt als das Preisniveau. Umgekehrt schränken sie ihren realen Konsum ein, wenn das Realeinkommen abnimmt, das Nominaleinkommen z.B. schwächer steigt als das Preisniveau. Der reale Konsum wird schließlich überhaupt nicht geändert, wenn das Realeinkommen konstant bleibt, das Nominaleinkommen z.B. proportional zum Preisniveau steigt. Die Konsumenten orientieren ihre Dispositionen über ihren realen Konsum also nicht am Nominaleinkommen, sondern an der Höhe des Realeinkommens. Dass sie ihre Entscheidung über eine reale Größe von der Entwicklung einer anderen realen Größe abhängig machen, bedeutet, dass sie *frei* sind von **Geldillusion**.

Neben dem Realeinkommen nennt KEYNES noch eine Reihe anderer (sekundärer) Einflussfaktoren, die zwar nicht explizit in seiner Konsumfunktion erscheinen, aber die Lage der Konsumfunktion und damit den realen Konsum bei gegebenem Realeinkommen verändern können. Eine relativ große Bedeutung misst er hierbei dem *Wert des privaten Nettovermögens* zu[44]. Steigt z.B. der Kurswert von Aktien infolge einer Senkung der Rendite von Obligationen[45], dann können Aktienbesitzer Kursgewinne (sog. *windfall profits)* realisieren; sie fühlen sich deshalb reicher und entfalten bei gegebenem Realeinkommen eine größere Nachfrage nach Konsumgütern. Verallgemeinern wir diesen Zusammenhang, dann erfolgt eine Erhöhung der Konsumgüternachfrage, wenn der Kapitalwert des privaten Nettovermögens steigt, und eine Verminderung, wenn der Kapitalwert des privaten Nettovermögens sinkt.

bbb) Ein wesentlicher Bestimmungsfaktor der privaten *realen Nettoinvestition* ist bei KEYNES - wie bei den Klassikern[46] - die *Höhe des Zinssatzes*. Die Zinsabhängigkeit der Investitionen lässt sich damit erklären, dass vorhandene finanzielle Mittel alternativ zur Anlage in Sachkapital zum Kauf von Wertpapieren auf dem Kapitalmarkt verwendet werden können[47]. Bei der Entscheidung

---

43 Diese (Transferzahlungen vernachlässigende) Annahme ist eine Präzisierung der KEYNESschen Hypothese über die Realeinkommensabhängigkeit des realen Konsums. Siehe hierzu KEYNES, a.a.O., S.89 ff., insbesondere S. 96.

44 Vgl. KEYNES, a.a.O., S.92 ff. - Eine ausführliche Darstellung findet sich bei LEIJONHUFVUD, a.a.O., S. 187 ff.

45 Die Senkung der Rendite von Obligationen bewirkt im Allgemeinen eine Zunahme der Nachfrage nach Aktien und damit einen Kursanstieg.

46 Siehe hierzu Unterabschnitt IV. 1.b)cc).

47 Formal präzisierte Begründungen für die KEYNESianische Investitionshypothese finden sich in der makroökonomischen Lehrbuchliteratur, z.B. bei WOHLTMANN, a.a.O., S. 114 ff. - Siehe auch H.-J. JARCHOW, Theorie und Politik des Geldes, 11., neu bearbeitete. und wesentlich erw. Auflage. Göttingen 2003. S. 186 ff.

zwischen den beiden Möglichkeiten wird der Investor die erwartete Ertragsrate von Sachkapital[48] mit der Kapitalmarktrendite, d.h. dem Zinssatz *i*, vergleichen[49]. Ist die (erwartete) Ertragsrate (σ) mindestens so hoch wie die Kapitalmarktrendite, d.h. gilt $\sigma \geqq i$, dann wird er (Sach-)Investitionen vornehmen. Diese Entscheidungsregel gilt auch, wenn sich der Investor die nötigen finanziellen Mittel durch Fremdfinanzierung auf dem Kapitalmarkt zum Zinssatz *i* beschaffen muss. Für die Erklärung der Zinsabhängigkeit der Investitionen ist weiter zu bedenken, dass sich eine Ausweitung des Bestandes an Sachkapital (wie des Maschinenparks) umso mehr lohnt, je stärker der Zinssatz (i) unter die Ertragsrate von Sachkapital (σ) fällt. Die für die Ausweitung des Bestandes an Sachkapital erforderlichen Investitionen nehmen also zu, wenn der Zinssatz fällt, d.h. es gilt:

$$(7) \quad I^r = I^r(i), \ \frac{dI^r}{di} < 0.$$

In die gleiche Richtung wie eine Senkung des Zinssatzes *i* wirkt ein Anstieg der erwarteten Ertragsrate von Sachkapital. Verbessern sich z.B. die Ertragsaussichten, dann erhöhen sich die Investitionen bei gegebenem Zinssatz *i*[50].

ccc) Der Staat fixiert die öffentlichen Konsum und öffentliche Investitionen umfassenden *realen Staatsausgaben* (G^r) autonom, d.h. es gilt:

$$(8) \quad G^r = \overline{G}^r.$$

Die *gesamtwirtschaftliche reale Nachfrage* (Y^{rn}) setzt sich aus dem realen (privaten) Konsum (C^r), den realen (privaten) Investitionen (I^r) und den realen Staatsausgaben zusammen, d.h.:

$$(9) \quad Y^{rn} = C^r + I^r + G^r.$$

ddd) Zur Bestimmung des Gleichgewichts auf dem Gütermarkt benötigen wir neben der gesamtwirtschaftlichen Nachfrage (Y^{rn}) eine Darstellung des *gesamtwirtschaftlichen Angebots* (Y^{ra}). Ausgangspunkt ist hierbei eine **gesamtwirtschaftliche Produktionsfunktion**, die das gesamtwirtschaftliche Angebot an Gütern der Endnachfrage (die gesamtwirtschaftliche Produktion) bei gegebenem Bestand an Erzeugersachkapital K_0^r mit der in Arbeitsstunden gemessenen

---

48 Die erwartete Ertragsrate von Sachkapital entspricht der KEYNESschen *Grenzleistungsfähigkeit des Kapitals* (siehe KEYNES, a.a.O., S. 135 ff.) bzw. seiner Grenzproduktivität und dem *natürlichen Zins* bei WICKSELL (Geldzins und Güterpreise, a.a.O., S 93 ff.) sowie dem aus der traditionellen Investitionstheorie bekannten *internen Zinsfuß* (vgl. hierzu auch BOFINGER, REISCHLE, SCHÄCHTER, a.a.O., S. 556).

49 Streng genommen handelt es sich bei der Vergleichsrendite um die Kapitalmarktrendite *i* zuzüglich einer Risikoprämie, mit der dem höheren Risiko einer Investition in Sachkapital gegenüber einer Wertpapieranlage Rechnung getragen wird.

50 Nach KEYNES (a.a.O., S.145) ist die erwartete Ertragsrate (bei ihm: die Grenzleistungsfähigkeit des Kapitals) von grundlegender Bedeutung , „because it is mainly through this factor ... that the expectation of the future influences the present".An anderer Stelle (S. 141 f.) macht er deutlich, dass sich *Preiserwartungen* insbesondere über die Ertragsaussichten auf das reale Inlandsprodukt der Gegenwart auswirken: Die Erwartung steigender Preise verbessert die Ertragsaussichten und stimuliert so die Investitionstätigkeit; die Erwartung sinkender Preise wirkt in die entgegengesetzte Richtung.

gesamtwirtschaftlichen Beschäftigung (N) verknüpft[51]. Sie hat bei KEYNES den von den Klassikern unterstellten Verlauf[52]:

$$(10) \quad Y^{ra} = Y^{ra}(K_0^r, N); \frac{\partial Y^{ra}}{\partial N} > 0, \frac{\partial^2 Y^{ra}}{\partial N^2} < 0.$$

eee) Auf dem Gütermarkt existiert *Gleichgewicht,* wenn das gesamtwirtschaftliche Angebot und die gesamtwirtschaftliche Nachfrage gleich groß sind, d.h.

$$(11) \quad Y^{ra} = Y^{rn} = Y^r.$$

(12)

Im Gleichgewicht auf dem Gütermarkt sind das gesamtwirtschaftliche Angebot und die gesamtwirtschaftliche Nachfrage gleich dem *realisierten* realen Inlandsprodukt Y^r.

cc) Der Arbeitsmarkt. – aaa) Die Abhängigkeit der gesamtwirtschaftlichen Produktion von der Höhe der Beschäftigung erfordert eine Untersuchung der Bestimmungsgründe für Angebot und Nachfrage auf dem *Arbeitsmarkt.* Bei der Ableitung der *Nachfragefunktion* für Arbeit knüpft KEYNES an klassische Traditionen an, indem er sich an der **Grenzproduktivitätstheorie** orientiert[53]. Angewendet auf den einzelnen sich als Mengenanpasser verhaltenden Unternehmer besagt diese Theorie, dass der Einsatz von Arbeit so lange ausgedehnt wird, bis die Grenzproduktivität dem (als gegeben angesehenen) Reallohnsatz gleich ist[54]. Da unterstellt wird, dass die Grenzproduktivität mit steigendem Arbeitseinsatz geringer wird, folgt aus dieser Entscheidungsregel, dass die Arbeitsnachfrage nur steigen kann, wenn der Reallohnsatz sinkt. Überträgt man diesen Zusammenhang auf die Gesamtwirtschaft, dann ergibt sich folgende **Nachfragefunktion für Arbeit**:

$$(13) \quad N^n = N^n\left(\frac{w}{p}\right); \frac{dN^n}{d\left(\frac{w}{p}\right)} < 0.$$

Hierbei bezeichnet w wieder den Geldlohnsatz und p einen Durchschnittspreis für das Inlandsprodukt, also das Preisniveau.

---

51 Die Annahme eines *gegebenen* Bestandes an Erzeugersachkapital muss insofern problematisch erscheinen, als *Investitionen* (also Veränderungen des Bestandes an Erzeugersachkapital) als Bestandteil der gesamtwirtschaftlichen Nachfrage explizit berücksichtigt werden. Sollen Veränderungen des Bestandes an Erzeugersachkapital in der Produktionsfunktion dennoch unberücksichtigt bleiben, dann muss man annehmen, dass die Auswirkungen der Investitionen auf die Produktion in dem Zeitraum, in dem die Investitionsgüter I^r die Nachfrageänderungen bewirken, so gering sind, dass man sie vernachlässigen kann.

52 Vgl. hierzu den Hinweis bei KEYNES (a.a.O.) auf S. 296. – Siehe auch A. H. HANSEN, a.a.O., S. 190.

53 Vgl. KEYNES, a.a.O., S. 17 f.

54 Zur Herleitung dieser Entscheidungsregel aus einem unternehmerischen Gewinnmaximierungsansatz siehe WOHLTMANN, a.a.O., S. 107 ff.

bbb) Bei der Aufstellung von Hypothesen über das *Angebotsverhalten* auf dem Arbeitsmarkt berücksichtigen wir zwei Alternativen:
- eine klassische Variante und
- eine KEYNESsche Variante.

Die *klassische Variante* unterstellt ein mit dem Reallohnsatz steigendes Arbeitsangebot bei völliger Flexibilität von Geldlohnsätzen und Preisen. Dem entspricht folgende Beziehung:

$$(14)\quad N^a = N^a\left(\frac{w}{p}\right);\ \frac{dN^a}{d\left(\frac{w}{p}\right)} > 0.$$

Zwar geht auch die KEYNES*sche Variante* davon aus, dass das Arbeitsangebot in (positiver) Abhängigkeit vom Reallohnsatz geplant wird, Abweichungen gegenüber dem klassischen Arbeitsmarkt ergeben sich jedoch aus einem asymmetrischen Verhalten gegenüber einem Marktdruck zur Änderung des Geldlohnsatzes. Genauer wird hierzu angenommen:

1. Die Anbieter von Arbeit *widersetzen* sich einer Senkung des Geldlohnsatzes[55], so dass dieser bei einem Überschussangebot, d.h. bei **Unterbeschäftigung**, *konstant* bleibt. Demzufolge ändert sich der Geldlohnsatz auch nicht, wenn die Nachfrage nach Arbeit bei fortbestehender Unterbeschäftigung zunimmt[56].
2. Liegt **Vollbeschäftigung** vor, d.h. finden alle Arbeiter, die beim herrschenden Reallohnsatz arbeiten wollen, einen Arbeitsplatz, und entsteht in dieser Situation eine Überschussnachfrage, dann widersetzen sich die Anbieter von Arbeit der Erhöhung des Geldlohnsatzes *nicht*. Der Geldlohnsatz passt sich flexibel den Marktkräften an, und es gelten jetzt die Zusammenhänge des klassischen Arbeitsmarktes[57].

Auf einem klassischen Arbeitsmarkt mit völlig flexiblem Geldlohnsatz besteht *Gleichgewicht,* wenn das Arbeitsangebot und die Arbeitsnachfrage gleich groß sind:

$$(15)\quad N^a = N^n = N.$$
(16)

Im Gleichgewicht auf dem Arbeitsmarkt sind Angebot und Nachfrage gleich der *realisierten* Beschäftigung N.

---

[55] Zur Begründung für einen nicht nach unten flexiblen Geldlohnsatz wird z.B. auf Lohnvereinbarungen mit den Gewerkschaften hingewiesen. KEYNES erwähnt an einigen Stellen, dass sich die Arbeiter einer Senkung des Geldlohnsatzes widersetzen werden (S. 9, 15, 303).

[56] Diese übliche Vorstellung stellt allerdings gegenüber der *Allgemeinen Theorie* insofern eine Vereinfachung dar, als KEYNES davon ausgeht, dass der Geldlohnsatz schon im Unterbeschäftigungsbereich mit zunehmender Beschäftigung eine Steigerungstendenz aufweist (a.a.O., S. 296, 301). Durch die vereinfachende Annahme eines innerhalb des Unterbeschäftigungsbereichs durchgehend konstanten Geldlohnsatzes ergeben sich jedoch keine qualitativen Änderungen der Ergebnisse.

[57] Diese Annahme ist mit den Aussagen von KEYNES in der *Allgemeinen Theorie* auf den S. 295 f. und 301 kompatibel.

Liegt die KEYNESsche Variante vor und bleibt der Geldlohnsatz bei einem Überschussangebot an Arbeit ($N^a > N^n$) auf dem Niveau w_0 konstant, dann bestimmt die kürzere Seite des Arbeitsmarktes, also die Nachfrage nach Arbeit, die tatsächliche Beschäftigung (N), so dass dann zusammen gelten:

(15a) $w = w_0$ und (16a) $N^a > N^n = N$.

b) Nachfrage- und Angebotsseite

Die *Gleichgewichtslösung* für das KEYNESianische Modell erfolgt mit Hilfe einer *graphischen* Darstellung. Diese wird dadurch vorbereitet, dass die im vorhergehenden Abschnitt beschriebenen Strukturgleichungen in einem *zweiten Schritt* so zusammengefasst werden, dass sie mit jeweils einer Funktion die Nachfrage- und Angebotsseite des KEYNESianischen Modells beschreiben.

aa) Nachfrageseite. – Die *makroökonomische Nachfragefunktion* erfasst mit dem Güter- und Geldmarkt die Komponenten der gesamtwirtschaftlichen Nachfrageseite. Sie wird hergeleitet unter der Bedingung simultanen Gleichgewichts auf diesen beiden Märkten.

aaa) Zunächst werden die Gleichungen des monetären Bereichs zu

(17) $\frac{\overline{M}}{p} = L^r(Y^r, i)$

zusammengefasst. Die Beziehung (17) gibt alle Kombinationen von p, Y^r und i an, die bei gegebenem Geldangebot $M^a = \overline{M}$ *Gleichgewicht im monetären Bereich* gewährleisten. In graphischer Darstellung ergibt sich hierfür das unten stehende Bild.

Die in Abb. IV.4 dargestellten LM^r-Kurven sind aus Gleichung (17) hergeleitet. Sie stellen Kombinationen von Y^r und i dar, die bei alternativer Höhe der realen Geldmenge $\frac{\overline{M}}{p}$ jeweils Gleichgewicht im monetären Bereich herstellen. Im Einzelnen werden mit den LM^r-Kurven folgende Zusammenhänge beschrieben:

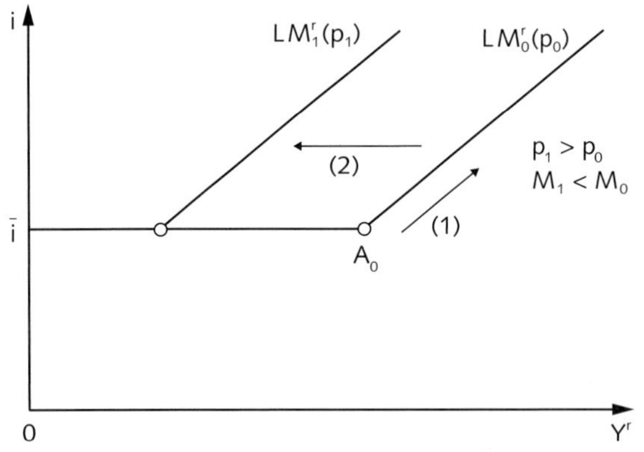

Abb. IV.4

- Der bei A_0 beginnende aufsteigende Ast der $LM_0^r(p_0)$-Kurve besagt, dass eine *Erhöhung des realen Inlandsprodukts* bei gegebener Geldmenge M_0 und gegebenem Preisniveau p_0, also bei *gegebener* realer Geldmenge $\left(\frac{M_0}{p_0}\right)$, von einem Anstieg des Zinsniveaus begleitet sein muss, wenn das Gleichgewicht im monetären Bereich weiter bestehen soll (Pfeil (1)). Der Grund hierfür liegt darin, dass eine Erhöhung des realen Inlandsprodukts eine Zunahme der realen Liquiditätspräferenz für Transaktionszwecke zur Folge hat und diese bei *gegebener* realer Geldmenge nur befriedigt werden kann, wenn Spekulationskasse freigegeben wird. Hierzu ist aber eine *Zinserhöhung* erforderlich.
- Eine *Verminderung der Geldmenge* (z.B. auf M_1) und (oder) eine Erhöhung des Preisniveaus (z.B. auf p_1), also eine Senkung der realen Geldmenge $\left(\frac{M}{p}\right)$, wird durch eine *Verschiebung der LM^r-Kurve* nach links dargestellt (Pfeil (2)). Eine Senkung von $\left(\frac{M}{p}\right)$ ist demnach bei gegebenem Zinssatz i mit einer Abnahme des realen Inlandsprodukts (Y^r) verbunden, wenn das Gleichgewicht im monetären Bereich bestehen bleiben soll. Der Grund hierfür liegt darin, dass ein *gegebener* Zinssatz und damit eine unveränderte reale Kassenhaltung für Spekulationszwecke mit einer Verminderung der realen Geldmenge nur vereinbar sein kann, wenn Transaktionskasse freigegeben wird. Hierzu ist aber eine *Abnahme des realen Inlandsprodukts* (Y^r) erforderlich.
- Wird *umgekehrt* $\left(\frac{M}{p}\right)$ größer, dann erfolgt eine Rechtsverschiebung der *LM^r-Kurve*; denn bei *gegebenem* Zinssatz und damit bei einer unveränderten realen Kassenhaltung für Spekulationszwecke muss Transaktionskasse aufgenommen werden. Hierzu ist eine *Zunahme* des realen Inlandsprodukts erforderlich.
- Eine Änderung des Zinssatzes tritt nicht ein, wenn die Spekulationskasse bei unverändertem Zinssatz vermindert oder erhöht werden kann, die Liquiditätspräferenzkurve also in Bezug auf den Zinssatz vollkommen elastisch verläuft. Der horizontale Bereich auf einer LM^r-Kurve (links vom Abknickpunkt A_0) entspricht also der Keynesschen Liquiditätsfalle (*liquidity trap*)[58]. Diese bedeutet, dass der Zinssatz nicht unter $\bar{i}$ fallen kann.

bbb) Nach Behandlung des monetären Bereichs werden die Komponenten der gesamtwirtschaftlichen Güternachfrage (5) unter Berücksichtigung von (6) sowie (7) und (8) entsprechend (9) zusammengefasst und in (12) eingesetzt:

(18a) $Y^r = C^r(Y^r - \tau Y^r) + I^r(i) + \overline{G}^r.$

Nach Umformung[59] kann man hierfür auch schreiben:

(18b) $I^r(i) + \overline{G}^r = S^r(Y^r - \tau Y^r) + \tau Y^r.$

---

[58] Vgl. hierzu S. 67, Fußnote 33.

[59] Gleichung (18a) lässt sich wie folgt umformen:

$Y^r - C^r(Y^r - \tau Y^r) - \tau Y^r + \tau Y^r = I^r(i) + \overline{G}^r.$

bzw.

$Y^r - \tau Y^r - C^r(Y^r - \tau Y^r) + \tau Y^r = I^r(i) + \overline{G}^r.$

Hierbei bezeichnet S^r die Differenz aus dem realen (verfügbaren) Einkommen und dem realen (privaten) Konsum (also $S^r = Y^r - \tau Y^r - C^r$) und damit die *reale (private) Ersparnis.*
Die Beziehung (18b) gibt (ebenso wie (18a)) alle Kombinationen von Y^r und i an, die *Gleichgewicht auf dem Gütermarkt* gewährleisten. In graphischer Darstellung erhält man hierfür eine IS^r-Kurve (vgl. Abb. IV.5).

Die negative Steigung der IS^r-Kurve ergibt sich aus folgendem ökonomischen Zusammenhang: *Steigt das reale Inlandsprodukt* (Y^r) und damit die Summe aus realer Ersparnis und realen Steuern, dann kann das Gleichgewicht auf dem Gütermarkt nur erhalten bleiben, wenn der *Zinssatz sinkt* und dadurch ein entsprechender Anstieg der realen Investitionen induziert wird.

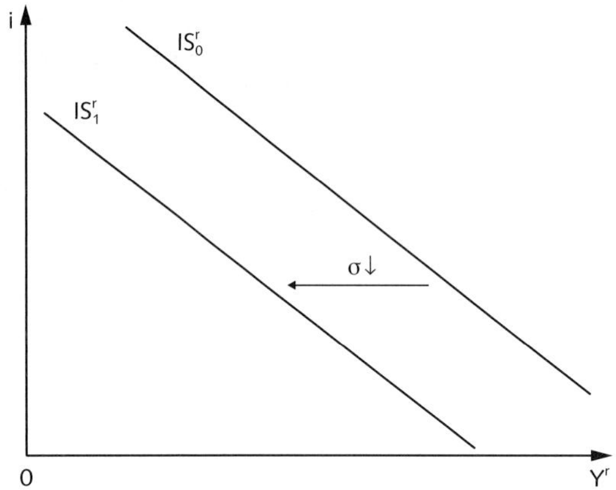

Abb. IV.5

Verschiebungen der IS^r-Kurve treten ein, wenn sich die Erwartungen bezüglich der zukünftigen Nettoeinnahmen ändern. Hierdurch ergibt sich eine zinsunabhängige und damit autonome Veränderung der realen Investitionen. Beurteilen die Investoren die Ertragsaussichten z.B. pessimistischer als vorher (d.h.: $\sigma\downarrow$), dann läuft dieses auf eine autonome Senkung der realen Investitionen hinaus und die linke Seite von Gleichung (18b) wird kleiner als die rechte. Gütermarktgleichgewicht bleibt dann - bei gegebenem Zinssatz - nur erhalten, wenn das reale Inlandsprodukt abnimmt und dadurch auch die rechte Seite von Gleichung (18b) kleiner wird. Pessimistischere Ertragsaussichten führen deshalb in Abb. IV.5 zu einer Linksverschiebung der IS^r-Kurve. Aus einer analogen Argumentation folgt, dass sich die IS^r-Kurve auch nach links verschiebt, wenn die realen Staatsausgaben ($\overline{G}^r$) vermindert werden[60].

---

[60] Bei einer Erhöhung des Steuersatzes τ würde sich auch eine Linksverlagerung der IS^r-Kurve ergeben (allerdings in Form einer Drehung um einen Punkt auf der i-Achse). Die Begründung hierfür liegt darin, dass die rechte Seite von (18b) durch die Anhebung des Steuersatzes um

$$\left[1 - \frac{\partial S^r}{\partial (Y^r - T^r)}\right] Y^r d\tau$$

größer wird, so dass bei gegebenem Zinssatz das Gleichgewichtseinkommen (in Abhängigkeit vom Ausgangseinkommen Y^r) sinken muss.

Werden anderseits die zukünftigen Ertragsaussichten optimistischer beurteilt oder steigen die realen Staatsausgaben, dann ergeben sich die *umgekehrten* Zusammenhänge. In Abb. IV.5 würde dann in diesen Fällen eine Rechtsverschiebung der IS^r-Kurve erfolgen.

ccc) Das simultane Gleichgewicht auf dem Güter- und Geldmarkt lässt sich bestimmen, indem die in Abb. IV.4 dargestellte $LM_0^r(p_0)$-Kurve und die in Abb. IV.5 dargestellte IS_0^r-Kurve zusammen in ein i/Y^r-Diagramm übertragen werden. Es entsteht so das **Hickssche Diagramm** (Abb. IV.6, Quadrant I). Dieses bildet die Grundlage für die Herleitung der **makroökonomischen Nachfragefunktion**, die die beiden Beziehungen für partielle Gleichgewichte auf dem Gütermarkt und dem Geldmarkt zu einer partiellen Gleichgewichtsbeziehung für die Nachfrageseite der Volkswirtschaft zusammenfasst. Bei ihrer Herleitung wird gefragt, wie sich das durch Gleichgewicht auf dem Güter- und Geldmarkt bestimmte reale Inlandsprodukt verändert, wenn das Preisniveau alternative Werte annimmt und die nominale Geldmenge, die Staatsausgaben sowie andere Parameter der Nachfrageseite gegeben sind.

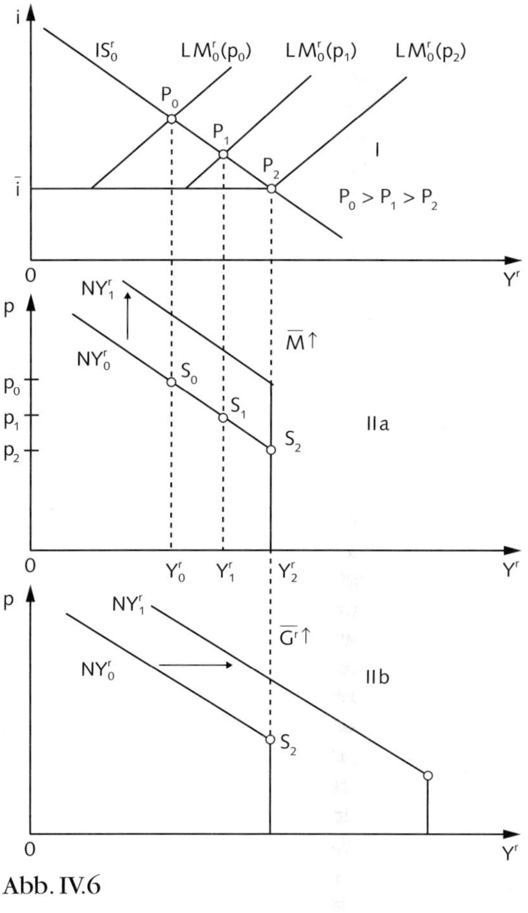

Abb. IV.6

In Quadrant I ist neben der IS^r-Kurve auch die LM^r-Kurve (wie im Folgenden immer) *linearisiert* dargestellt. Es zeigt sich, dass eine Senkung des Preisniveaus (z.B. von p_0 auf p_1 und p_2) mit einer Erhöhung (des im Gleichgewicht nachgefragten) realen Inlandsprodukts verbunden ist (z.B. von Y_0^r auf Y_1^r und Y_2^r). Die Bewegung des Gleichgewichtspunktes von P_0 nach P_1 und P_2 bestimmt die Lage der Punkte S_0, S_1 und S_2 in Quadrant II a von Abb. IV.6 und damit die negative Steigung der makroökonomischen Nachfragekurve NY^r (kurz: *Nachfragekurve*)[61] im Bereich bis S_2. Die ökonomische Begründung für die negative Steigung ist darin zu sehen, dass ein niedrigeres Preisniveau bei konstanter nominaler Geldmenge eine höhere reale Geldmenge impliziert, wodurch das Zinsniveau sinkt und sich als Folge davon eine Zunahme der realen Investitionen ergibt und damit auch des (nachgefragten) realen Inlandsprodukts.

Eine Preissenkung unter das Niveau von p_2 bewirkt *keine* weitere Erhöhung des realen Inlandsprodukts, da sie in die Liquiditätsfalle hineinführt. Deshalb verläuft die NY_0^r-Kurve von S_2 an senkrecht nach unten. Die *Knickstelle* wird im Hicksschen Diagramm durch *den* Punkt auf der IS^r-Kurve bestimmt, der zu dem für die Liquiditätsfalle maßgeblichen (niedrigsten) Zinssatz ($\bar{i}$) gehört.

Aus Abb. IV.6, Quadrant I, lässt sich weiter entnehmen, wie sich die *Lage* der NY^r-Kurve bei einer Änderung der nominalen Geldmenge oder der Staatsausgaben verändert. Eine Erhöhung der nominalen *Geldmenge* führt zu einer Rechtsverschiebung der LM^r-Kurve. Ausgehend von einem Gleichgewichtspunkt links von P_2 (z.B. von P_0) wird sich deshalb bei gegebenem Preisniveau das im Gleichgewicht nachgefragte reale Inlandsprodukt erhöhen, wobei die Erhöhung jedoch in jedem Fall durch das der Liquiditätsfalle entsprechende Inlandsproduktsniveau (Y_2^r) begrenzt ist. Diesem Ergebnis entspricht die in Quadrant II a eingezeichnete Verlagerung der NY^r-Kurve nach oben.

Ein Anstieg der (realen) *Staatsausgaben* bewirkt eine Rechtsverschiebung der IS^r-Kurve, so dass sich bei gegebenem Preisniveau und dadurch bestimmter LM^r-Kurve ein höheres im Gleichgewicht nachgefragtes reales Inlandsprodukt ergibt, und zwar auch bei der der Liquiditätsfalle entsprechenden $LM_0^r(p_2)$-Kurve. Folglich verschiebt sich die NY^r-Kurve bei einem Anstieg der Staatsausgaben nach rechts, wie es in Quadrant II b dargestellt ist.

bb) Angebotsseite. – Die **makroökonomische Angebotsfunktion** erfasst die Komponenten der Angebotsseite und berücksichtigt die Konstellation auf dem Arbeitsmarkt sowie die gesamtwirtschaftliche Produktionsfunktion.

---

61 Die negative Steigung der Nachfragekurve lässt sich formal aus den Gleichungen (17) und (18b) durch totale Differentiation bestimmen. Wird τ zur Vereinfachung der Ableitung gleich null gesetzt, dann erhält man nach einigen Umformungen:

$$\frac{dp}{dY^r} = \frac{\frac{\partial L^r}{\partial Y^r} + \frac{\partial L^r}{\partial i}\frac{\partial S^r}{\partial Y^r} \Big/ \frac{\partial I^r}{\partial i}}{-\frac{M}{p_2}} < 0.$$

Vgl. hierzu auch T. Havrilesky, A Comment on 'The Use of the Aggregate Demand Curve'. „The Journal of Economic Literature", Vol, 13 (1975), S. 472 f.

aaa) Der *Arbeitsmarkt* in der *klassischen Variante* wird durch eine mit steigendem Reallohnsatz sinkende Arbeitsnachfrage und ein mit dem Reallohnsatz steigendes Arbeitsangebot beschrieben.

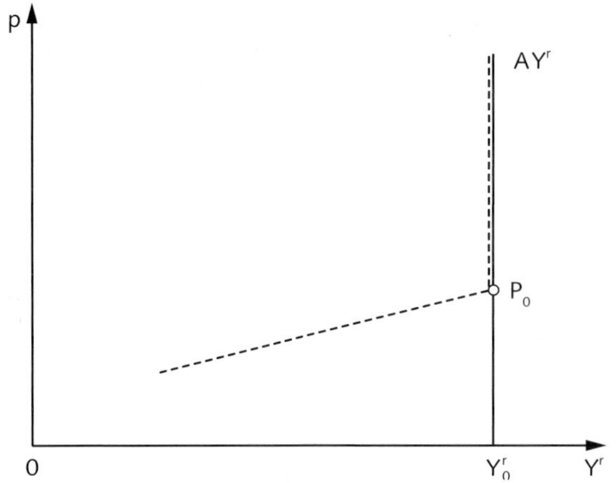

Abb. IV.7

Bei flexiblen Geldlohnsätzen und Preisen herrscht Gleichgewicht auf dem Arbeitsmarkt bei Vollbeschäftigung. Hierzu gehört entsprechend der gesamtwirtschaftlichen Produktionsfunktion - unabhängig von der Höhe des Preisniveaus - ein bestimmtes reales Inlandsprodukt (Y^r_0). Dieses bereits im Rahmen des klassischen Modells graphisch hergeleitete Ergebnis (siehe dazu Abb. IV.1) impliziert, dass die makroökonomische Angebotskurve AY^r in einem p/Y^r-Diagramm auf dem Niveau Y^r_0 senkrecht verläuft (siehe Abb. IV.7).

bbb) Wie erläutert ist der *Arbeitsmarkt* in der *KEYNESschen Variante* dadurch charakterisiert, dass der Geldlohnsatz bei Unterbeschäftigung *konstant* ist. Unterbeschäftigung entsteht, wenn sich durch eine Störung beim herrschenden Geldlohnsatz ein Angebotsüberschuss auf dem Arbeitsmarkt einstellt. Wie in Gleichung (16a) ausgedrückt, bestimmt in diesem Fall die kürzere Seite des Arbeitsmarktes, d.h. die Arbeitsnachfrage, die tatsächliche Beschäftigung (N) und damit entsprechend der Produktionsfunktion (10) das gesamtwirtschaftliche Angebot (Y^{ra}). Bei einer Ausgangslage P_0 (siehe Abb. IV.7) geht eine Abnahme der Beschäftigung und damit der gesamtwirtschaftlichen Produktion zwangsläufig mit einer Senkung des Preisniveaus einher, da eine geringere Arbeitsnachfrage durch einen höheren Reallohnsatz bedingt ist und dieser bei gegebenem Geldlohnsatz ein niedrigeres Preisniveau voraussetzt. Dass die Anbieter ein niedrigeres Preisniveau konzedieren, lässt sich damit erklären, dass die Grenzproduktivität der Arbeit bei rückläufiger Beschäftigung steigt. Für die (gestrichelt gezeichnete) makroökonomische Angebotsfunktion in der KEYNESschen Variante ist also charakteristisch, dass sie bei Unterschreiten der Vollbeschäftigung einen positiv geneigten Verlauf aufweist (siehe Abb. IV.7).

c) Gleichgewicht und Störungen[62]

Die bisher noch isoliert dargestellten makroökonomischen Nachfrage- und Angebotskurven werden in einem *dritten Schritt* so in einer Graphik zusammengefügt, dass sich ein *gesamtwirtschaftliches Gleichgewicht* bestimmen lässt. Nach Darstellung des Gleichgewichts werden die Konsequenzen von Störungen untersucht, und zwar insbesondere für das reale Inlandsprodukt (und damit für die Beschäftigung) sowie für das Preisniveau.

aa) Das Modell mit der klassischen Variante. - aaa) Während der Arbeitsmarkt in diesem Ansatz klassischen Vorstellungen entspricht, enthalten der Gütermarkt mit der einkommensabhängigen Konsumfunktion und der Geldmarkt mit der zinsabhängigen Geldnachfrage wesentliche Bestandteile der KEYNESschen Theorie. Dieses auch als **neoklassische Synthese** bezeichnete Modell impliziert - wie dargestellt - eine völlig preisunelastische makroökonomische Angebotskurve und eine bis zur Liquiditätsfalle preiselastische Nachfragekurve. Solange sich die Analyse nicht gerade mit Spezialfällen wie dem der Liquiditätsfalle befasst, wird die Nachfragekurve für Situationen dargestellt, in denen die Liquiditätsfalle nicht relevant wird; die NY^r-Kurve weist dann im eingezeichneten Bereich keine Knickstelle auf.

Wie bereits ausgeführt, herrscht auf dem Arbeitsmarkt in der klassischen Variante stets Vollbeschäftigung. Dieses Ergebnis setzt allerdings voraus, dass dem der Vollbeschäftigung N_0 entsprechenden Gesamtangebot an Gütern Y_0^r stets eine gleich hohe gesamtwirtschaftliche Nachfrage gegenübersteht. Für die Klassiker war die Übereinstimmung von Angebot und Nachfrage auf Gütermärkten entsprechend dem **Sayschen Gesetz** immer auf dem Vollbeschäftigungsniveau gewährleistet[63]. Die KEYNESianische Analyse stellt diese zentrale These der Klassiker in Frage und gelangt zu dem Ergebnis, dass Situationen eintreten können, in denen die gesamtwirtschaftliche Nachfrage *nicht* ausreicht, um das gesamtwirtschaftliche Angebot bei Vollbeschäftigung aufzunehmen. Es ist u.a. das Anliegen der folgenden Analyse, solche Situationen herauszuarbeiten.

bbb) Die Ausgangssituation unserer Betrachtungen ist so gewählt, dass bei einem Preisniveau p_0 Gleichgewicht auf dem Gütermarkt mit Vollbeschäftigung einhergeht (siehe P_0 in Abb. IV.8). Um die aus einer Störung resultierenden Anpassungsvorgänge im Zeitablauf beschreiben zu können, müssen wir unsere bisherigen, in den (sechzehn) Strukturgleichungen enthaltenen rein statischen Zusammenhänge um dynamische Hypothesen ergänzen, die Hinweise über die *Anpassungsgeschwindigkeit* verschiedener Variablen geben. Im Einklang mit KEYNESianischen Vorstellungen von einer verzögerten Preisreaktion wollen wir deshalb folgende Hypothese zusätzlich einführen:

---

62 Der Einfluss bestimmter Parameteränderungen auf Beschäftigung, Zins- und Preisniveau wird unter der Annahme eines konstanten Geldlohnsatzes algebraisch im Anhang A 4) dargestellt.

63 Es gab allerdings auch Ausnahmen unter den Klassikern, z.B. den von KEYNES bewunderten R. MALTHUS (vgl. L. R. KLEIN, The KEYNESian Revolution. 2nd ed. London, Melbourne 1968. S. 44).

- Das reale Inlandsprodukt (wie auch die Beschäftigung) passt sich schneller an als das Preisniveau[64].

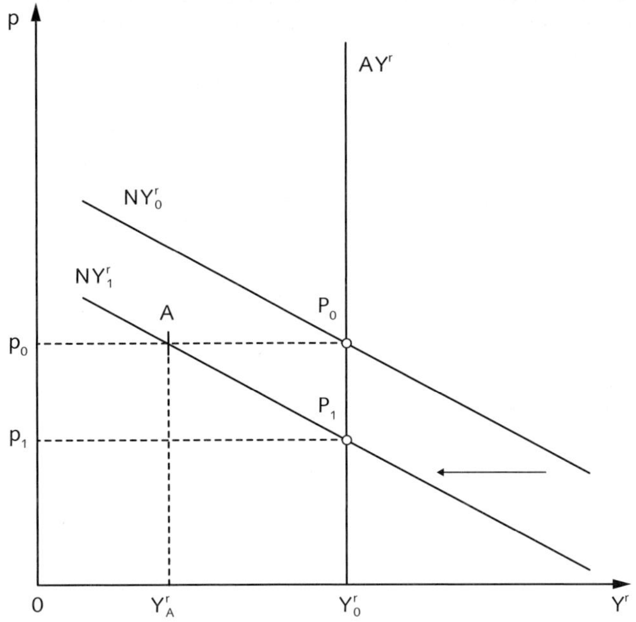

Abb. IV.8

Bezüglich des Zinsniveaus unterstellen wir vorerst, dass dieses simultan mit dem realen Inlandsprodukt reagiert.

Die zu analysierende Störung des ursprünglichen Gleichgewichts soll darin bestehen, dass die Investoren die Ertragsaussichten pessimistischer einschätzen. Da sich infolgedessen die IS^r-Kurve nach links verschiebt, ergibt sich hierdurch auch eine Linksverschiebung für die NY^r-Kurve. Beim bestehenden Preisniveau p_0 entsteht dadurch ein Angebotsüberschuss an Investitionsgütern, der die Unternehmer zu einer Einschränkung der Produktion und Beschäftigung bei zunächst noch unverändertem Preisniveau veranlasst. Für die Haushalte bedeutet dieser Vorgang, dass das tatsächlich erhaltene Realeinkommen kleiner ist als das Einkommen, mit dem sie in ihrer Planung bei dem gegebenen Preis- und Geldlohnsatzniveau gerechnet haben. Da das *realisierte* Einkommen die Konsumwünsche der Haushalte *limitiert,* müssen sie ihre effektive Nachfrage nach Konsumgütern ihrem gesunkenen Einkommen anpassen; ihre effektive Nachfrage geht also

64 Diese Hypothese gehört auch zu den Grundannahmen der sog. **Neuen Keynesianischen Makroökonomik** (vgl. hierzu z.B. FELDERER, HOMBURG, a.a.O., S. 277 ff. und 337 ff., LEIJONHUFVUD, a.a.O., S. 49 ff.) und des **Neukeynesianischen Konsensmodells** (siehe hierzu Abschnitt V.3). - Siehe ferner N. G. MANKIW, The Macroeconomist as Scientist and Engineer. „The Journal of Economic Perspectives“, Vol. 20, No. 4 (2006), S. 34 ff., 38 ff.

zurück[65]. Daraufhin stellen die Unternehmer in der Konsumgüterindustrie fest, dass sich ihre Absatzerwartungen nicht erfüllt haben. Auch sie revidieren ihre Produktionspläne deshalb nach unten und leiten so eine neue (kontraktiv wirkende) Multiplikatorrunde ein. Neben diesem kontraktiven Impuls resultiert aus den sinkenden Realeinkommen aber auch ein expansiver Impuls, und zwar aus dem monetären Bereich: Infolge des Einkommensrückgangs verringert sich die (reale) Liquiditätspräferenz für Transaktionszwecke bei zunächst unveränderter realer Geldmenge, und es tritt eine Zinssenkung ein, die zu Investitionen anregt und so den Kontraktionsprozess dämpft. Als Fazit dieser insgesamt kontraktiv wirkenden Vorgänge wird schließlich vorübergehend der Punkt *A* realisiert, d.h. das reale Inlandsprodukt ist auf Y_A^r gesunken. Da hierdurch die Beschäftigung unter das Vollbeschäftigungsniveau fällt, entsteht Arbeitslosigkeit..

Die dem Punkt *A* entsprechende Situation auf dem Gütermarkt kann nicht bestehen bleiben, da sich als Reaktion auf den Angebotsüberschuss auf dem Gütermarkt ein Druck auf das Preisniveau ergibt. Aus der Preissenkung resultiert der sog. **Keynes-Effekt**: Bei konstanter nominaler Geldmenge steigt die reale Geldmenge, und es tritt eine *weitere* Zinssenkung ein, die weitere Investitionen induziert. Die durch den KEYNES-Effekt bewirkte Nachfragestimulierung setzt sich so lange fort, wie noch Preissenkungen erfolgen; Preissenkungen werden so lange eintreten, wie noch ein makroökonomisches Überschussangebot vorliegt. Die gesamtwirtschaftliche Nachfrage wird deshalb bei sinkenden Preisen entlang der NY_1^r-Kurve so lange expandieren, bis sie ein Niveau erreicht hat, das ausreicht, die der Vollbeschäftigung entsprechende Produktion Y_0^r aufzunehmen. Das reale Inlandsprodukt und die Beschäftigung kehren also auf ihre Ausgangswerte zurück, so dass das neue Gleichgewicht bei P_1 wieder mit *Vollbeschäftigung* einhergeht, allerdings bei einem *niedrigeren Preisniveau* (siehe Abb. IV. 8).

ccc) Die automatische Wiederherstellung des gestörten Vollbeschäftigungszustandes braucht aber nicht in jedem Fall einzutreten. Die speziellen Gründe, die eine selbsttätige Rückkehr zur Vollbeschäftigung verhindern, implizieren, dass der zur Vollbeschäftigung zurückführende *Keynes-Effekt* nicht wirksam wird.

---

65 Mit diesem Hinweis auf die Verknüpfung zwischen den Nachfragedispositionen der Haushalte und dem bei zunächst noch unverändertem Preis- und Geldlohnsatzniveau realisierbaren Arbeitsangebot (und damit dem realisierbaren Realeinkommen) wird Bezug auf einige wichtige Überlegungen von R. CLOWER genommen (und zwar auf die von ihm eingeführte **duale Entscheidungshypothese**). – Seiner Analyse kommt für die KEYNEsianische Theorie auch insofern eine besondere Bedeutung zu, als sie (fundiert durch einen einzelwirtschaftlichen Optimierungskalkül) eine Erklärung dafür bietet, dass in der KEYNEsianischen Konsumfunktion – anders als in den klassischen Nachfragefunktionen – eine *Transaktionsgröße*, nämlich das *reale Volkseinkommen*, als unabhängige Variable erscheint. Einzelheiten zu den Überlegungen CLOWERS siehe R. CLOWER, The KEYNEsian Counterrevolution: A Theoretical Appraisal. In: The Theory of Interest Rates. Proceedings of a Conference held by the International Economic Association. (Ed. by F. H. HAHN and F. P. R. BRECHLING). London, New York 1965. S. 103 ff., insbesondere S. 118 ff. – Vgl. auch LEIJONHUFVUD, a.a.O., S. 55 ff. – RICHTER, SCHLIEPER, FRIEDMANN, a.a.O., S. 348 ff. – G. ENGEL, Die Einbeziehung des monetären Bereichs in makroökonomische Modelle. Ein Beitrag zur Diskussion über den Transmissionsmechanismus monetärer Impulse. Göttinger Dissertation 1973. S. 133 ff.

Wie im Folgenden graphisch erläutert wird (siehe Abb. IV.9), kann die Ursache hierfür in der Existenz der *Liquiditätsfalle* liegen. Die entsprechende Darstellung geht wieder von einer Abnahme der Investitionstätigkeit, d.h. von einer Linksverschiebung der IS^r- Kurve, aus.

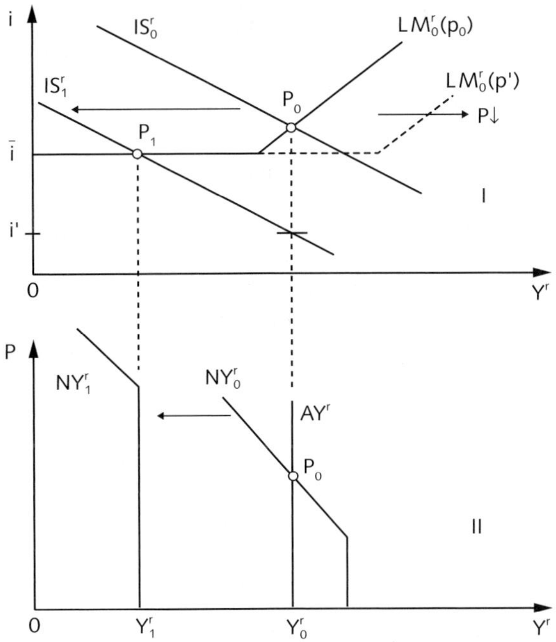

Abb: IV. 9

Wie schon ausgeführt, kommt es im Laufe des Kontraktionsprozesses zu einer verzögert einsetzenden Preissenkung, die eine Zunahme der realen Geldmenge bewirkt. Diese hat im HICKSschen Diagramm eine Rechtsverschiebung der LM^r-Kurve zur Folge (siehe Abb. IV.9, Quadrant I). Anders als in dem vorher betrachteten Fall führt die Zunahme der realen Geldmenge aber zu keiner Erhöhung der Investitionstätigkeit. Der Grund hierfür liegt darin, dass zur Wiederherstellung des Vollbeschäftigungseinkommens (Y_0^r) eine Zinssenkung (nämlich auf i') notwendig wäre, die nicht eintreten kann. Der zur Realisierung des Vollbeschäftigungseinkommens erforderliche Zinssatz liegt unter dem Marktzinssatz, der für gerade noch realisierbar gehalten wird, also unter dem Zinssatz ($\bar{i}$), der der Liquiditätsfalle entspricht[66]. Anders interpretiert wird der KEYNESeffekt nicht wirksam, da der Anstieg der realen Geldmenge keine Zinssenkung auslöst. Die weiteren Folgen zeigt Quadrant II: Nach der Linksverschiebung der Nachfragekurve NY_0^r stellt sich *kein* neues gesamtwirtschaftliches Gleichgewicht ein; der Angebotsüberschuss an Gütern bleibt wegen unzureichender Nachfrage bestehen und bewirkt eine ständige Preissenkung.

66 Für LEIJONHUFVUD (a.a.O., S.341) ist ein im Vergleich zum erforderlichen Zinssatz zu hoher (langfristiger) Marktzinssatz das „grundlegende Trauma" von KEYNES.

Die Rückkehr zur Vollbeschäftigung kann auch dadurch verhindert werden, dass die Investitionstätigkeit im Zuge ihrer autonomen Abschwächung *vollkommen zinsunelastisch* wird. In diesem Fall tritt zwar noch eine Zinssenkung als Folge der gestiegenen realen Geldmenge ein (vorausgesetzt es existiert keine Liquiditätsfalle), sie induziert aber keine Ausweitung der zinsabhängigen Investitionen. Demzufolge wird der Angebotsüberschuss auf dem Gütermarkt auch hier nicht beseitigt, und es ergibt sich – wie bei Existenz einer Liquiditätsfalle – ein permanenter Druck auf das Preisniveau und damit eine deflatorische Entwicklung, die die wirtschaftliche Funktionsfähigkeit des Systems gefährdet[67] und die Vollbeschäftigung nicht herbeiführen kann[68].

In Hinblick auf die schwerwiegenden Folgen des fortwährenden Deflationsprozesses ist von wirtschaftspolitischem Interesse, dass dieser Prozess an eine Grenze stößt, wenn der Geldlohnsatz (ähnlich wie bei der KEYNESschen Variante und abweichend von klassischen Vorstellungen) nicht mehr nach unten nachgibt. Wie schon gezeigt (Abb. IV.7), erhält die Angebotskurve hierdurch einen preiselastischen Bereich, so dass sich auf der nach links verschobenen Nachfragekurve stets ein Schnittpunkt mit der Angebotskurve ergibt und damit eine stabile *Gleichgewichtslage.* Offenbar werden in diesem Fall die Auswirkungen bestehender Inflexibilitäten (nämlich eine nach unten begrenzte Zinsanpassung oder eine vollkommene Zinsunelastizität der Investitionen) durch Einführung einer weiteren Inflexibilität (nämlich bei der Lohnanpassung) begrenzt. Vor diesem Hintergrund wird verständlich, dass für KEYNES ein (nach unten) stabiler Geldlohnsatz mehr ist als eine begründete Annahme; er ist zugleich eine wirtschaftspolitische Empfehlung[69].

bb) Das Modell mit der Keynesschen Variante. – Die für die KEYNESsche Variante wesentliche Annahme eines nach unten nicht flexiblen Geldlohnsatzes ist vorweg noch zu präzisieren. Diese Annahme kann alternativ bedeuten, dass der Geldlohnsatz von *jeder* einmal erreichten Gleichgewichtsposition aus nach un-

---

67 Aus der Sicht von KEYNES wird die wirtschaftliche Funktionsfähigkeit des Systems durch den Deflationsprozess aus verschiedenen Gründen gefährdet: 1. Es treten sozial nicht vertretbare Einkommensumverteilungsvorgänge auf (KEYNES, a.a.O., S. 268). 2. Die Kalkulationsbasis der Unternehmer wird unsicher (ebenda, S. 269). 3. Preissenkungen lösen pessimistische Preiserwartungen aus und verstärken so durch eine abnehmende Investitionstätigkeit den Deflationsprozess (vgl. Fußnote 50 im Unterabschnitt 2a) bb). 4. Preisschwankungen bedeuten, dass Geld eine wesentliche Voraussetzung seiner Funktionsfähigkeit verliert, nämlich die Stabilität seiner Kaufkraft (vgl. A. H. HANSEN, a.a.O., S. 164).

68 Zur Vervollständigung sei darauf hingewiesen, dass dieses Ergebnis von PIGOU kritisiert wurde, und zwar mit Hilfe eines Konzepts, das später in der Theorie von PATINKIN eine Rolle spielte. PIGOU wies darauf hin, dass die im Zuge des deflatorischen Prozesses eintretende Senkung des Preisniveaus eine Erhöhung der realen Kassenbestände bedeutet und hierdurch eine Erhöhung des Konsums ausgelöst wird. Auch wenn keine Investitionen induziert werden, soll hierdurch schließlich wieder eine der Vollbeschäftigung entsprechende gesamtwirtschaftliche Nachfrage realisiert werden können. Selbst wenn dieser **Pigoueffekt** tatsächlich die Vollbeschäftigung wiederherstellen sollte, bliebe aber die wichtige Frage offen, ob dieses in einer vertretbaren Zeit geschieht.

69 Vgl. KEYNES, a.a.O., S. 270, 304. – Siehe auch LEIJONHUFVUD, a.a.O., S. 332.

ten unbeweglich ist oder nur dann auf eine untere Grenze stößt, wenn er auf ein *ganz bestimmtes,* exogen fixiertes Lohnsatzniveau absinkt (wie bei einem gesetzlichen Mindestlohn). Auf die erste Version, die der Allgemeinen Theorie von KEYNES wohl eher entspricht[70], wollen wir uns bei den folgenden Betrachtungen konzentrieren. Die AY^r-Kurve erhält also bei jedem gesamtwirtschaftlichen Gleichgewicht mit Vollbeschäftigung einen positiv geneigten Verlauf, wenn das reale Inlandsprodukt fällt.

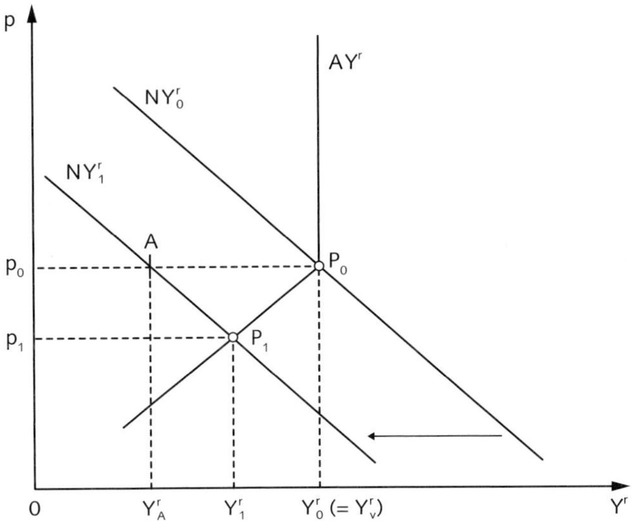

Abb. IV.10

Das durch P_0 beschriebene Ausgangsgleichgewicht wird annahmegemäß wieder dadurch gestört, dass die Investoren die Ertragsaussichten pessimistischer einschätzen und sich dementsprechend die NY^r_0-Kurve nach links verschiebt und zur NY^r_1-Kurve wird (siehe Abb. IV.10). Die gesamtwirtschaftliche Nachfrage geht also zurück, und es entsteht ein Angebotsüberschuss. Wie schon einmal dargestellt, wird hierdurch ein durch Zinssenkungen gedämpfter Kontraktionsprozess ausgelöst, der bei zunächst noch unveränderten Preisen vorübergehend zu einer Zwischenposition führt, die durch den Punkt *A* angegeben wird (siehe Abb. IV.10). Das reale Inlandsprodukt sinkt also auf Y^r_A.

Mit der Zeit stellt sich als Folge der rückläufigen gesamtwirtschaftlichen Nachfrage eine Preisreaktion ein, und zwar wegen des entstandenen Überschussangebots an Gütern (von AP_0) eine Preissenkung. Wie bereits erläutert, löst die Preissenkung im monetären Bereich durch den KEYNES-Effekt eine Gegenbewegung aus: Die Preissenkung bedeutet eine Erhöhung der realen Geldmenge; sie

70 So schreibt KEYNES (a.a.O., S.303), „that ... the workers ... are disposed to resist a reduction in their money-rewards, and that there is no corresponding motive to resist an increase". Diese Feststellung deutet eher auf einen asymmetrischen „ratchet-Effekt" hin als auf einen exogen fixierten (gesetzlichen) Mindestlohnsatz.

führt deshalb noch einmal zu einer Zinssenkung und zu einer dadurch ausgelösten Ausweitung der Investitionen. Anders als bei dem Modell mit klassischem Arbeitsmarkt und völlig flexiblem Geldlohnsatz bewirkt der KEYNES-Effekt hier jedoch auch bei normalem Verlauf der LM^r-Kurve und der IS^r-Kurve keine vollständige Rückkehr zum ursprünglichen Gleichgewicht. Der expansive *feedback-Effekt* (Rückkoppelungseffekt) reicht nicht aus, weil die für die Nachfrageausweitung erforderliche Preissenkung nicht stark genug ausfällt. Der Grund hierfür liegt darin, dass der Geldlohnsatz dem Angebotsdruck auf dem Arbeitsmarkt nicht nachgibt und konstant bleibt. Im Endergebnis stellt sich ein neues Gleichgewicht bei P_1 ein. Das reale Inlandsprodukt und das Preisniveau sind also gegenüber dem Ausgangsniveau gesunken. Anders als bei der klassischen Variante mit völlig flexiblen Geldlohnsätzen geht die Senkung des Preisniveaus also auch endgültig mit Einbußen bei der Produktion und Beschäftigung einher[71].

cc) Zusammenfassende Betrachtung. – Wir haben gesehen, dass die KEYNESianische Analyse die Existenz von Unterbeschäftigungssituationen im Gleichgewicht erklären kann und hierfür drei verschiedene Gründe liefert:

1. eine Untergrenze für den Marktzinssatz,
2. vollkommen zinsunelastische Investitionen und
3. einen nach unten nicht flexiblen Geldlohnsatz.

Während die Ursache der Unterbeschäftigung im ersten Fall im monetären Bereich und im zweiten Fall in den Bedingungen des Gütermarktes liegt, ist sie im dritten Fall in den Bedingungen des Arbeitsmarktes zu suchen. In den beiden ersten Fällen wirken sich die Ursachen in einer Begrenzung der gesamtwirtschaftlichen Nachfrage aus, die das reale Inlandsprodukt limitiert und auf das Beschäftigungsniveau weiterwirkt. Im letzten Fall fällt die Preissenkung wegen des nach unten unbeweglichen Geldlohnsatzes nicht stark genug aus, um die gesamtwirtschaftliche Nachfrage wieder dem Vollbeschäftigungsniveau anzupassen.

d) Wirtschaftspolitische Maßnahmen

aa) Geld- und fiskalpolitische Mittel. – Die vorhergehenden Überlegungen haben deutlich gemacht, dass die gesamtwirtschaftliche Nachfrage u.U. nicht ausreicht, um Vollbeschäftigung zu gewährleisten. Es liegt deshalb nahe, durch *wirtschaftspolitische Mittel* auf die gesamtwirtschaftliche Nachfrage einzuwirken. Wir werden zeigen, dass auf diese Weise eine Wiederherstellung der Vollbeschäftigung ermöglicht und (oder) beschleunigt werden kann. Neben einer Veränderung der nominalen Geldmenge (Geldpolitik) beziehen wir zum Zwecke des Vergleichs auch fiskalpolitische Maßnahmen in die Überlegungen ein, z.B. Änderungen der (realen) Staatsausgaben.

---

[71] Beruht die Lohninflexibilität auf einem gesetzlich *fixierten Mindestlohnsatz*, dann führt ein exogen bedingter Rückgang der gesamtwirtschaftlichen Nachfrage erst dann zu einer endgültigen Senkung des realen Inlandsprodukts, wenn der Geldlohnsatz als Folge der Kontraktion auf den gesetzlichen Mindestlohnsatz absinkt.

bb) Expansive Maßnahmen. - aaa) Bei der Analyse expansiver wirtschaftspolitischer Maßnahmen wollen wir (zunächst) folgende Situation zu Grunde legen (vgl. Abb. IV.11 und IV.12): In der durch P_0 gekennzeichneten Ausgangslage herrscht Arbeitslosigkeit, und zwar wegen eines nach unten nicht flexiblen Geldlohnsatzes (KEYNESsche Variante).

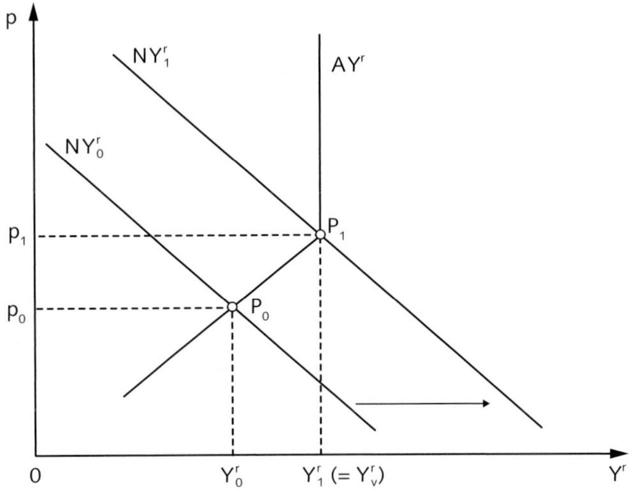

Abb. IV.11

Die bei P_0 bestehende Arbeitslosigkeit kann beseitigt werden, wenn es gelingt, das reale Inlandsprodukt auf das der Vollbeschäftigung entsprechende Niveau Y_1^r (= Y_v^r) anzuheben. Zu diesem Zweck bietet es sich an, die gesamtwirtschaftliche Nachfrage durch wirtschaftspolitische Maßnahmen so anzuregen, dass die neue NY_1^r-Kurve die unveränderte AY^r-Kurve in ihrem Vollbeschäftigungsbereich, z.B. in P_1, schneidet (vgl. Abb. IV.11). Die erforderliche Zunahme der gesamtwirtschaftlichen Nachfrage lässt sich erreichen, indem man die (nominale) *Geldmenge* vergrößert oder die *Staatsausgaben* bei konstanter Geldmenge erhöht. In beiden Fällen erhöht sich das reale Inlandsprodukt bei steigendem Preisniveau (entsprechend der Bewegung von P_0 nach P_1).

Der Anpassungsprozess bei einer *Geldmengenexpansion* soll unter Berücksichtigung der Zinsentwicklung mit Hilfe des HICKSschen Diagramms genauer untersucht werden. Die Hypothese über die Anpassungsgeschwindigkeit von Produktion und Preisniveau wird dabei - der Realität entsprechend - wie folgt erweitert:

- *Der Zinssatz reagiert schneller als das reale Inlandsprodukt.*

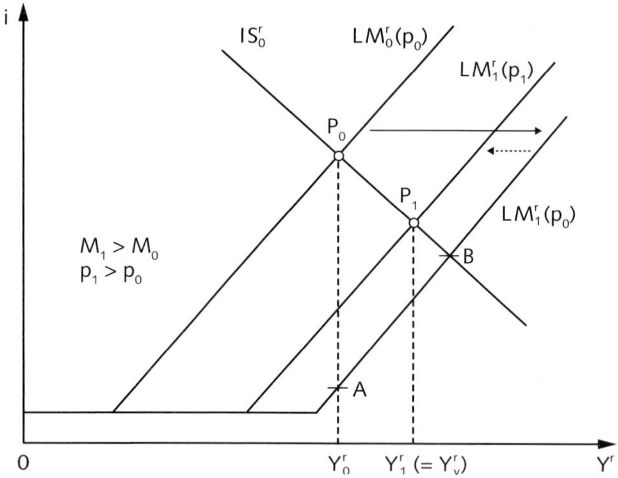

Abb. IV.12

Durch die Geldmengenexpansion verschiebt sich die LM^r-Kurve nach rechts. Unmittelbar nach der Ausweitung der Geldmenge stellt sich - bei noch unverändertem realen Inlandsprodukt - eine Zinssenkung ein (entsprechend der Bewegung von P_0 nach A. Der Anstieg des realen Inlandsprodukts führt dann - bei zunächst unverändertem Preisniveau - zu einem Anstieg des Zinsniveaus (entsprechend der Bewegung von A nach B in Abb. IV.12). Im weiteren Verlauf des Anpassungsprozesses erhöht sich das Preisniveau, so dass die reale Geldmenge abnimmt, und der Zinssatz steigt infolgedessen weiter an (entsprechend der Bewegung von B nach P_1 in Abb. IV.12).

Im Einzelnen lässt sich der **Transmissionsmechanismus** zwischen einer (z.B. durch Wertpapierankäufe der Zentralbank bewirkten) *Geldmengenerhöhung* einerseits und der Erhöhung des realen Inlandsprodukts anderseits durch folgende Anpassungsvorgänge beschreiben:

- Nichtbanken werden durch einen sinkenden Zinssatz (bzw. steigende Wertpapierkurse) veranlasst, die zusätzliche Geldmenge aufzunehmen (und dafür Wertpapiere herzugeben).
- Der sinkende Zinssatz regt zu Investitionen an. Die steigende Nachfrage nach Investitionsgütern veranlasst die Investitionsgüterindustrie, ihre Produktion auszuweiten.
- Die Mehrproduktion in der Investitionsgüterindustrie schafft zusätzliche Einkommen, die zu einer Erhöhung der Nachfrage nach Konsumgütern führen und die Produktion in der Konsumgüterindustrie stimulieren. Hierdurch werden wieder Einkommen geschaffen, die in einer neuen Multiplikatorrunde wiederum die Nachfrage nach Konsumgütern erhöhen, usw.
- Die Steigerung der Realeinkommen führt zu einer erhöhten Liquiditätspräferenz für Transaktionszwecke und bewirkt damit einen Zinsanstieg, der die primäre Investitionserhöhung abschwächt.

- Mit der Zeit steigt das Preisniveau als Folge des entstandenen Nachfrageüberschusses an Gütern.
- Aus dem Preisanstieg resultiert eine Abnahme der realen Geldmenge und damit ein weiterer Zinsanstieg. Die Folge ist eine weitere Dämpfung des Expansionsprozesses.

Im Endergebnis führt der Expansionsprozess, der *zunächst* die Investitionsgüterindustrie und erst *danach* die Konsumgüterindustrie erfasst, zu einer *Vergrößerung des realen Inlandsprodukts, der Beschäftigung und des Preisniveaus*[72]. Offenbar ist die Geldmenge in dem hier betrachteten Fall - abweichend von den Vorstellungen der Klassiker - *nicht neutral* in Bezug auf reale Größen. Allerdings ergibt sich auch bei der KEYNESschen Variante der Lohnbildung Neutralität des Geldes, wenn die Vollbeschäftigungsgrenze erreicht und die Geldmenge weiter ausgedehnt wird. In diesem Fall führt eine Ausweitung der Geldmenge nur zu einer proportionalen Erhöhung des Preisniveaus, und es gilt die *Quantitätstheorie*[73].

Wird der Expansionsprozess nicht durch eine Erhöhung der Geldmenge, sondern durch eine *Vergrößerung* der (realen) *Staatsausgaben* bei konstanter Geldmenge bewirkt, dann ist der Transmissionsmechanismus weitgehend ähnlich. Besonderheiten ergeben sich aus der unterschiedlichen Zinsanpassung. Während der Zinssatz bei einer Geldmengenexpansion im neuen Gleichgewicht gegenüber dem Ausgangsgleichgewicht gesunken ist (von P_0 nach P_1 in Abb. IV.12), muss er bei einer Erhöhung der Staatsausgaben gestiegen sein. Die Begründung hierfür liefert die Geldmarktgleichung: Wegen des Preisanstiegs ist die reale Geldmenge gesunken, und wegen der Erhöhung des realen Inlandsprodukts hat die Geldnachfrage zugenommen. Hierdurch entsteht eine Überschussnachfrage nach Geld. Ihre Beseitigung erfordert einen *Zinsanstieg*.

Die bei expansiver Fiskalpolitik eintretende Zinserhöhung bewirkt, dass private Investitionen verdrängt werden. Erreicht der Expansionsprozess die Vollbeschäftigungsgrenze und werden die Staatsausgaben noch weiter erhöht, dann wird dieses **„crowding out"** vollständig, d.h. zusätzliche Staatsausgaben verdrängen private Investitionen in gleichem Umfang, und das reale Inlandsprodukt bleibt bei steigendem Preisniveau unverändert[74].

---

72 Vgl. hierzu auch den Anhang A 4).

73 Dieses Ergebnis erhält man immer, wenn die klassische Arbeitsangebotsfunktion und damit eine senkrecht verlaufende makroökonomische Angebotsfunktion relevant werden. Im HICKSschen Diagramm wird dann die durch einen Anstieg der (nominalen) Geldmenge bewirkte *Rechtsverschiebung* der LM^r-Kurve durch eine gleich große, auf induzierte Preiserhöhungen zurückgehende *Linksverschiebung* der LM^r-Kurve in Hinblick auf Zinssatz und reales Inlandsprodukt vollständig kompensiert. Ändern sich demzufolge Zinssatz und reales Inlandsprodukt nicht, dann erfordert Gleichgewicht im monetären Bereich, dass die reale Geldmenge konstant bleibt und sich nominale Geldmenge und Preisniveau dementsprechend proportional zueinander entwickeln. - Vgl. auch KEYNES, A.A.O., S. 289, 295 f.

74 Im HICKSschen Diagramm wird dann die durch Zunahme der Staatsausgaben bewirkte *Rechtsverschiebung* der IS^r-Kurve durch eine gleich große, auf Preiserhöhungen zurückgehende *Linksverschiebung* der LM^r-Kurve in Hinblick auf das reale Inlandsprodukt vollständig kompensiert.

bbb) Im Rahmen der bisherigen Analyse zeigen sich wesentlichere *Unterschiede* zwischen expansiven Maßnahmen der Geld- und Fiskalpolitik, wenn wir eine andere Ausgangssituation betrachten (vgl. Abb. IV.13 und IV.14).

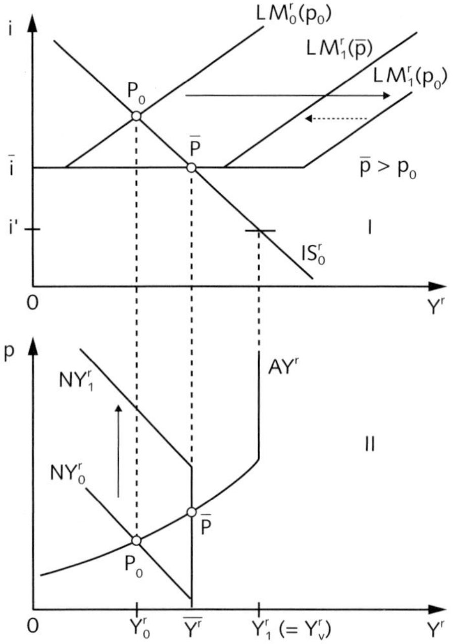

Abb. IV.13

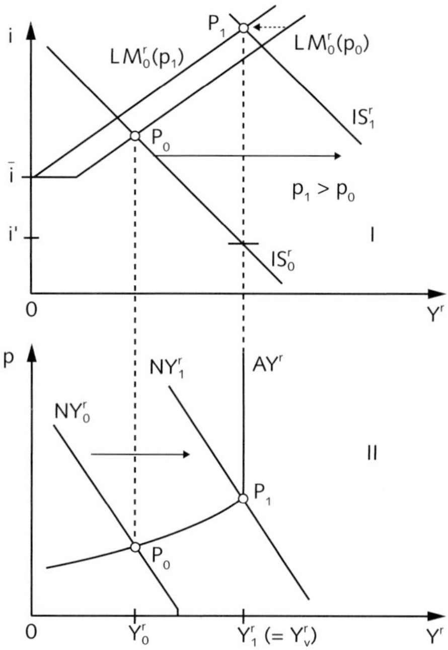

Abb. IV.14

Die Ausgangssituation unterscheidet sich von dem in Abb. IV.11 bzw. IV.12 untersuchten Fall dadurch, dass die Liquiditätsfalle wirksam ist. Sie impliziert in den Abb. IV.13 und IV.14, dass bei gegebener Höhe der Staatsausgaben (d.h. bei gegebener IS^r-Kurve) zur Erreichung der Vollbeschäftigung (bei Y_1^r) ein Zinssatz erforderlich ist (nämlich i'), der unter dem noch realisierbaren Zinssatz $\bar{i}$ liegt. Die graphischen Darstellungen lassen unmittelbar erkennen, dass in diesem Fall das Vollbeschäftigungseinkommen (Y_1^r) nur durch eine Erhöhung der Staatsausgaben (also durch fiskalpolitische Mittel), *nicht* aber durch eine Ausdehnung der Geldmenge erreicht werden kann[75]. Die Vergrößerung der Geldmenge erhöht

[75] KEYNES hat vermutlich diese Situation vor Augen, wenn er den Einsatz öffentlicher Investitionen als konjunkturpolitisches Mittel erörtert (a.a.O., S. 378): „ ... it seems unlikely that the influence of banking policy on the rate of interest will be sufficient by itself to determine an optimum rate of investment (d.h. ein zur Herstellung der Vollbeschäftigung erforderliches Investitionsniveau. H.-J. J.). I conceive, therefore, that a somewhat comprehensive socialisation of investment will prove the only means of securing an approximation to full employment ...". – Der Vollständigkeit halber sei darauf hingewiesen, dass umgekehrt geldpolitische Mittel wirksam und fiskalpolitische Mittel unwirksam bleiben, wenn die Ausgangssituation in einem vollkommen unelastischen Bereich der LM^r-Kurve liegt. Man nennt diesen Bereich häufig auch den *klassischen* Bereich.

das reale Inlandsprodukt nur unzureichend, nämlich höchstens bis auf $\overline{Y}^r$ (vgl. Abb. IV.13).

ccc) An den Aussagen über die Wirksamkeit expansiver geld- und fiskalpolitischer Maßnahmen im Rahmen einer KEYNESianischen Analyse ändert sich grundsätzlich nichts, wenn wir einen klassischen Arbeitsmarkt mit völlig flexiblen Geldlohnsätzen unterstellen[76]. Liegt in der Ausgangslage ein Vollbeschäftigungsgleichgewicht vor und wird dieses durch einen autonomen Rückgang der Investitionen gestört, dann können – wie bereits dargestellt – im Zuge des *deflatorischen* Prozesses zwei Konsequenzen eintreten:

1. Die durch sinkende Preise bewirkte Zunahme der realen Geldmenge induziert durch eine Zinssenkung zusätzliche Investitionen (KEYNES-Effekt) und führt so mit der Zeit zur Vollbeschäftigung zurück.
2. Die Erhöhung der realen Geldmenge bewirkt wegen der liquidity trap keine für die Rückgewinnung der Vollbeschäftigung ausreichende Zinssenkung, oder die Investitionen sind vollkommen zinsunelastisch. Die Folge ist der bereits beschriebene fortwährende Deflationsprozess.

Im *ersten* Fall sind sowohl geld- als auch fiskalpolitische Mittel geeignet, die Wiederherstellung der Vollbeschäftigung zu beschleunigen. Im *zweiten* Fall wird eine Erhöhung der (nominalen) Geldmenge ebenso wenig ausrichten können wie die im Zuge des Deflationsprozesses sinkenden Preise; denn in der Wirkung auf die reale Geldmenge besteht zwischen beiden Vorgängen kein Unterschied[77]. Als Mittel der Vollbeschäftigungspolitik kommen in diesem Fall lediglich fiskalpolitische Maßnahmen in Frage. So lässt sich die durch eine abnehmende Investitionstätigkeit bewirkte Lücke in der gesamtwirtschaftlichen Nachfrage z.B. durch eine Erhöhung der Staatsausgaben wieder auffüllen.

cc) Kontraktive Maßnahmen. – Während wir uns in den bisherigen Betrachtungen auf Unterbeschäftigungssituationen konzentriert und deshalb nur expansiv wirkende Maßnahmen der Geld- und Fiskalpolitik untersucht haben, betrachten wir jetzt eine Volkswirtschaft bei Vollbeschäftigung. Kommt es in dieser Situation zu einer Vergrößerung der gesamtwirtschaftlichen Nachfrage (z.B. weil die zukünftigen Ertragsaussichten von Investoren optimistischer beurteilt werden), dann kann zur Vermeidung eines Expansionsprozesses mit unerwünschten Preissteigerungen eine *kontraktive* Geld- bzw. Fiskalpolitik (d.h. eine Senkung der Geldmenge bzw. eine Einschränkung der Staatsausgaben bei konstanter Geldmenge) erforderlich werden.

---

[76] Vgl. die Ausführungen unter c) aa).

[77] Eine Erhöhung der nominalen Geldmenge und eine Senkung des Preisniveaus vergrößern gleichermaßen die reale Geldmenge und bewirken damit eine Rechtsverschiebung der LM^r-Kurve.

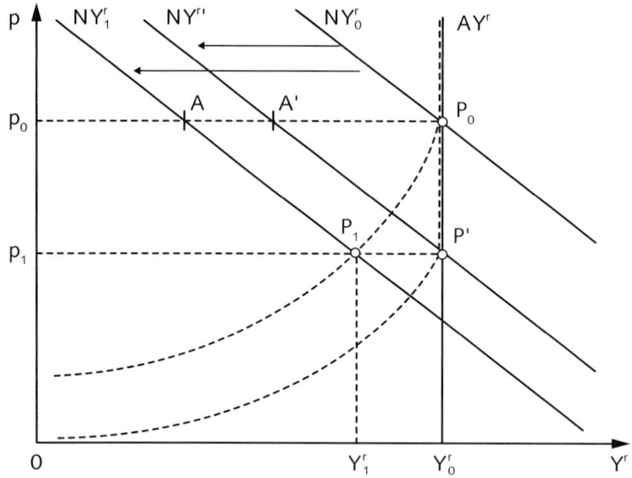

Abb. IV. 15

Betrachten wir zur Illustration einmal den Fall, dass das Preisniveau infolge zunehmender Investitionstätigkeit von p_1 auf p_0 gestiegen ist und wieder auf das Niveau p_1 gesenkt werden soll (vgl. Abb. IV.15). Offenbar kann dieses Ziel durch eine Senkung der gesamtwirtschaftlichen Nachfrage erreicht werden, durch die die Nachfragekurve nach links verschoben wird. Das Ausmaß der erforderlichen Kontraktion und der Anpassungsprozess hängen davon ab, ob die Angebotskurve klassischen Bedingungen entspricht oder auf der KEYNESschen Variante beruht. Im *ersten* Fall gilt die durchgezogene AY^r-Senkrechte, und man sieht, dass die Nachfragekurve in die Lage $NY^{r\prime}$ zu verschieben ist, um das Preisniveau auf p_1 zu senken. Als Folge der kontraktiven Maßnahmen ergibt sich dabei *vorübergehend* - bei zunächst noch unverändertem Preisniveau - eine mit einem Beschäftigungsrückgang verbundene Senkung des realen Inlandsprodukts (siehe *A'*), *letztlich* aber nur die angestrebte Senkung des Preisniveaus (siehe *P'*). Im *zweiten* Fall gilt die gestrichelt eingezeichnete AY^r-Kurve mit der Knickstelle bei P_0 (siehe Abb. IV.15). Man sieht, dass die Nachfragekurve jetzt in die Lage NY_1^r zu verschieben ist, um das Preisniveau auf p_1 zu senken. Die kontraktiven Maßnahmen sind bei Geldlohnresistenz also stärker zu dosieren als im klassischen Fall. Im Zuge der Anpassung wird dann bei zunächst noch unverändertem Preisniveau der Punkt *A* und nach vollzogener Preisanpassung der Punkt P_1 realisiert (vgl. Abb. IV.15). Somit zeigt sich, dass die Preissenkung (auf p_1) im Rahmen der KEYNESschen Variante - anders als bei einer klassischen Angebotskurve - auch endgültig mit einer Einbuße an realem Inlandsprodukt und mit Unterbeschäftigung erkauft wird.

Wie sich schließlich der *Zinssatz* bei kontraktiven Maßnahmen verändert, ergibt sich aus folgenden Überlegungen. Bei kontraktiver Geldpolitik (Senkung der Geldmenge) erhöht sich der Zinssatz, da auf diesem Wege der kontraktive Einfluss auf die Güternachfrage ausgeübt wird (zinselelastische Investitionen vorausgesetzt). Bei kontraktiver Fiskalpolitik (Einschränkung der Staatsausgaben) sinkt er, wie sich aus der Geldmarktgleichung ergibt: Durch die Senkung des Preisniveaus steigt die reale Geldmenge; das reale Inlandsprodukt bleibt entweder konstant (wie bei der klassischen Variante) oder es nimmt ab (wie bei der KEYNESschen Variante). In jedem Fall entsteht auf dem Geldmarkt ein Überschussangebot, dessen Beseitigung einen Zinsrückgang erfordert.

Zusammenfassung:

1. In der KEYNESianischen Theorie ist Gleichgewicht auf dem Gütermarkt nicht immer zwangsläufig mit Vollbeschäftigung verbunden. Der Anpassungsprozess kann blockiert werden, wenn
   a) die Liquiditätspräferenzkurve für spekulative Zwecke vollkommen elastisch verläuft (wie in der Liquiditätsfalle) oder die Investoren vollkommen zinsunelastisch reagieren oder
   b) die Geldlohnsätze nach unten nicht flexibel und damit bei Unterbeschäftigung konstant sind.

2. Ist der Geldlohnsatz vollkommen flexibel (wie beim klassischen Arbeitsmarkt), dann führt eine Änderung der Geldmenge nur zu einer proportionalen Änderung des Preisniveaus, vorausgesetzt, die unter 1a) beschriebene Situation liegt nicht vor. Ist der Geldlohnsatz demgegenüber nach unten nicht flexibel (wie bei der KEYNESschen Variante), dann führt eine Senkung der Geldmenge immer und eine Erhöhung der Geldmenge bei Unterbeschäftigung zu einer gleichgerichteten Änderung des realen Inlandsprodukts, der Beschäftigung und des Preisniveaus, vorausgesetzt die unter la) beschriebene Situation liegt nicht vor. Bei der ersten Variante ist Geld in Bezug auf reale Größen neutral, bei der zweiten nicht.

3. Liegt die unter l a) angegebene Situation vor, dann bleibt eine Änderung der Geldmenge ohne Wirkung auf das reale Inlandsprodukt, die Beschäftigung und das Preisniveau.

4. Da die Zinsanpassung nach unten begrenzt ist (wegen der Liquiditätsfalle), nach oben aber nicht, lässt sich die gesamtwirtschaftliche Nachfrage durch Geldmengenänderungen in expansiver Richtung nicht immer in jedem gewünschten Ausmaß beeinflussen, wohl aber in kontraktiver Richtung (zinselastische Investitionen vorausgesetzt).

5. Ist eine Unterbeschäftigungssituation gegeben und liegt das zur Realisierung des Vollbeschäftigungseinkommens erforderliche Zinsniveau unter dem der Liquiditätsfalle entsprechenden (also gerade noch realisierbaren) Zinsniveau, dann kann das Vollbeschäftigungseinkommen durch eine Erhöhung der Geldmenge nicht erreicht werden. Dieses hat KEYNES veranlasst, für expansive Fiskalpolitik (wie die Durchführung öffentlicher Investitionen) als Mittel der Beschäftigungspolitik zu plädieren.

3. Der Transmissionsmechanismus der relativen Preise

Bei dem Transmissionsmechanismus der relativen Preise handelt es sich um eine Auffassung, die davon ausgeht, dass eine geldpolitische Maßnahme, z.B. Verkäufe von Schuldverschreibungen durch die Zentralbank, für eine Wirtschaftseinheit die Störung einer vorher als optimal angesehenen Vermögenszusammensetzung bedeutet. Auf die Störung reagieren Wirtschaftseinheiten mit Anpassungsmaßnahmen, die das *Finanzvermögen, das Sachvermögen* und die *Verbindlichkeiten* betreffen und auch die *Produktion neuer Güter* mit einbeziehen. An der Entwicklung einer entsprechenden theoretischen Konzeption waren seit Anfang der sechziger Jahre in besonderem Maße MILTON FRIEDMAN, KARL BRUNNER und ALLAN H. MELTZER, aber auch JAMES TOBIN beteiligt[78]; übernommen wurden dabei Bestandteile der *neoklassischen* Theorie, der Theorie von DON PATINKIN und der Theorie von KEYNES.

a) Die Bilanzpositionen

Wir beginnen die Beschreibung des **Transmissionsmechanismus der relativen Preise** mit einer Darstellung der für unsere Analyse relevanten Bilanzpositionen, und zwar für Geschäftsbanken und Nichtbanken:

1. Geschäftsbanken

Aktiva	Passiva
Mindestreserven Schuldverschreibungen der Zentralbank Staatsobligationen Kredite an Nichtbanken	Sichteinlagen von Nichtbanken Zentralbankverschuldung Reinvermögen

2. Nichtbanken

Aktiva	Passiva
Bargeld und Sichteinlagen Staatsobligationen Aktien Sachvermögen (einschl. dauerhafte Konsumgüter)	Bankverbindlichkeiten Reinvermögen

---

78 Vgl. FRIEDMAN and SCHWARTZ, a.a.O., S. 60f. – M. FRIEDMAN and D. MEISELMAN, The Relative Stability of Monetary Velocity and the Investment Multiplier in the United States, 1897 – 1958. In: Stabilization Policies. Commission on Money and Credit. Prentice Hall, Englewood Cliffs, N. J., 1963, S. 218 ff. – K. BRUNNER and A. H. MELTZER, The Place of Financial Intermediaries in the Transmission of Monetary Policy. „The American Economic Review", Vol. 53 (1963), Papers and Proceedings, S. 372 ff. – K. BRUNNER, Eine Neuformulierung der Quantitätstheorie des Geldes. Die Theorie der relativen Preise, des Geldes, des Outputs und der Beschäftigung. „Kredit und Kapital", Vol. 3 (1970), S. 1 ff. – J. TOBIN and W. C. BRAINARD, Financial Intermediaries and the Effectiveness of Monetary Controls. „The American Economic Review", Vol. 53 (1963), Papers and Proceedings, S. 383 ff. – J. TOBIN, A General Equilibrium Approach to Monetary Theory. „Journal of Money, Credit and Banking", Vol. 1 (1969), S. 15 ff.

Im Folgenden soll an einem Beispiel[79] erläutert werden, wie Geschäftsbanken und Nichtbanken mit den Bilanzpositionen reagieren und darüber hinaus über den Erwerb neu produzierter Güter disponieren, wenn sich die verfügbaren Mittel[80], das gesamte Vermögen und die mit den einzelnen Bilanzpositionen verbundenen Erträge oder Aufwendungen verändern. Es handelt sich also im Prinzip um Überlegungen, die durch die Theorie der *portfolio selection* vorbereitet sind[81].

b) Der Anpassungsprozess

Der Anpassungsprozess soll dadurch ausgelöst werden, dass die Zentralbank in größerem Umfang Schuldverschreibungen in Form von Geldmarktpapieren emittiert und im Versteigerungsverfahren (Tenderverfahren) am Geldmarkt unterbringt. Dadurch steht für Geldmarktgeschäfte unter den Geschäftsbanken weniger Zentralbankgeld zur Verfügung, so dass am Geldmarkt ein Liquiditätsbedarf herbeigeführt oder vergrößert wird. Die aus der geldpolitischen Maßnahme resultierenden *Anpassungsvorgänge*[82] werden in einer bestimmten Aufeinanderfolge wiedergegeben, ohne dass damit ein strikter zeitlicher Ablauf festgelegt und ein zeitliches Nebeneinander von Anpassungsvorgängen ausgeschlossen sein soll:

1. Diejenigen Banken, die auf Grund der Liquiditätsverknappung am Geldmarkt Zentralbankgeld benötigen, werden kurzfristig *Refinanzierungsfazilitäten* bei der Zentralbank in Anspruch nehmen. Außerdem werden sie sehr bald ihren Bestand an *Obligationen* (z.B. an Staatsanleihen) abbauen, so dass auch dieser Anpassungsvorgang noch der Phase 1 zugerechnet werden kann. Das erhöhte Angebot an Obligationen bedeutet bei unveränderter Nachfrage, dass der Kurs bzw. der Preis von Obligationen sinkt oder - was auf das Gleiche hinausläuft - ihre Rendite zunimmt. Die Kurssenkung bei Obligationen ist der Grund dafür, dass private Nichtbanken Obligationen von Geschäftsbanken kaufen. Sie verlieren dadurch Geld in Form von Sichteinlagen, so dass die Mindestreserven bei den Geschäftsbanken sinken. Außerdem nimmt wegen der sinkenden Sichteinlagen auch die *Geldmenge* ab, und die Bargeldhaltung verringert sich.
2. Die Geschäftsbanken werden durch die erhöhte Inanspruchnahme von Refinanzierungsfazilitäten bei der Zentralbank, durch die Abnahme ihres Bestandes an Obligationen sowie durch die Kurssenkungen von Obligationen (bzw. die Erhöhung ihrer Rendite) veranlasst, ihr *Angebot an Krediten* einzuschränken, beispielsweise auslaufende Kredite nicht zu erneuern. Im Zuge von Kredittilgungen sinken die Sichteinlagen, so dass auch hierdurch Mindestreserven freigesetzt werden und sich die Bargeldhaltung verringert. Für die Geschäftsbanken wird also Zentralbankgeld verfügbar, das sie benutzen, um die Zentralbankverschuldung wieder etwas abzubauen und die reduzierten

[79] Ein formalisierter Ansatz findet sich im Anhang A 5).

[80] Die verfügbaren Mittel haben nur eine Bedeutung für die Geschäftsbanken; sie nehmen ab, wenn die Zentralbank Schuldverschreibungen an die Geschäftsbanken verkauft.

[81] Die Darstellung der *portfolio selection* in Kapitel II unter 3b) und 3c) bezieht sich allerdings nur auf Bestandteile der Aktivseite und dabei auch nur auf finanzielles Vermögen.

[82] Vgl. hierzu BRUNNER, Eine Neuformulierung ..., a.a.O., S. 8 ff.

Bestände an Obligationen wieder etwas zu erhöhen. Die Einschränkung des Kreditangebots der Geschäftsbanken geht mit einer Erhöhung des Sollzinssatzes und einer weiteren Senkung der *Geldmenge* einher.

3. Gegenüber der Ausgangssituation hat sich nicht nur der Sollzinssatz für Bankkredite, sondern auch die Rendite für Obligationen erhöht bzw. ihr Kurs (bzw. Preis) ist gesunken. Die Nichtbanken werden hierdurch veranlasst, bereits *vorhandenes Sachvermögen*, das im Preis noch nicht gefallen ist, vermehrt zu verkaufen. Hierbei kann es sich konkret um den Verkauf von Aktien handeln, die Miteigentum an bestehenden Unternehmungen verkörpern, oder um Anteilsrechte an Immobilien bzw. um Immobilien selbst. Die Erhöhung des Angebots an bereits vorhandenem Sachvermögen führt zu einer Senkung der entsprechenden Preise, u.a. auch zu einer Senkung der Aktienkurse bzw. einer Erhöhung ihrer Rendite, einer Senkung der Preise von Anteilsrechten an Immobilienfonds oder von Immobilien usw.
4. Die Preissenkung bei vorhandenem Sachvermögen bedeutet, dass dieses im Verhältnis zu neu produziertem Sachvermögen relativ billig wird[83]. Bei zunächst noch unveränderten Angebotspreisen für neu produziertes Sachvermögen tritt deshalb eine Abschwächung der Nachfrage nach *neu produziertem Sachvermögen* (Investitionsgüter, Neubauten, dauerhafte Konsumgüter wie PKWs, Waschmaschinen etc.) ein. Die Abschwächung der Nachfrage nach neu produziertem Sachvermögen hat in den entsprechenden Branchen einen Rückgang von Produktion und Beschäftigung zur Folge und bewirkt auch hier fallende Preise, die zudem von einer Senkung der Geldlohnsätze begleitet sind.
5. Die Preissenkung beim vorhandenen und neu produzierten Sachvermögen führt dazu, dass dieses mehr und die noch nicht im Preis gesunkenen (d.h. noch relativ teuren) *Leistungen bzw. Produkte des Sachvermögens* weniger nachgefragt werden. Man substituiert die Mietwohnung durch ein Eigenheim, das öffentliche Verkehrsmittel bzw. das Taxi durch einen gekauften Gebrauchtwagen oder einen neuen PKW. Die auf diese Weise eintretende Abschwächung der Nachfrage nach Leistungen von Sachvermögensbeständen führt in den entsprechenden Bereichen zu einem Rückgang der Preise (z.B. zu Mietsenkungen).
6. Die Senkung der Kurse von Obligationen und Aktien sowie der Preisrückgang beim bereits vorhandenen Sachkapital (wie Immobilien) bedeuten eine *Wertminderung für das private Nettovermögen*. Hieraus resultiert eine Abschwächung der Nachfrage nach Gütern und Dienstleistungen.
7. Die Abschwächung der wirtschaftlichen Aktivität veranlasst die Investoren, ihre *Ertragserwartungen* nach unten zu revidieren und ihre Nachfrage nach Sachvermögen einzuschränken.
8. Die in den Phasen 4 bis 7 geschilderten Anpassungsvorgänge bedeuten eine verminderte Nachfrage der privaten Nichtbanken nach neu produzierten Gütern und Dienstleistungen. Hierdurch entsteht ein Kontraktionsprozess, der zu einer Abnahme der Nachfrage nach Bankkrediten führt und eine *Senkung des Sollzinssatzes* bewirkt. Die Banken werden durch die rückläufige Kredit-

---

[83] Damit sinkt das **Tobinsche *q***, d.h. der Marktpreis des vorhandenen Sachkapitals in Relation zu seinen Reproduktionskosten. Vgl. hierzu den Unterabschnitt III. 3 d) ee).

vergabe veranlasst, ein noch vorhandenes Zentralbankobligo weiter abzubauen und ihre Bestände an Obligationen weiter aufzustocken. Letzteres führt zu einer Kurserhöhung bei Obligationen und einer *Senkung ihrer Rendite*.

9. Die sich im Zuge des Kontraktionsprozesses einstellende Senkung des Sollzinssatzes und der Rendite von Obligationen wirkt der anfänglichen Abschwächung der gesamtwirtschaftlichen Güternachfrage und dem hierdurch eingeleiteten Kontraktionsprozess entgegen. Die Senkung von Sollzinssatz und Obligationenrendite wirkt also auf den güterwirtschaftlichen Bereich zurück und löst insofern einen *feedback-Effekt* (Rückkoppelungseffekt) aus.
10. Ein *feedback-Effekt* entsteht auch dadurch, dass im Zuge des Kontraktionsprozesses eine allgemeine, die neu produzierten Güter erfassende Senkung der Preise eintritt, die einen Anstieg des realen Nettovermögens bedeutet und demzufolge einen expansiven Einfluss auf die Nachfrage der privaten Nichtbanken nach Gütern und Dienstleistungen ausübt.

Die durch einen monetären Impuls ausgelösten Anpassungsvorgänge im monetären und güterwirtschaftlichen Bereich sind nur für den Fall einer kontraktiv wirkenden Störung (Verkauf von Schuldverschreibungen der Zentralbank) dargestellt worden. Auf eine Beschreibung eines gegenläufigen Prozesses wollen wir verzichten, da die Anpassungsvorgänge jeweils nur in der entgegengesetzten Richtung erfolgen.

c) Ergebnisse des Anpassungsprozesses

Der oben dargestellte *Transmissionsmechanismus* erscheint als eine Kette von Wechselwirkungen zwischen Geld, sonstigem finanziellen Vermögen, Sachvermögen und Verbindlichkeiten sowie zwischen diesen Bestandsgrößen und der Neuproduktion von Investitions- und Konsumgütern[84]. Die Anpassungsvorgänge sind dabei im Wesentlichen Begleiterscheinungen von *Vermögens- und Substitutionseffekten*. So ist die Nachfrageabschwächung, soweit sie durch den Kurs- bzw. Preisrückgang bei Obligationen, Aktien und bestehendem Sachvermögen ausgelöst wird (vgl. Phase 6), die Folge eines Vermögenseffektes. Substitutionseffekte werden im monetären Bereich z.B. wirksam, wenn die Banken durch eine Senkung des Sollzinssatzes (als Folge abnehmender Kreditnachfrage) veranlasst werden, ihre Kreditgewährung einzuschränken und ihren Bestand an Obligationen aufzustocken (vgl. Phase 8). Substitutionseffekte, die auf den güterwirtschaftlichen Bereich einwirken, sind in unserem Beispiel in den Phasen 3, 4, und 5 dargestellt worden.

Substitutions- und Vermögenseffekte der geschilderten Art sind also die entscheidenden Mechanismen, die eine Ausbreitung der durch die Zentralbank am Geldmarkt herbeigeführten Liquiditätsverknappung auf den gesamten monetären Bereich bewirken und die die Impulse aus dem monetären Bereich auf den güterwirtschaftlichen Bereich übertragen und dadurch schließlich Änderungen der gesamtwirtschaftlichen Produktion, der Beschäftigung und des Preisniveaus herbeiführen. Der Anpassungsprozess kann dabei vorübergehend noch durch

---

[84] Vgl. K. BRUNNER, The „Monetarist Revolution" in Monetary Theory. „Weltwirtschaftliches Archiv", Bd. 105 (1970 II), S. 7.

eine Revision der Erwartungen akzentuiert werden (vgl. Phase 7). Mit der Zeit kommt es aber zu einer Gegenentwicklung, und zwar dadurch, dass im Falle einer Kontraktion die zunächst steigenden Wertpapierrenditen und Sollzinssätze im Laufe des Kontraktionsprozesses wieder sinken (vgl. die Phasen 8 und 9) und das reale Nettovermögen des privaten Sektors infolge des Preisrückgangs zunimmt (vgl. Phase 10). Im Falle eines Expansionsprozesses laufen diese *feedback-Effekte* in der entgegengesetzten Richtung ab. In jedem Fall wirken sie wie ein eingebauter Stabilisator.

Betrachtet man die Ergebnisse des oben geschilderten Transmissionsmechanismus abschließend vor dem Hintergrund der KEYNESianischen Analyse, dann sollen bei einem Vergleich die beiden folgenden Punkte hervorgehoben werden:

1. Auch im Rahmen einer KEYNESianischen Analyse führt eine geldpolitische Maßnahme, die eine Veränderung der Geldmenge bewirkt, i.d.R. zu einer gleichgerichteten Änderung des realen Inlandsprodukts, der Beschäftigung und des Preisniveaus. Die Nahtstelle zwischen monetärem Bereich und güterwirtschaftlichem Bereich sind dabei *zinsabhängige Investitionen*. Erst *nachdem* es in der Investitionsgüterindustrie zu einer Veränderung der Produktion gekommen ist, breitet sich der monetäre Impuls via Einkommensmultiplikator auch auf die Konsumgüterindustrie aus.

Anders als im Rahmen einer KEYNESianischen Analyse[85] ist die Reaktion der Investitionsgüterindustrie bei dem oben dargestellten Transmissionsmechanismus *keine* notwendige Voraussetzung für die Übertragung eines monetären Impulses auf den güterwirtschaftlichen Bereich. Denn auch die Nachfrage nach Konsumgütern reagiert unmittelbar auf monetäre Impulse, und zwar sowohl im Wege eines Vermögenseffektes (vgl. Phase 6) als auch im Wege eines Substitutionseffektes (vgl. Phase 4).

2. Auch im Rahmen der KEYNESianischen Analyse stellen sich im Laufe des Anpassungsprozesses gegenläufige *feedback-Effekte* ein: Führt beispielsweise eine Abnahme der Geldmenge zu einer Zinserhöhung und resultiert hieraus über abnehmende (zinsinduzierte) Investitionen eine Senkung des Volkseinkommens, dann geht die Liquiditätspräferenz für Transaktionskasse zurück und es erfolgt ein Zinsrückgang. Hierdurch wird die anfängliche Senkung des realen Inlandsprodukts, der Beschäftigung und des Preisniveaus gedämpft, allerdings nicht voll kompensiert[86].

Inwieweit eine zunächst eintretende Kontraktion (oder Expansion) des realen Inlandsprodukts und der Beschäftigung im Rahmen des oben geschilderten Transmissionsmechanismus der relativen Preise durch feedback-Effekte schließlich wieder kompensiert werden kann, ist eine Frage, die sich auf Grund der

---

85 Im Rahmen einer KEYNESianischen Analyse bleibt eine Änderung der Geldmenge ohne Wirkung auf den güterwirtschaftlichen Bereich, wenn die Investoren *vollkommen unelastisch* auf den Zinssatz reagieren (und die oben erwähnten Vermögenseffekte unberücksichtigt bleiben).

86 Vgl. hierzu Anhang A 4). – Feedback-Effekte führen allerdings auch in einem KEYNESianischen Modell zur ursprünglichen Beschäftigung zurück, wenn (entsprechend den Vorstellungen der Klassiker und wie im Rahmen der neoklassischen Synthese) völlige Flexibilität von Preisen und Löhnen sowie ein vom Reallohnsatz abhängiges Angebot an Arbeit unterstellt werden. Vgl. hierzu S. 177, Fußnote 73.

verbalen Schilderung der Anpassungsvorgänge nicht eindeutig beantworten lässt und nur im Rahmen eines geschlossenen Modells zu klären ist (wie z.B. in der neoklassischen Synthese oder im monetaristischen Modell des Abschnitts V. 2b). Auf jeden Fall ergibt sich auch im Endergebnis aus einem kontraktiv wirkenden geldpolitischen Impuls eine Tendenz zur Preissenkung und aus einem expansiv wirkenden geldpolitischen Impuls eine Tendenz zur Preiserhöhung.

d) Der Kreditkanal als Verstärkungsmechanismus

Der oben dargestellte Transmissionsmechanismus der relativen Preise lässt sich durch Elemente des sog. *Kreditkanal-Ansatzes* („credit channel"-Ansatz)[87] ergänzen. Mit diesem in den achtziger Jahren in den USA entwickelten Ansatz, der die Rolle des Bankkredits besonders hervorhebt, versucht man u.a. die Beobachtung zu erklären, dass häufig schon relativ geringe Veränderungen der Notenbankzinsen eine starke Veränderung der Investitionstätigkeit bewirken.

aa) Die Fremdfinanzierungsprämie. – Ein wesentliches Element des **Kreditkanal-Ansatzes** ist die Annahme, dass die Kosten einer externen Finanzierung (Fremdfinanzierung) für den Kreditnehmer höher sind als die Alternativkosten[88] einer Innenfinanzierung (Selbstfinanzierung), solange der Kredit (d.h. hier: der Bankkredit) nicht vollständig durch ein Pfand (z.B. in Form von Wertpapieren oder Immobilien) besichert ist[89]. Die Prämie für die externe Finanzierung, die **Fremdfinanzierungsprämie**, resultiert aus einer *Informationsasymmetrie*: Der Kreditnehmer ist besser über die Ertragschancen und Risiken des Projekts, das er finanzieren will, informiert als die Bank, die es finanzieren soll. Um ihr Informationsdefizit zu verringern, wird die Bank als Kreditgeber Zeit in Prüfungs- und Kontrollaktivitäten investieren. Durch die Evaluierung des zu finanzierenden Projekts entstehen der Bank Informationskosten, die sie als Bestandteil der Fremdfinanzierungsprämie auf den Kreditnehmer überwälzt. Trotz ihrer Prüfungs- und Kontrollaktivitäten wird aber die Bank das Risiko, dass der Kreditnehmer in Zahlungsverzug gerät, nicht vollständig ausschließen können. Die Fremdfinanzierungsprämie enthält deshalb auch einen Risikozuschlag.

Ein *zweites* wichtiges Element des Kreditkanal-Ansatzes bildet die Annahme, dass die Fremdfinanzierungsprämie steigt, wenn die Kreditwürdigkeit des Kreditnehmers herabgestuft wird und – bei Besicherung von Krediten – der Wert des Pfandes sinkt. Im Falle einer Unternehmung könnte man den Unternehmenswert,

---

87 Siehe hierzu B. BERNANKE, M. GERTLER, S. GILCHRIST, The Financial Accelerator and the Flight to Quality. „NBER Working Paper 4789, 1994, und die Beiträge von R.G. HUBBARD, S. G. CECHETTI, M. GERTLER, B. S. BERNANKE zu „Channels of Monetary Policy", The Federal Reserve Bank of St. Louis Review", Vol. 77, No. 3 (1995), und von F. S. MISHKIN, B. S. BERNANKE/ M. GERTLER zu „The Monetary Transmission Mechanism", The Journal of Economic Perspectives", Vol. 9, No. 4 (1995). – Siehe auch die umfassenden Literaturangaben bei E. STÖSS, Die Finanzierungsstruktur der Unternehmen und deren Reaktion auf monetäre Impulse. Eine Analyse anhand der Unternehmensbilanzstatistik der Deutschen Bundesbank. „Diskussionspapier 9/96". Volkswirtschaftliche Forschungsgruppe der Deutschen Bundesbank, 1996, S. 55 ff.

88 Die Alternativkosten könnten durch die Kapitalmarktrendite (z.B. für Staatsanleihen) erfasst werden.

89 Siehe BERNANKE, GERTLER, GILCHRIST, a.a.O., S. 4.

berechnet als Gegenwartswert zukünftiger Einnahmenüberschüsse, als wichtiges Kriterium für die Kreditwürdigkeit betrachten[90]. Bei einem Zinsanstieg würde die Bonität wegen der stärkeren Diskontierung der Einnahmenüberschüsse dann abnehmen. Geht mit dem Zinsanstieg eine Senkung der Kurse von Wertpapieren (Obligationen und Aktien) sowie der Preise von Immobilien einher, dann sinkt wegen der Werteinbußen von Aktiva das Reinvermögen der betroffenen Unternehmungen, so dass auch hierdurch die Bonität beeinträchtigt wird. Außerdem vermindert sich der Wert verpfändbarer Vermögensbestandteile, so dass auch aus diesem Grund die Fremdfinanzierungsprämie steigt.

bb) Der finanzielle Akzelerator. – Aus den bisherigen Überlegungen folgt als *drittes* wesentliches Element des Kreditkanal-Ansatzes, dass Zinseffekte, wie sie durch geldpolitische Maßnahmen ausgelöst werden, in ihrer Wirkung auf die Investitionstätigkeit durch den Kreditkanal verstärkt werden. Am Beispiel einer kontraktiven Geldpolitik lässt sich die Funktionsweise dieses „**finanziellen Akzelerators**“[91] wie folgt beschreiben: Der durch kontraktive geldpolitische Maßnahmen bewirkte Zinsanstieg führt zu einer Senkung des Unternehmenswerts und dadurch zu einer Verminderung der Kreditwürdigkeit aus der Sicht der Banken. In die gleiche Richtung wirken auch Wertminderungen bei Vermögensbestandteilen auf Grund von zinsinduzierten Kurseinbußen bei Aktien und Obligationen sowie Preissenkungen bei Immobilien[92]. Im Fall einer Besicherung von Bankkrediten führen diese Wertminderungen außerdem zu einer Abnahme des Beleihungswertes der Pfänder. Weiter ist zu bedenken, dass der cash flow[93] im Fall einer kurzfristigen oder zinsvariablen Verschuldung durch erhöhte Zinszahlungen sinkt. Abgesehen davon, dass auch hierdurch die Kreditwürdigkeit beeinträchtigt werden kann, macht eine Abnahme des cash flow eine höhere Fremdfinanzierung erforderlich. Schließlich kann die Kreditwürdigkeit von Schuldnern auch noch dadurch beeinträchtigt werden, dass sich in einer späteren Phase des Anpassungsprozesses nicht antizipierte Preissenkungen einstellen, die bei nominal fixierter Verschuldung (einschließlich Verzinsung) eine Erhöhung der realen Schuldenlast und damit eine Senkung des realen Reinvermögens bedeuten. Insgesamt gesehen bedeuten die geschilderten Vorgänge, dass sich die mit der Kreditgewährung verbundenen Risiken für die Banken erhöhen. Sie werden deshalb den Zugang zu Bankkrediten erschweren. Das kann *einerseits* bedeuten, dass die Banken ihre Kredite im Ausmaß der gestiegenen Fremdfinanzierungsprämie verteuern (also den Sollzinssatz erhöhen) oder *anderseits* kann es darauf hinauslaufen, dass sie eine Beschränkung ihres Kreditangebots durch Mengenrationierung vornehmen. Letzteres wäre eine **Kreditrationierung**, die impliziert, dass bei dem herrschenden Sollzinssatz der Banken eine

---

90 Siehe auch Stöss, a.a.O., S. 6.

91 Siehe zu dieser Bezeichnung Bernanke, Gertler, Gilchrist, a.a.O., S. 1.

92 Vgl. hierzu die Vorgänge 1 und 3 bei dem im Unterabschnitt b) geschilderten Anpassungsprozess.

93 Unter dem cash flow wird der Saldo aus den einzahlungswirksamen (liquiditätswirksamen) Erträgen und den auszahlungswirksamen (liquiditätswirksamen) Aufwendungen verstanden. Siehe hierzu H. K. Weber, S. Rogler, Betriebswirtschaftliches Rechnungswesen. Band 1: Bilanz sowie Gewinn- und Erfolgsrechnung. 5., vollständig überarb. u. erw. Aufl. München 2004. S. 374.

Überschussnachfrage nach Bankkrediten existiert[94]. Dass die Überschussnachfrage nach Bankkrediten keine Anhebung des Sollzinssatzes bewirkt, ließe sich mit *Moral Hazard*[95] und *adverser Selektion*[96] erklären. In diesem Zusammenhang bedeuten Moral Hazard-Effekte, dass durch einen höheren Zinssatz für Kreditnehmer ein Anreiz entsteht, vermehrt Projekte mit hohem Risiko zu unternehmen, und adverse Selektion, dass bei höherem Zinssatz Kreditnehmer mit niedrigem Risiko als Nachfrager nach Bankkrediten zunehmend ausscheiden[97]. In beiden Fällen würden sich also die Risiken einer Kreditgewährung für Banken erhöhen. Dieses könnte sie veranlassen, von einer Zinserhöhung abzusehen und stattdessen eine Rationierung vorzunehmen, d.h. Kreditanträge abzulehnen.

Wie ausgeführt hat eine durch kontraktive geldpolitische Maßnahmen bewirkte Zinserhöhung zur Folge, dass die Kreditwürdigkeit von Kreditnehmern abnimmt und der Wert beleihbarer Finanzaktiva sinkt. Da die Banken hierauf mit einer Verteuerung ihrer Kredite und (oder) einer Rationierung reagieren, wird der durch den (kontraktiven) geldpolitischen Impuls ausgelöste Transmissionsmechanismus der relativen Preise durch den Kreditkanal verstärkt. Anzunehmen ist, dass der Kreditkanal als *finanzieller Akzelerator* entsprechend auch bei expansiver Geldpolitik wirksam wird.

Zu ergänzen bleibt noch, dass sich der Kreditkanal-Ansatz - zumindest teilweise - nicht nur auf Bankkredite an Haushalte zur Finanzierung von dauerhaften Konsumgütern und Wohneigentum übertragen lässt[98], sondern auch auf die Mittelbeschaffung von Geschäftsbanken. Die Geschäftsbanken verlieren an Kreditwürdigkeit, wenn sie Wertminderungen auf der Aktivseite infolge zinsinduzierter Kurssenkungen bei Obligationen und Aktien hinnehmen müssen oder die Sicherheit ihrer Ausleihungen leidet, weil z.B. die Preise beliehener Immobilien sinken. Die Einschränkungen ihrer Bonität limitieren bzw. verteuern ihre Mittelbeschaffung und veranlassen sie, ihrerseits Kredite zu rationieren bzw. die Sollzinssätze zu erhöhen[99]. Auch dieser *Bankkreditkanal* wirkt als finanzieller Akzelerator von monetären Impulsen, die durch die Geldpolitik ausgelöst werden.

---

94 Zur graphischen Illustration der Kreditrationierung siehe O. ISSING, Einführung in die Geldpolitik. 6., überarb. Aufl. München 1996. S. 162.

95 Unter **Moral Hazard** (moralische Wagnisse) kann man Aktionen verstehen, die ein Vertragspartner (z.B. der Kreditnehmer) unbemerkt vom anderen Vertragspartner (z.B. vom Kreditgeber) zu dessen Schaden und zum eigenen Nutzen unternimmt.

96 **Adverse Selektion** (negative Auslese) führt dazu, dass auf Märkten von Gütern, Dienstleistungen oder Finanzaktiva überwiegend schlechte Qualitäten gehandelt werden. Den hier relevanten Zusammenhang beschreibt G. ILLING (Geld und asymmetrische Information. Berlin 1985. S. 120) kurz so: „Die schlechten Risiken verdrängen die guten".

97 Zur Begründung dieser Effekte und ihrer Wirkungen auf das Bankverhalten siehe den grundlegenden Beitrag von J. E. STIGLITZ, A. WEISS, Credit Rationing in Markets with Imperfect Information. „The American Economic Review", Vol. 71 (1981), S. 393 ff. - Eine Lehrbuchdarstellung findet sich bei O.J. BLANCHARD, S. FISHER, Lectures on Macroeconomics. Cambridge, Mass., London 1989. S. 478 ff. - Siehe auch D. NEUBERGER, Kreditvergabe durch Banken. Mikroökonomische Theorie und gesamtwirtschaftliche Implikationen. Tübingen 1994. S. 8 ff.

98 Siehe B. S. BERNANKE, M. GERTLER, Inside the Black Box: The Credit Channel of Monetary Policy Transmission. „The Journal of Economic Perspectives", Vol. 9, No. 4 (1995), S. 44 f.

99 Vgl. ebenda, S. 36, 42, sowie BERNANKE, GERTLER, GILCHRIST, a.a.O., S. 15.

Was schließlich die *empirische Relevanz* des Kreditkanals anbelangt, so deuten jüngere Studien daraufhin, dass er Teil des monetären Transmissionsmechanismus im Euroraum ist[100]. Von besonderer Relevanz ist dabei offenbar der zuletzt erwähnte Bankkreditkanal[101].

Zusammenfassung:

1. Im Rahmen einer Theorie der relativen Preise bewirkt eine geldpolitische Maßnahme die Störung einer vorher als optimal angesehenen Vermögenszusammensetzung.

2. Änderungen relativer Zinssätze bzw. relativer Preise bewirken Substitutions- und Vermögenseffekte, die das Finanzvermögen, das Sachvermögen und die Verbindlichkeiten von Wirtschaftseinheiten erfassen und auch auf die Neuproduktion von Konsum- und Investitionsgütern weiterwirken. Auf diese Weise löst ein die Geldmenge senkender, monetärer Impuls eine Abnahme des realen Inlandsprodukts, der Beschäftigung sowie des Preisniveaus aus (und umgekehrt). Abweichend von der KEYNESianischen Analyse braucht ein Kontraktionsprozess (bzw. ein Expansionsprozess) dabei nicht in der Weise abzulaufen, dass zunächst die Investitionsgüterindustrie und erst danach die Konsumgüterindustrie erfasst wird.

3. Im weiteren Verlauf eines Kontraktionsprozesses fallen die Wertpapierrendite und der Sollzinssatz wieder. Zusammen mit einer Zunahme des realen Nettovermögens (als Folge der Preissenkungen) resultiert hieraus eine der anfänglichen Kontraktion entgegengerichtete Entwicklung (und damit ein feedback-Effekt). Im Fall eines monetären Impulses, der die Geldmenge erhöht, erfolgen diese Anpassungsvorgänge in der umgekehrten Richtung.

4. Im Endergebnis führt ein die Geldmenge senkender, monetärer Impuls zu einem Preisrückgang (und umgekehrt), Ob die anfängliche Kontraktion (bzw. Expansion) des realen Inlandsprodukts und der Beschäftigung durch feedback-Effekte nur gedämpft wird (wie im Rahmen einer KEYNESianischen Analyse mit nach unten inflexiblem Geldlohnsatz) oder auch schließlich voll kompensiert werden kann, ist eine Frage, die nur im Rahmen eines geschlossenen Modells zu klären ist und hier offen bleibt.

5. Der Kreditkanal-Ansatz ergänzt den Transmissionsmechanismus relativer Preise. Über zinsinduzierte Einflüsse auf die Kreditwürdigkeit von Nachfragern nach Bankkrediten und Wertveränderungen von beleihbaren Vermögensbestandteilen wirkt er wie ein finanzieller Akzelerator (Verstärker) monetärer Impulse.

---

100 Siehe EUROPÄISCHE ZENTRALBANK, Monatsbericht Oktober 2009, S. 69 ff., insbesondere S. 85.

101 Siehe ebenda, S. 69 ff., insbesondere S. 85 ff.

Ausgewählte Literaturangaben zum IV. Kapitel

R. Anderegg, Grundzüge der Geldtheorie und Geldpolitik. München, Wien 2007 (zu **1**, **2** und **3**).

M. C. Burda, C. Wyplosz, Makroökonomie. Eine europäische Perspektive. 3., vollständig überarb. Aufl. München 2009 (zu **2**).

D. Duwendag, K.-H. Ketterer, W. Kösters, R. Pohl, D.B. Simmert, Geldtheorie und Geldpolitik. Eine problemorientierte Einführung mit einem Kompendium bankstatistischer Fachbegriffe. 4., überarb. u. erw. Aufl. Köln 1993 (zu **3**).

G. Engel, Die Einbeziehung des monetären Bereichs in makroökonomische Modelle. Ein Beitrag zur Diskussion über den Transmissionsmechanismus monetärer Impulse. Göttinger Dissertation 1973 (zu **3**).

B. Felderer, St. Homburg, Makroökonomik und neue Makroökonomik, 9., verb. Aufl. Berlin 2005 (zu **1** und **2**).

E. Görgens, K. Ruckriegel, F. Seitz, Europäische Geldpolitik. Theorie, Empirie, Praxis. 5., völlig neu bearb. Aufl. mit einem Geleitwort von J. Stark. Stuttgart 2008 (zu **3**).

A. H. Hansen, A Guide to Keynes. New York, Toronto, London 1953 (zu **2**).

B. Hansen, A Survey of General Equilibrium Systems. New York 1970 (zu **1** und **2**).

O. Issing, Einführung in die Geldtheorie., 14., wesentlich überarb. Aufl. München 2007 (zu **1** und **2**).

H.-J. Jarchow, Der Keynesianismus. In: Geschichte der Nationalökonomie. 3., überarb. u. erg. Aufl. (Hrsg. von O. Issing). München 1994. S. 193 ff. (zu **2**).

J. M. Keynes, The General Theory of Employment, Interest, and Money. London 1936 (zu **2**).

J. Niehans, Theorie des Geldes. Synthese der monetären Mikro- und Makroökonomik. Bern, Stuttgart 1980 (zu **2**).

H. G. Wohltmann, Grundzuüge der makroökonomischen Theorie. Totalanalyse geschlossener und offener Volkswirtschaften. 5., vollständig überarb. u. erw. Auflage. München, Wien 2007 (zu **2**).

Kapitel V
Geldpolitik, realwirtschaftliche Effekte und Inflation

Im V. Kapitel rückt das insbesondere von den Monetaristen herausgestellte Problem der *Inflation* in den Vordergrund. In diesem Zusammenhang wird vorweg auf die Erwartungsbildung bezüglich der Inflationsrate und die hierdurch begründete Unterscheidung zwischen nominalem und realem Zinssatz eingegangen (siehe V.1). Ausführlich wird dann unter besonderer Berücksichtigung von Inflationserwartungen untersucht, wie durch Geldpolitik die Entwicklung der *Inflationsrate* beeinflusst wird und ob sich dabei *realwirtschaftliche Effekte* auf Produktion und Beschäftigung ergeben. Dabei wird sowohl im Rahmen des *monetaristischen Modells* (siehe V.2 b) als auch im Rahmen der *Neuklassischen Theorie* (siehe V.2 c)) unterstellt, dass die Zentralbank Geldpolitik betreibt, indem sie die Geldmenge bzw. genauer deren Wachstumsrate aktiv verändert. In dem anschließend zu behandelnden *Neukeynesianischen Konsensmodell* (siehe V.3) kommt der Geldmenge bzw. ihrer Wachstumsrate dagegen nur eine passive Rolle zu, und Geldpolitik wird entsprechend einer geldpolitischen Reaktionsfunktion in Form einer Zinsregel betrieben. Unter dem Aspekt von Inflation und Beschäftigung wird anschließend die für die geldpolitische Konzeption der Zentralbank relevante Frage „*Regelbindung versus diskretionäre Maßnahmen*“ eingehend behandelt, und zwar im Rahmen des im Abschnitt V.2 bereits verwendeten Angebots-Nachfrage-Modells, ergänzt um eine Zielfunktion für die Zentralbank (siehe Abschnitt V.4). Da sich durch inflationäres Geldmengenwachstum auch ein Geldschöpfungsgewinn, die sog. *Seigniorage*, erzielen lässt (siehe V.5), kann aus der Sicht der Einnahmenbeschaffung des Staates in einer gewissen Inflationierung auch ein Vorteil gesehen werden. Wie im letzten Abschnitt (V.6) genauer dargelegt wird, stehen dem aber so gravierende Nachteile in Form von *Inflationskosten* gegenüber, dass im Endergebnis eine Inflationsvermeidung, d.h. eine Politik der *Preisniveaustabilisierung*, als ein sinnvolles geldpolitisches Ziel erscheint.

1. Inflationserwartungen, nominaler und realer Zinssatz

Die theoretischen und empirischen Untersuchungen *inflationärer Prozesse* brachten es mit sich, dass die Rolle der Erwartungen, insbesondere der *Inflationserwartungen*, zunehmend in makroökonomischen Modellen Berücksichtigung fand. Mit der Berücksichtigung von Inflationserwartungen wurde gegenüber dem KEYNESianischen Modell ein neues Element explizit in die Analyse einbezogen. Diesem Aspekt kommt im Rahmen der in den folgenden Abschnitten zu behandelnden Anpassungsprozesse eine wichtige Rolle zu. Deshalb erscheint es zweckmäßig, diesen eine etwas eingehendere Darstellung der Erwartungsbildung bezüglich der Inflationsrate voranzustellen. Da die erwartete Inflationsrate die Unterscheidung zwischen dem nominalen und realen Zinssatz begründet und diese Unterscheidung bei der späteren Analyse eine Rolle spielt, wird anschließend auch hierauf eingegangen.

a) Erwartungsbildung

Hinsichtlich der Erwartungsbildung unterscheidet man in der Literatur insbesondere drei Formen, nämlich *extrapolative, adaptive und rationale* Erwartungen[1]. Diese Hypothesen werden im Folgenden behandelt.

aa) Extrapolative Erwartungen. - Die **extrapolative Erwartungshypothese** geht von der Vorstellung aus, dass die inflationäre Entwicklung der Vergangenheit auf die Zukunft extrapoliert wird. Insofern ist die Erwartungsbildung *vergangenheitsorientiert*. In einer sehr einfachen Variante lässt sich die extrapolative Erwartungshypothese wie folgt formalisieren:

(1) $\pi^*_t = \pi_{t-1} + a(\pi_{t-1} + \pi_{t-2}) \quad a \geqq 0$[2].

Nach dieser Erwartungsfunktion wird der für die laufende Periode erwarteten Inflationsrate (π^*_t) die tatsächliche Inflationsrate der letzten Periode (π_{t-1}) zu Grunde gelegt, wobei diese erhöht (vermindert) wird, wenn die Inflationsrate von der vorletzten bis zur letzten Periode gestiegen (gesunken) ist. Auf diese Weise wird bei der Abschätzung von π^*_t die Entwicklung von π in der Vergangenheit berücksichtigt (und extrapoliert). Für den *Spezialfall* $a = 0$ erhält man aus (1) die einfachste Form einer extrapolativen Erwartungshypothese, nämlich

$$\pi^*_t = \pi_{t-1}.$$

bb) Adaptive Erwartungen. - Hinter der **adaptiven Erwartungshypothese** steht die Ansicht, dass die Wirtschaftssubjekte aus früheren Fehlern bei der

---

[1] Vgl. z.B. CLAASSEN, Grundlagen..., a.a.O., S. 298 ff. - W. FUHRMANN, a.a.O., S. 289 ff.

[2] Eine extrapolative Erwartungshypothese in der Form

$$\pi^*_t = \Theta_1\pi_{t-1} + \Theta_2\pi_{t-2} + \ldots + \Theta_n\pi_{t-n}, \text{ wobei } 0 < \Theta_i < 1 \text{ und } \sum_{i=1}^{n} \Theta_i = 1,$$

findet sich schon bei I. FISHER (The Theory of Interest, a.a.O., S. 419 f.). Hinsichtlich der Gewichte Θ_i unterstellt FISHER eine *arithmetisch* abnehmende Reihe.

Einschätzung der zukünftigen Entwicklung lernen[3]. Präzisiert und angewendet auf die erwartete Inflationsrate, lässt sich diese Hypothese wie folgt formulieren:

(2) $\pi^*_t = \pi^*_{t-1} + b(\pi_{t-1} - \pi^*_{t-1}); \; 0 < b \leqq 1.$

Diese Beziehung besagt, dass die Wirtschaftssubjekte die erwartete Inflationsrate der letzten Periode nach oben (unten) korrigieren, wenn die tatsächliche Inflationsrate in der letzten Periode höher (niedriger) als die (damals) erwartete Inflationsrate ausgefallen ist. Die Korrektur erfolgt dabei proportional zum Erwartungsfehler $(\pi_{t-1} - \pi^*_{t-1})$. Für den *Spezialfall* $b = 1$ ergibt sich aus (2) - wie bei der extrapolativen Erwartungshypothese - auch als einfachste Form einer adaptiven Erwartungshypothese die Annahme $\pi^*_t = \pi_{t-1}$. Ferner lässt sich zeigen, dass die adaptive Erwartungsfunktion durch eine extrapolative Erwartungsfunktion angenähert werden kann, und zwar umso besser, je weiter die bei der Formulierung der extrapolativen Erwartungshypothese herangezogenen Perioden in die Vergangenheit zurückreichen[4].

cc) Rationale Erwartungen. - Anders als die extrapolative bzw. adaptive Erwartungsbildung ist die **rationale Erwartungshypothese**[5] zukunftsorientiert. Dabei wird - ganz allgemein formuliert - unterstellt, dass die Wirtschaftssubjekte sämtliche in der Planungsperiode vorhandenen Informationen für die Prognose der für die Zukunft erwarteten ökonomischen Größen wie der Inflationsrate ausnutzen. Genauer entspricht die erwartete Inflationsrate π^*_t dem Erwartungswert (E) der Inflationsrate π_t, der sich aus der in der Planungsperiode $t - 1$ vorhandenen, für die Inflationserklärung relevanten Informationsmenge J_{t-1} bestimmen lässt, d.h.:

(3) $\pi^*_t = E(\pi_t / J_{t-1}).$

Auf die Modellanalyse übertragen, besagt die Annahme rationaler Erwartungen, dass die erwartete Inflationsrate dem sich aus dem benutzten Modell ergebenden Prognosewert (Erwartungswert) für die Inflationsrate gleichzusetzen ist[6]. Eine entsprechend dieser Hypothese vorgenommene Erwartungsbildung setzt zweierlei voraus, nämlich *erstens*, dass die Bestimmungsfunktion für die Inflationsrate bekannt ist, und *zweitens*, dass hinreichende Informationen über die in ihr enthaltenen exogenen Variablen vorliegen[7]. Auf die Geldpolitik angewendet,

---

[3] Die adaptive Erwartungshypothese geht zurück auf P. Cagan, The Monetary Dynamics of Hyperinflation. In: Studies in the Quantity Theory of Money. (Ed. by M. Friedman). Chicago 1956. S. 37.

[4] Vgl. hierzu die Ableitungen bei H. Frisch, Die neue Inflationstheorie. Göttingen 1980. S. 177.

[5] Die rationale Erwartungshypothese geht zurück auf J. F. Muth, Rational Expectations and the Theory of Price Movements. „Econometrica", Vol. 29 (1961), S. 315 ff. - Vgl. zur rationalen Erwartungshypothese auch die Ausführungen von Frisch, a.a.O., S. 179 ff., und die dort angegebene Literatur.

[6] „... expectations,..., are essentially the same as the predictions of the relevant economic theory" (Muth, a.a.O., S. 316).

[7] Präziser formuliert muss man a) die Beziehung kennen, die die Inflationsrate in Abhängigkeit von exogenen Variablen darstellt, also die *reduzierte Form,* und b) die Wahrscheinlichkeitsverteilung bzw. Bestimmungsfunktion der exogenen Variablen.

impliziert die zweite Voraussetzung, dass Regeln existieren, die das Geldmengenwachstum bestimmen, und dass diese bekannt sind. Derartige Regeln können darin bestehen, dass für die Wachstumsrate der Geldmenge Zielwerte festgelegt und angekündigt werden oder dass die Zentralbank in eindeutiger, erkennbarer Weise auf bestimmte ökonomisch bedeutsame Größen (wie die Unterbeschäftigung) reagiert.

Im *ersten* Fall wird das Geldmengenwachstum wie folgt bestimmt:

$$(4) \qquad m_t = \overline{m}_t + u_t.$$

Dabei bezeichnet m_t die tatsächliche Wachstumsrate der Geldmenge, $\overline{m}_t$ die angekündigte Wachstumsrate der Geldmenge, und u_t erfasst Zufallseinflüsse, die Abweichungen des Geldmengenwachstums von der systematischen Komponente (hier: $\overline{m}_t$) darstellen (und auch Ergebnis einer bewussten geldpolitischen Entscheidung sein können).

Im *zweiten* Fall liegt eine **geldpolitische Reaktionsfunktion** oder **Rückkoppelungsregel** (feedback control rule) vor, z.B. in folgender (einfachen) Form:

$$(5) \qquad m_t = c_0 + c_1(U_{t-1} - \overline{U}_{t-1}) + u_t'; \; c_0, c_1 > 0.$$

In dieser Beziehung bezeichnet u_t' wieder eine nicht vorhersehbare Zufallsvariable. Gleichung (5) besagt, dass die Zentralbank mit einer Expansion des Geldmengenwachstums reagiert, wenn die Unterbeschäftigung (U) über ein als normal anzusehendes Ausmaß ($\overline{U}$)[8] ansteigt, und das Geldmengenwachstum verringert, wenn die Unterbeschäftigung unter die normale Unterbeschäftigung absinkt.

b) Nominaler und realer Zinssatz

Die erwartete Preisänderungsrate bzw. Inflationsrate ist in ihrer Bedeutung für die Zinsbildung bereits von Irving Fisher deutlich herausgestellt worden[9]. Wie sie die Dispositionen der Wirtschaftssubjekte auf Kapitalmärkten beeinflusst, soll für den Fall, dass mit steigenden Preisen, d.h. mit einer positiven Inflationsrate, gerechnet wird, wie folgt erläutert werden:

Die Erwartung steigender Preise wird Kreditgeber (z.B. auch Käufer von Wertpapieren) veranlassen, zur Kompensation erwarteter Kaufkraftverluste bei dem investierten Betrag und den Zinserträgen höhere Zinsen als im Fall konstanter Preise zu verlangen[10]. Umgekehrt werden Kreditnehmer (z.B. auch Verkäufer von Wertpapieren) bereit sein, einen höheren Zinssatz als bei konstanten Preisen zu vereinbaren, da sie bei Erwerb von Sachvermögen von den erwarteten Preissteigerungen profitieren oder anders argumentiert, da der Rückzahlungsbetrag

---

8 Zum Begriff der normalen Unterbeschäftigung siehe genauer Unterabschnitt 2b) bb).

9 Vgl. Fisher, The Theory of Interest, a.a.O., S.36 ff., und die dort angegebenen Hinweise auf frühere Werke.

10 Fordert ein Kreditgeber z.B. bei konstanten Preisen einen Zinssatz von $r = 0{,}1$ p.a., also von 10 v.H. p.a., und will er neben diesem Zinssatz bei einer für die Laufzeit des Kredits erwarteten Preissteigerungsrate von $\pi^* = 0{,}05$ p.a. Kaufkraftverluste sowohl bei dem investierten Betrag als auch bei den Zinserträgen kompensieren, dann muss er einen Zinssatz von $i = 0{,}1 + 0{,}05 + 0{,}05 \cdot 0{,}1 = 0{,}155$ p.a., also von 15,5 v.H. p.a., verlangen.

einschließlich des Zinsaufwandes, ausgedrückt in *realen* Größen, durch Preissteigerungen geringer wird. Berücksichtigen Kreditgeber und Kreditnehmer die erwartete Preissteigerungsrate $\pi^* = \left(\frac{dp}{dt}\frac{1}{p}\right)^*$ in vollem Umfang und gehen sie dabei von gleichen Erwartungen aus, dann ergibt sich für den auf dem Markt notierten Zinssatz i folgende auch als **Fisher-Theorem** bezeichnete Bestimmungsgleichung:

(6) $i = r + \pi^* + \pi^* r.$

Die Größe i wird dabei als **nominaler Zinssatz** bezeichnet. Die Größe r gibt den bei konstanten Preisen geforderten Zinssatz an, den sog. **realen Zinssatz.** Der zweite Summand auf der rechten Seite von (1) stellt die Kompensation für den Kaufkraftverlust der Darlehnssumme und der dritte Summand die Kompensation für den Kaufkraftverlust der Verzinsung dar. Wird der dritte, relativ kleine Summand vernachlässigt, dann erhält man als *vereinfachtes FISHER-Theorem*

(6a) $i = r + \pi^*.$

Bei den späteren Analysen der Anpassungsprozesse, insbesondere in Kapitel V.3 bei der Behandlung des Neukeynesianischen Konsensmodells, wird dieser vereinfachte Zusammenhang verwendet.

Zusammenfassung

1. Hinsichtlich der Erwartungsbildung sind verschiedene Hypothesen möglich:
   a) Die Entwicklung in der Vergangenheit wird auf die Zukunft extrapoliert (extrapolative Erwartungen),
   b) frühere Fehler bei der Einschätzung der zukünftigen Entwicklung werden korrigiert (adaptive Erwartungen) und
   c) sämtliche Informationen, die in der Planungsperiode für die Prognose verfügbar sind, werden verwertet (rationale Erwartungen).

2. Der reale Zinssatz ist der nominale Zinssatz abzüglich eines Prozentsatzes, der durch die erwartete Preisänderungsrate bestimmt wird (FISHER-Theorem).

2. Geldmengenwachstum, realwirtschaftliche Effekte und Inflation bei alternativen Inflationserwartungen

a) Vorbemerkungen

Die folgenden gesamtwirtschaftlichen Analysen werden anhand eines makroökonomischen *Angebots-Nachfrage-Modells* vorgenommen, mit dem methodisch und zum Teil auch inhaltlich an eine Betrachtung angeknüpft wird, mit der die KEYNESianische Theorie durch eine makroökonomische Angebots- und Nachfragefunktion in einem p/Y^r-Diagramm zusammengefasst wurde[11]. Wichtige Unterschiede bestehen jedoch in folgender Hinsicht: *Erstens* wird nun davon ausgegangen, dass die Zentralbank nicht die absolute Höhe der nominalen Geldmenge, sondern ihre Wachstumsrate[12] festlegt. Diese Annahme führt dazu, dass auch die übrigen nominalen Größen, nämlich Preise und Geldlohnsätze, als *Wachstumsraten* auszudrücken sind. Da keine real wachsende Volkswirtschaft zu Grunde gelegt wird, ist demgegenüber bei realen Größen, wie dem realen Inlandsprodukt, weiterhin nur ihr Niveau relevant. *Zweitens* werden gegenüber der KEYNESianischen Theorie bestimmte *Verhaltensweisen* von Marktteilnehmern geändert. So wird hinsichtlich des Arbeitsmarktes nicht mehr Mengenanpasserverhalten unterstellt, sondern davon ausgegangen, dass der Lohnsatz bzw. seine Wachstumsrate im Rahmen von Lohnverhandlungen bestimmt wird. Ferner wird angenommen, dass auch die Anbieter auf dem Gütermarkt keine Mengenanpasser sind, sondern die Preise im Wege einer Zuschlagskalkulation festlegen, sich also als Preisfixierer verhalten. *Drittens* wird schließlich - wie bereits erwähnt - mit der Berücksichtigung von *Inflationserwartungen* gegenüber dem KEYNESianischen Modell ein neues Element bei der Analyse explizit berücksichtigt.

b) Das monetaristische Modell

Wie bereits ausgeführt, war die Massenarbeitslosigkeit der dreißiger Jahre das große soziale Problem, an dessen Erklärung die klassische Theorie scheiterte und das die KEYNESianische Analyse des Volkseinkommens und der Beschäftigung in den Vordergrund wirtschaftswissenschaftlicher Diskussionen rückte. In der Nachkriegszeit gewann dagegen ein anderes soziales Problem zunehmend an Bedeutung: die Entwicklung inflationärer Prozesse, die nicht selten von Schwankungen der gesamtwirtschaftlichen Produktion und der Beschäftigung begleitet waren.

Das Problem der *Inflation* tritt in der *Allgemeinen Theorie* von KEYNES weit hinter dem Problem der Unterbeschäftigung zurück; es spielt aber eine wesentliche Rolle bei den insbesondere durch FRIEDMAN und BRUNNER geprägten Überlegungen der **Monetaristen**[13]. Die Verbreitung monetaristischer Ideen, die sich

[11] Siehe Unterabschnitt IV. 2 c).

[12] Ausführlicher geschrieben und präziser ist $\frac{\Delta M}{M} = \frac{M - M_{-1}}{M_{-1}}$, wobei sich M auf die laufende und M_{-1} auf die vorhergehende Periode beziehen. - Werden anstelle diskreter (endlicher) Änderungen *infinitesimale* Änderungen betrachtet, dann lautet die Wachstumsrate: $m = \frac{dM}{dt}\frac{1}{M}$.

[13] Vgl. hierzu und zu dem folgenden Satz JOHNSON, a.a.O., S. 7 f.

nicht zuletzt unter dem Eindruck der amerikanischen Inflationserfahrungen der sechziger Jahre verstärkte, hängt aber auch damit zusammen, dass die KEYNESsche Theorie in häufig überpointierter und auch zu wenig differenzierender Betrachtungsweise als eine Lehre verstanden wurde, nach der Geldmengenänderungen hinsichtlich des Volkseinkommens, der Beschäftigung und des Preisniveaus wenig wirksam, wenn nicht sogar unwirksam sind[14]. Vor dem Hintergrund einer solchen mit der KEYNESschen Lehre in Verbindung gebrachten *„money does not matter"-These* wird die Position der Monetaristen, wonach die *Geldmenge eine zentrale Einflussgröße* für die wirtschaftliche Aktivität darstellt, zur Antithese und tritt deshalb besonders deutlich hervor.

Das folgende Modell[15] beschreibt die Nachfrage- und Angebotsseite einer Volkswirtschaft jeweils durch eine makroökonomische Funktion, die in Hinblick auf eine graphische Analyse in einem Diagramm mit der Inflationsrate (π) an der Ordinaten- und dem realen Inlandsprodukt (Y^r) an der Abszissenachse abgebildet werden. Die entsprechende Darstellung bildet dann die Grundlage für eine Untersuchung der Wirkungen, die von einer veränderten Wachstumsrate der (nominalen) Geldmenge ausgehen.

aa) Nachfrageseite. – Die zu formulierende (makroökonomische) Nachfragefunktion basiert auf der im Abschnitt IV.2 ausführlich dargestellten *KEYNESianischen Theorie* und erfasst die Bestimmungsgründe des realen Inlandsprodukts, gesehen von der Nachfrageseite. Wie aus dem HICKSschen Diagramm bekannt, führt eine Veränderung der *realen Geldmenge* (M/p), ausgedrückt durch eine Verschiebung der LM^r-Kurve, bzw. der realen Staatsausgaben (G^r), ausgedrückt durch eine Verschiebung der IS^r-Kurve, bei konstanten sonstigen Einflüssen der gesamtwirtschaftlichen Nachfrage i.d.R. zu einer *gleichgerichteten* Veränderung des *realen Inlandsprodukts* (Y^r). Es besteht also offenbar folgender Zusammenhang:

(6) $$Y^r = f\left(\frac{M}{p}, G^r\right), \quad \text{wobei} \quad \partial Y^r / \partial \frac{M}{p} > 0, \quad \partial Y^r / \partial G^r < 0^{16}.$$

Bevor Beziehung (6) in einer bestimmten expliziten Form als Nachfragefunktion Verwendung findet, sollte deutlich gemacht werden, dass dieser Ansatz insofern eine *Vereinfachung* darstellt, als die erwartete Inflationsrate vernachlässigt wird. Anzunehmen ist nämlich, dass die erwartete Inflationsrate (π^*) die Nachfrageseite des makroökonomischen Modells beeinflusst, und zwar sowohl über *die*

---

[14] So z.B. FRIEDMAN (A Theoretical Framework..., a.a.O., S. 210).– Auch L. S. RITTER weist darauf hin, dass einige moderne Quantitätstheoretiker an solchen Interpretationen nicht unschuldig sind (The Role of Money in Keynesian Theory. In: Banking and Monetary Studies. Ed. by D. CARSON. Homewood, Ill., 1963. S. 134).

[15] Siehe hierzu insbesondere die Darstellung bei R. DORNBUSCH, S. FISCHER, Macroeconomics. 6th ed. New York 1994. S. 469 ff. oder bei CLAASSEN, Grundlagen..., a.a.O., S.305 ff. – Eine Variante zu dieser auch als *„monetaristisches Modell"* bezeichneten Analyse findet sich bei J. VANDERKAMP, Inflation: A Simple Friedman Theory with a Phillips Twist. „Journal of Monetary Economics", Vol. 1 (1975), S.117 ff. – Siehe hierzu auch FRISCH, a.a.O., S.103 ff., und G. STEINMANN, Inflationstheorie. Paderborn 1979. S. 173 ff.

[16] Gleichung (6) ist formal als reduzierte Form des aus den Gleichungen (17) und (18 b) des Abschnitts IV.2 bestimmten realen Inlandsprodukts anzusehen, wobei der Steuersatz τ als konstant zu betrachten ist.

Investitionsfunktion als auch über die *Geldnachfragefunktion*. So ist bei $\pi^* \neq 0$ zu beachten, dass nicht der nominale Zinssatz (i), sondern der (erwartete) *reale Zinssatz* (r^*) die relevante Einflussgröße für die (realen) Investitionen (I^r) darstellt, d.h. für deren Bestimmungsfunktion:

$$(7) \quad I^r = I^r(r^*), \text{ wobei } r^* = i - \pi^* \text{ und } \frac{dI^r}{dr^*} < 0.$$

Hinsichtlich der Geldnachfrage ist zu bedenken, dass die Geldhaltung bei $\pi^* > 0$ mit Alternativkosten verbunden ist; denn bei Anlage in Sachvermögen würden sich permanente Steigerungen des Nominalwerts ergeben. Die Geldnachfrage wird deshalb mit steigenden Werten für die erwartete Inflationsrate abnehmen, so dass die KEYNESianische Geldnachfragefunktion wie folgt zu erweitern wäre:

$$(8) \quad L = pL^r(Y^r, i, \pi^*), \text{ wobei } \partial L^r/\partial \pi^* < 0$$[17].

Die in den Gleichungen (7) und (8) zum Ausdruck gebrachten Einflusswege der erwarteten Inflationsrate π^* auf die Nachfrageseite werden aus Gründen der Vereinfachung *vernachlässigt*. Gleichung (6) wird also ohne Berücksichtigung von π^* formuliert[18] und unter der Annahme konstanter Staatsausgaben für die Zwecke der weiteren Analyse in folgender *expliziten Form* geschrieben:

$$(9) \quad Y^r = \gamma \ln\left(\frac{M}{p}\right); \ \gamma > 0.$$

Gleichung (9) bringt zum Ausdruck, dass das reale Inlandsprodukt (gesehen von der Nachfrageseite) steigt, wenn die reale Geldmenge zunimmt. Darüber hinaus impliziert die gewählte Form der Gleichung, dass sich die *Zunahme* des realen Inlandsprodukts *abschwächt*, je mehr die reale Geldmenge ausgedehnt wird. Gleichung (9) lässt sich wie folgt umformen:

$$Y^r = \gamma (\ln M - \ln p)$$

bzw. für die Vorperiode

$$Y^r_{-1} = \gamma (\ln M_{-1} - \ln p_{-1}).$$

Wird diese Gleichung von der vorhergehenden abgezogen, dann ergibt sich:

$$Y^r - Y^r_{-1} = \gamma [(\ln M - \ln M_{-1}) - (\ln p - \ln p_{-1})].$$

Da sich für kleinere Änderungen Differenzen von Logarithmen durch Wachstumsraten annähern lassen, kann man hierfür auch (näherungsweise) schreiben:

$$Y^r - Y^r_{-1} = \gamma (m - \pi),$$

---

17 Siehe hierzu auch die Ausführungen von RICHTER, SCHLIEPER, FRIEDMANN (a.a.O.) auf S. 372 ff. – Vgl. auch FRIEDMAN, The Quantity Theory of Money, a.a.O., S. 54 ff.

18 Würde man π^* als Einflussgröße von I^r und L berücksichtigen, dann wäre Gleichung (6) wie folgt zu modifizieren:

$$Y^r = g\left(\frac{M}{p}, G^r, \pi^*\right), \text{ wobei } \frac{\partial Y^r}{\partial \pi^*} > 0.$$

Der positive Zusammenhang zwischen Y^r und π^* lässt sich wie folgt erklären: Steigende Werte von π^* bewirken a) dass bei gegebenem nominalen Zinssatz der (erwartete) reale Zinssatz r^*abnimmt und b) dass die Geldnachfrage eingeschränkt wird, woraus – isoliert gesehen – eine Senkung des nominalen Zinssatzes i resultiert. Beide Effekte wirken über steigende Investitionen expansiv auf Y^r.

wobei $m = \frac{\Delta M}{M}$ und $\pi = \frac{\Delta p}{p}$.

Hieraus folgt schließlich bei Auflösung nach Y^r:

(10) $Y^r = Y^r_{-1} + \gamma(m - \pi)$ *(Nachfragefunktion)*[19].

Gleichung (10) beschreibt für eine gegebene Höhe des realen Inlandsprodukts in der Vorperiode Y^r_{-1} und eine gegebene Wachstumsrate der nominalen Geldmenge m eine *negative* Abhängigkeit des *realen Inlandsprodukts* von der *herrschenden Inflationsrate* – gesehen von der Nachfrageseite. Die entsprechende Beziehung wird als (makroökonomische) **Nachfragefunktion** bezeichnet. Sie besagt, dass das (nachgefragte) reale Inlandsprodukt der laufenden Periode (Y^r) dem Inlandsprodukt der vorhergehenden Periode (Y^r_{-1}) entspricht, zuzüglich eines Betrages, der auf das Wachstum der realen Geldmenge zurückgeht.

bb) Angebotsseite. – Wie schon erwähnt, wird die Angebotsseite auf dem Gütermarkt dadurch charakterisiert, dass die Unternehmer die Preise im Wege einer Zuschlagskalkulation festsetzen. Da die Basis der Kalkulation die Lohnstückkosten sein sollen, ist zuvor – in einem *ersten* Schritt – auf die Bestimmung des Lohnsatzes (bzw. seiner Wachstumsrate) einzugehen. In weiteren Schritten erfolgt dann die Ermittlung des Angebotspreises (bzw. seiner Wachstumsrate).

aaa) Ausgangspunkt für die Herleitung einer Bestimmungsfunktion für die Steigerungsrate des Geldlohnsatzes $\left(\frac{\Delta w}{w}\right)$, kurz **Lohngleichung**, ist die Vorstellung, dass die *Beschäftigungslage* auf dem Arbeitsmarkt maßgeblich dafür ist, ob und inwieweit Arbeitnehmer Lohnvorstellungen im Rahmen von Lohnverhandlungen durchsetzen können. Genauer wird von einem Zusammenhang ausgegangen, wie er einer linearisierten Version der sog. **Phillips-Kurve**[20] entspricht:

(11) $\frac{\Delta w}{w} = \alpha(\bar{U} - U);\ \alpha > 0$[21].

---

[19] Sollen Änderungen realer Staatsausgaben berücksichtigt werden, dann kann man hierzu folgende Variante für die Nachfragefunktion formulieren:

$$Y^r = Y^r_{-1} + \gamma(m - \pi) + \delta(G^r - G^r_{-1});\quad \gamma > 0, \delta > 0.$$

[20] Die PHILLIPS-Kurve geht auf eine empirische Untersuchung von A. W. PHILLIPS zurück, in der er eine inverse, nicht-lineare Beziehung zwischen der Geldlohnsatzänderungsrate und der Arbeitslosenquote für das Vereinigte Königreich ermittelte (The Relation between Unemployment and the Rate of Change of Money Wage Rates in the United Kingdom. 1861 - 1957. „Economica", Vol. 25 (1958), S. 283 ff.). – Zur traditionellen Interpretation der PHILLIPS-Kurve siehe R. G. LIPSEY, The Relation between Unemployment and the Rate of Change of Money Wage Rates in the United Kingdom, 1862 - 1957: A Further Analysis. „Economica", Vol. 27 (1960), S. 1 ff. – Vgl. hierzu auch CLAASSEN, Grundlagen... a.a.O., S. 281 ff.

[21] Wird die Möglichkeit *wachsender Arbeitsproduktivität* berücksichtigt, dann kann es auch bei einer der natürlichen Arbeitslosenquote entsprechenden Unterbeschäftigung zu Lohnsatzsteigerungen kommen. Die PHILLIPS-Kurve wäre dann wie folgt zu modifizieren:

$$\frac{\Delta w}{w} = \alpha(\bar{U} - U) + \varepsilon\sigma;\ \varepsilon > 0,$$

wobei σ die Zuwachsrate der Arbeitsproduktivität bezeichnet. Vgl. hierzu CLAASSEN, Grundlagen..., a.a.O., S. 284.

In dieser Beziehung gibt U die herrschende **Arbeitslosenquote** an. Sie ist definiert als das Verhältnis aus der Zahl der Arbeitslosen und der Gesamtzahl der abhängigen Erwerbspersonen (E), wobei die Zahl der Arbeitslosen als Differenz zwischen der Gesamtzahl aller abhängigen Erwerbspersonen (E) und der Zahl der abhängig Beschäftigten (N) bestimmt wird. Damit ist

$$(12) \quad U = \frac{E - N}{E}.$$

Das Symbol $\overline{U}$ in (11) bezeichnet die sog. **normale** oder **natürliche Arbeitslosenquote**[22]. Sie ist *nicht konjunkturell* bedingt, sondern geht auf *friktionelle* oder *strukturelle* Arbeitslosigkeit zurück. *Friktionelle* Arbeitslosigkeit entsteht im Zusammenhang mit Fluktuationen der Arbeitskräfte und ist dadurch bedingt, dass wegen unvollkommener Markttransparenz i.d.R. eine gewisse Zeit verstreicht, bis wieder ein passender Arbeitsplatz gefunden wird. *Strukturelle* Arbeitslosigkeit äußert sich darin, dass zwar Arbeitskräfte gesucht werden, Arbeitslose den entsprechenden Bedarf aber wegen fehlender beruflicher Qualifikation oder mangelnder räumlicher Mobilität nicht befriedigen können. Diese Form der Arbeitslosigkeit hängt eng zusammen mit den ständigen Strukturwandlungen einer wachsenden Volkswirtschaft (insbesondere Änderungen der Nachfrage- und Produktionsstruktur).

Inhaltlich besagt Beziehung (11), dass die Arbeitnehmer eine Erhöhung des Geldlohnsatzes (also eine positive Steigerungsrate $\Delta w/w$) verlangen und auch durchsetzen, wenn die herrschende Arbeitslosenquote unter der normalen liegt. Als Lohngleichung erscheint diese der traditionellen PHILLIPS-Kurve entsprechende Beziehung insofern unvollständig, als *Preisniveauänderungen* unberücksichtigt bleiben. Es ist nämlich anzunehmen, dass die Arbeitnehmerseite bei ihren Lohnforderungen nicht nur die herrschende Beschäftigungslage berücksichtigt, sondern außerdem für einen inflationsbedingten Kaufkraftschwund ihrer Nominallöhne einen Ausgleich fordert. Da die Arbeitnehmer die tatsächliche Inflationsrate für die Laufzeit der Lohnvereinbarungen noch nicht kennen, legen sie ihren Forderungen die von ihnen *erwartete Inflationsrate* π^* zu Grunde. An die Stelle von Gleichung (11) tritt dann als *Lohngleichung* folgende *erweiterte* PHILLIPS-Kurve:

$$(13) \quad \frac{\Delta w}{w} = \pi^* + \alpha(\overline{U} - U)^{23}.$$

bbb) Gleichung (13) wird im Folgenden dazu verwendet, den von den Unternehmern festgelegten Angebotspreis (bzw. seine Wachstumsrate) zu bestimmen. Dazu wird – in einem *zweiten* Schritt – unterstellt, dass die Anbieter auf dem Gütermarkt ihre Preise (p) im Wege einer Zuschlagskalkulation mit den Lohnstückkosten (wN/Y^r) als Basis für den Zuschlagssatz (g) festsetzen.
Dann ist

$$(14) \quad p = (1 + g)\, w \frac{N}{Y^r}.$$

[22] Vgl. hierzu FRIEDMAN, The Role..., a.a.O., S. 8 f.

[23] Kann die Arbeitnehmerseite einen Lohnausgleich für die erwartete Inflationsrate nur teilweise durchsetzen, dann ist in Gleichung (13) π^* durch $\lambda\pi^*$ mit $0 < \lambda < 1$ zu ersetzen. Zu den Implikationen dieser Modifikation siehe CLAASSEN, Grundlagen... a.a.O., S. 294 ff.

Unter der Annahme eines konstanten Zuschlagssatzes (g) und unveränderter (durchschnittlicher) Arbeitsproduktivität Y^r/N impliziert (14), dass sich Preis und Geldlohnsatz proportional zueinander entwickeln, der tatsächliche Reallohnsatz (w/p) also konstant bleibt. In Wachstumsraten ausgedrückt, folgt unter den genannten Bedingungen aus (14):

$$(15)\quad \frac{\Delta p}{p}\,(=\pi) = \frac{\Delta w}{w}.$$

Wird $\Delta w/w$ aus der Beziehung (13) in Gleichung (15) eingesetzt, dann ergibt sich:

$$(16)\quad \pi = \pi^* + \alpha(\overline{U} - U).$$

Diese Beziehung wird auch als *um Erwartungen erweiterte* **Phillips-Kurve** bezeichnet[24].

ccc) Die Beziehung (16) soll in einem letzten Schritt so umgeformt werden, dass sie anstelle der Arbeitslosenquoten U und $\overline{U}$ entsprechende Größen für das *reale Inlandsprodukt* (Y^r) enthält. Die so modifizierte Beziehung (16) lässt sich dann nämlich zusammen mit der makroökonomischen Nachfragefunktion in einem π/Y^r-Diagramm darstellen. Für die Umformung wird auf die Definition der *Arbeitslosenquote*

$$(12)\quad U = \frac{E - N}{E}$$

zurückgegriffen. Wird diese Definition auf die normale Arbeitslosenquote $\overline{U}$ übertragen, dann erhält man

$$\overline{U} = \frac{E - \overline{N}}{E},$$

wobei $\overline{N}$ die der normalen Arbeitslosenquote entsprechende normale Beschäftigung angibt. Als Differenz zwischen $\overline{U}$ und U ergibt sich dann

$$(17)\quad \overline{U} - U = \frac{N - \overline{N}}{E}.$$

Unterstellt man weiter – im Einklang mit der schon verwendeten Annahme einer konstanten durchschnittlichen Arbeitsproduktivität, aber abweichend vom KEYNESianischen Modell – entsprechend einer vereinfachten gesamtwirtschaftlichen *Produktionsfunktion* einen proportionalen Zusammenhang zwischen realem Inlandsprodukt und Beschäftigung, dann erhält man

$$Y^r = \beta' N \text{ und } \overline{Y^r} = \beta' \overline{N},$$

wobei $\overline{Y^r}$ das bei normaler Beschäftigung $\overline{N}$ realisierbare **potenzielle Inlandsprodukt** darstellt. Unter Berücksichtigung dieser beiden produktionstechnischen Zusammenhänge lässt sich die Gleichung (17) zur Beziehung

---

24 In einem π/U-Diagramm wird diese Beziehung für alternative Werte von π^* ($\neq \pi$) durch eine Schar negativ geneigter Kurven, sog. **kurzfristige Phillips-Kurven**, dargestellt; für $\pi^* = \pi$ (d.h. bei korrekten Erwartungen) erhält man eine durch $U = \overline{U}$ bestimmte Senkrechte, die sog. **langfristige Phillips-Kurve**. Auf ihr bleibt die Inflationsrate im Gleichgewicht unverändert, so dass $\overline{U}$ eine Arbeitslosenquote bei stabiler Inflationsrate darstellt. Man bezeichnet sie deshalb auch als **NAIRU** (**N**on-**A**ccelerating-**I**nflation **R**ate of **U**nemployment).

$$\overline{U} - U = \frac{1}{\beta'} \frac{Y^r - \overline{Y}^r}{E}$$

bzw. zu

$$(18) \quad \overline{U} - U = \beta (Y^r - \overline{Y}^r) \quad \text{mit} \quad \beta = \frac{1}{\beta' E}$$

umformen. Wie man sieht, impliziert Gleichung (18) einen *inversen* Zusammenhang zwischen Unterbeschäftigung (U) und realem Inlandsprodukt (Y^r). Der in Gleichung (18) ausgedrückte Zusammenhang entspricht weitgehend dem sog. **Okunschen Gesetz,** das als empirische Faustformel anzusehen ist[25].

Wird die durch (18) bestimmte Differenz ($\overline{U} - U$) in Gleichung (16) eingesetzt, dann erhält man als Bestimmungsfunktion für die Inflationsrate (π), kurz: *Preisgleichung*, folgende Beziehung:

$$(19) \quad \pi = \pi^* + \alpha\beta (Y^r - \overline{Y}^r) \qquad \text{(\textit{Preisgleichung}).}$$

Im Unterschied zu Gleichung (16) erscheint in Gleichung (19) anstelle der Differenz ($\overline{U} - U$) die **Produktionslücke** ($Y^r - \overline{Y}^r$). Die so modifizierte Beziehung (19) beschreibt bei gegebenen Werten für die erwartete Inflationsrate π^* und das potenzielle reale Inlandsprodukt $\overline{Y}^r$ eine *positive* Abhängigkeit der herrschenden Inflationsrate π von dem tatsächlichen *realen Inlandsprodukt* Y^r - gesehen von der Angebotsseite. Die kurz als **Preisgleichung** bezeichnete Beziehung lässt erkennen, dass die herrschende Inflationsrate (π) im vorliegenden Modell durch *zwei* Faktoren bestimmt wird, die beide über die Lohnsatzsteigerungsrate (entsprechend der Beziehung (15)) auf π einwirken. Zum einen ergibt sich ein inflationärer Impuls, wenn das tatsächliche (reale) Inlandsprodukt über das potenzielle hinausgeht (d.h.: $Y^r - \overline{Y}^r > 0$) und damit die tatsächliche Unterbeschäftigung unter die normale fällt; zum anderen führt die Erwartung einer positiven Inflationsrate ($\pi^* > 0$) zur Inflation, weil Arbeitnehmer hierfür einen Lohnausgleich durchsetzen und die Unternehmer die Lohnsteigerung auf die Preise überwälzen.

cc) Wirkungen einer geänderten Geldmengenwachstumsrate. - Im Folgenden soll anhand einer Graphik untersucht werden, wie geldpolitische Maßnahmen, die auf eine Änderung der Wachstumsrate der nominalen Geldmenge hinauslaufen, das reale Inlandsprodukt und die Inflationsrate im Zeitablauf beeinflussen. Die verwendete Graphik (Abb. V.1) enthält die Nachfragefunktion (10) als negativ geneigte *Nachfragekurve* mit den Lageparametern Y^r_{-1} und m sowie die Preisgleichung (19) als positiv geneigte *Preiskurve* mit den Lageparametern π^* und $\overline{Y}^r$. Hinsichtlich der *erwarteten Inflationsrate* (π^*) werden mit $\pi^* = \pi_{t-1}$ bzw. verkürzt mit $\pi^* = \pi_{-1}$ im monetaristischen Modell extrapolative bzw. adaptive Erwartungen zu Grunde gelegt, und zwar in der einfachsten Form. Sie im-

[25] Nach A. M. Okun (The Political Economy of Prosperity. Washington, D.C., 1970. S. 136) besteht folgender Zusammenhang:

$$U = \overline{U} + b\frac{\overline{Y}^r - Y^r}{\overline{Y}^r}.$$

Die von ihm für die USA durchgeführten *empirischen Untersuchungen* ergaben, dass eine Erhöhung der Arbeitslosenquote um einen Prozentpunkt mit einer Minderauslastung des Produktionspotenzials in Höhe von etwas weniger als 3 v.H. verbunden ist.

plizieren wegen der verzögerten Anpassung der Inflationserwartungen, dass bei einer Erhöhung der Inflationsrate ($\pi > \pi_{-1}$) ihr Niveau unterschätzt und bei einer Senkung der Inflationsrate ($\pi < \pi_{-1}$) ihr Niveau überschätzt wird. Systematische Prognosefehler dieser Art treten bei der rationalen Erwartungshypothese, die bei der Neuklassischen Theorie unter c) Berücksichtigung findet, nicht auf.

aaa) Ausgangspunkt der Analyse ist in jedem Fall ein **langfristiges (stationäres) Gleichgewicht**, d.h.:

- Das reale Inlandsprodukt ändert sich nicht ($Y^r = Y^r_{-1}$); dieses impliziert wegen der Nachfragefunktion (10), dass die herrschende Inflationsrate auf dem Niveau der Wachstumsrate der nominalen Geldmenge liegt ($\pi = m$).
- Die tatsächliche Inflationsrate entspricht der erwarteten ($\pi = \pi^*$); dieses impliziert wegen der Preisgleichung (19), dass das tatsächliche und das potenzielle reale Inlandsprodukt gleich sind ($Y^r = \overline{Y^r}$).

Bei dieser Konstellation bleibt die *reale Geldmenge* (M^r) *unverändert*; da die Wachstumsraten für die nominale Geldmenge (m) und für das Preisniveau (π) im langfristigen Gleichgewicht übereinstimmen[26]. Ferner ist auch der (von den Arbeitnehmern) *erwartete Reallohnsatz* (w^{r*}) *konstant*, da die Steigerungsrate für den Geldlohnsatz ($\Delta w/w$) wegen Gleichung (15) stets der herrschenden Inflationsrate (π) entspricht und diese im langfristigen Gleichgewicht gleich der erwarteten Inflationsrate (π^*) ist[27].

Eine dem *langfristigen Gleichgewicht* entsprechende Ausgangslage für die Periode Null wird in Abb. V.1 durch den Schnittpunkt der Preisgleichung A_0 und der Nachfragekurve N_0 beschrieben (siehe Punkt A). Dabei wird zur Veranschaulichung angenommen, dass sich die Wachstumsrate der (nominalen) Geldmenge m und damit auch die herrschende Inflationsrate π auf 4 v.H. belaufen.

bbb) Wird die Wachstumsrate der Geldmenge (m) im Zuge einer *expansiven Geldpolitik* heraufgesetzt, z.B. von 4 auf 6 v.H., dann erfolgt eine Parallelverschiebung der *Nachfragekurve* nach *rechts*. Die Lage der neuen Nachfragekurve (N_1) wird dadurch bestimmt, dass Z ein Punkt dieser Kurve ist; denn die Nachfragefunktion (10) zeigt, dass $Y^r = Y^r_{-1}$ (und damit im vorliegenden Fall $Y^r = \overline{Y^r}$), wenn $\pi = m$ (6 v.H.) gesetzt wird.

---

26 Aus $m = \pi$ bzw. $\frac{M - M_{-1}}{M_{-1}} = \frac{p - p_{-1}}{p_{-1}}$ bzw. $\frac{M}{M_{-1}} - 1 = \frac{p}{p_{-1}} - 1$ folgt $\frac{M}{p} = \frac{M_{-1}}{p_{-1}}$, d.h. die reale Geldmenge (M^r) ändert sich nicht.

27 Aus $\frac{\Delta w}{w} = \pi^*$ bzw. $\frac{w - w_{-1}}{w_{-1}} = \frac{p^* - p^*_{-1}}{p^*_{-1}}$ bzw. $\frac{w}{w_{-1}} - 1 = \frac{p^*}{p^*_{-1}} - 1$ folgt $\frac{w}{p^*} = \frac{w_{-1}}{p^*_{-1}}$, d.h. der erwartete Reallohnsatz (w^{r*}) ändert sich nicht.

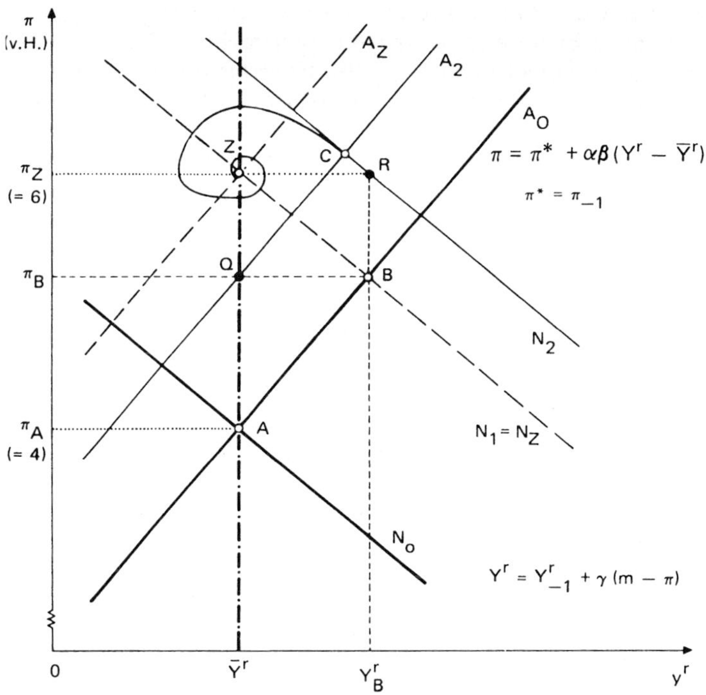

Abb. V.1

Die Preisgleichung wird zunächst in ihrer Lage nicht berührt, da die Erwartung über die Inflationsrate noch unverändert ist. Das *neue* (temporäre) *Gleichgewicht* liegt bei *B* und macht deutlich, dass sich das reale Inlandsprodukt und die Inflationsrate erhöht haben. Ausgelöst wird diese Anpassung durch die Nachfrage stimulierende Wirkung der gestiegenen realen Geldmenge[28], die die Anbieter zu einer Ausweitung ihrer Produktion veranlasst ($Y^r > \overline{Y}^r$). Auf Grund der damit einhergehenden Verbesserung der Beschäftigungslage ($N > \overline{N}$ bzw. $U < \overline{U}$) können die Arbeitnehmer eine Erhöhung der Lohnsatzsteigerungsrate durchsetzen, die jedoch wegen der Zuschlagskalkulation der Anbieter entsprechend Beziehung (15) in gleichem Ausmaß zu einem Anstieg der Inflationsrate führt. Obwohl sich somit der Reallohnsatz tatsächlich nicht geändert hat, sehen die Arbeitnehmer in der über 4 v.H. hinausgehenden Geldlohnsatzsteigerungsrate eine zu erwartende *Erhöhung* des Reallohnsatzes[29], da sie in ihren Erwartungen entsprechend der

---

[28] Analog zu den Ableitungen in Fußnote 26 steigt die reale Geldmenge, d.h. $M/p > M_{-1}/p_{-1}$, wenn $m > \pi$. Aus Abb. V.1 wird deutlich, dass die Inflationsrate π nach der Störung nicht um 2 Prozentpunkte (wie die Wachstumsrate der nominalen Geldmenge m), sondern um weniger gestiegen ist.

[29] Analog zu den Ableitungen in Fußnote 27 erhöht sich der erwartete Reallohnsatz, d.h. $w/p^* > w_{-1}/p^*_{-1}$, wenn $\Delta w/w > \pi^*$. Das ist der Fall, da die (der Inflationsrate entsprechende) Steigerungsrate des Geldlohnsatzes ($\Delta w/w$) gegenüber dem Ausgangsniveau (von 4 v.H.) größer wird und die erwartete Inflationsrate (π^*) zunächst noch unverändert bleibt.

Hypothese $\pi^* = \pi_{-1}$ vorerst noch mit einer unveränderten Inflationsrate von 4 v.H. rechnen, die tatsächliche Inflationsrate also unterschätzen.

Die in der ersten Periode eingetretenen Erhöhungen der Inflationsrate und des realen Inlandsprodukts bewirken, dass sich der Anpassungsprozess über Verschiebungen der Preis- und der Nachfragekurve in der zweiten Periode fortsetzt. Die *Preiskurve* verschiebt sich parallel nach *oben*, weil die Inflationserwartungen infolge der in der ersten Periode auf π_B gestiegenen Inflationsrate nach oben korrigiert werden (auf $\pi^* = \pi_B$). Genauer ausgeführt hat der Anstieg der erwarteten Inflationsrate π^* eine entsprechende Erhöhung der Steigerungsrate des Geldlohnsatzes zur Folge, die auf der Angebotsseite des Gütermarktes dazu führt, dass die Inflationsrate π in gleichem Ausmaß für jedes Y^r angehoben wird. Die genaue Lage der neuen Preiskurve (A_2) wird dadurch bestimmt, dass Q ein Punkt auf dieser Kurve ist; denn die Preisgleichung (19) zeigt, dass sich für $Y^r = \overline{Y}^r$ eine Inflationsrate von $\pi = \pi^*$ (= π_B) ergibt. Gleichzeitig verschiebt sich die *Nachfragekurve* erneut nach *rechts*, doch nunmehr weil sich das reale Inlandsprodukt in der (vorausgegangenen) ersten Periode erhöht hatte (Y^r_{-1} entspricht in der zweiten Periode Y^r_B). Die neue Nachfragekurve N_2 muss den Punkt R durchlaufen; denn aus der Nachfragefunktion geht hervor, dass $Y^r = Y^r_{-1}$ (= Y^r_B), wenn $\pi = m$ (= 6) gesetzt wird. Der Schnittpunkt der Nachfragekurve N_2 mit der Preiskurve A_2 bestimmt das neue temporäre Gleichgewicht im Punkt C. Auch hier wird die tatsächliche Inflationsrate wieder unterschätzt. Wie sich zeigt, ist die vergangenheitsorientierte Erwartungsbildung bei steigenden Inflationsraten mit systematischen Prognosefehlern verbunden.

Gegenüber dem Punkt B hat sich offenbar – wie in einer Phase der *Stagflation* – die Inflationsrate bei abnehmendem realen Inlandsprodukt erhöht. In der dritten Periode verschiebt sich die *Preiskurve* weiter nach *oben*, weil die Inflationserwartungen weiter nach oben korrigiert werden; gleichzeitig ergibt sich für die *Nachfragekurve* eine *Rückverschiebung*, also eine Verschiebung nach links, da das reale Inlandsprodukt in der Vorperiode gesunken ist.

Eine weitergehende Betrachtung der verschiedenen Anpassungsrunden wollen wir uns ersparen; hinzuweisen ist nur auf Folgendes: Möglich ist es, dass auch nach der ersten Periode noch weitere Erhöhungen des realen Inlandsprodukts eintreten. Der genaue Zeitpfad des Anpassungsprozesses hängt bei gegebener Erwartungshypothese von den Steigungen der Preiskurve und der Nachfragekurve ab (und damit von den Koeffizienten α, β und γ). Jede Veränderung dieser Größen bewirkt damit, dass sich die zeitliche Verteilung der geldpolitischen Effekte auf das reale Inlandsprodukt und die Inflationsrate verändert. Zu vermuten ist deshalb, dass die *time lags*, mit denen Beschäftigung, Inlandsprodukt und Inflationsrate auf geldpolitische Maßnahmen reagieren, entsprechend der *FRIEDMANschen These schwanken*. Unabhängig von der Größe der Koeffizienten α, β und γ ergibt sich im Rahmen des betrachteten Modells jedoch, dass eine Rückbewegung zum langfristigen Gleichgewicht einsetzt, und zwar auf einem Zeitpfad, wie er in Abb.V.1 durch die zu Z hinführende Schleife dargestellt wird[30]. Im *langfristigen Gleichgewicht* bei Z entspricht das tatsächliche reale Inlandsprodukt wieder dem potenziellen, und die Inflationsrate ist wieder identisch mit der (auf 6 v.H.

---

30 Im Anhang A 6) wird nachgewiesen, dass sich die Inflationsrate (und damit auch das reale Inlandsprodukt) in gedämpften Schwingungen auf eine Gleichgewichtslage zubewegt.

erhöhten) Wachstumsrate der nominalen Geldmenge. *Zusammenfassend* lässt sich somit feststellen,

- dass eine Anhebung der Wachstumsrate der Geldmenge - der *monetaristischen Position* entsprechend - nur vorübergehend das reale Inlandsprodukt und die Beschäftigung, aber dauerhaft die Inflationsrate erhöht und
- dass in bestimmten Phasen des Anpassungsprozesses gleichzeitig die Inflationsrate steigt und das reale Inlandsprodukt abnimmt (also Stagflation vorliegt).

Darüber hinaus wird deutlich,

- dass die Inflationsrate vor Erreichen ihres langfristigen Gleichgewichtswerts über dieses Niveau hinaus ansteigt, also eine sog. **überschießende Reaktion** („*overshooting*") eintritt[31].

ccc) Besteht nun die Absicht, das reale Inlandsprodukt mit Hilfe der Geldpolitik längerfristig über dem potenziellen (realen) Inlandsprodukt ($\overline{Y}^r$) zu halten, um auf diese Weise die Unterbeschäftigung nachhaltig unter das normale Niveau ($\overline{U}$) zu senken, dann muss die Wachstumsrate der (nominalen) Geldmenge nicht einmalig, sondern *laufend* heraufgesetzt werden. Durch die fortwährende Erhöhung von m wird die Nachfragekurve ständig weiter nach rechts verschoben. Infolgedessen können alle Schnittpunkte der Nachfragekurven mit den sich im Zuge der steigenden Inflationserwartungen nach oben verschiebenden Preiskurven rechts von $\overline{Y}^r$ liegen[32]. Die hiermit verbundene dauerhafte Verminderung der Unterbeschäftigung unter das normale (oder natürliche) Niveau durch ständige Erhöhung der Wachstumsrate der Geldmenge hat allerdings ihren Preis: Er besteht in einer fortwährenden *Beschleunigung der inflationären Entwicklung*[33]. Somit lässt sich zusammenfassend feststellen,

- dass entsprechend der *monetaristischen Akzelerationshypothese* eine nachhaltige Erhöhung von Inlandsprodukt und Beschäftigung über das normale Niveau nur bei fortwährender Beschleunigung (Akzeleration) des Preisanstiegs möglich erscheint.

---

[31] Dass sich eine *überschießende Reaktion* einstellen muss, zeigt auch folgende Überlegung: Die reale Geldmenge ist im neuen langfristigen Gleichgewicht wieder genau so groß wie im Ausgangsgleichgewicht; denn nach Gleichung (9) gehört zum gleichen realen Inlandsprodukt die gleiche reale Geldmenge. Da die reale Geldmenge zunächst wegen m $(= 6) > \pi$ steigt, muss sie in einer späteren Phase wieder sinken, d.h. es gilt dann: $\pi > m$ $(= 6)$.

[32] Auf Dauer gesehen, ist allerdings mit der Möglichkeit zu rechnen, dass auch die Erwartungsbildung über die Inflationsrate beschleunigt revidiert wird und die erwartete Inflationsrate die tatsächliche einholt. Tritt dieser Fall ein, dann ist eine Verminderung der Unterbeschäftigung unter das normale Niveau nicht mehr möglich. Vgl. hierzu auch ARGY, a.a.O., S. 137.

[33] Nicht zuletzt deshalb werden zur Verringerung der Unterbeschäftigung häufig *arbeitsmarktpolitische* Maßnahmen vorgeschlagen, z.B. Maßnahmen zur Verbesserung der Transparenz des Arbeitsmarktes sowie zur Förderung einer größeren räumlichen und beruflichen Mobilität der Arbeitskräfte. Maßnahmen dieser Art verringern das Ausmaß der auf friktioneller und struktureller Arbeitslosigkeit beruhenden normalen Unterbeschäftigung.

ddd) Nicht weniger bedeutsam als der bisher behandelte Fall einer Erhöhung des Geldmengenwachstums ist der Versuch, durch eine *Senkung* der Wachstumsrate der (nominalen) Geldmenge, also durch *kontraktive Geldpolitik*, zu einer Verminderung der Inflationsrate zu gelangen, d.h. eine *Disinflation* zu realisieren. In der graphischen Analyse des Angebots-Nachfrage-Modells führt eine Senkung der Geldmengenwachstumsrate, z.B. von 4 auf 2 v.H., zu einer *Linksverschiebung* der *Nachfragekurve* (vgl. Abb. V.2). Das neue (temporäre) Gleichgewicht stellt sich in der ersten Periode (nach der Störung) im Schnittpunkt *B* der verschobenen Nachfragekurve (N_1) und der Preis-Kurve (A_0) ein. Die Inflationsrate ist also gesunken (auf π_B). Da die Arbeitnehmer vorerst noch mit der unveränderten Inflationsrate π_A (= 4 v.H.) rechnen, überschätzen sie die tatsächliche Inflationsrate. Auch bei sinkenden Inflationsraten stellen sich also systematische Prognosefehler ein.

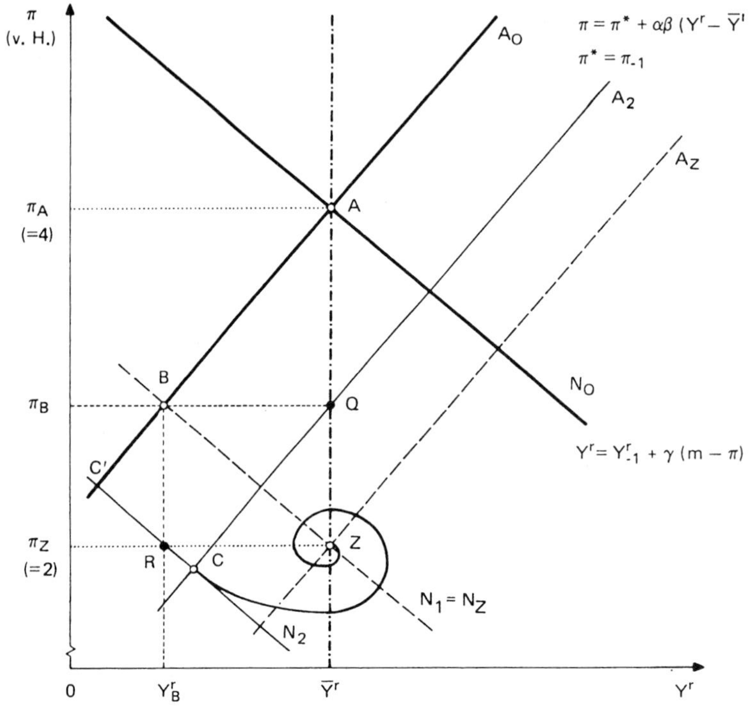

Abb. V.2

Mit der rückläufigen Inflationsrate ist auch das reale Inlandsprodukt zurückgegangen (auf Y^r_B). Die auslösende Ursache hierfür ist die Nachfrage dämpfende Wirkung der gesunkenen realen Geldmenge[34].

---

34 Die reale Geldmenge muss gegenüber der Ausgangslage abgenommen haben, da die Inflationsrate π nach der Störung offensichtlich nicht um 2 v.H. (wie die Wachstumsrate der nominalen Geldmenge), sondern um weniger gesunken ist.

Der in der ersten Phase eingetretene Rückgang der Inflationsrate und des realen Inlandsprodukts bewirkt über Verschiebungen der Preis- und Nachfragekurve weitere Anpassungen. Dabei verschiebt sich die *Preiskurve* (parallel) nach *unten*, weil die Inflationserwartungen infolge der in der ersten Periode gesunkenen Inflationsrate nach unten korrigiert werden, und die *Nachfragekurve* verschiebt sich (parallel) nach *links*, weil sich das reale Inlandsprodukt in der ersten Periode gegenüber der Ausgangslage vermindert hat[35]. Der Schnittpunkt *C* der Preiskurve A_2 mit der Nachfragekurve N_2 bestimmt das (temporäre) Gleichgewicht in der zweiten Periode.

Ohne den Anpassungspfad im Einzelnen weiter zu verfolgen, sei festgestellt, dass eine Rückkehr zu einem langfristigen Gleichgewicht erfolgt, und zwar auf einem Zeitpfad, wie ihn in Abb. V.2 die zu *Z* hinführende Schleife beschreibt. Im *langfristigen Gleichgewicht* hat das tatsächliche reale Inlandsprodukt wieder das potenzielle erreicht, und die Inflationsrate entspricht der (auf 2 v.H. gesunkenen) Wachstumsrate der Geldmenge. Somit ergibt sich als Fazit,

- dass eine Senkung der Wachstumsrate der Geldmenge – der *monetaristischen Position* entsprechend – vorübergehend das reale Inlandsprodukt und die Beschäftigung verringert, aber dauerhaft die Inflationsrate senkt.

Darüber hinaus zeigt sich,

- dass die Inflationsrate vor Erreichen ihres langfristigen Gleichgewichts *unter* dieses Niveau absinkt, also eine sog. **unterschießende Reaktion** („undershooting") eintritt[36].

Durch eine kontraktive Geldpolitik kann also die Inflationsrate verringert werden; die damit verbundenen sozialen Kosten bestehen in einer vorübergehenden Zunahme der Unterbeschäftigung. Ausmaß und Dauer des temporären Anstiegs der Arbeitslosigkeit dürften dabei umso größer sein, je länger die Verzögerung ist, mit der die Inflationserwartungen an die tatsächliche Entwicklung angepasst werden (je mehr also die Inflationserwartungen verhärtet sind). Anhand von Abb. V.2 lässt sich diese Vermutung verdeutlichen. Beträgt beispielsweise die Verzögerung zwischen erwarteter und tatsächlicher Inflationsrate nicht eine, sondern zwei Perioden, dann bestimmt in Abb. V.2 nicht Punkt *C* das temporäre Gleichgewicht in der zweiten Periode, sondern der Schnittpunkt der Nachfragekurve N_2 mit der Preiskurve A_0 (also *C'*). Wie man sieht, erstreckt sich der Rückgang des Inlandsprodukts und damit der Beschäftigung jetzt auf zwei Perioden und fällt stärker aus. Offenbar sind die realwirtschaftlichen Wirkungen umso stärker, je langsamer sich die erwartete Inflationsrate anpasst. Diese Aussage gilt gleichermaßen für eine Erhöhung der Geldmengenwachstumsrate, die vorübergehend das (reale) Inlandsprodukt ansteigen lässt.

---

35 Die genaue Lage von A_2 und N_2 wird wieder durch folgende Überlegung bestimmt: *Q* ist ein Punkt auf A_2; denn aus der Preisgleichung (19) geht hervor, dass sich für $Y^r = \overline{Y}^r$ die Inflationsrate $\pi = \pi^*$ $(= \pi_B)$ ergibt. *R* ist ein Punkt auf N_2; denn aus der Nachfragefunktion geht hervor, dass $Y^r = Y^r_{-1}$ $(= Y^r_B)$, wenn $\pi = m$ $(= 2)$ gesetzt wird.

36 Dass sich eine *unterschießende Reaktion* einstellen muss, ergibt sich auch aus folgender Überlegung: Wie schon erwähnt, muss die reale Geldmenge im neuen Gleichgewicht wieder genau so groß sein wie im Ausgangsgleichgewicht. Da die reale Geldmenge zunächst wegen m $(= 2) < \pi$ sinkt, muss sie in einer späteren Phase wieder steigen, d.h. es muss dann gelten $\pi < m$ $(= 2)$.

c) Neuklassische Theorie

Wie erwähnt wurde, ist die vergangenheitsorientierte Erwartungsbildung bei steigenden bzw. sinkenden Inflationsraten zwangsläufig mit dem Nachteil verbunden, dass systematische Prognosefehler auftreten. Wird das bisher behandelte Angebots-Nachfrage-Modell deshalb unter der rationalen Erwartungshypothese analysiert und dabei ein stochastischer Ansatz mit Berücksichtigung von Zufallseinflüssen zu Grunde gelegt, dann gelangt man zu Aussagen, wie sie als charakteristisch für die insbesondere von R. E. LUCAS, T. S. SARGENT und N. WALLACE entwickelte **Neue klassische Makroökonomik** angesehen werden[37]. Diese **Neuklassiche Theorie** führt das monetaristische Programm fort und wird deshalb auch als *Monetarismus zweiter Art* bezeichnet – zur Unterscheidung von der traditionellen monetaristischen Position (*Monetarismus erster Art*), die auf der extrapolativen bzw. adaptiven Erwartungshypothese beruht und deren wesentliche Implikationen im vorangegangenen Unterabschnitt b) verdeutlicht wurden[38].

aa) Determininistischer Ansatz. – Der Analyse bei rationalen Erwartungen wird zur Einführung zunächst ein *deterministischer* Ansatz vorangestellt, d.h.: Anders als in dem anschließend zu behandelnden *stochastischen* Modell existieren keine Zufallseinflüsse. Zwischen den Variablen des Modells bestehen demzufolge nur exakte Zusammenhänge. In diesem auch als **vollkommene Voraussicht** bezeichneten Fall wird die Inflationsrate stets korrekt antizipiert, d.h. es gilt:

(20) $\pi^* = \pi.$

Nach Preisgleichung (19) impliziert dieses Ergebnis

(21) $Y^r = \overline{Y}^r.$

Das reale Inlandsprodukt (Y^r) muss also auf dem Niveau des potenziellen Inlandsprodukts ($\overline{Y}^r$) verharren, und zwar unabhängig davon, wie sich die Wachstumsrate der Geldmenge entwickelt. Damit ist stets $Y^r = Y^r_{-1}$; dieses setzt aber wegen der Nachfragefunktion (10) voraus, dass

(22) $\pi = m.$

Die Inflationsrate (π) muss also stets der nominalen Geldmengenwachstumsrate (m) entsprechen. Somit ergibt sich für den Fall *vollkommener Voraussicht* als Fazit,

- dass eine Änderung der Wachstumsrate der Geldmenge das reale Inlandsprodukt (und damit auch die Beschäftigung) *nicht* beeinflusst, die Inflationsrate jedoch unmittelbar und in vollem Ausmaß der Erhöhung (Senkung) der Wachstumsrate der Geldmenge ansteigt (sinkt)[39].

---

[37] Vgl. hierzu die Darstellung bei FELDERER, HOMBURG, a.a.O., S. 233 ff.

[38] Diese Unterscheidung geht auf J. TOBIN zurück (Asset Accumulation and Economic Activity. Oxford 1980. S. 21f., 36 ff.). – Vgl. hierzu auch H.-J. RAMSER, Perspektiven einer Neuformulierung der makroökonomischen Theorie. In: Der Keynesianismus V. Makroökonomik nach KEYNES. (Hrsg. von G. BOMBACH, H.-J. RAMSER, M. TIMMERMANN). Berlin 1984. S. 16.

[39] "... any predictable change in the rate of monetary growth has 100 percent of its effect on inflation *even in the short run*, and zero percent of its effect on unemployment." (R. J. GORDON, Recent Developments in the Theory of Inflation and Unemployment. „Journal of Monetary Economics", Vol. 2 (1976), S. 201).

Dieses Ergebnis bedeutet, dass *Neutralität* des Geldmengenwachstums hinsichtlich des güterwirtschaftlichen Bereichs schon auf kurze Sicht vorliegt (und nicht erst im langfristigen Gleichgewicht wie bei extrapolativen bzw. adaptiven Erwartungen). Ökonomisch lässt sich dieses Ergebnis wie folgt erklären: Da die Arbeitnehmer sämtliche ökonomischen Zusammenhänge übersehen, kennen sie die unter (21) und (22) angegebenen Ergebnisse. Sie gehen deshalb bei ihren Lohnforderungen von einem unveränderten realen Inlandsprodukt in Höhe des potenziellen realen Inlandsprodukts sowie von einer erwarteten Inflationsrate in Höhe der Geldmengenwachstumsrate aus und fordern dementsprechend eine Geldlohnsatzsteigerungsrate, die der gestiegenen Geldmengenwachstumsrate entspricht. Diese wird von den Unternehmern akzeptiert und sofort auf die Inflationsrate überwälzt. Damit erfüllen sich die Inflationserwartungen der Arbeitnehmer, und das reale Inlandsprodukt sowie die Beschäftigung verharren auf dem Ausgangsniveau des langfristigen Gleichgewichts.

bb) Stochastischer Ansatz. – aaa) Im Folgenden bleibt zu untersuchen, ob die bisherigen Ergebnisse bestehen bleiben, wenn ein *stochastisches* Modell mit rationalen Erwartungen zu Grunde gelegt wird. Insbesondere ist zu prüfen, ob bei diesem Ansatz Abweichungen zwischen *erwarteter* und *tatsächlicher* Inflationsrate auftreten können und wodurch diese ggf. bestimmt sind. Treten nämlich derartige Abweichungen auf, dann impliziert die Preisgleichung (19), dass sich das reale Inlandsprodukt Y^r – anders als bei vollkommener Voraussicht – vom potenziellen Inlandsprodukt $\overline{Y}^r$ unterscheidet.

Wie bereits erwähnt, rechnen die Wirtschaftssubjekte bei rationalen Erwartungen mit einer (erwarteten) Inflationsrate (π^*), die dem Erwartungswert für die sich aus dem Modell ergebende Inflationsrate π_t entspricht, d.h. $\pi^* (E(\pi_t)$. Um die Inflationsrate π_t ermitteln zu können, müssen die Regeln bekannt sein, die das Geldmengenwachstum bestimmen. Unterstellt wird Im Folgenden die bereits eingeführte Gleichung

$$(4) \qquad m_t = \overline{m}_t + u_t .$$

Ausgangspunkt für die Ermittlung der Inflationsrate in der laufenden Periode (π_t) ist die Überlegung, dass π_t als endogene Variable durch sämtliche unabhängigen Größen festgelegt wird, d.h. durch die systematische Komponente des Geldmengenwachstums $\overline{m}_t$, das reale Inlandsprodukt der Vorperiode Y^r_{t-1}, das potenzielle Inlandsprodukt $\overline{Y}^r$, die Zufallsvariable u_t sowie durch die Zufallsvariablen v_t bzw. w_t, die zufällige Schwankungen der Nachfragefunktion bzw. Preisgleichung erfassen. Da sämtliche Gleichungen des betrachteten Modells linear sind, muss die Bestimmungsfunktion für π_t ebenfalls linear sein, z.B. in der *allgemeinen* Form:

$$(23) \quad \pi_t = \mu_1 \overline{m}_t + \mu_2 Y^r_{t-1} + \mu_3 \overline{Y}^r + \mu_4 u_t + \mu_5 v_t + \mu_6 w_t .$$

Wie sich zeigen lässt[40], gilt *speziell* für das vorliegende Modell:

---

40 Zur Ableitung siehe genauer Anhang A 7). – Vgl. zur Vorgehensweise auch M. J. M. NEUMANN, Stabilisierungspolitik bei rationalen Erwartungen. „Wirtschaftswissenschaftliches Studium", 10. Jg. (1981), H. 3, S. 112 ff. – R. POHL, Theorie der Inflation. Grundzüge der monetären Makroökonomik. München 1981. S. 125 ff.

$$\mu_1 = 1,\ \mu_2 = -\mu_3 = \frac{1}{\gamma},\ \mu_4 = \frac{\alpha'\gamma}{1+\alpha'\gamma},\ \mu_5 = \frac{\alpha'}{1+\alpha'\gamma},\ \mu_6 = \frac{1}{1+\alpha'\gamma},$$

wobei $\alpha' = \alpha\beta$.

Wird hinsichtlich der Zufallsvariablen u_t, v_t und w_t ein Erwartungswert von jeweils Null angenommen, dann geht aus (23) hervor, dass der Erwartungswert für die Inflationsrate durch folgende Gleichung bestimmt wird:

(24) $\pi_t^* = \mu_1 \overline{m}_t + \mu_2 Y_{t-1}^r + \mu_3 \overline{Y}^r.$

Wird (24) von (23) subtrahiert, dann ergibt sich:

(25) $\pi_t - \pi_t^* = \mu_4 u_t + \mu_5 v_t + \mu_6 w_t.$

Offenbar bestehen Abweichungen zwischen erwarteter und tatsächlicher Inflationsrate – allerdings nur auf Grund von Zufallseinflüssen[41]. Die Konsequenzen dieses Ergebnisses werden deutlich, wenn in (25) die *Preisgleichung* (19) berücksichtigt wird. Diese lässt sich bei Zeitindizierung und ergänzt um die Zufallsvariable w_t wie folgt formulieren:

(26) $\pi_t = \pi_t^* + \alpha'(Y_t^r - \overline{Y}^r) + w_t$[42].

Wird (26) in (25) eingesetzt, dann erhält man:

$$\alpha'(Y_t^r - \overline{Y}_r) + w_t = \mu_4 u_t + \mu_5 v_t + \mu_6 w_t$$

bzw.

(27) $Y_t^r = \overline{Y}^r + \frac{1}{\alpha}(\mu_4 u_t + \mu_5 v_t + \mu_6 w_t - w_t).$

Werden μ_4, μ_5 und μ_6 entsprechend den oben gemachten Angaben ersetzt, dann ergibt sich schließlich nach Umformung:

(28) $Y_t^r = \overline{Y}^r + \frac{1}{1+\alpha'\gamma}(\gamma u_t + v_t - \gamma w_t).$

Die Beziehungen (27) und (28) machen gleichermaßen deutlich, dass das reale In*landsprodukt* (und damit auch die Beschäftigung) nur durch (unvorhergesehene) ***Zufallseinflüsse*** verändert wird, seien sie nun monetärer Natur (wie u_t) oder realwirtschaftlicher Natur (wie v_t und w_t). Diese Aussage gilt unabhängig davon,

---

41 Sind die Zufallsvariablen u_t, v_t und w_t gleich Null, dann ist $\pi_t = \pi_t^*$ (wie bei vollkommener Voraussicht).

42 Wird die Preisgleichung nach dem realen Inlandsprodukt Y^r aufgelöst, dann ergibt sich eine gesamtwirtschaftliche Angebotsfunktion vom LUCAS-Typ. Genauer lautet die für die Neue klassische Makroökonomik wesentliche **LUCAS-Angebotsfunktion** (bei Vernachlässigung verzögerter Werte für das reale Inlandsprodukt):

$$\ln Y_t^r = \ln \overline{Y}_t^r + b(\ln p_t - p_t^*) + z,$$

wobei p_t das tatsächliche Preisniveau, p_t^* das erwartete Preisniveau und z_t eine Zufallsvariable darstellen (siehe hierzu z.B. R. E. LUCAS, Some International Evidence on Output-Inflation Tradeoffs. „The American Economic Review", Vol. 63 (1973), S. 327 f.). – Dass sich eine Angebotsfunktion vom LUCAS-Typ auch aus einem Arbeitsmarktgleichgewicht bei einem vom erwarteten Reallohnsatz (positiv) abhängigen Arbeitsangebot und einer vom tatsächlichen Reallohnsatz (negativ) abhängigen Arbeitsnachfrage in Verbindung mit einer gesamtwirtschaftlichen Produktionsfunktion herleiten lässt, erläutert P. DE GRAUWE, Macroeconomic theory for the open economy. Aldershot, Brookfield 1983. S. 39 ff.

ob die Zentralbank ein Geldmengenziel festlegt (wie mit (4) unterstellt) oder eine antizyklische Konjunkturpolitik über eine Rückkoppelungsregel betreibt (wie durch (5) beschrieben[43]). Sie impliziert die **Politikineffektivitätshypothese**: Jede systematische, an Regeln orientierte Geldpolitik bleibt bei rationalen Erwartungen ohne realwirtschaftliche Wirkungen; sie wird von den Wirtschaftssubjekten bezüglich der Inflationseffekte vollständig antizipiert und führt (wie auch (23) zeigt) lediglich zu einer proportionalen, *sofortigen* Änderung der Inflationsrate. Offenbar kann die Zentralbank nur durch *unvorhergesehene* (sich in der Zufallsvariablen u_t ausdrückende) Geldmengenänderungen und die dadurch (nach (25)) ausgelöste *Überraschungsinflation* das reale Inlandsprodukt und die Beschäftigung beeinflussen.

bbb) Die geldpolitischen Implikationen des Angebots-Nachfrage-Modells unter der rationalen Erwartungshypothese lassen sich graphisch veranschaulichen. Dabei wird eine Erhöhung der Geldmengenwachstumsrate z.B. von 4 auf 6 v.H. betrachtet, und zwar zunächst im *deterministischen* Ansatz, d.h. bei vollkommener Voraussicht, und danach im *stochastischen* Ansatz für den Fall einer Überraschungsinflation.

Wie im Unterabschnitt b) cc) ausgeführt, verschiebt sich die Nachfragekurve bei einem Anstieg der Geldmengenwachstumsrate (z.B. von 4 auf 6 v.H.) nach rechts. Ihre neue Lage wird dabei durch den Punkt Z mit $\pi = m = 6$ v.H. und $Y^r = Y^r_{-1} = \overline{Y}^r$ bestimmt (vgl. Abb. V.3).

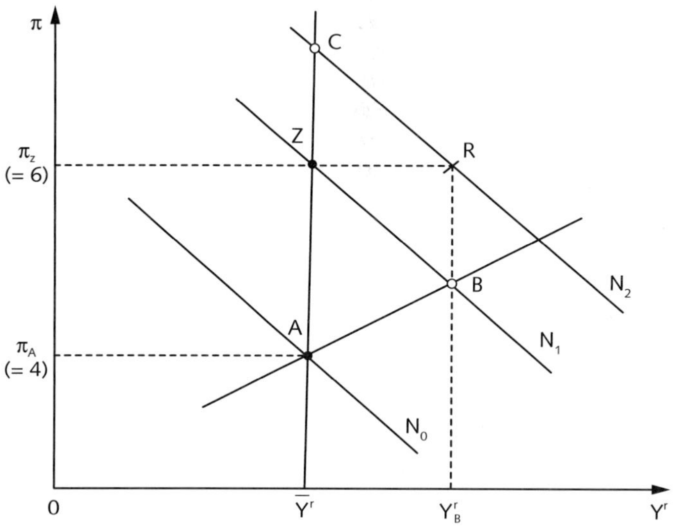

Abb. V.3

[43] Würde man bei den Ableitungen nicht von Gleichung (4), sondern von (5) ausgehen, dann würde sich bei gleicher Vorgehensweise letztlich eine Beziehung ergeben, die mit (27) übereinstimmt (abgesehen davon, dass u_t durch u'_t zu ersetzen wäre).

Nach den Ausführungen im Unterabschnitt c) aa) zum *deterministischen* Ansatz wird das neue (endgültige) Gleichgewicht nach Erhöhung der Geldmengenwachstumsrate sofort und ohne realwirtschaftliche Auswirkungen erreicht, und zwar nach Gleichung (21) und (22) bei $Y^r = \overline{Y}^r$ und $\pi = m$ (= 6 v.H.), d.h. bei *Z*.

Wird die im *stochastischen* Ansatz gegebene Möglichkeit betrachtet, dass die Erhöhung der Geldmengenwachstumsrate für die erste Periode nach der Störung nicht antizipiert wird und sich dementsprechend eine Überraschungsinflation einstellt, dann ergibt sich zunächst, d.h. in der ersten Periode, ein Gleichgewicht beim Punkt *B*. Danach erkennen die Wirtschaftssubjekte die Erhöhung der Geldmengenwachstumsrate, und eine Überraschungsinflation kann nicht mehr eintreten, d.h. $\pi = \pi^*$. Demzufolge ist dann $Y^r = \overline{Y}^r$.

Zu beachten ist allerdings, dass sich die durch

$$(2) \qquad Y^r = Y^r_{-1} + \gamma (m - \pi)$$

bestimmte Nachfragekurve in der zweiten Periode noch einmal nach rechts verschiebt, da sich das reale Inlandsprodukt in der (vorausgegangenen) ersten Periode erhöht hatte. Dabei muss die neue Nachfragekurve (N_2) den Punkt *R* durchlaufen, da $Y^r = Y^r_{-1}$ $(= Y^r_B)$, wenn $\pi = m$ (= 6) gesetzt wird. In der zweiten Periode ergibt sich deshalb ein (korrekt antizipiertes) temporäres Gleichgewicht im Punkt *C* mit einer über $\pi = m$ (= 6) hinausgehenden Inflationsrate. In der dritten Periode wird dann das neue Gleichgewicht bei *Z* erreicht. Die Anpassung erfolgt dadurch, dass sich die Nachfragekurve auf N_1 zurückverschiebt, weil ihre Lage nunmehr durch den Punkt *Z* bestimmt wird; denn $Y^r = Y^r_{-1} = \overline{Y}^r$, wenn $\pi = m$ (= 6) gesetzt wird.

Die ökonomische Erklärung für die vorübergehende Produktionsausweitung auf Y^r_B ist darin zu sehen, dass die Lohnsatzsteigerungsrate und damit auch die Preissteigerungsrate wegen der zunächst nicht antizipierten Erhöhung der Geldmengenwachstumsrate um weniger als 2 v.H. ansteigen und sich deshalb vorübergehend eine Nachfrage stimulierende Erhöhung der realen Geldmenge einstellt. Nach der Erhöhung der realen Geldmenge (in der ersten Periode) ergibt sich dann durch das „overshooting" der Inflationsrate (in der zweiten Periode) eine gleich große Senkung der realen Geldmenge, so dass diese wieder auf das Ausgangsniveau zurückfällt.

ccc) Die Politikineffektivitätshypothese stellt eine wichtige Implikation der *Neuklassischen Theorie* dar. Nicht zuletzt deshalb ist abschließend noch einmal genauer auf die Prämissen dieser Konzeption einzugehen. Neben der Preisgleichung (26) bzw. der (in Fußnote 42 erwähnten) LUCAS-Angebotsfunktion sind die *Annahmen* rationaler Erwartungen und völlig flexibler, stets Markt räumender Preise wesentlich. Beide Annahmen sind nicht unproblematisch[44]. Die rationale Erwartungshypothese unterstellt mit der genauen Kenntnis des Modells und der Zentralbankstrategie einen Informationsstand, der wohl nur als eine „idealisierende Annahme" angesehen werden kann. Und selbst wenn es möglich sein sollte, einen derart umfassenden Informationsstand zu erreichen, bleibt die Frage, ob sich der mit der Beschaffung und Verarbeitung der erforderlichen Informationen verbundene Aufwand unter Kosten- und Ertragsgesichtspunkten überhaupt

[44] Vgl. W. FRANZ, Neuere Makroökonomische Kontroversen. „Wirtschaftswissenschaftliches Studium", Jg. 21 (1992), S. 275 ff.

lohnt. *Anderseits* ist die rationale Erwartungshypothese nicht mit dem Nachteil vergangenheitsorientierter Erwartungen verbunden, systematische Erwartungsfehler zu implizieren. Außerdem liegt es nahe, dass bei der Erstellung von Prognosen auch aus der Theorie bekannte und empirisch gestützte Zusammenhänge genutzt werden. Der Annahme völlig flexibler Preise stehen empirische Beobachtungen entgegen, die auf Güterpreis- und Lohnsatzrigiditäten hinweisen. Viele Güterpreise werden nur in größeren Zeitabständen geändert. So bleiben die Verbraucherpreise im Euro-Währungsraum nach Untersuchungen der Europäischen Zentralbank[45] durchschnittlich vier bis fünf Quartale unverändert, die Erzeugerpreise über einen etwa ebenso langen oder etwas kürzeren Zeitraum, d.h. die Mehrzahl der Unternehmungen ändern die Preise nur etwa einmal jährlich. Als Begründung für dieses Preissetzungsverhalten wird auf die Vorstellung impliziter und expliziter Verträge hingewiesen. *Implizite* Verträge bedeuten, dass Kunden von ihren Lieferanten eine gewisse Preiskonstanz erwarten, weil ihre Kalkulation hierdurch mit weniger Risiko belastet wird. Den Lieferanten wird deshalb zur Sicherung ihrer langfristigen Kundenbeziehungen daran gelegen sein, häufige Preisänderungen zu vermeiden. *Explizite* Verträge haben zur Folge, dass vor jeder Preisänderung Verträge neu zu verhandeln sind und hierdurch für beide Parteien Transaktionskosten anfallen. Preisanpassungen unterbleiben weiter, weil Unternehmen nicht sicher sind, wie sich Wettbewerber bei Nachfrage- und Kostenänderungen verhalten, und weil dadurch für sie Absatzrisiken entstehen. Schließlich sprechen gegen häufige Preisänderungen auch, dass bei ihrer Planung und Umsetzung Informations- und Anpassungskosten anfallen, die auch als Menükosten (menu costs) bezeichnet werden.

Geldlohnsätze enthalten ein Element temporärer Inflexibilität, wenn Lohnvereinbarungen für einen längeren Zeitraum getroffen werden[46], z.B. am Ende der Vorperiode für die laufende und die zukünftige Periode. Werden die Lohnkontrakte dabei zu verschiedenen Zeitpunkten abgeschlossen, dann überlappen sich ihre Laufzeiten, und es wird in jeder Periode Geldlohnsätze geben, die auf Grund noch laufender Verträge unverändert bleiben, auch wenn Änderungen der Geldmenge und des Preisniveaus korrekt vorhergesehen werden. Trotz rationaler Erwartungen hat die Geldpolitik dann – wegen teilweise bestehender Inflexibilität der Geldlohnsätze – temporäre Auswirkungen auf das reale Inlandsprodukt[47].

---

[45] Siehe Europäische Zentralbank, Monatsbericht November 2005, S. 67, 73.

[46] Ein Grund hierfür kann in den mit Lohnvereinbarungen verbundenen Transaktionskosten gesehen werden.

[47] Zu Modellen, die diese Aussage mit längerfristigen Lohnkontrakten bei sich überlappenden Laufzeiten begründen, siehe genauer S. Fischer, Long-Term Contracts, Rational Expectations, and the Optimal Money Supply Rule. „The Journal of Political Economy", Vol. 85 (1977), S. 191 ff. – J. B. Taylor, Staggered Wage Setting in a Macro Model. „The American Economic Review", Papers and Proceedings, Vol. 69 (1979), S. 108 ff. – H. Wagner, Stabilisierungspolitik. Theoretische Grundlagen und institutionelle Alternativen. 2., verb. u. erg. Aufl. München, Wien 1992. S. 39 ff.

Zusammenfassung

1. Aus der Analyse des makroökonomischen Angebots-Nachfrage-Modells mit extrapolativen bzw. adaptiven Inflationserwartungen ergeben sich – in Übereinstimmung mit der monetaristischen Position – folgende Konsequenzen für die Geldpolitik:
   - Eine Anhebung der Wachstumsrate der Geldmenge erhöht nur vorübergehend das reale Inlandsprodukt und die Beschäftigung, aber dauerhaft die Inflationsrate. Dabei nimmt die Inflationsrate in bestimmten Phasen des Anpassungsprozesses bei sinkendem realen Inlandsprodukt zu (Stagflation) und steigt vor Erreichen ihres langfristigen Gleichgewichtswertes vorübergehend über dieses Niveau hinaus („überschießende Reaktion").
   - Soll die Unterbeschäftigung durch fortlaufende Erhöhung der Wachstumsrate der Geldmenge nachhaltig unter ihr normales Niveau (also unter die natürliche Arbeitslosenquote) gesenkt werden, dann ist mit einer fortwährenden Beschleunigung der inflationären Entwicklung zu rechnen (monetaristische Akzelerationshypothese).
   - Soll eine hohe Inflationsrate durch Senkung der Geldmengenwachstumsrate vermindert, also eine Disinflation herbeigeführt werden, dann tritt eine vorübergehende Abnahme des realen Inlandsprodukts und der Beschäftigung ein. Dabei fällt die Inflationsrate vor Erreichen ihres langfristigen Gleichgewichtswertes vorübergehend unter dieses Niveau („unterschießende Reaktion").

2. Für den Fall rationaler Erwartungen führt das Angebots-Nachfrage-Modell – entsprechend der Neuklassischen Theorie – zu dem Ergebnis, dass Beschäftigung und reales Inlandsprodukt nur durch Zufallseinflüsse verändert werden. Eine systematisch betriebene Geldpolitik (z. B. durch ein angekündigtes Geldmengenwachstum oder eine Festlegung auf eine Rückkoppelungsregel) bleibt deshalb ohne realwirtschaftliche Effekte (Politikineffektivitätshypothese). Ihre Wirkungen erschöpfen sich in einer vorgezogenen (sofortigen) Veränderung der Inflationsrate.

3. Zinsregeln, realwirtschaftliche Effekte und Inflation im Konsensmodell

a) Grundzüge des Modells

Das *Neukeynesianische Konsensmodell*, dessen Grundlagen MICHAEL WOODFORD in seiner bahnbrechenden Abhandlung „Interest and Prices" (2003)[48] legte, verbindet Kernelemente der Neuklassischen Theorie mit zentralen KEYNESianischen Vorstellungen. Im Folgenden werden die Grundzüge dieser Synthese zunächst in allgemeiner Form beschrieben (Unterabschnitt a)). Danach wird ein an J. B. TAYLOR[49] UND D. ROMER[50] angelehntes vereinfachtes Neukeynesiansches Lehrbuchmodell vorgestellt und für Zwecke der Geld- und Fiskalpolitik ausgewertet (Unterabschnitt b)).

aa) Neuklassische und Keynesianische Elemente. - In der methodischen Vorgehensweise ist das Konsensmodell *neuklassisch*. Es basiert - wie das WALRAsianische System[51] - auf *mikroökonomischen Optimierungskalkülen* (Nutzenmaximierung der Haushalte, Gewinnmaximierung der Unternehmungen) und stellt ein dynamisches, stochastisches Modell generellen Gleichgewichts dar[52]. Es ist *dynamisch*, weil Variablen im Zeitablauf betrachtet werden, und *stochastisch*, weil für sie teilweise Erwartungswerte gebildet werden. Als ein weiteres neuklassisches Kernelement berücksichtigt das Konsensmodell *rationale Erwartungen*. *Neukeynesianisch* geprägt ist das Konsensmodell insofern, als sich die im Rahmen monopolistischer Konkurrenz gebildeten Preise *verzögert und zeitlich verteilt* anpassen[53]. Da die Anpassung der Preise (und Lohnsätze) nicht markträumend erfolgt, entstehen Abweichungen zwischen dem realisierten und potenziellen (realen) Inlandsprodukt, und die Inflationsrate oder die Arbeitslosenquote kann - gemessen an Zielwerten - zu hoch sein. Dadurch ergibt sich ganz im Sinne KEYNESianischer Vorstellungen eine Stabilisierungsaufgabe für die Geldpolitik. Sie wird im Konsensmodell entsprechend einer geldpolitischen Reaktionsfunktion in Form einer *Zinsregel* vom TAYLOR-Typ betrieben. Die Geldpolitik ist damit aktivistisch, aber nicht diskretionär, da sie regelgebunden ist.

---

48 M. WOODFORD, Interest and Prices. Foundations of a Theory of Monetary Policy. Princeton, Oxford 2003. - Zur mikroökonomischen Fundierung des Neukeynesianischen Konsensmodells siehe auch D. ROMER, Advanced Macroeconomics. 3rd ed. Boston 2006, S. 309 ff.

49 Vgl. J. B. TAYLOR, Economics. 2nd ed. Boston, New York 1998. S. 670 ff.

50 Vgl.. D. ROMER, Keynesian Macroeconomics without the LM Curve. „The Journal of Economic Perspectives", Vol. 14, No. 2 (2000), S. 149 ff.

51 Siehe hierzu den Anhang A2).

52 Vom theoretischen Ansatz her entspricht das Konsensmodell damit der neuklassisch geprägten **Theorie realer Konjunkturzyklen (Real Business Cycle Theory)**, die Schwankungen der wirtschaftlichen Aktivität auf reale Schocks wie Änderungen der Technologie oder der Fiskalpolitik zurückführt. - Siehe zu dieser Theorie genauer ROMER, Adavanced Macroeconomics, ..., a.a.O., S. 174 ff.

53 Hierin besteht ein wichtiger Unterschied zur *Theorie realer Konjunkturzyklen*, die flexible, markträumende Preise unterstellt.

bb) Die Ausgangsgleichungen. – Die Grundzüge des Neukeynesianischen Konsensmodells lassen sich durch eine Gleichung für den Gütermarkt im Sinne der traditionellen KEYNESianischen *IS-Gleichung*, eine Bestimmungsfunktion für die Inflationsrate, kurz: *Preisgleichung*, und eine *Zinsregel* formal präzisieren. Werden dabei die in der laufenden Periode t für die folgende Periode $t + 1$ erwarteten Variablen mit dem Erwartungsoperator E_t gekennzeichnet, dann lassen sich die drei Strukturgleichungen[54] wie folgt präzisieren:

(29) $y_t = b_{ot} - b_1 r_t + E_t y_{t+1} + v_t,$ (IS-Gleichung)

wobei $r_t = i_t - E_t \pi_{t+1},$

(30) $\pi_t = E_t \pi_{t+1} + c_1 (y_t - \bar{y}_t) + w_t$ (Preisgleichung)

bzw.

(30 a) $\pi_t = \mu \pi_{t-1} + (1 - n) E_t \pi_{t+1} + c_1 (y_t - \bar{y}_t) + w_t, \; 0 \leqq \mu \leqq 1,$

(31) $i_t = \bar{r}_Z + E_t \pi_{t+1} + \lambda_1 (\pi_t - \bar{\pi}_Z) + \lambda_p (y_t - \bar{y}_t) + z_t$ (Zinsregel).

Wird $E_t \pi_{t+1}$ auf beiden Seiten von (31) abgezogen, dann tritt an die Stelle von (31)

(31 a) $r_t = \bar{r}_Z + \lambda_1 (\pi_t - \bar{\pi}_Z) + \lambda_p (y_t - \bar{y}_t) + z_t,$ wobei $r_t = i_t - E_t \pi_{t+1}.$

Hierbei bezeichnet y den Logarithmus des realen Inlandsprodukts, $\bar{y}$ den Logarithmus des potenziellen (realen) Inlandsprodukts[55], b_0 eine (logarithmierte) autonome Größe, die auch fiskalpolitische Impulse berücksichtigt, $\bar{\pi}_Z$ ist ein Zielwert der Zentralbank für die Inflationsrate, r ist der reale Zinssatz (kurz: Realzins), $\bar{r}$ der langfristige, sich aus dem Modell ergebende reale Gleichgewichtszinssatz, $\bar{r}_Z$ der von der Zentralbank bei Anwendung der Zinsregel unterstellte langfristige reale Zinssatz, t indiziert die Periode, und v, w und z sind Zufallsvariable.

Nach Gleichung (29) hängt die gesamtwirtschaftliche Nachfrage negativ vom Realzins[56] und positiv vom *erwarteten zukünftigen* Einkommen ab. Letzteres bedeutet gegenüber herkömmlichen Spezifizierungen der Nachfrageseite eine Neuerung und resultiert daraus, dass Haushalte bestrebt sind, ihren Konsum im Zeitablauf zu glätten. Im Übrigen zeigt schon ein einfacher Nutzenmaximierungskalkül über zwei Perioden, dass ein höheres Einkommen in der zukünftigen Periode den Konsum in der laufenden Periode erhöht[57].

---

54 Vgl. WOODFORD, a.a.O., S. 243 ff. – J. v. HAGEN, Hat die Geldmenge ausgedient? „Perspektiven der Wirtschaftspolitik“, Bd. 5 (2004), S. 441 ff. – B. T. MCCALLUM, Monetary Policy Analysis in Models Without Money, „Federal Reserve Bank of St. Louis Review", Vol. 83, No. 4 (2001), S. 145.

55 Die Logarithmierung vereinfacht die Ergebnisse der mikroökonomischen Optimierungskalküle. – Zur Mikrofundierung der *Nachfragekurve* siehe WOODFORD, a.a.O., S. 243 mit S. 239 und S. 64 ff. – ROMER, Advanced Macroeconomics,..., S. 311 f. – B. T. MC. CALLUM, E. NELSON, An Optimizing IS-LM Specification for Monetary Policy and Business Cycle Analysis. „Journal of Money, Credit and Banking“, Vol. 31 (1999), S. 302 ff., und der *Preisgleichung* siehe WOODFORD, a.a.O. S. 187 f. mit S. 661 f.

56 Mikroökonomisch betrachtet, beruht der negative Zusammenhang auf einer intertemporalen Substitution des Konsums. Ein höherer Realzins veranlasst Haushalte, Konsum in die Zukunft zu verlagern.

57 Siehe M. NEUMANN, Theoretische Volkswirtschaftslehre II, Produktion, Nachfrage und Allokation. 4., überarb. Aufl., München 1995. S. 150 ff.

Gleichung (30) erinnert an die Preisgleichung (19) aus dem monetaristischen Modell im vorhergehenden Unterabschnitt. Ein wichtiger Unterschied besteht jedoch darin, dass in der Preisgleichung des mikroökonomisch fundierten Konsensmodells die in der laufenden Periode t für die folgenden Periode $t + 1$ erwartete Inflationsrate $E_t\pi_{t+1}$ erscheint und nicht $E_{t-1}\pi_t$ wie im monetaristischen Modell[58]. Bei der Kalkulation der Preise in der laufenden Periode werden also die für die zukünftige Periode erwarteten Preise einbezogen. Dieses lässt sich insbesondere mit Kosten und Risiken begründen, die bei Änderungen von Preisen entstehen[59]. Wird in der Zukunft mit einer höheren Inflationsrate gerechnet, dann lohnt es sich deshalb für manche Unternehmungen bereits in der laufenden Periode die Preise stärker zu erhöhen, um sich so weitere mit Kosten und Risiken verbundene Erhöhungen der Preise in der zukünftigen Periode zu ersparen.

Einen Kompromiss aus der Preisgleichung (19) mit $\pi^* = \pi_{t-1}$ und (30) stellt die Gleichung (30a) dar. Sie berücksichtigt bei der Erwartungsbildung sowohl Inflationsraten der Vergangenheit als auch zukünftig erwartete Inflationsraten. Im Grenzfall $\mu = 0$ ergibt sich Gleichung (30) aus dem Konsensmodell, im Grenzfall $\mu = 1$ erhält man die im monetaristischen Modell verwendete Preisgleichung. Aus empirischen Schätzungen mit US-Daten ergaben sich für μ Werte zwischen 0,75 und 1[60]. Dieser Befund lässt sich als Hinweis dafür interpretieren, dass einer vergangenheitsorientierten Erwartungsbildung bezüglich der Inflationsrate durchaus Relevanz zukommt.

Die in Gleichung (31) angegebene Zinsregel ist eine geldpolitische Reaktionsfunktion in Form der *Taylor-Regel*[61]. Sie beschreibt die Steuerung eines von der Zentralbank als Operationsziel benutzten (kurzfristigen) Zinssatzes (i) in Abhängigkeit von Abweichungen der Inflationsrate von einem Zielwert ($\pi_t - \bar{\pi}_Z$) und des realen Inlandsprodukts von seinem potenziellen Niveau bei normaler Kapazitätsauslastung ($y_t - \bar{y}_t$). Die Taylor-Regel in Form der Gleichung (31) besagt, dass der von der Zentralbank gesteuerte nominale Zinssatz i über dem langfristig realisierten nominalen Gleichgewichtszinssatz ($\bar{r} + E_t\pi_{t+1}$) fixiert werden soll, wenn die Inflationsrate über dem Zielwert liegt ($\pi_t > \bar{\pi}_Z$) und (oder) das Inlandsprodukt sein potenzielles, exogen bestimmtes Niveau überschreitet ($y_t > \bar{y}$), also eine positive *Produktionslücke* vorliegt. Wird Gleichung (31) zu (31a) umgeformt, dann wird der Realzins r_t als Operationsziel der Zentralbank herausgestellt. Um ihn zu erhöhen, muss sie den nominalen Zinssatz über die von ihr erwartete Inflationsrate anheben, um ihn zu verringern, muss sie den nominalen Zinssatz unter die von ihr erwartete Inflationsrate absenken.

---

58 Siehe zu diesem Unterschied Woodford, a.a.O., S. 176 f. – R. Clarida, J. Galí, M. Gertler, The Science of Monetary Policy: A New Keynesian Perspective. „The Journal of Economic Literature", Vol. 37 1999), S. 1667. – H.-P. Spahn, Geldpolitik. Finanzmärkte, neue Makroökonomie und zinspolitische Strategien. München 2006. S. 124.

59 Siehe hierzu genauer die Ausführungen am Ende von Unterabschnitt V.2c) bb).

60 Siehe Romer, Adavanced Economics,..., a.a.O., S. 333.

61 Zinsregeln vom Taylor-Typ lassen sich aus einem Optimierungsansatz durch Minimierung der Kosten- bzw. Verlustfunktion der Zentralbank herleiten (vgl. dazu B.T. McCallum, E. Nelson, Targeting versus Instrument Rules for Monetary Policy. „Federal Reserve Bank of St. Louis Review", Vol. 87, No. 5 (2005), S. 603 f.).

Die TAYLOR-Regel wird in verschiedenen Varianten formuliert[62]. So wird in der Inflationslücke ($\pi_t - \overline{\pi}_Z$) häufiger die aktuelle Inflationsrate (π_t) durch die erwartete Inflationsrate ($E_t\pi_{t+1}$) ersetzt. Hierfür spricht, dass die Inflationsrate nur verzögert auf Maßnahmen der Geldpolitik reagiert und diese sich deshalb an der zukünftig erwarteten Inflationsrate orientieren sollte. Ferner ließe sich in Gleichung (31) berücksichtigen, dass Zentralbanken (wie die EZB oder auch das amerikanische Zentralbanksystem) i.Allg. ein „*interest rate smoothing*" betreiben, d.h. die erforderliche Zinsanpassung schrittweise vollziehen. Dazu wird die Zinsregel durch Einführung eines Glättungsfaktors modifiziert[63].

Die drei Gleichungen (29), (30) bzw. (30a) und (31) bilden ein System, mit dem sich bei exogen bestimmten Werten von b_{ot}, $\overline{r}$, $\overline{r}_Z$, $\overline{y}_t$ und $\overline{\pi}_Z$ die Entwicklung der drei endogenen Variablen Nominalzinssatz (i_t), reales Inlandsprodukt (y_t) und Inflationsrate (π_t) bestimmen lässt. Hieran zeigt sich bereits, dass die Inflationsrate im Neukeynesianischen Konsensmodell *unabhängig von der Höhe der Geldmenge* bestimmt wird.

cc) Langfristiges Gleichgewicht. – Weitere Folgerungen aus dem Konsensmodell lassen sich herleiten, wenn ein *langfristiges (stationäres) Gleichgewicht* betrachtet wird. Ein **langfristiges Gleichgewicht** liegt vor, wenn sich die Erwartungen bezüglich der Entwicklung von Inflationsrate und realem Inlandsprodukt erfüllen *und* sich die Inflationsrate nicht mehr ändert, d.h. wenn gilt:

$$\text{a)}\ E_t\pi_{t+1} = \pi_{t+1} = \pi_t \quad \text{und} \quad \text{b)}\ E_t y_{t+1} = y_{t+1}$$ [64].

Unter der Bedingung a) folgt aus Gleichung (30), dass das reale Inlandsprodukt durch das reale potenzielle Inlandsprodukt festgelegt wird, d.h. bei veränderlichem realen potenziellen Inlandsprodukt gilt: $y_t = \overline{y}_t$ und $y_{t+1} = \overline{y}_{t+1}$. Unter der Bedingung b) folgt dann aus Gleichung (29):

$$(32)\quad \overline{y}_t = b_{ot} - b_1\overline{r} + \overline{y}_{t+1},$$

wobei $\overline{r}$ den langfristigen realen Gleichgewichtszinssatz bezeichnet[65]. Welche Größen ihn bestimmen, ergibt sich bei Auflösung von (32) nach $\overline{r}$. Man erhält[66]:

$$(33\,\text{a})\ \overline{r} = \frac{b_{ot} + \overline{y}_{t+1} - \overline{y}_t}{b_1}.$$

Hier und im Folgenden wird (wie im monetaristischen und neuklassischem Modell) unterstellt, dass das *Niveau* des potenziellen realen Inlandsprodukts exogen gegeben ist, d.h.

---

62 Siehe H.-J. JARCHOW, Grundriss der Geldpolitik. 9., aktual. u. neu bearb. Aufl. Stuttgart 2010, Kapitel I unter 3c) ee).

63 Siehe z.B. R. CLARIDA, J. GALÍ, M. GERTLER, The Science of Monetary Policy: ..., a.a.O., S. 1687, und JARCHOW, Grundriss ..., a.a.O., Unterabschnitt I. 3c) ee).

64 Langfristig gleichen sich außerdem die Einflüsse der Zufallsvariablen aus; sie sind für das langfristige Gleichgewicht also nicht von Belang.

65 Er entspricht dem im klassisch-neoklassischen Modell auf dem Kapitalmarkt durch die $S^r = I^r$-Bedingung bestimmten Zinssatz (siehe Unterabschnitt IV.1b). Dieser stimmt mit dem *natürlichen Zinssatz* von WICKSELL überein (siehe Unterabschnitt IV.1.d).

66 Die folgende Bestimmungsgleichung für den langfristigen realen Gleichgewichtszinssatz entspricht der bei v. HAGEN, a.a.O., S. 442, angegebenen Formel, wenn berücksichtigt wird, dass sich Differenzen von Logarithmen (wie $\overline{y}_{t-1} - \overline{y}_t$) durch Wachstumsraten (wie $g_{\overline{Y}}$ für die Wachstumsrate des realen Inlandsprodukts) annähern lassen.

$\overline{y}_t = \overline{y}_{t+1} = \overline{y}.$

Unter dieser Annahme erhält man aus (33a) als Bestimmungsgleichung für den langfristigen Zinssatz[67]

$$(33)\quad \overline{r} = \frac{b_{ot}}{b_1}.$$

Ökonomisch interpretiert bedeutet diese Beziehung: Je größer die langfristigen, zinsunabhängigen Ausgaben (b_{ot}) sind, desto höher muss der Realzinssatz sein, um die zinsabhängigen langfristigen Ausgaben so zu beschränken, dass Gütermarktgleichgewicht besteht[68]. Außerdem zeigt sich, dass der langfristige Realzinssatz umso niedriger ausfällt, je empfindlicher die zinsabhängigen Ausgaben auf Änderungen des Realzinses reagieren, d.h. desto höher der Koeffizient b_1 ist[69].

Um die Bestimmung der langfristigen Inflationsrate $\overline{\pi}$ zu zeigen, wird die Zinsregel (31) für das langfristige Gleichgewicht formuliert. Neben $y_t = \overline{y}$ gilt dann $i_t - E_t\pi_{t+1} = \overline{r}$. Unter Berücksichtigung dieser Zusammenhänge ergibt sich aus (31):

$$(35)\quad \overline{r} = \overline{r}_Z + \lambda_1(\overline{\pi} - \overline{\pi}_Z).$$

Wenn die Zentralbank nun im Sinne einer konsistenten Befolgung ihrer Zinsregel für $\overline{r}_Z$ den durch Gleichung (33) bestimmten langfristigen Gleichgewichtszinssatz $\overline{r}$ verwendet, so dass $\overline{r} = \overline{r}_Z$, dann folgt $\overline{\pi} = \overline{\pi}_Z$, d.h. die Zentralbank realisiert auf lange Sicht eine (durchschnittliche) Inflationsrate, die ihrem Zielwert entspricht[70].

Die Rolle der *Geldmenge* im langfristigen Gleichgewicht wird deutlich, wenn die drei zentralen Strukturgleichungen um eine Gleichung für den monetären Bereich (kurz: Geldmarktgleichung) ergänzt werden. Dazu wird die traditionelle Geldmarktgleichung[71], ergänzt um die Zufallsvariable u_t, in folgender Form herangezogen:

$$(36)\quad log\frac{M_t}{p_t} = l^r(i_t, y_t, u_t),\ \text{wobei}\ i_t = r_t + E_t\pi_{t+1} \qquad \text{(Geldmarktgleichung).}$$

Langfristig wird das reale Inlandsprodukt durch das potenzielle festgelegt. Auch der nominale Zinssatz wird im langfristigen Gleichgewicht *exogen* bestimmt, da sich der Realzins aus (33) ergibt und die erwartete Inflationsrate der tatsächlichen (langfristigen) Inflationsrate entspricht und diese durch ihren Zielwert festgelegt wird. Solange sich keine exogenen Größen ändern, bleibt deshalb die rechte Seite von (36) unverändert und damit auch die linke, d.h. die reale Geldmenge (M_t/p_t) ändert sich nicht. Demzufolge verändern sich Geldmenge und

---

67 Vgl. MC. CALLUM, Monetary Policy ..., S. 146.

68 Vgl. SPAHN, a.a.O., S. 126.

69 Bezug nehmend auf die mikroökomische Fundierung, steht hinter dem Koeffizienten b_1 die *intertemporale Substitutionselastizität* der Ausgaben (vgl. WOODFORD, a.a.O., S. 80). Sie gibt an, um wie viel Prozent das Verhältnis von Gegenwartskonsum zu Zukunftskonsum c_t/c_{t+1} sinkt, wenn der Realzins von Periode t bis zur Periode $t + 1$ um 1 Prozent zunimmt. Ist sie relativ hoch, dann sind Wirtschaftssubjekte bereit, relativ große zinsinduzierte Schwankungen ihres Konsum im Zeitablauf zuzulassen, d.h. sie sind weniger bestrebt, den Konsum im Zeitablauf zu glätten.

70 Siehe auch V. HAGEN, S. 442, und MC. CALLUM, Monetary Policy ..., a.a.O., S. 146.

71 Die Vernachlässigung der erwarteten Inflationsrate bei der Geldnachfrage berührt die Schlussfolgerungen nicht.

Preisniveau im Zeitablauf proportional zueinander, was impliziert, dass die Geldmengenwachstumsrate und die (durchschnittliche) Inflationsrate im langfristigen Gleichgewicht gleich sind, d.h. $m_t = \pi_t$[72]. Dieses Ergebnis erinnert an *quantitätstheoretische* Zusammenhänge. Gegenüber der Quantitätstheorie besteht aber ein wesentlicher Unterschied. Er liegt in der ***Kausalität***. In der Quantitätstheorie bestimmt die von der Zentralbank fixierte Geldmengenwachstumsrate bei exogen vorgegebener Entwicklung des potenziellen realen Inlandsprodukts die Höhe der Inflationsrate. Im Konsensmodell bestimmt *umgekehrt* die außerhalb des Geldmarktes durch ihren Zielwert festgelegte Inflationsrate bei exogen vorgegebener Entwicklung des realen potenziellen Inlandsprodukts die Wachstumsrate der Geldmenge. Im Konsensmodell ist das Geldmengenwachstum also - anders als bei der Quantitätstheorie - *endogen*. Es passt sich der Entwicklung der Geldnachfrage an, deren Einflussgrößen - unabhängig von der Geldmarktgleichung - bestimmt werden. Wie in der Einführung zum Kapitel V vorweggenommen, fällt der Geldmenge bzw. ihrer Wachstumsrate im Konsensmodell also nur eine *passive Rolle* zu. Dieses bedeutet allerdings nicht, dass der *Zentralbankpolitik* bei der Bestimmung der Inflationsrate nur eine untergeordnete Bedeutung zukommt. Sie ist im Gegenteil ausschlaggebend für die langfristige Entwicklung der (durchschnittlichen) Inflationsrate; denn diese wird - wie oben ausgeführt - durch ihren Zielwert bestimmt.

Das Modell beschreibt eine Volkswirtschaft, die langfristig wegen des konstanten potenziellen (realen) Inlandsprodukts nicht wächst. Es verändern sich aber nominale Variablen wie das Preisniveau und die Geldmenge, und zwar auf lange Sicht mit konstanter Wachstumsrate. Es wird also - wie im behandelten monetaristischen und neuklassischen Modell - eine Wirtschaft beschrieben, die zwar *nominal*, aber *nicht real* wächst.

b) Ein vereinfachtes Modell und seine Implikationen

Im Rahmen einer vereinfachten Version des Modells ist es möglich, die Auswirkungen von monetären und realwirtschaftlichen Störungen auf Realzins, Inlandsprodukt und Inflationsrate im Rahmen einer *graphischen Darstellung* aufzuzeigen[73]. Die Analyse von geld- und fiskalpolitischen Maßnahmen steht dabei im Vordergrund der Betrachtungen.

---

[72] Wird ein exogen wachsendes potenzielles reales Inlandsprodukt unterstellt und die entsprechende Wachstumsrate mit $g_{\overline{Y}}$ bezeichnet, dann gilt:

$m_t = \pi_t + g_{\overline{Y}}$.

Vgl. dazu v. HAGEN, a.a.O., S. 442.

[73] Die grahische Darstellung geht im Wesentlichen zurück auf J. B. TAYLOR, Economics. 2nd. ed. Boston, New York 1998. S. 670 ff., und D. ROMER, Keynesian Macroeconomics without the LM Curve. "The Journal of Economic Perspectives", Vol. 14, No. 2 (2000), S. 149 ff. sowie auf ein im Internet zugängliches Manuskript von D. ROMER über Short-Run Fluctations, August 1999. Revised January 2006 (http://elsa.berkeley.edu/~dromer/ unter Lecture Notes). - Vgl. zu der hier verwendeten vereinfachten Darstellung insbesondere auch J. GRAF LAMBSDORFF, G. ENGELEN, Das Keynesianische Konsensmodell. „Wirtschaftswissenschaftliches Studium", Jg. 36 (2007), S. 387 ff. - Siehe ferner SPAHN, a.a.O., S. 122 ff.

aa) Vereinfachungen bzw. Modifikationen. – Gegenüber den Ausgangsgleichungen des allgemeiner formulierten Konsensmodells im vorhergehenden Unterabschnitt a) werden folgende Vereinfachungen bzw. Modifikationen vorgenommen:

1) In der IS-Gleichung wird das erwartete, zukünftige Einkommen, $E_t y_{t+1}$, als gegeben betrachtet und durch die autonome Größe b_{ot} miterfasst. Diese wird als eine exogen veränderbare Variable angesehen (z.B. auf Grund dauerhaft erhöhter Staatsausgaben).
2) In der Preisgleichung erfolgt die Erwartungsbildung für die Inflationsrate nur vergangenheitsorientiert. Von einer Berücksichtigung zukünftiger Inflationsraten wird also abgesehen.
3) In der Preisgleichung wird – abweichend von Gleichung (30) bzw. (30 a) – nicht das Inlandsprodukt der laufenden Periode (y_t), sondern das Inlandsprodukt der Vorperiode (y_{t-1}) berücksichtigt. Diese Modifikation erfolgt zum einen, um hiermit die graphische Darstellung einfach und anschaulich zu gestalten. Zum anderen erscheint diese Annahme nicht unplausibel. Sie trägt z.B. der Beobachtung Rechnung, dass im Rahmen von Tarifverhandlungen eine Überschussnachfrage nach Arbeit erst mit zeitlicher Verzögerung zu entsprechenden Forderungen bei Tarifverhandlungen und einem Anstieg des Lohnniveaus führt. Zudem entspricht sie der Tatsache, dass Güterpreise verzögert auf eine Überschussnachfrage reagieren.
4) Stochastische Störgrößen (Zufallsvariable) bleiben unberücksichtigt, und alle Variablen sind nicht logarithmiert.
5) Die Schreibweise in den Gleichungen wird vereinfacht. So wird auf eine Datierung von Größen der laufenden Periode verzichtet und für „$t - 1$" verkürzt „-1" geschrieben. Erwartete Variablen werden mit „*" statt mit dem Erwartungsparameter E_t bezeichnet.

bb) Das IS-MP-Modell. – aaa) Mit der Darstellung des *IS-MP*-Modells werden Vorarbeiten für die spätere Analyse des gesamtwirtschaftlichen Gleichgewichts und der Geld- und Fiskalpolitik geleistet. Ein wichtiger Bestandteil dieses Modells ist die *Zinsregel*. Sie wird so formuliert, dass in ihr der Realzinssatz als Operationsziel der Zentralbank erscheint. Damit wird nicht verkannt, dass in der Praxis der Zentralbankpolitik der Nominalzinssatz als Aktionsparameter eingesetzt wird[74]. Unterstellt wird jedoch, dass die Zentralbank bei der Kontrolle des Nominalzinssatzes die Inflationserwartungen mit berücksichtigt und den Nominalzinssatz immer so steuert, dass sich das angestrebte Realzinsniveau entsprechend der Zinsregel einstellt. Diese wird (in Anlehnung an (31a)) wie folgt formuliert:

$$(37) \quad r = \bar{r}_Z + \lambda_I(\pi - \bar{\pi}_Z) + \lambda_P(Y^r - \bar{Y}^r), \ \lambda_I, \lambda_P > 0 \qquad \text{(Zinsregel).}$$

Die in Gleichung (37) enthaltene Größe $\bar{r}_Z$ gibt an, welchen Realzins die Zentralbank anstrebt, wenn die Inflationsrate ihrem Zielwert und das (reale) Inlandsprodukt seinem potenziellen Niveau entspricht. Liegt die Inflationsrate über ihrem Zielwert, dann wird die Zentralbank den Realzins über $\bar{r}_Z$ hinaus erhöhen, um so dämpfend auf die Güternachfrage einzuwirken. Liegt die Inflationsrate demgegen-

---

74 Dabei handelt es sich genauer um einen kurzfristigen Zinssatz, mit dem die Zentralbank einen kurzfristigen Geldmarktzins steuert.

über unterhalb ihres Zielwerts, dann wird sie den Realzins unter $\bar{r}_Z$ absenken, um damit die gesamtwirtschaftliche Nachfrage zu stimulieren (insbesondere durch Anregung der Investitionstätigkeit). Ist das Inlandsprodukt niedriger als sein potenzielles Niveau, dann geht die Arbeitslosigkeit über das normale Niveau hinaus und vorhandene Kapazitäten an Sachkapital bleiben ungenutzt. Die Zentralbank reagiert hierauf mit einer Senkung des Realzinses. Ist das Inlandsprodukt höher als sein potenzielles Niveau, dann werden die Produktionsfaktoren Arbeit und Sachkapital übermäßig beansprucht (Arbeitskräfte müssen Überstunden leisten, und Maschinen werden verschlissen.). Um die wirtschaftliche Aktivität zu dämpfen, wird die Zentralbank den Realzins erhöhen. Die in der Zinsregel enthaltenen Parameter λ_I und λ_P berücksichtigen schließlich die relative Gewichtung von Preisniveaustabilität und Vollbeschäftigung auf Seiten der Zentralbankakteure. Ein im Vergleich zu λ_P hoher Wert von λ_I bedeutet dabei eine starke Präferenz der Zentralbankakteure für antiinflationäre Maßnahmen relativ zu beschäftigungsstimulierenden Maßnahmen.

Die Zinsregel soll graphisch durch eine Kurve in einem r/Y^r-Diagramm dargestellt werden, die die Geldpolitik beschreibt und deshalb als ***MP***(*monetary policy*)-**Kurve** bezeichnet wird. Sie hat eine *positive* Steigung, weil eine Erhöhung des realen Inlandsprodukts entsprechend der Zinsregel einen Anstieg des Realzinses impliziert. Wie der Zinsregel weiter zu entnehmen ist, verschieben ein Anstieg der Inflation oder ein niedrigerer Zielwert für die Inflationsrate, d.h. der Übergang zu einer restriktiveren Geldpolitik, die *MP*-Kurve nach *oben* (vgl. Abb. V.4).

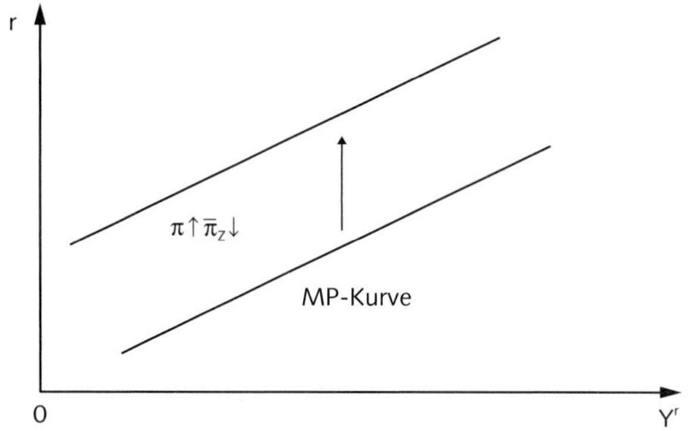

Abb. V.4

Die *MP*-Kurve ähnelt der aus dem Keynesianischem Modell bekannten, in Unterabschnitt IV.2.b) hergeleiteten LM^r-Kurve, die ebenfalls eine positive Steigung in einem Zinssatz-Einkommens-Diagramm aufweist. Es bestehen aber wichtige Unterschiede. Sie liegen zum einen darin, dass sich die LM^r-Kurve nicht auf den realen, sondern auf den nominalen Zinssatz bezieht, und zum anderen in der Begründung für die positive Steigung der beiden Kurven. Die LM^r-Kurve hat eine positive Steigung, weil eine Zunahme des Inlandsprodukts zu einer Zunahme des Bedarfs an Transaktionskasse führt und diese bei gegebener Geldmenge (und gegebenem Preisniveau) durch einen Rückgang der zinsabhängigen Geldnachfrage ausgeglichen werden muss, was einen Zinsanstieg erfordert. Die positive

Steigung der *MP*-Kurve geht demgegenüber darauf zurück, dass die Zentralbank entsprechend der Zinsregel bei einer Zunahme des Inlandsprodukts mit einer Erhöhung des Realzinses reagiert. Im Übrigen hat die *MP*-Kurve gegenüber der LM^r-Kurve den Vorteil, dass sich durch sie das Zentralbankverhalten realitätsnäher erfassen lässt.

bbb) Neben der Zinsregel enthält das *IS-MP*-Modell als weiteren wichtigen Bestandteil den Gütermarkt im Sinne der traditionellen *IS-Gleichung*. Sie wird wie folgt formuliert:

(38) $Y^r = b_0 + cY^r - b_1 r; \quad b_0, b_1 > 0$ (*IS*-Gleichung).

Hierbei bezeichnet b_0 exogene Einflussgrößen auf die gesamtwirtschaftliche Nachfrage, z.B. die Höhe der Staatsausgaben oder zukünftig hohe Werte des Inlandsprodukts, die bereits heute erwartet werden und den Konsum anregen. Die in (29) formulierte *IS*-Gleichung ergänzend, wird auch der traditionelle Einkommenseffekt auf den Konsum berücksichtigt. Er bedeutet, dass der laufende Konsum positiv vom laufenden Einkommen abhängt. Wie bekannt ist die gesamtwirtschaftliche Nachfrage, insbesondere die Nachfrage nach Investitionsgütern und langlebigen Konsumgütern, außerdem abhängig von der Höhe des Zinssatzes. Allerdings ist hierbei nicht der Nominalzins entscheidend, sondern der *Realzins*. Ein Investor, der seine Investitionen durch Kredit finanziert, wird nämlich bei der Beurteilung der Kreditkosten bedenken, dass bei zukünftiger Inflation heute hergestellte Produkte später zu einem nominal höheren Preis abgesetzt werden können. In seinem Kalkül wird er deshalb von dem zu entrichtenden Nominalzinssatz die inflationär bedingte Erlössteigerung in Höhe der erwarteten Inflationsrate abziehen, d.h. mit dem *Reallohnsatz* kalkulieren[75]. Dabei werden Investoren durch einen sinkenden Realzins zu vermehrter Investitionstätigkeit und durch einen steigenden Realzinssatz zu verminderter Investitionstätigkeit angeregt.

Die IS-Gleichung soll zusammen mit der *MP*-Kurve in einem r/Y^r-Diagramm dargestellt werden. Dazu wird Gleichung (38) nach Y^r aufgelöst. Man erhält:

(38a) $Y^r = \dfrac{b_0 - b_1 r}{1 - c}, \quad b_0, b_1 > 0$ (*IS*-Gleichung).

Wie im traditionellen Hicksschen Diagramm[76] besteht in der *IS*-Gleichung entsprechend (38a) ein negativer Zusammenhang zwischen Inlandsprodukt und Zinssatz. Beim Zinssatz handelt es sich hier allerdings um den Realzins, im Hicksschen Diagramm hingegen um den Nominalzins.

Die *IS*-Gleichung wird als negativ geneigte ***IS*-Kurve** zusammen mit der *MP*-Kurve in Abb. V.5 abgebildet.

---

[75] Verfügt der Investor über eigene Mittel, und steht er vor der Frage, ob er diese in Wertpapieren oder in Sachanlagen investieren will, dann wird er bei seiner Entscheidung berücksichtigen, dass die Nominalverzinsung der Wertpapiere real durch zukünftige Inflation geschmälert wird. Er wird seiner Entscheidung also auch in diesem Fall den *Realzinssatz* zu Grunde legen.

[76] Siehe dazu Unterabschnitt IV. 2 b) aa).

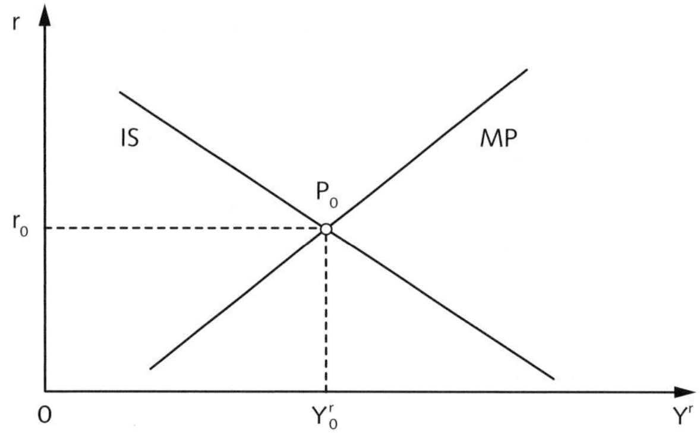

Abb. V.5

Im *IS-MP*-Modell ergibt sich das Gütermarktgleichgewicht im Schnittpunkt der *IS*-Kurve mit der *MP*-Kurve (d.h. in P_0). Hier reagiert die Zentralbank auf das Inlandsprodukt in Höhe von Y^r_0 mit einem Realzins r_0, der auf dem Gütermarkt gerade ein Inlandsprodukt in dieser Höhe (Y^r_0) hervorbringt.

cc) Geld- und fiskalpolitische Effekte im r/Y-Diagramm. - Bei der Analyse von Störungen bleiben Änderungen der Inflationsrate zunächst ***unberücksichtigt***, weil sich die Betrachtungen noch auf die kurze Frist beschränken. Die Inflationsrate wird also im Folgenden als gegeben betrachtet.

aaa) *Geldpolitische Effekte* stellen sich ein, wenn die Zentralbank einen Kurswechsel hin z.B. zu einer ***kontraktiven Geldpolitik*** vornimmt, indem sie den Zielwert für die Inflationsrate $\bar{\pi}_Z$ herabsetzt. Die *MP*-Kurve verlagert sich demzufolge nach oben (vgl. Abb. V.6). Wie man sieht, erhöht sich der gleichgewichtige Realzins. Aufgrund des steigenden Realzinssatzes sinken die zinsabhängigen Ausgaben und das Inlandsprodukt fällt. Letzteres bewirkt wiederum, dass die Erhöhung des Realzinssatzes gedämpft wird. Es ergibt sich ein Gleichgewicht in P_A.

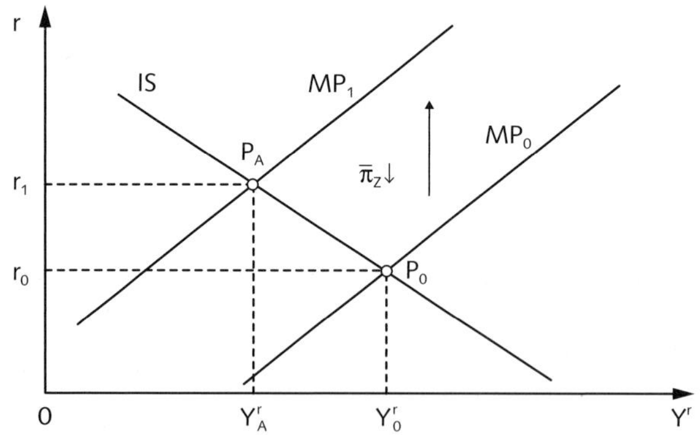

Abb. V.6

Wie die mit einem höheren Realzins verbundene restriktive Geldpolitik am Geldmarkt durchgesetzt werden kann, wird deutlich, wenn man das Geldmarktgleichgewicht in die Betrachtungen einbezieht. Die entsprechende Geldmarktgleichung lautet:

(39) $\frac{M}{p} = L^r(Y^r, i), \; wobei \; i = r + \pi^*$ (Geldmarktgleichung).

Der Übergang zu einer strafferen geldpolitischen Regel geht (wie erläutert) mit einem erhöhten Realzinssatz und einem verringerten Inlandsprodukt einher. Bei zunächst als gegeben angesehener tatsächlicher und erwarteter Inflationsrate, sinkt deshalb die reale Geldnachfrage L^r. Deshalb muss auch die reale Geldmenge (M/p) sinken. Da das Preisniveau (p) entsprechend der herrschenden Inflationsrate wächst, erfordert eine Senkung der realen Geldmenge, dass die nominale Geldmengenwachstumsrate unter die gegebene Inflationsrate gesenkt wird[77]. Die von der Zentralbank vorgenommene Erhöhung des Realzinses setzt also eine entsprechende Anpassung der Geldmengenwachstumsrate voraus[78].

bbb) *Fiskalpolitische Effekte* werden am Beispiel dauerhaft *erhöhter Staatsausgaben* analysiert. Steigen die Staatsausgaben auf ein dauerhaft höheres Niveau, dann wird b_0 in der *IS*-Gleichung größer und die *IS*-Kurve verschiebt sich nach rechts (vgl. Abb. V.7). Wie man sieht, expandiert das Inlandsprodukt im Zuge der expansiven Fiskalpolitik. Die Zentralbank erhöht deshalb gemäß ihrer Reaktionsfunktion den Realzins. Da die Inflationsrate auf kurze Sicht als gegeben angesehen wird, bleibt die *MP*-Kurve in ihrer Lage unverändert[79]. Es ergibt sich somit ein neues Gleichgewicht im Punkt P_A. Das Inlandsprodukt ist angestiegen. Allerdings wird der Anstieg gedämpft, da die höheren Realzinsen eine Senkung zinsabhängiger Ausgaben bewirken. Die Zentralbankpolitik schwächt also die Expansion des Inlandsprodukts ab.

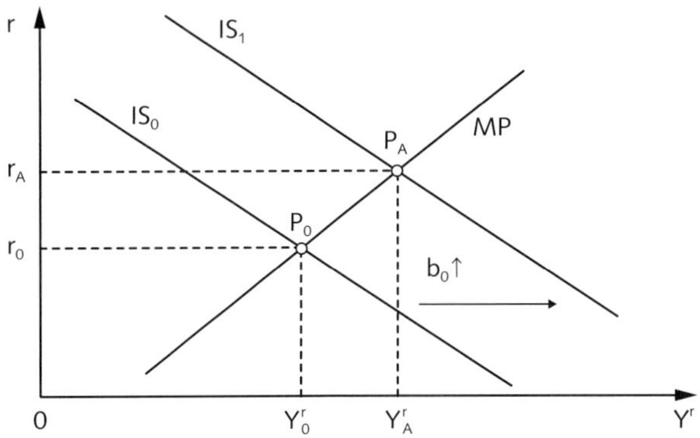

Abb. V.7

[77] Im langfristigen Gleichgewicht vor der Störung waren die Geldmengenwachstumsrate und die Inflationsrate gleich hoch.

[78] Entsprechend schreibt Romer, Short-Run Fluctations, a.a.O., S. 60 f., Fußnote10: „Thus when it (the central bank) sets the real interest rate, in the background it is choosing the money growth rate".

[79] Allerdings könnte sich die Lage der *MP*-Kurve dadurch verändern, dass dauerhaft erhöhte Staatsausgaben zu einem Anstieg des langfristigen realen Gleichgewichtszinses führen und auf diesem Wege den von der Zentralbank festgesetzten Zinssatz $\overline{r}_Z$ in ihrer Zinsregel beeinflussen. Es wird hier unterstellt, dass die Zentralbank einen derartigen Einfluss kompensiert. Siehe hierzu genauer die vollständige Analyse der Fiskalpolitik im Unterabschnitt *gg)* bbb).

dd) Liquiditätsfalle. – Etwas vereinfacht gesehen, steuert die Zentralbank das Zinsniveau in der geldpolitischen Praxis dadurch, dass sie den Geschäftsbanken in Form von Refinanzierungskrediten befristet Zentralbankgeld überlässt und dafür einen bestimmten Nominalzinssatz in Rechnung stellt. Die Geschäftsbanken werden die ihnen hierbei entstehenden Zinsaufwendungen bei der Kreditgewährung an Nichtbanken weitergeben. Während nun die Zentralbank den Nominalzins beliebig erhöhen kann, gelingt es ihr nicht, diesen beliebig zu senken. Insbesondere kann das nominale Zinsniveau *nicht negativ* werden. Würden Nichtbanken Kredite mit negativer Nominalverzinsung erhalten können, so würden sie unbegrenzt solche Kredite von Geschäftsbanken nachfragen. Sie müssten die zur Verfügung gestellten Mittel ja nur horten und könnten sie später wegen des negativen Zinses mit einem geringeren Betrag tilgen. Jedes Kreditangebot seitens der Geschäftsbanken mit einem Nominalzins, der knapp unter Null liegt, würde somit zu einer unbegrenzten Kreditnachfrage führen. Ein weiteres Absinken des Zinses unter Null ist dann auf Grund des bestehenden Nachfrageüberschusses nicht möglich. Außerdem hätten die Geschäftsbanken auch kein Interesse daran, Kredite mit negativem Nominalzins zu vergeben. Wenn die Zentralbank den Geschäftsbanken Kredite mit negativem Zins anbietet, werden sie die bereitgestellten Mittel vielmehr für eine Ausweitung der Reservehaltung verwenden. Auch sie könnten die Kredite dann später wegen des negativen Zinssatzes mit einem Abschlag zurückzahlen.

Da der Nominalzins aus den erläuterten Gründen nicht negativ werden kann, ist die Zentralbank auch nicht in der Lage, den Realzins beliebig abzusenken. Hieraus entsteht insbesondere dann ein Problem, wenn die Wirtschaft in eine gravierende Rezession gerät und die realisierte und erwartete Inflationsrate sinken. Liegt die erwartete Inflationsrate schließlich bei Null, dann kann die Zentralbank keinen negativen Realzins herbeiführen. Punkte auf der *MP*-Kurve unterhalb von $r = 0$ sind dann nicht realisierbar (vgl. Abb. V.8).

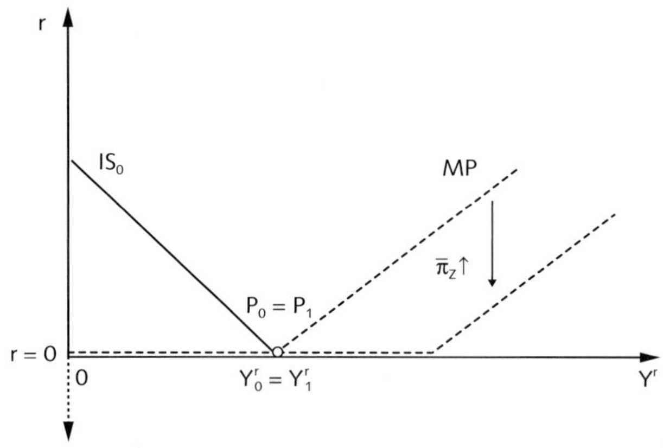

Abb. V.8

Wie Abb. V.8 erkennen lässt, führt eine expansivere Geldpolitik in Form einer Erhöhung des Zielwerts für die Inflationsrate ($\bar{\pi}_Z\uparrow$) zwar zu einer Verschiebung der *MP*-Kurve nach rechts unten, aber nicht zu einer Senkung des Realzinses unter Null und damit auch nicht zu einer Stimulierung der Wirtschaft, d.h. $Y_1^r = Y_0^r$. Die Geldpolitik befindet sich in einer Liquiditätsfalle (***liquidity trap***). Auf die hiermit verbundene Problematik wird im Unterabschnitt *bb)* noch genauer eingegangen.

ee) Langfristiges Angebot und Inflationsanpassung. – Bisher haben wir für die Untersuchung kurzfristiger Impulse ein unverändertes Inflationsniveau unterstellt. Tatsächlich verändert sich aber die Inflationsrate, und sie reagiert auf Geld- und fiskalpolitische Maßnahmen. Es ist deshalb notwendig, die Einflüsse auf die Inflationsrate herauszuarbeiten und die Rückwirkungen auf Realzins und Inlandsprodukt zu modellieren.

aaa) Wichtiger Bestandteil der Modellbetrachtung ist das langfristige gesamtwirtschaftliche Angebot. Es wird von den vorhandenen Produktionsfaktoren (Arbeit und Sachkapital) und dem technischen Fortschritt bestimmt und wird von der Inflationsrate nicht beeinflusst. Daher verläuft die langfristige Angebotskurve im π/Y^r-Diagramm senkrecht, und zwar auf dem Niveau des realen *potenziellen Inlandsprodukts* $\overline{Y}^r$ (siehe Abb. V.9). Ein Anstieg des potenziellen Inlandsprodukts, z.B. auf Grund erhöhter Arbeitsproduktivität im Zuge technischen Fortschritts, verschiebt die Senkrechte nach rechts. Eine Verminderung bewirkt umgekehrt eine Verschiebung der Senkrechten nach links.

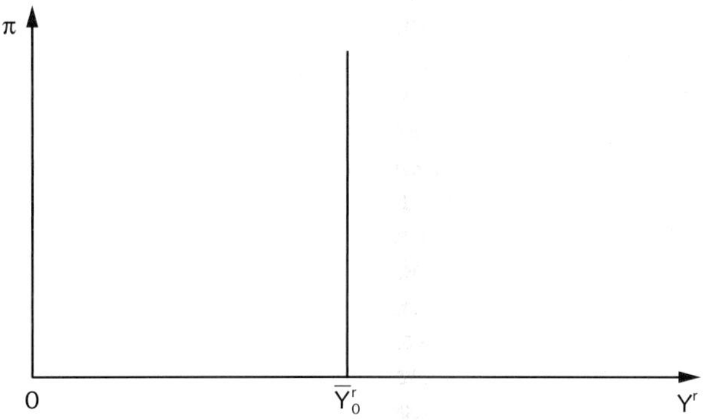

Abb. V.9

bbb) Auf kurze Sicht ist es möglich, dass das gesamtwirtschaftliche Angebot von seinem langfristigen Niveau abweicht. Dabei wird angenommen, dass die Unternehmer bei den von ihnen festgelegten Preisen und der dadurch bestimmten Preissteigerungsrate *kurzfristig* jede beliebige nachgefragte Menge produzieren und anbieten. Dem entspricht in einem π/Y^r-Diagramm eine kurzfristig horizontale Angebotskurve. Sie entspricht der *IA*-Kurve in Abb. V.10. Wichtig ist nun die Annahme, dass sich die Unternehmer bei Nachfrageveränderungen und dadurch bedingten Abweichungen zwischen tatsächlichem und potenziellem Inlandsprodukt *verzögert* mit ihrer Preissteigerungsrate anpassen. Dementsprechend ändert sich kurzfristig die Inflationsrate nicht, sondern erst im Zeitablauf. Im Zeitablauf verlagert sich deshalb die ***IA*-Kurve** (Die Abkürzung *IA* steht für „**i**nflation **a**djustment".).

Die in Abb. V.10 dargestellte *IA*-Kurve bedeutet genauer, dass die Unternehmer bei Änderungen der Nachfrage in der laufenden Periode die Preise zunächst noch im gleichen Ausmaß verändern wie in der vorausgegangenen Periode, d.h. vor der Störung. Die Inflationsrate der laufenden Periode entspricht deshalb der Inflationsrate der vorausgegangenen Periode π_{-1}. Insofern wird Inflation aus der Vergangenheit „ererbt“[80].

Abb. V.10

Eine Anpassung der Inflationsrate erfolgt aber in der Folgeperiode. Die tatsächliche Inflationsrate der Folgeperiode erhöht sich, wenn das Inlandsprodukt in der laufenden Periode *größer* ist als sein potenzielles Niveau, also eine positive Produktionslücke existiert. Die Überauslastung der Kapazitäten bewirkt einen stärkeren Anstieg der Preise. Maschinen verschleißen schneller, die Motivation und Konzentration der Mitarbeiter sinkt infolge der Überbeanspruchung. Außerdem muss für geleistete Überstunden ein Zuschlag bezahlt werden, der den Lohnsatz erhöht. Schließlich können Gewerkschaften bei rückläufiger Arbeitslosigkeit leichter Lohnsteigerungen durchsetzen, so dass auch hierdurch die Löhne stärker steigen. Die mit der Überauslastung der Kapazitäten verbundenen zusätzlichen Kosten müssen die Unternehmen durch einen beschleunigten Anstieg der Preise ausgleichen. Die Inflation steigt, und die *IA*-Kurve verschiebt sich nach oben.

Ist das Inlandsprodukt hingegen *kleiner* als sein potenzielles Niveau, dann geht die Arbeitslosigkeit über das normale Ausmaß hinaus. Die Position der Gewerkschaften bei den Lohnverhandlungen wird dann schwächer, so dass die Unternehmerseite niedrigere Steigerungsraten bei den Lohnsätzen durchsetzen kann. Außerdem werden bei Entlassungen eher hoch motivierte und qualifizierte Arbeitskräfte in den Betrieben weiter beschäftigt, so dass dort die durchschnittliche Arbeitsproduktivität ansteigt. Hierdurch und durch geringere Lohnsatzsteigerungsraten werden die Unternehmen veranlasst, die Preise in geringerem Ausmaß anzuheben als zuvor. Die Inflation sinkt, und die *IA*-Kurve verschiebt sich nach unten.

Die bisherigen Überlegungen zur Inflationsrate sind insofern ergänzungsbedürftig, als diese auch von *Inflationserwartungen* beeinflusst wird. Der entsprechende Zusammenhang lässt sich – wie im monetaristischen Modell[81] – schon

80 So ROMER, Keynesian Macroeconomics ..., a.a.O., S. 159.

81 Siehe Unterabschnitt V. 2 b).

damit begründen, dass die Arbeitnehmerseite bei ihren Lohnforderungen nicht nur die herrschende Beschäftigung berücksichtigt, sondern auch für einen inflationsbedingten Kaufkraftverlust ihrer Nominallöhne einen Ausgleich fordert und annahmegemäß bekommt. Da die während der Laufzeit der Lohnvereinbarungen herrschende Inflationsrate noch nicht bekannt ist, legt die Arbeitnehmerseite ihren Lohnforderungen die *erwartete Inflationsrate* zu Grunde. Wie im monetaristischen Modell wird dabei eine vergangenheitsorientierte Erwartungsbildung in der einfachen Form $\pi^* = \pi_{-1}$ unterstellt. Man erhält dann die der Preisgleichung (19) aus dem monetaristischen Modell weitgehend entsprechende Beziehung

(40) $\pi = \pi^* + c_1(Y^r_{-1} - \overline{Y}^r)$ mit $\pi^* = \pi_{-1}$ und $c_1 > 0$ (Preisgleichung).

Die Modifikation gegenüber Gleichung (19) besteht nur darin, dass die Produktionslücke die Inflationsrate verzögert beeinflusst. Da die in der laufenden Periode gebildeten Inflationserwartungen außerdem durch die Inflationsrate der Vorperiode festgelegt sind, können sich Veränderungen der Güternachfrage *nicht* in der gleichen Periode auf die Inflationsrate auswirken. Wie ausgeführt steigt aber die Inflationsrate in der *Folgeperiode*, wenn durch eine erhöhte Güternachfrage eine positive Produktionslücke entsteht. Der Anstieg der Inflationsrate bewirkt dann, dass daraufhin die Inflationserwartungen nach oben angepasst werden und sich hierdurch - sozusagen als „Zweitrundeneffekt" - ein zusätzlicher inflationärer Schub einstellt. Im Zuge des Anpassungsprozesses ergeben sich somit Verschiebungen der *IA*-Kurve nach oben.

ff) Gesamtwirtschafttliche Güternachfrage und langfristiges Gleichgewicht. - aaa) Das langfristige Gleichgewicht und die Wirkungen der Geld- und Fiskalpolitik sollen in einem π/Y^r-Diagramm dargestellt werden. Dazu wird neben dem langfristigen Angebot, festgelegt durch das potenzielle Inlandsprodukt, eine Kurve benötigt, die die **gesamtwirtschaftliche Güternachfrage** in Abhängigkeit von der Inflationsrate darstellt. Um diese *AD* (*aggregate demand*)-Kurve herzuleiten, wird auf das *IS-MP*-Modell aus dem vorangegangenen Unterabschnitt *bb)* zurückgegriffen. Wie aus Abb. V. 11 oben hervorgeht, ergibt sich die Höhe des durch P_0 bestimmten Inlandsprodukts aus dem Zusammenspiel von Gütermarkt (dargestellt durch die *IS*-Kurve) und Zentralbankpolitik (dargestellt durch die *MP*-Kurve).

Wichtig ist nun, dass eine Änderung der Inflationsrate auf das durch den Schnittpunkt von *IS*-Kurve und *MP*-Kurve bestimmte Inlandsprodukt einwirkt. Denn wie aus der Zinsregel in Gleichung (37) hervorgeht, beeinflusst die Höhe der Inflation den von der Zentralbank angestrebten Realzins. So führt z.B. eine erhöhte Inflationsrate dazu, dass die Zentralbank eine Erhöhung des Realzinses herbeiführt und sich die *MP*-Kurve demzufolge nach oben verschiebt. Da die *IS*-Kurve hiervon unberührt bleibt, ist der Anstieg der Inflationsrate durch Befolgung der Zinsregel mit einer Senkung des Inlandsprodukts verbunden (im Zuge des erhöhten Realzinses).

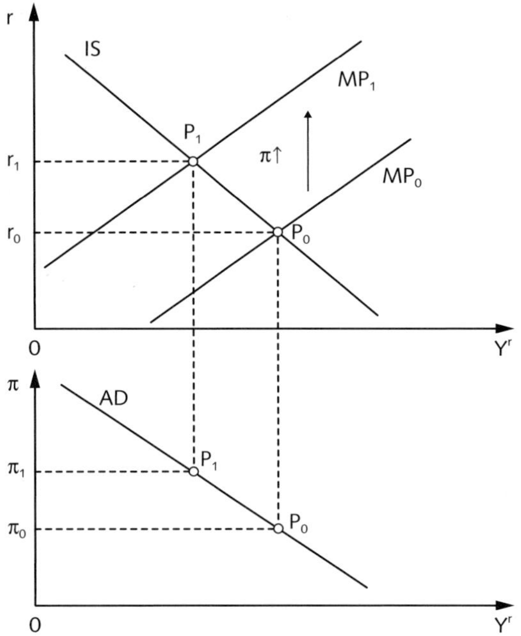

Abb. V. 11

Werden alle mit Verschiebungen der *MP*-Kurve einhergehenden Kombinationen aus Inflationsrate und Inlandsprodukt in ein π/Y^r-Diagramm übertragen, erhält man eine Kurve für die gesamtwirtschaftliche Güternachfrage in Form der negativ geneigten ***AD*-Kurve** (siehe Abb. V.11 unten). Die hierdurch abgebildete negative Beziehung zwischen (realer) gesamtwirtschaftlicher Güternachfrage und Realzins stellt keinen direkten, sondern einen ***indirekten*** durch die Zentralbankpolitik hergestellten Zusammenhang dar: Ein Anstieg der Inflationsrate veranlasst die Zentralbank nämlich zu einer Erhöhung des Realzinses, wodurch die gesamtwirtschaftliche Nachfrage fällt. Bei einem Rückgang der Inflationsrate würde die Zentralbank umgekehrt eine Senkung des Realzinses herbeiführen, wodurch die gesamtwirtschaftliche Nachfrage steigt.

bbb) Ein **langfristiges Gleichgewicht** liegt vor, wenn sich die Erwartungen bezüglich der Inflationsrate erfüllen und sich das reale Inlandsprodukt nicht mehr ändert, d.h. wenn

a) $\pi = \pi^*$ und b) $Y^r = Y^r_{-1}$.

Unter diesen Bedingungen folgt aus Gleichung (40), dass $Y^r_{-1} = Y^r = \overline{Y}^r$, d.h. *das reale Inlandsprodukt* wird auf lange Sicht durch das potenzielle bestimmt. Der Zusammenhang zwischen $\pi = \pi^*$ und $Y^r_{-1} = Y^r = \overline{Y}^r$ erscheint plausibel: Wenn sich die Inflationserwartungen erfüllen ($\pi = \pi^*$), dann besteht für die Produzenten kein Anlass mehr, die Produktionsentscheidungen zu ändern, d.h. von der geplanten Produktion in Höhe von $\overline{Y}^r$ abzuweichen.

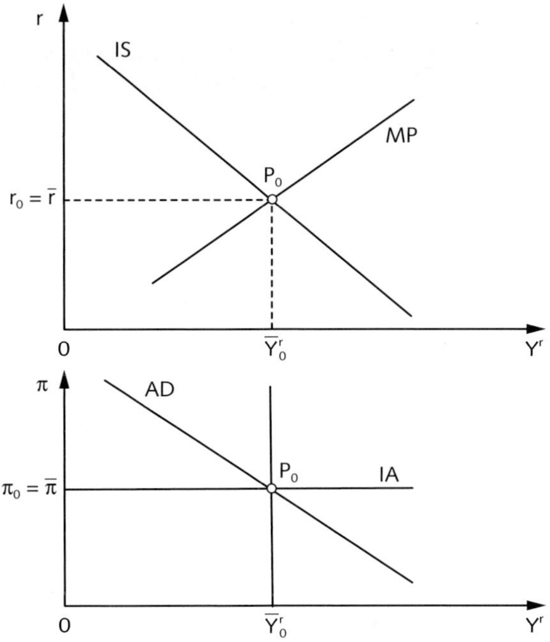

Abb.V. 12

Dem durch den Schnittpunkt der *AD*-Kurve mit der $\overline{Y}^r$-Senkrechten bestimmten langfristigen Gleichgewicht bei P_0 in Abb.V.12 unten entspricht der durch den Schnittpunkt der *IS*-Kurve mit der *MP*-Kurve bestimmte langfristige reale Zinssatz $r_0 = \bar{r}$. Die Bestimmungsgrößen des *langfristigen Realzinses* werden deutlich, wenn in der *IS*-Gleichung (38) $Y^r = \overline{Y}^r$ gesetzt und diese nach r aufgelöst wird. Wird dabei für den langfristigen Realzins das Symbol $\bar{r}$ verwendet, dann erhält man:

$$b_1\bar{r} = b_0 - (1 - c)\overline{Y}^r$$

bzw.

$$(41) \quad \bar{r} = \frac{b_0 - (1 - c)\overline{Y}^r}{b_1}.$$

Wie Gleichung (41) zeigt, ist der langfristige Realzins um so *niedriger*, je kleiner die zinsunabhängigen Ausgaben (b_0) sind, je höher die durch die marginale Sparquote ($1 - c$) und das reale potenzielle Inlandsprodukt ($\overline{Y}^r$) bestimmte langfristige Ersparnis ausfällt und je empfindlicher die zinsabhängigen Ausgaben auf den Realzins reagieren, d.h. je größer b_1 ist.

Um die Bestimmung der *langfristigen Inflationsrate* (siehe $\pi_0 = \bar{\pi}$ in Abb. V.12 unten) zu verdeutlichen, ist die Zinsregel für das langfristige Gleichgewicht zu formulieren. Wird in Gleichung (37) $Y^r = \overline{Y}^r$ berücksichtigt und die langfristige Inflationsrate mit $\bar{\pi}$ bezeichnet, dann erhält man:

$$(42) \quad \bar{r} = \bar{r}_Z + \lambda_1(\bar{\pi} - \bar{\pi}_Z).$$

Aus Gleichung (42) geht hervor, dass der Zielwert für die Inflationsrate sich nicht realisieren lässt, wenn die Zentralbank in ihrer Zinsregel für $\overline{r}_Z$ einen vom langfristigen Realzins abweichenden Wert festsetzt; denn aus $\overline{r}_Z \neq \overline{r}$ folgt, dass $\overline{\pi} \neq \overline{\pi}_Z$. Deshalb wird im Sinne einer konsistenten Zentralbankpolitik davon ausgegangen, dass die Zentralbank in der Zinsregel für $\overline{r}_Z$ den langfristigen Realzins $\overline{r}$ verwendet. Aus Gleichung (42) folgt dann $\overline{\pi} = \overline{\pi}_Z$, d.h. auf lange Sicht ergibt sich eine Inflationsrate, die ihrem Zielwert entspricht.

Für die *praktische Zentralbankpolitik* dürfte es sich allerdings als schwierig erweisen, den langfristigen Realzins $\overline{r}$ entsprechend Gleichung (41) zu ermitteln. Deshalb ist die Möglichkeit zu bedenken, dass die Zentralbank - unabhängig von (41) - einen Wert für $\overline{r}_Z$ fixiert und ihn z.B. als langfristigen Durchschnitt aus entsprechenden Realzinssätzen berechnet. Ergibt sich bei dieser Vorgehensweise, dass $\overline{r}_Z < \overline{r}$, dann folgt aus (41), dass $\overline{\pi} > \overline{\pi}_Z$, d.h. die langfristige Inflationsrate überschreitet ihren Zielwert. Es liegt nahe, dass die Zentralbank daraufhin, den Realzins unter Beibehaltung des Zielwerts $\overline{\pi}_Z$ erhöht, indem sie $\overline{r}_Z$ nach oben anpasst. Auf diese Weise würde sich $\overline{r}_Z$ dem langfristigen Realzins $\overline{r}$ annähern und sich so auch die Zielverfehlung bei der Inflationsrate verringern.

Wie bei Darstellung der Grundzüge des Modells erläutert, ergibt sich die Rolle der *Geldmenge* aus dem Geldmarktgleichgewicht. Dieses wird durch die bereits formulierte Gleichung

$$(39) \quad \frac{M}{p} = L^r(Y^r, i) \quad wobei \ i = r + \pi^*,$$

beschrieben. Langfristig wird das reale Inlandsprodukt durch das potenzielle festgelegt. Auch der nominale Zinssatz (i) wird im langfristigen Gleichgewicht exogen bestimmt, da sich der Realzins aus (41) ergibt und die erwartete Inflationsrate (π^*) der tatsächlichen (langfristigen) Inflationsrate ($\overline{\pi}$) entspricht und diese wiederum durch ihren Zielwert ($\overline{\pi}_Z$) festgelegt wird. Solange die exogenen Variablen unverändert bleiben, bleibt deshalb die reale Geldnachfrage unverändert und deshalb auch die reale Geldmenge (M/p). Letzteres bedeutet, dass sich im Zeitablauf Geldmenge und Preisniveau proportional zueinander entwickeln. Daraus folgt wiederum, dass die *Geldmengenwachstumsrate* auf lange Sicht der Inflationsrate entspricht. Sie passt sich als endogene Variable der Entwicklung der realen Geldnachfrage an, deren Einflussgrößen (Y^r und i) auf lange Sicht exogen und unabhängig von der Geldmenge bestimmt werden. Der Geldmenge kommt - wie schon betont - im Konsensmodell nur eine passive Rolle zu.

ff) Geldpolitik. - Ausgehend von einem langfristigen Gleichgewicht bei P_0 mit $\pi_0 = \overline{\pi}_Z$ und $Y_r = \overline{Y}_r$ wird eine kontraktiv wirkende geldpolitische Maßnahme betrachtet. Die *kontraktive Geldpolitik* besteht darin, dass die Zentralbank ihren Zielwert für die Inflationsrate ($\overline{\pi}_Z$) von $\overline{\pi}_{Z0} = \pi_0$ auf $\overline{\pi}_{Z1} = \pi_1$ (z.B. von 4 auf 2 v.H.) herabsetzt. Zu diesem Zweck erhöht sie den Realzins, indem sie (bei zunächst noch unveränderter erwarteter Inflationsrate) den Nominalzins heraufsetzt. Dieses erfordert eine Anpassung des Geldmengenwachstums nach unten.

Eine straffere geldpolitische Regel verschiebt die *MP*-Kurve *nach oben* (siehe Abb.V.13 oben). Auf Grund des steigenden Realzinssatzes gehen private zinsabhängige Ausgaben (insbesondere Investitionen) zurück, und das Inlandsprodukt sinkt. Bei zunächst noch unveränderter Inflationsrate ergibt sich ein temporäres Gleichgewicht bei P_A (siehe Abb.V.13 oben).

Da das reale Inlandsprodukt bei zunächst noch unveränderter Inflationsrate kleiner geworden ist, muss sich die *AD*-Kurve in Abb. V.13 unten infolge des gestiegenen Realzinses *nach links* verschoben haben. Die Lage der (neuen) AD_1-Kurve wird dabei durch den Punkt P_A festgelegt. Im temporären Gleichgewicht bei P_A ist das reale Inlandsprodukt kleiner als das potenzielle, d.h. es liegt ein *Überschussangebot* vor. Dieses führt in der nächsten Periode zu einer Senkung der Inflationsrate, so dass sich die *IA*-Kurve *nach unten* verschiebt. Auf Grund der gesunkenen Inflation sieht sich die Zentralbank veranlasst, den Realzins zu senken, um die wirtschaftliche Aktivität anzuregen. Dementsprechend erfolgt nach der anfänglichen Verschiebung der *MP*-Kurve nach oben (wegen $\bar{\pi}_Z\downarrow$) eine Verschiebung dieser Kurve *nach unten* (wegen $\pi\downarrow$). Da auf Grund rückläufiger Inflationsraten die für die Folgeperioden *erwartete* Inflationsrate sinkt, verschiebt sich auf Grund der hiermit verbundenen Inflationsabschwächung die *IA*-Kurve weiter sukzessive nach unten. Die Anpassung erfolgt bei sinkenden Realzinssätzen auf der (neuen) AD_1-Kurve, und zwar so lange, bis das neue langfristige Gleichgewicht im Punkt P_1 mit einem realen Inlandsprodukt in Höhe des potenziellen erreicht ist (siehe Abb. V.13 unten).

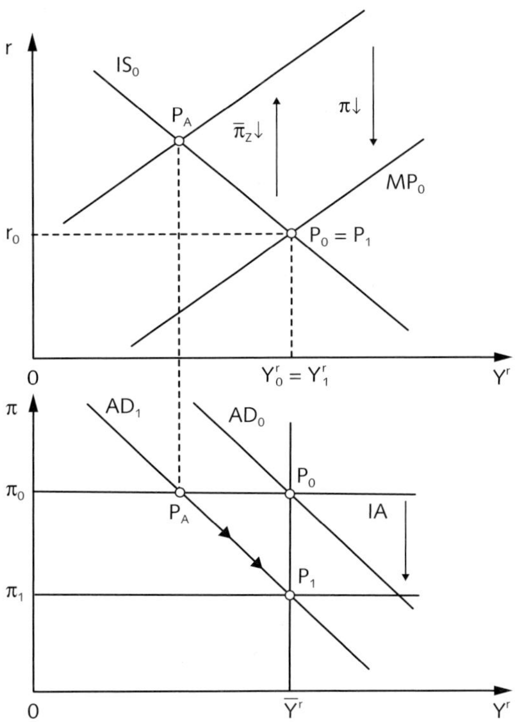

Abb. V.13

Wie aus P_1 im Vergleich zu P_0 hervorgeht, erhält man als Folge einer kontraktiven Geldpolitik *folgende Ergebnisse*: Auf lange Sicht bleiben das reale Inlandsprodukt und der Realzins unverändert, und die Inflationsrate sinkt auf den niedrigeren Zielwert für die Inflationsrate ($\bar{\pi}_{Z1} = \pi_1$). Im Zuge der Antiinflationspolitik stellt sich vorübergehend eine Stabilisierungskrise mit sinkender gesamtwirtschaftliche Produktion und Beschäftigung ein. Wie noch erläutert wird, (Unterabschnitt *ii)*) hängt das Ausmaß dieser Stabilisierungskrise von der Glaubwürdigkeit der Zentralbank ab.

gg) Fiskalpolitik. – Die Auswirkungen fiskalpolitischer Maßnahmen, im Folgenden dargestellt durch eine dauerhafte Erhöhung der Staatsausgaben, hängen vom Verhalten der Zentralbank ab. Zwei mögliche Strategien werden betrachtet:

a) Die Zentralbank hält an ihrem Zielwert für die Inflationsrate fest ($\bar{\pi}_Z$-*Fixierung*).
b) Die Zentralbank passt ihren Zielwert für die Inflationsrate an ($\bar{\pi}_Z$-*Anpassung*).

aaa) Wie Abb. V.12 unten veranschaulicht, beinhaltet die Variante a), d.h. die $\bar{\pi}_Z$-*Fixierung*, dass sich weder die Inflationsrate noch das Niveau des realen Inlandsprodukts als Folge der Staatsausgabenerhöhung verändern[82]. Hält die Zentralbank an ihrem Zielwert für die Inflationsrate $\bar{\pi}_Z$ fest, dann wird das langfristige Gleichgewicht dadurch in P_0 fixiert. Zwar verschiebt sich die *AD*-Kurve nach rechts, weil die gesamtwirtschaftliche Nachfrage auf Grund der Staatsausgabenerhöhung bei gegebener Inflationsrate zunimmt; dieser expansive Impuls wird aber sofort dadurch *kompensiert*, dass sich der langfristige Realzins $\bar{r}$ auf Grund der Zunahme der Staatsausgaben (entsprechend (41)) erhöht, die Zentralbank die Größe $\bar{r}_z$ in ihrer Zinsregel daraufhin entsprechend nach oben korrigiert und den Realzins r demzufolge steigen lässt. Es erfolgt somit eine kompensierende Rückverlagerung der *AD*-Kurve[83]. Das unveränderte Inlandsprodukt bedeutet, dass sich bei dauerhaft erhöhten Staatsausgaben nur die *Zusammensetzung* des Inlandsprodukts geändert hat. Offenbar erfolgt schon auf *kurze* Sicht ein *crowding out* durch die zusätzlichen Staatsausgaben. Sie verdrängen private zinsabhängige Ausgaben (insbesondere für Investitionsgüter, aber auch für dauerhafte Konsumgüter) auf Grund des Zinsanstiegs in gleichem Umfang.

Die Strategie der $\bar{\pi}_Z$-*Fixierung* kann zu einem *Zielkonflikt* zwischen Zentralbank und den Trägern der Fiskalpolitik führen. Sind letztere z.B. an einer kurzfristigen Erhöhung des Inlandsprodukts in Hinblick auf eine Stimulierung der Beschäftigung interessiert, dann steht dem eine Zentralbankpolitik entgegen, die im Interesse der Preisniveaustabilisierung am bisherigen Zielwert für die Inflationsrate festhält.

bbb) Ein möglicher Zielkonflikt wird von Seiten der Zentralbank entschärft, wenn sich diese im Fall einer expansiven Fiskalpolitik für die Variante b), d.h. die $\bar{\pi}_Z$-*Anpassung*, entscheidet. Sie impliziert für den betrachteten Fall erhöhter Staatsausgaben genauer, dass die Zentralbank ihren Zielwert für die Inflationsrate nach oben anpasst, und zwar so, dass sich der durch die Staatsausgabenerhöhung bedingte Anstieg des langfristigen Zinssatzes $\bar{r}$ und damit der Anstieg von $\bar{r}_z$ in der Zinsregel *nicht* auf den von der Zentralbank gesteuerten Realzins r auswirkt.

---

82 Vgl. auch J. B. TAYLOR, A. WEERAPANA (Economics. 6th ed. Boston, New York 2009. S. 699), die eine *Senkung* der Staatsausgaben analysieren.

83 In Abb. V.12 würden sich die *IS*-Kurve auf Grund der Staatsausgabenerhöhung und die *MP*-Kurve auf Grund der Erhöhung von $\bar{r}_Z$ nach oben verschieben, und zwar so, dass sie sich auf dem Niveau Y_0^r bei einem höheren Realzins schneiden.

Für die graphische Darstellung der Fiskalpolitik bedeutet die $\overline{\pi}_Z$-*Anpassung*, dass der Anstieg des langfristigen Gleichgewichtszinses infolge erhöhter Staatsausgaben *ohne* Einfluss auf die Lage der *MP*-Kurve bleibt.

Ausgangspunkt der Betrachtungen unter der Annahme einer $\overline{\pi}_Z$-*Anpassung* ist wieder ein langfristiges Gleichgewicht bei P_0 (s. Abb. V. 14 oben und unten). Wie bereits erläutert, verschiebt die dauerhafte Erhöhung der Staatsausgaben ($b_0 \uparrow$) die *IS*-Kurve nach rechts (s. Abb. V. 14 oben). Bei zunächst noch unveränderter Inflationsrate ergibt sich ein temporäres Gleichgewicht bei P_A mit gestiegenem realen Inlandsprodukt (siehe Abb. V. 14 oben). Auf den Anstieg des Inlandsprodukts hat die Zentralbank entsprechend ihrer Zinsregel mit einer Erhöhung des Realzinses reagiert. Da das reale Inlandsprodukt bei zunächst noch unveränderter Inflationsrate größer geworden ist, muss sich die *AD*-Kurve in Abb. V. 14 unten infolge der Staatsausgabenerhöhung *nach rechts* verschoben haben. Die Lage der (neuen) AD_1-Kurve wird dabei wieder durch den Punkt P_A festgelegt. Im temporären Gleichgewicht bei P_A ist das reale Inlandsprodukt größer als das potenzielle, d.h. es liegt eine *Überschussnachfrage* vor. Diese führt in der nächsten Periode zu einer Erhöhung der Inflationsrate, so dass sich die *IA*-Kurve *nach oben* verschiebt. Auf Grund der gestiegenen Inflation ($\pi \uparrow$) sieht sich die Zentralbank veranlasst, den Realzins weiter zu erhöhen, um der inflationären Entwicklung entgegenzuwirken. Dementsprechend erfolgt – inflationsbedingt – eine Verschiebung der *MP*-Kurve *nach oben* (siehe Abb. V. 14 oben). Da nun auch die für die Folgeperioden *erwartete* Inflationsrate steigt, verschiebt sich auf Grund der hiermit verbundenen zusätzlichen Inflationsschübe auch die *IA*-Kurve weiter sukzessive nach oben.

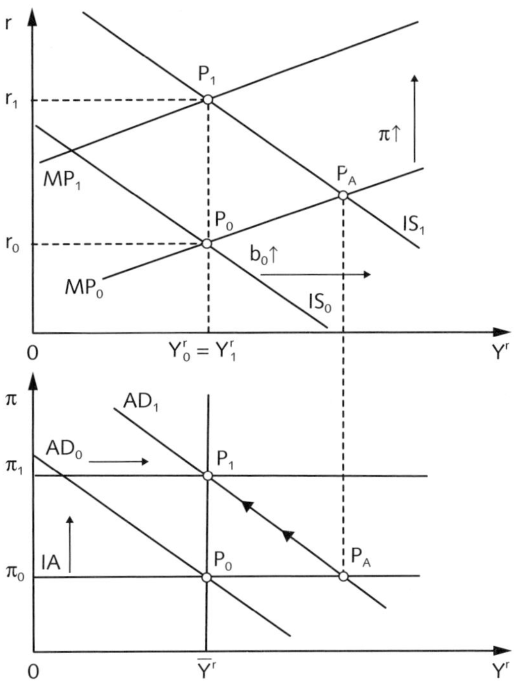

Abb. V. 14

Die Anpassung erfolgt auf der (neuen) AD_1-Kurve, und zwar so lange, bis das neue langfristige Gleichgewicht im Punkt P_1 mit einem realen Inlandsprodukt in Höhe des potenziellen erreicht ist (siehe Abb.V.14 unten). Wie aus P_1 im Vergleich zu P_0 hervorgeht, erhält man als Folge einer expansiven Fiskalpolitik auf lange Sicht *folgende Ergebnisse*: Das reale Inlandsprodukt bleibt unverändert, der Realzins erhöht sich und die Inflationsrate steigt auf den nach oben angepassten Zielwert für die Inflationsrate ($\overline{\pi}_{Z1} = \pi_1$). Im Übrigen impliziert das letztlich unveränderte Inlandsprodukt, dass die zusätzlichen Staatsausgaben private zinsabhängige Ausgaben in gleichem Umfang verdrängen. Dieser *crowding out*-Effekt ergibt sich aber - anders als bei der vorher analysierten $\overline{\pi}_Z$*-Fixierung* - erst auf *lange* Sicht.

bb) Deflation und Liquiditätsfalle. - Wie bei der Behandlung der *Liquiditätsfalle* im Unterabschnitt *dd)* bereits erläutert, kann die Zentralbank den Nominalzinssatz nicht unter null absenken. Zur Illustration der hieraus resultierenden Konsequenzen[84], wird als Ausgangslage ein langfristiges Gleichgewicht bei P_0 ohne Inflation betrachtet (siehe Abb.V.15). Da die erwartete Inflationsrate in diesem Fall ebenfalls null beträgt, kann die Zentralbank auch keinen negativen Realzins herbeiführen. Punkte auf der *MP*-Kurve unterhalb von $r_0 = 0$ sind also nicht realisierbar (siehe Abb.V.15 oben).

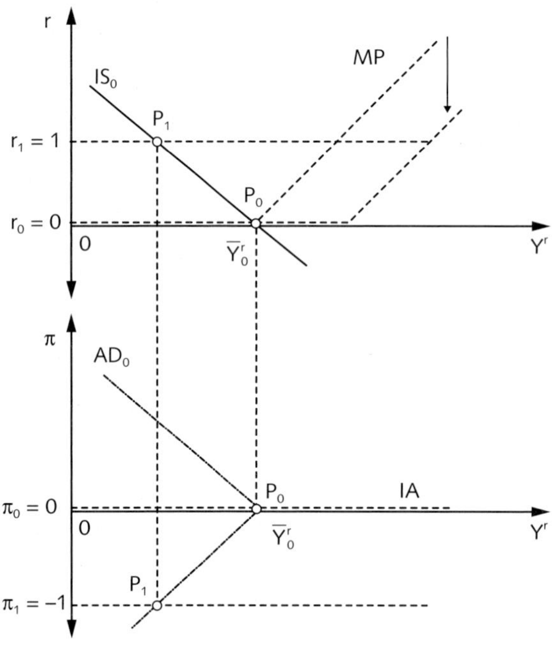

Abb.V. 15

[84] Zur Rolle der *Liquiditätsfalle* in der Keynesianischen Theorie siehe die Unterabschnitte IV.2b), 2c) und 2d).

Ausgehend von einem langfristigen Gleichgewicht bei P_0 sei angenommen, dass die Wirtschaft auf Grund eines exogenen Schocks in eine Rezession gerät und die Inflationsrate negativ wird, z.B. auf einen Wert von $\pi_1 = -1$ fällt. Auf die mit Deflation verbundene Rezession möchte die Zentralbank mit einer *Senkung* des Realzinses reagieren und die *MP*-Kurve nach unten verschieben. Da der Nominalzins aber bereits null beträgt, gelingt ihr dieses nicht. Da die herrschende Inflationsrate $\pi_1 = -1$ annahmegemäß für die nächste Periode erwartet wird (d.h. $\pi^* = -1$), ergibt sich - entgegen den Bestrebungen der Zentralbank - bei einem Nominalzins von null sogar ein *Anstieg* des Realzinses (auf $r_1 = 0 - \pi^* = 1$). Demzufolge gehen die zinsabhängigen Ausgaben zurück, die gesamtwirtschaftliche Nachfrage nimmt ab und das reale Inlandsprodukt fällt auf das $r_1 = 1$ bzw. $\pi_1 = -1$ entsprechende Niveau (siehe P_1 in Abb. V. 15 oben und unten). Bei negativen Inflationsraten ergibt sich also für die Kurve der gesamtwirtschaftlichen Nachfrage im π/Y^r-Diagramm ein *positiver* Verlauf.

Da ein Rückgang der real nachgefragten Gütermenge zu einem weiteren Absinken der Inflationsrate und damit zu einem erneuten Anstieg des Realzinses führt, geht die gesamtwirtschaftliche Nachfrage weiter zurück. Es entsteht eine fortschreitende Rezession mit einer *Deflationsspirale*[85]. Eine Möglichkeit, dieser schwerwiegenden Fehlentwicklung entgegenzuwirken, bestünde dann, wenn es der Zentralbank gelingt, mit der Anhebung des Zielwerts für die Inflationsrate positive Inflationserwartungen entstehen zu lassen. Dazu muss sie die Öffentlichkeit davon überzeugen, dass sie bereit ist, in derartigen Krisensituationen neben der Steuerung eines kurzfristigen Nominalzinses auf dem Geldmarkt noch weitere Mittel einzusetzen, die expansiv wirken. Hierzu gehören Ankäufe von mittel- und langfristigen Wertpapieren (z.B. öffentliche Anleihen, Pfandbriefe, Unternehmensanleihen und Aktien) auf dem offenen Markt[86]. Die Maßnahmen, die angesichts der im Sommer 2007 ausgebrochenen internationalen Finanzkrise von den wichtigsten Zentralbanken ergriffen wurden, belegen, dass derartige Möglichkeiten auch genutzt werden, wenn sich der Spielraum für die konventionelle Zinssteuerungspolitik durch Annäherung an die Nullgrenze praktisch erschöpft hat[87].

ii) Glaubwürdigkeit der Geldpolitik. - Bisher wurde in der Analyse davon ausgegangen, dass die Marktteilnehmer ihre Inflationserwartungen entsprechend der Annahme $\pi^* = \pi_{-1}$ *vergangenheitsorientiert* bilden. Wenn nun aber die Zentralbank einen Zielwert für die Inflationsrate ankündigt, dann ist zu vermuten, dass zumindest einige Marktteilnehmer den angekündigten Zielwert für die Inflationsrate ($\overline{\pi}_Z$) ihren Inflationserwartungen zu Grunde legen, diese also *zukunftsorientiert* bilden. Erscheint die Ankündigung der Zentralbank allen Marktteilnehmer *sehr glaubwürdig*, dann werden sich alle Marktteilnehmer so verhalten, und

---

85 Zur Problematik eines Deflationsprozesses siehe schon KEYNES (vgl. Fußnote 67 im Abschnitt IV.2c)).

86 Siehe zum Problem Deflation und Liquiditätsfalle auch O. BLANCHARD, G. ILLING (Makroökonomie. 4., aktual. u. erw. Aufl. München 2006. S. 641 ff.), die in diesem Zusammenhang die *Weltwirtschaftskrise* 1929 - 1932/33 und die 1992 einsetzende mit Deflation verbundene *japanische Wirtschaftskrise* analysieren.

87 Siehe hierzu H.-J. JARCHOW, Grundriss der Geldpolitik. 9., aktual. u. neubearb. Auflage. Stuttgart 2010. S. 154 ff.

in diesem Extremfall ist in der Preisgleichung (40) die Annahme $\pi^* = \pi_{-1}$ durch die Annahme $\pi^* = \overline{\pi}$ zu ersetzen. Eine Zentralbank, die sehr glaubwürdig ist, kann deshalb bei einer Straffung der Geldpolitik durch Senkung des Zielwertes von $\overline{\pi}_{Z0} = \pi_0$ auf $\overline{\pi}_{Z1} = \pi_1$, z.B. von 4 auf 2 v.H., damit rechnen, dass die Marktteilnehmer ihre Inflationserwartungen unverzüglich in gleichem Ausmaß anpassen. Entsprechend der Preisgleichung sinkt dann auch sofort die aktuelle Inflationsrate von π_0 auf π_1[88].

In Abb. V. 16 führt die Senkung des Zielwerts für die Inflationsrate $\overline{\pi}_Z$ – wie bei der Analyse der kontraktiven Geldpolitik in Abb. V. 13 – zu einer Verschiebung der *MP*-Kurve nach oben und einer Verschiebung der *AD*-Kurve nach links. In dem oben beschriebenen Extremfall einer sehr glaubwürdigen Zentralbankpolitik bewirkt die gleichzeitige und gleich große Senkung der aktuellen Inflationsrate von π_0 auf π_1 eine sofortige Rückverschiebung der *MP*-Kurve in die Ausgangslage und eine Verschiebung der *IA*-Kurve bis zum Schnittpunkt mit der AD_1-Kurve in P_1 (siehe Abb. V. 16 unten). Wie man sieht, ist es in dem Extremfall einer sehr glaubwürdigen Zentralbankpolitik, verbunden mit ausschließlich zukunftsorientierten Inflationserwartungen, möglich, durch eine kontraktive Geldpolitik die Inflationsrate zu senken, *ohne* dass vorübergehend Produktions- und Beschäftigungsverluste eintreten.

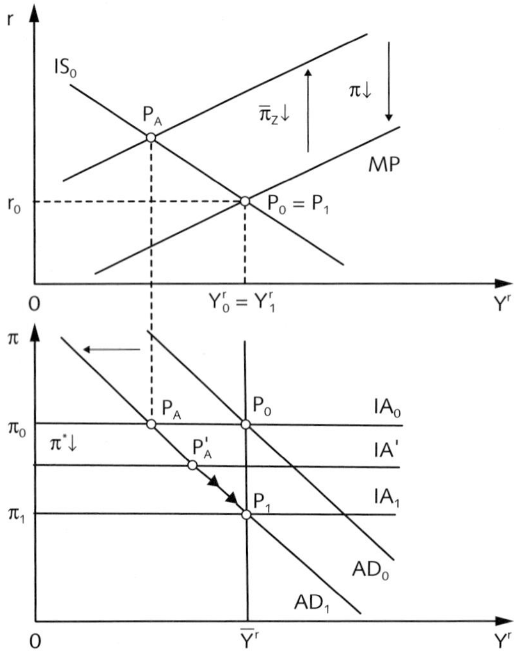

Abb. V. 16

[88] Hinter der sofortigen Senkung der Inflationsrate steht die Vorstellung, dass die Arbeitnehmer auf Grund der rückläufigen Inflationserwartungen die Lohnsatzsteigerungsrate nach unten anpassen und die Unternehmer daraufhin im Wege einer Zuschlagskalkulation die Preissteigerungsrate reduzieren.

Das Gegenstück hierzu bildet der Fall ausschließlich vergangenheitsorientierter Inflationserwartungen in der bisher betrachteten Form $\pi^* = \pi_{-1}$. In diesem Fall, in dem die Marktteilnehmer der Ankündigung der Zentralbank nicht vertrauen[89] und bei der Einschätzung der zukünftigen Inflationsrate nur ihre bisherigen Inflationserfahrungen berücksichtigen, ergeben sich nach Einleitung der kontraktiven Geldpolitik zunächst Produktionsverluste in Höhe von P_0P_A (siehe Abb. V.16 unten). Es tritt also vorübergehend eine *Stabilisierungskrise* ein.

Wird der Ankündigung der Zentralbank, die Inflationsrate z.B. um 2 v.H. zu senken, nur teilweise vertraut und erfolgt die Erwartungsbildung bezüglich der Inflationsrate dementsprechend teils zukunftsorientiert, teils vergangenheitsorientiert[90], dann sinkt die Inflationsrate in diesem dritten Fall nach Einleitung der kontraktiven Geldpolitik zwar sofort, aber nicht in dem angekündigten Ausmaß. Vorübergehend wird dann z.B. ein Gleichgewicht in einem Punkt wie P'_A auf der neuen *IA'*-Kurve erreicht (siehe Abb. V.16 unten). Die Stabilisierungskrise fällt also schwächer aus als in dem Fall, in dem die Marktteilnehmer die von der Zentralbank angekündigte Senkung des Zielwerts für die Inflationsrate überhaupt nicht bei Bildung ihrer Inflationserwartungen berücksichtigen. Als wichtiges *Fazit* aus der Betrachtung der drei Fälle ergibt sich offenbar, dass die vorübergehenden Produktions- und Beschäftigungsverluste bei kontraktiver Geldpolitik um so geringer ausfallen, je vertrauenswürdiger die Zentralbankpolitik erscheint und je stärker dementsprechend Inflationserwartungen zukunftsorientiert gebildet werden.

jj) Kritische Hinweise. – Die Behandlung des Neukeynesianischen Konsensmodells soll mit zwei kurzen kritischen Hinweisen zur Geldpolitik abgeschlossen werden. Der *erste* betrifft die Implementierung der Geldpolitik. Wie oben ausgeführt, betreibt die Zentralbank Geldpolitik auf der Basis einer Zinsregel. Dabei steuert sie den Realzins als Operationsziel, in dem sie einen kurzfristigen Nominalzins auf dem Geldmarkt kontrolliert. Hierbei muss eine Anpassung des Geldmengenwachstums erfolgen. Offen bleibt dabei die weitergehende Frage, wie die Zentralbank die Versorgung mit Zentralbankgeld unter Berücksichtigung des Geschäftsbankensektors gestaltet, um den angestrebten kurzfristigen Geldmarktzins zu realisieren. Der *zweite* Hinweis betrifft den Transmissionsmechanismus der Geldpolitik. Wie erwähnt, steuert die Zentralbank über einen kurzfristigen Nominalzins den Realzins, genauer: den *kurzfristigen* Realzins. Für die zinsabhängigen Ausgaben, insbesondere die Investitionen, ist aber der *langfristige* Realzins relevant. Was fehlt, ist die Verbindung zwischen den beiden Zinssätzen mit unterschiedlicher Fristigkeit. Die Theorie der Zinsstruktur[91] könnte dazu beitragen, diese Lücke zu füllen.

---

89 Der Grund hierfür könnte darin liegen, dass die Zentralbank, politischem Druck nachgebend, mehrfach deutliche Zielüberschreitungen hingenommen hat.

90 Die entsprechende Preisgleichung bei „gemischter" Erwartungsbildung ließe sich in Anlehnung an Gleichung (30a) wie folgt formulieren:

$$\pi_1 = \mu\pi_{t-1} + (1-\mu)\overline{\pi}_Z + c_1(y_t^r - \overline{y}^r) + w_t, \quad 0 \leqq \mu \leqq 1.$$

Der Fall ausschließlich vergangenheitsorientierter Inflationserwartungen ergibt sich bei $\mu = 1$, der Fall ausschließlich zukunftsorientierter Inflationserwartungen bei $\mu = 0$.

91 Siehe hierzu Abschnitt III.4.

Zusammenfassung

1. Das Neukeynesianische Konsensmodell verbindet Kernelemente der Neuklassischen Theorie (wie die mikroökomische Fundierung durch Optimierungskalküle und rationale Erwartungen) mit KEYNESianischenVorstellungen (wie eine verzögerte Preisanpassung und einer dadurch bedingten Stabilisierungsaufgabe für die Wirtschaftspolitik).

2. Das reale Inlandsprodukt, der Realzins und die Inflationsrate werden unabhängig von der Geldmenge bestimmt. Dieser kommt im Konsensmodell nur eine untergeordnete Rolle zu.

3. Im langfristigen Gleichgewicht stimmt das reale Inlandsprodukt mit dem potenziellen überein, der Realzins wird durch Komponenten der Güternachfrage festgelegt, die Inflationsrate entspricht dem Zielwert für die Inflationsrate und die Wachstumsrate der Geldmenge ist (in einer nicht wachsenden Wirtschaft) gleich der Inflationsrate.

4. Geldpolitik wird nach einer Zinsregel (wie der TAYLOR-Regel) betrieben. Diese beschreibt die Steuerung eines Zinssatzes in Abhängigkeit von der Abweichung der Inflationsrate von einem Zielwert und des realen Inlandsprodukts von seinem potenziellen Niveau. Im (vereinfachten) Modell erscheint der Realzins als Operationsziel. Er wird durch Kontrolle des Nominalzinses gesteuert.

5. Senkt (erhöht) die Zentralbank den Zielwert für die Inflationsrate, betreibt sie kontraktive (expansive) Geldpolitik. Im Zuge einer kontraktiven Geldpolitik nimmt das reale Inlandsprodukt infolge des erhöhten Realzinses bei zunächst unveränderter Inflationsrate vorübergehend ab, d. h. es stellt sich eine temporäre Stabilisierungskrise mit Beschäftigungsverlusten ein. Langfristig kehrt das Inlandsprodukt jedoch auf sein potenzielles Niveau zurück, und die Inflationsrate fällt auf den niedrigeren Zielwert. Das Ausmaß der temporären Stabilisierungskrise hängt von der Erwartungsbildung bezüglich der zukünftigen Inflationsrate ab und damit von der Glaubwürdigkeit der Zentralbank.

6. Die Geldpolitik ist mit einem Problem konfrontiert, wenn sie wegen der Liquiditätsfalle den Nominalzins nicht unter null senken kann und die Wirtschaft in eine Rezession mit Deflation gerät. Da die tatsächliche Inflationsrate negativ wird und – verzögert – damit auch die erwartete, erhöht sich der Realzins gegenüber einer Ausgangslage mit einer Inflationsrate von null, wodurch die Rezession verschärft wird. Es besteht die Gefahr einer fortschreitenden Rezession mit einer Deflationsspirale.

7. Die Fiskalpolitik, dargestellt durch eine dauerhafte Veränderung der Staatsausgaben, hängt hinsichtlich ihrer Wirkungen von der Strategie der Zentralbank ab. Hält die Zentralbank an dem bisherigen Zielwert für die Inflationsrate fest, dann verändert sich weder das reale Inlandsprodukt noch die Inflationsrate. Passt die Zentralbank z. B. bei einer Erhöhung der Staatsausgaben den Zielwert für die Inflationsrate nach oben an, dann expandiert vorübergehend das reale Inlandsprodukt. Langfristig fällt das Inlandsprodukt jedoch bei steigendem Realzins auf das Niveau des potenziellen zurück, und die Inflationsrate erhöht sich. In beiden Fällen erfolgt ein vollständiges crowding out zinsabhängiger Ausgaben durch die zusätzlichen Staatsausgaben, im ersten Fall bereits auf kurze Sicht, im zweiten Fall erst langfristig.

8. Offen bleibt im Konsensmodell, wie die Zentralbank die Versorgung mit Zentralbankgeld unter Berücksichtigung des Geschäftsbankensektors in Hinblick auf den angestrebten kurzfristigen Zins gestaltet und wie dieser kurzfristige Zinssatz mit dem für die zinsabhängige Güternachfrage relevanten langfristigen Zinssatz verknüpft wird.

4. Regelbindung versus diskretionäre Maßnahmen in der Geldpolitik

a) Alternative Strategien im Ein-Perioden-Ansatz

Geht man von der Vorstellung aus, dass Geldmengenwachstum für Inflation wesentlich ist und die Zentralbank das Geldmengenwachstum kontrolliert, dann liegt es nahe, einen möglichen Zusammenhang zwischen Zentralbankverhalten und Inflation zu analysieren. Bei der Modellierung und Bewertung verschiedener geldpolitischer Strategien steht die Frage „*Regelbindung versus diskretionäre Politik*" im Vordergrund. Insofern wird an eine geldpolitische Diskussion angeknüpft, deren Ausgangspunkt der bekannte Beitrag von Simons aus dem Jahr 1936 über „Rules versus Authorities in Monetary Policy"[92] bildet und die durch den formalisierten Ansatz von KYDLAND/PRESCOTT[93] und die hierauf zurückgehende *Zeitinkonsistenzhypothese* wiederbelebt wurde.

aa) Das Modell.– Die Basis der Analyse bilden das im letzten Abschnitt benutzte Angebots-Nachfrage-Modell, insbesondere die *Preisgleichung*, sowie eine *Zielfunktion* der Zentralbank in Form einer Kosten- bzw. Verlustfunktion. Sie bringt zum Ausdruck, dass Abweichungen der Inflationsrate (π) und des realen Inlandsprodukts (Y^r) von ihren Zielwerten $\bar{\pi}$ und $\hat{Y}^r$ unerwünscht sind und von der Zentralbank als soziale Kosten betrachtet werden. Das gewünschte Niveau der Inflationsrate ($\bar{\pi}$) kann unter dem Aspekt von Geldschöpfungsgewinnen der Währungsbehörde (der noch zu behandelnden *Seigniorage)* positiv sein, wird hier jedoch vereinfachend gleich null gesetzt, d.h. $\bar{\pi} = 0$[94]. Ferner wird davon ausgegangen, dass der Zielwert für das reale Inlandsprodukt über das mit normaler Beschäftigung verbundene potenzielle Niveau $\overline{Y}^r$ hinausgeht, d.h. $\hat{Y}^r = k\ \overline{Y}^r$, $k > 1$. Diese Annahme ist für das Modell *wesentlich*. Sie impliziert, dass die normale Arbeitslosenquote als zu hoch angesehen wird. Diese Einschätzung wird u.a. mit der Existenz von Einkommenssteuern und Arbeitslosenunterstützungen begründet[95]. Die hierdurch bedingte Arbeitslosigkeit führt beim Staat durch Mindereinnahmen und zusätzliche Transferzahlungen zu Budgetbelastungen, deren Folgen für die Gesellschaft vom einzelnen Wirtschaftssubjekt als externe Kosten bei seinen Entscheidungen nicht berücksichtigt werden. Die sozialen Kosten der normalen Arbeitslosigkeit übersteigen deshalb die privaten[96]. Deshalb liefert der

---

92 H. C. SIMONS, Rules versus Authorities in Monetary Policy. „The Journal of Political Economy", Vol.44 (1936), S. 1 ff.

93 F. E. KYDLAND, E. C. PRESCOTT, Rules Rather than Discretion: The Inconsistency of Optimal Plans. „Journal of Political Economy", Vol. 85 (1977), S. 473 ff.

94 Zur Begründung vgl. Abschnitt V.6, der sich mit den Inflationskosten befasst.

95 Siehe z.B. R. J. BARRO, D. B. GORDON, Rules, Discretion and Reputation in a Model of Monetary Policy. „Journal of Monetary Economics", Vol.12 (1983), S. 103. – K. BLACKBURN, M. CHRISTENSEN, Monetary Policy and Policy Credibility: Theories and Evidence. „The Journal of Economic Literature", Vol.27 (1989), S. 10. – G. ILLING, Theorie der Geldpolitik. Eine spieltheoretische Einführung. Berlin 1997, S. 38 ff.

96 Siehe WAGNER, a.a.O., S. 126.

Markt mit dem der normalen Arbeitslosenquote entsprechendem *potenziellen Inlandsprodukt* ($\overline{Y}^r$) ein die individuellen Nutzen- und Gewinnmaximierungskalküle widerspiegelndes Ergebnis, das unter dem gesellschaftlich wünschenswerten Niveau des realen Inlandsprodukts liegt. Weitere Effizienzhemmnisse sind in Vereinbarungen von Tarifparteien und in Vorschriften über Mindestlöhne zu sehen, wenn diese zu einem Reallohnsatz oberhalb des Gleichgewichtslohnsatzes führen und dadurch eine als zu niedrig angesehene Beschäftigung zustande kommt[97].

Im Rahmen der folgenden Analyse wird der Koeffizient k als eine *konstante* Größe betrachtet. Damit wird aber nicht verkannt, dass es als „erstbeste Lösung" sinnvoll sein könnte, die erwähnten Effizienzhemmnisse abzubauen, z.B. durch Maßnahmen im Bereich der Arbeitsmarktpolitik[98]. Auf diese Weise ließe sich die normale Arbeitslosigkeit verringern und das potenzielle Inlandsprodukt erhöhen, so dass der Abstand zwischen dem angestrebten Inlandsprodukt ($k\overline{Y}^r$) und dem potenziellen Inlandsprodukt ($\overline{Y}^r$) kleiner wird, d.h. sich der Koeffizient k verringert. Scheut die Regierung davor zurück, Reformen durchzusetzen, die die Anpassungsfähigkeit (Flexibilität) des Arbeitsmarktes erhöhen und so die normale (d.h. die friktionell bzw. strukturell bedingte) Arbeitslosigkeit ($\overline{U}$) senken, dann könnte ihr bei hoher normaler Arbeitslosigkeit daran gelegen sein, die existierende Arbeitslosigkeit auf anderem Wege zu bekämpfen, z.B. durch eine expansive Geldpolitik. Hiermit ließe sich die Beschäftigung – zumindest kurzfristig – über ihr normales Niveau $\overline{N}$ und das reale Inlandsprodukt über sein potenzielles Niveau ($\overline{Y}^r$) erhöhen. Die Regierung würde damit einen Zielwert für Y^r von $k\overline{Y}^r$ mit $k > 1$ anstreben und in diesem Sinne u.U. auf das Entscheidungsgremium der Zentralbank einwirken. Diese politökonomische Argumentation wäre neben den oben angeführten Effizienzhemmnissen eine weitere Begründung für die der folgenden Analyse zugrunde liegende Annahme $k > 1$.

Unter der Annahme eines konstanten k werden die Vorstellungen über die Zielfunktion der Zentralbank durch folgende *Kostenfunktion* formalisiert:

$$(1) \quad K = \pi^2 + \lambda (Y^r - k\overline{Y}^r)^2, \ \lambda > 0, \ k > 1.$$

Ein hoher Wert von λ bedeutet dabei eine starke Präferenz der Zentralbankakteure für beschäftigungsstimulierende Maßnahmen relativ zu antiinflationären Maßnahmen. Die Quadrierung in der Zielfunktion impliziert, dass große Zielabweichungen stärker gewichtet werden als kleine. Das Modell wird durch die Preisgleichung und die Nachfragefunktion aus dem im Unterabschnitt 2b) dargestellten Angebots-Nachfrage-Modell vervollständigt, wobei zur Vereinfachung und ohne materielle Konsequenzen $\alpha\beta = 1$ gesetzt wird:

$$(2) \quad \pi = \pi^* + (Y^r - \overline{Y}^r)$$

$$(3) \quad Y^r = Y^r_{-1} + \gamma \, (m - \pi).$$

97 Vgl. Blackburn, Christensen, a.a.O., S. 10, 16 f.

98 Siehe K. Rogoff, The Optimal Degree of Committment to an Intermediate Monetary Target. „The Quarterly Journal of Economics", Vol. 100 (1985), S. 1170. – L. E. O. Svensson, Optimal Inflation Targets, 'Conservative' Central Banks, and Linear Inflation Contracts. „NBER Working Paper 5251", 1995, S. 1, 4, 10, 30.

Die in die Lohnbildung eingehenden Inflationserwartungen der Arbeitnehmer (π^*) werden dabei unter korrekter Verwertung aller verfügbaren Informationen, d.h. *rational*, gebildet.

Die Zielfunktion und die Preisgleichung stehen im Mittelpunkt des Modells. Die Nachfragefunktion dient lediglich dazu, die zu einer bestimmten Inflationsrate gehörende Geldmengenwachstumsrate (m) zu ermitteln. Für die Modellauswertung ist es zweckmäßig, die Preisgleichung als Nebenbedingung in der Zielfunktion zu berücksichtigen. Dazu wird (2) nach Y^r aufgelöst und Y^r danach in (1) eingesetzt. Man erhält dann:

$$K = \pi^2 + \lambda[\pi - \pi^* - (k - 1)\overline{Y}^r]^2$$

bzw.

$$(4) \quad K = \pi^2 + \lambda(\pi - \pi^* - z)^2,$$

wenn für das konstante Produkt $(k - 1)\overline{Y}^r$ das Symbol z eingeführt wird, wobei $z > 0$.

Die Modellauswertung lässt sich graphisch illustrieren[99]. Die Zielfunktion (1) wird für alternative Werte der sozialen Kosten (K) durch eine Schar von *Isokostenlinien* in Form von Ellipsen dargestellt (vgl. Abb. V.17 a). Da negative Inflationsraten unberücksichtigt bleiben und sich für die Lösung nur positiv geneigte Isokostenlinien als relevant erweisen, ist lediglich das linke obere Segment der Ellipsen von Interesse. Die positive Neigung einer Isokostenlinie bedeutet, dass

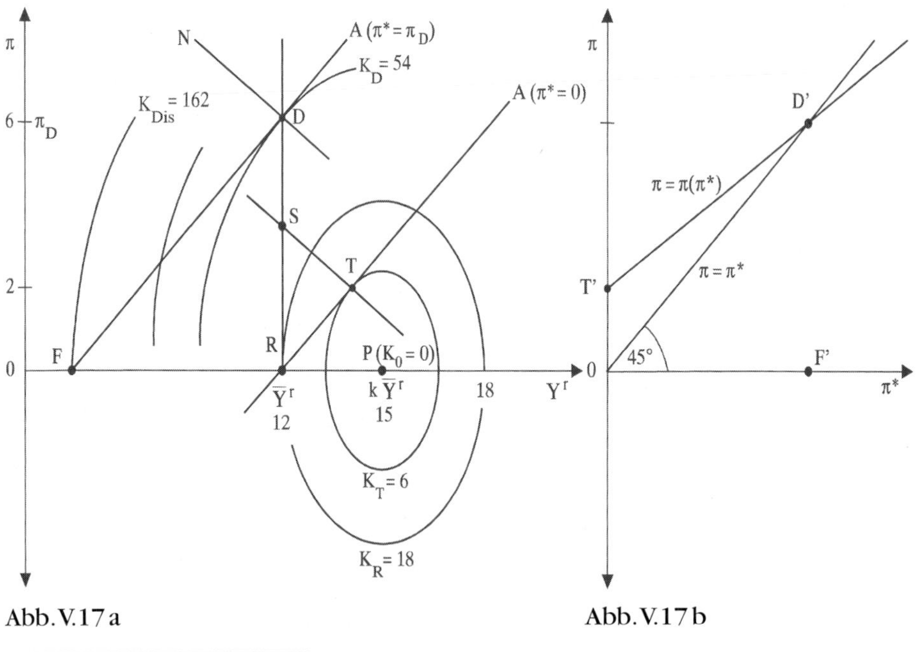

Abb. V.17 a Abb. V.17 b

99 Siehe hierzu H.-J. Jarchow, Diskretionäre Geldpolitik, Zeitinkonsistenz und Politikglaubwürdigkeit. „das wirtschaftsstudium", 22. Jg. (1993), S. 147. – Bofinger, Reischle, Schächter, a.a.O., S. 149.

die Kosten bei Erhöhung der Inflationsrate nur konstant bleiben, wenn sich gleichzeitig die Produktion erhöht. Die konvexe Krümmung bringt zum Ausdruck, dass ein Anstieg der Inflationsrate zur Kompensation eine um so größere Produktionserhöhung erfordert, je höher π ist, d.h. je mehr sich die Inflationsrate von ihrem Zielwert $\overline{\pi} = 0$ entfernt hat. Kosten in Höhe von null entstehen bei $\pi = 0$ und $Y^r = k\overline{Y}^r$. Für diesen Fall schrumpft die Ellipse zum Punkt P auf der Y^r-Achse zusammen. Je weiter die Ellipsen vom Punkt P entfernt sind, desto höher sind die Kosten, die sie repräsentieren. Die an den Ellipsen und an den beiden Achsen beispielhaft angegebenen Zahlenwerte sind mit folgenden Koeffizienten kompatibel: $\lambda = 2,\ k = 1{,}25,\ \overline{Y}^r = 12$.
Die Darstellung in Abb. V.17 a wird durch die Graphen für die Preisgleichung (2) und die Nachfragefunktion (3) vervollständigt.

bb) Selbst- bzw. Regelbindung. – Als Ausgangspunkt der folgenden Betrachtungen dient folgende besonders einfach darzustellende Situation: Die Zentralbank kündigt an, dass sie ein Gleichgewicht bei Preisniveaustabilität (d.h. $\pi = 0$) anstrebt und dementsprechend die Geldmenge konstant halten will (d.h. $m = 0$). Den Wirtschaftssubjekten erscheint die erklärte Selbstbindung der Zentralbank glaubwürdig, und sie erwarten deshalb eine Inflationsrate von null, d.h. $\pi^* = 0$. Demzufolge würde das reale Inlandsprodukt nach Gleichung (2) dem potenziellen entsprechen, d.h. es würde gelten:

$$\pi_R = \pi^* = 0 \ \ und \ \ Y_R^r = \overline{Y}^r.$$

Wie sich aus Gleichung (4) ergibt, würden sich die Kosten dann auf

$$(5) \qquad K_R = \lambda z^2 \qquad\qquad (= 18).$$

belaufen. In Abb. V.17 a wird die entsprechende Lösung durch den Punkt R, in Abb. V.17 b durch den Nullpunkt dargestellt.

cc) Täuschungslösung. – Für die weiteren Überlegungen ist wesentlich, dass die erwartete Inflationsrate in die Lohnbildung eingeht und die Arbeitnehmer durch Lohnkontrakte für eine Periode an die ausgehandelte nominale Lohnsatzsteigerungsrate gebunden sind. Die Lohnsatzsteigerungsrate, die im Punkt R null beträgt[100], kann deshalb nur mit einer Verzögerung von einer Periode an die erwartete Inflationsrate angepasst werden. Demgegenüber kann die Zentralbank die Inflationsrate annahmegemäß durch Anpassung des Geldmengenwachstums jederzeit verändern. Aus der Sicht der Zentralbank, die durch ihre Zielfunktion beschrieben wird, lässt sich deshalb die durch den Punkt R dargestellte Situation verbessern. Gelingt es ihr nämlich, die erwartete Inflationsrate durch Ankündigung einer preisstabilen Politik auf null zu drücken (so dass sich die Arbeitnehmer im Gleichgewicht bei $Y = \overline{Y}^r$ mit einer Lohnsatzsteigerungsrate von null zufrieden geben), dann könnte sie mit dem Punkt T ein geringeres Kostenniveau erreichen. Erforderlich wäre dazu ein Wachstum der Geldmenge, das die negativ geneigte Nachfragekurve von R nach oben bis zum Punkt S verschiebt.

---

100 Nach Gleichung (13) im Abschnitt V.2 ist $\Delta w/w = 0$, wenn $\pi^* = 0$ und $Y^r = \overline{Y}^r$, d.h. $U = \overline{U}$.

Die Zentralbank müsste also - *entgegen ihrer Ankündigung* - die Geldmenge und das Preisniveau erhöhen (d.h. $m, \pi > 0$). Sie würde sich dann von der Selbstbindung lösen und eine **diskretionäre Politik** betreiben, d.h. die geldpolitischen Entscheidungen wären situationsabhängig und würden von Fall zu Fall vorgenommen. Durch das nicht antizipierte Geldmengenwachstum bewirkt die Zentralbank eine Überraschungsinflation (mit $\pi > \pi^* = 0$), und hierdurch würde sie - entsprechend Gleichung (2) - erreichen, dass das reale Inlandsprodukt über $\overline{Y}^r$ hinausgeht[101].

Die Ergebnisse zur Täuschungslösung lassen sich rechnerisch präzisieren. Ausgangspunkt ist dabei die Zielfunktion in der Form (4), die unter der Annahme $\pi^* = 0$ zu minimieren ist. Da die Zentralbank mit der Geldmengenwachstumsrate m die Inflationsrate π steuern kann, wird Letztere bei der Lösung des Minimierungsproblems als Entscheidungsvariable angesehen und die zu minimierende Zielfunktion (4) mit $\pi^* = 0$ dementsprechend nach π differenziert. Notwendig zur Realisierung des Minimums ist

$$\frac{dK}{d\pi} = 2\pi + 2\lambda(\pi - z) = 0.$$

Aufgelöst nach π, ergibt sich die Inflationsrate für die Täuschungslösung

$$(6) \qquad \pi_T = \frac{\lambda}{1 + \lambda} z \qquad (= 2).$$

Das dazugehörige reale Inlandsprodukt lässt sich aus Gleichung (2) ermitteln. Bei Auflösung nach Y^r ergibt sich

$$(7) \qquad Y^r = \pi - \pi^* + \overline{Y}^r.$$

Wird π in (7) durch π_T entsprechend (6) ersetzt und die Annahme $\pi^* = 0$ berücksichtigt, dann erhält man

$$(8) \qquad Y_T^r = \frac{\lambda}{1 + \lambda} z + \overline{Y}^r \qquad (= 14).$$

Wie man sieht, führt die Täuschungslösung zu höherer Inflation, aber auch zu höherer Produktion als die zuerst betrachtete Selbstbindung der Zentralbank. Die zur Täuschungslösung gehörenden Kosten lassen sich aus Gleichung (4) ermitteln. Dazu wird diese Gleichung unter Berücksichtigung von $\pi^* = 0$ zunächst wie folgt umgeformt:

$$(4a) \qquad K = \pi^2(1 + \lambda) + \lambda z^2 - 2\lambda\pi z.$$

Wird π in (4a) durch π_T entsprechend (6) ersetzt, dann ergibt sich nach Umformung

$$(9) \qquad K_T = \frac{\lambda}{1 + \lambda} z^2 \qquad (= 6).$$

Ein Vergleich von (9) und (5) bestätigt das bereits graphisch illustrierte Ergebnis: $K_R > K_T$, d.h. die Selbstbindung würde der Zentralbank gegenüber der Täuschungslösung nur als *zweitbestes* Ergebnis erscheinen.

---

[101] In T ist $m > \pi_T$, d.h. die reale Geldmenge steigt. Die hiervon ausgehende nachfragestimulierende Wirkung erklärt die Produktionsausweitung von der Nachfrageseite. Von der Angebotsseite her betrachtet, lässt sich die Produktionsausweitung damit begründen, dass der Reallohnsatz in T kleiner ist als in R, da das Preisniveau gestiegen, der Geldlohnsatz aber konstant geblieben ist.

dd) Zeitinkonsistenz und diskretionäre Lösung. – Für die weiteren Überlegungen ist es wichtig, dass die geschilderte Möglichkeit einer Täuschungslösung bei rationalen Erwartungen und symmetrischem Informationsstand von den Wirtschaftssubjekten durchschaut wird. Insbesondere wissen sie, dass auf Grund des Kostenminimierungskalküls für die Zentralbank ein Anreiz besteht, *vor* Realisierung von $\pi^* = 0$ ein dafür notwendiges Geldmengenwachstum von $m = 0$ (d.h. eine Fixierung der Geldmenge) anzukündigen, dann aber *nach* Realisierung von $\pi^* = 0$ (und nach Abschluß darauf basierender Lohnkontrakte) die Geldmenge wachsen zu lassen. Die Wirtschaftssubjekte erkennen mit anderen Worten die sogenannte *Zeitinkonsistenz* der preisniveaustabilen Situation bei R. **Zeitinkonsistenz** bedeutet, dass ein in der Ausgangslage optimal erscheinender Zustand (hier: $\pi = 0$) nach Realisierung der dafür erforderlichen Bedingung (hier: $\pi^* = 0$), also von einem späteren Zeitpunkt aus gesehen, für die wirtschaftspolitischen Entscheidungsträger nicht mehr optimal ist. Wegen der Zeitinkonsistenz des Zustands bei R wird die Ankündigung von $m = 0$ als nicht glaubwürdig betrachtet. Die Wirtschaftssubjekte wissen, dass die Realisierung der für R erforderlichen Bedingung, die in der $A\,(\pi^* = 0)$-Kurve zum Ausdruck kommt, die Zentralbank veranlassen würde, Punkt T mit höherer Produktion unter Inkaufnahme von Inflation anzustreben (vgl. Abb. V.17 a). Eine erwartete Inflationsrate von $\pi^* = 0$ ist deshalb nicht realisierbar, und die $A\,(\pi^* = 0)$-Kurve kommt nicht zustande. Vielmehr ist bei der *diskretionären Lösung* zu berücksichtigen, dass die Wirtschaftssubjekte aufgrund rationaler Erwartungen und eines symmetrischen Informationsstandes Inflationserwartungen *in Kenntnis* der Kostenminimierungsbedingung der Zentralbank bilden. Außerdem ist zu beachten, dass die erwartete Inflationsrate für die Zentralbank eine gegebene Größe darstellt, da π^* von den Arbeitnehmern festgelegt wird, bevor die Zentralbank handelt. Diesen Überlegungen entspricht folgende Vorgehensweise bei der Rechnung: Zunächst ist die Zielfunktion (4) für einen gegebenen Wert von $\pi^*\,(\pi^* > 0)$ zu minimieren. Als Kostenminimierungsbedingung ergibt sich bei Differentiation nach π

$$(10)\quad \frac{dK}{d\pi} = 2\pi + 2\lambda\,(\pi - \pi^* - z) = 0.$$

Da für Wirtschaftssubjekte die rationale Erwartungshypothese gilt, ist ihnen dieser Optimierungskalkül bekannt. Für die Ermittlung der diskretionären Lösung wäre also der Erwartungswert von (10) zu bilden. Die Vorgehensweise lässt sich aber vereinfachen, indem man berücksichtigt, dass Wirtschaftssubjekte mit rationalen Inflationserwartungen die tatsächliche Inflationsrate stets korrekt antizipieren, wenn – wie hier und anders als in dem noch folgenden Unterabschnitt 2 c) – **keine Zufallseinflüsse** existieren. Dann ist $\pi = \pi^*$, so dass aus (10) folgt

$$(11)\quad \pi_D = \lambda z \qquad (= 6)$$[102].

Das dazugehörige reale Inlandsprodukt ergibt sich aus Gleichung (7). Für $\pi = \pi^*$ erhält man:

$$Y_D^r = \overline{Y}^r \qquad (= 12).$$

102 Bildet man alternativ zu dieser Vorgehensweise den Erwartungswert von (10), wobei $E(\pi) = \pi^*$, $E(\pi^*) = E[E(\pi)] = E(\pi) = \pi^*$ und $E(z) = z$, dann erhält man für die erwartete Inflationsrate: $\pi^* = \lambda z$. Eingesetzt in (10), ergibt sich (11).

Wie Gleichung (11) zeigt, ist die Inflationsrate um einen konstanten Betrag (λz) größer als bei der betrachteten Selbstbindung mit einer Inflationsrate von null. Insofern existiert bei diskretionärer Politik „eine Schlagseite zur Inflation", der sog. **„inflation bias"**. Die höhere Inflationsrate hat aber gegenüber der Selbstbindung keine Auswirkungen auf die Produktion; denn $Y^r_D = Y^r_R = \overline{Y}^r$. Dieses Ergebnis ist nahe liegend, da die Erhöhung der Inflationsrate antizipiert wird ($\pi = \pi^*$). Die der diskretionären Lösung entsprechenden Kosten ergeben sich wieder aus Gleichung (4). Wird in (4) $\pi = \pi^*$ beachtet und π durch π_D ersetzt, erhält man

(12) $K_D = (\lambda z)^2 + \lambda z^2$ bzw.

(13) $K_D = \lambda (1 + \lambda) z^2$ $\qquad$ $(= 54)$.

Wie man sieht, gilt:

$$K_D > K_R > K_T.$$

Die diskretionäre Lösung liefert also nur das *drittbeste* Ergebnis. Sie lässt sich anhand von Abb. V.17 a veranschaulichen.

Punkt D kennzeichnet die diskretionäre Lösung; denn dort werden die beiden hierfür notwendigen Bedingungen erfüllt. *Erstens* erweisen sich die Inflationserwartungen als korrekt, d.h. $\pi = \pi^*$ (da $Y^r = \overline{Y}^r$), und *zweitens* minimiert die Zentralbank bei gegebener erwarteter Inflationsrate $\pi^* = \pi_D$ und dadurch bestimmter Preisgleichung $A\,(\pi^* = \pi_D)$ die Kosten[103]. Insofern liegt eine konsistente Lösung vor. Der diskretionären Lösung entspricht in Abb. V.17 b der Punkt D'. Er wird bestimmt als Schnittpunkt zweier Kurven. Die 45°-Linie bringt zum Ausdruck, dass sich die Inflationserwartungen der Wirtschaftssubjekte erfüllen, d.h. $\pi = \pi^*$. Die bei T' (der Täuschungslösung) beginnende zweite Kurve $\pi = \pi\,(\pi^*)$ ergibt sich aus der Auflösung der Kostenminimierungsbedingung (10) nach π. Man erhält dann:

$$\pi = \frac{\lambda}{1 + \lambda}(\pi^* + z).$$

Diese Beziehung gibt an, wie die Zentralbank mit π auf π^* reagiert[104].

---

[103] Die Realisierung von D kann auch *spieltheoretisch* erklärt werden. Am Spiel sind die Zentralbank mit π und die privaten Wirtschaftssubjekte mit π^* als Aktionsparameter beteiligt. Die sog. „Payoff-Matrix" der Zentralbank wird durch Gleichung (4) beschrieben, die des Publikums z.B. durch $K_p = (\pi - \pi^*)^2$, wobei letztere zum Ausdruck bringt, dass die privaten Wirtschaftssubjekte eine dem potenziellen Inlandsprodukt entsprechende normale Beschäftigung bei $Y^r = \overline{Y}^r$ anstreben, und sich deshalb – entsprechend Gleichung (2) – keiner Überraschungsinflation aussetzen wollen. Der konsistenten Lösung bei D entsprechen ein nichtkooperatives Spiel mit dem sog. „Nash-Gleichgewicht" und die Situation des Gefangenendilemmas. Zur spieltheoretischen Interpretation siehe genauer J. J. Sijben, Monetary Policy in a Game-Theoretic Framework. Spieltheoretische Ansätze zur Geldpolitik. „Jahrbücher für Nationalökonomie und Statistik", Bd. 210 (1992), S. 233 ff.

[104] Auch Abb. V.17 b verdeutlicht eine Analogie zur Oligopoltheorie. Die beiden Geraden lassen sich als Reaktionskurven der privaten Wirtschaftssubjekte und der Zentralbank interpretieren, und ihr Schnittpunkt liefert die Cournot-Lösung bzw. das Nash-Gleichgewicht. Siehe hierzu auch die vorhergehende Fußnote.

ee) Disinflation. - Senkt die Zentralbank die Inflationsrate durch Reduktion der Geldmengenwachstumsrate auf null, dann entsteht eine Stabilisierungskrise. Die entsprechende Konstellation wird durch den Punkt F in Abb.V.17 a und Punkt F' in Abb.V.17 b dargestellt. Wie Abb.V. 17 a zeigt, ist das reale Inlandsprodukt unter das potenzielle gesunken. Die mit der Disinflation verbundenen Kosten ergeben sich, indem in Gleichung (4) $\pi = 0$ und $\pi^* = \lambda z$ gesetzt werden. Man erhält dann

$$(14) \quad K_{Dis} = \lambda [-(1 + \lambda) z]^2 \qquad (= 162).$$

Wie man sieht, sind die Kosten deutlich höher als in den anderen drei Fällen.

ff) Normative Aspekte. - Der mit der diskretionären Lösung verbundene „inflation bias“ und die mit der Disinflation verbundene Stabilisierungskrise führen unter dem Aspekt gesellschaftlicher Kosten zu ungünstigen Ergebnissen. Unter normativen Aspekten stellt sich deshalb die Frage, wie man die Ergebnisse durch institutionelle Vorkehrungen verbessern kann. Eine Möglichkeit hierzu ist darin zu sehen, die Zentralbank durch gesetzliche Vorschriften zur Preisniveaustabilität zu verpflichten[105]. Anders als die schwächere Selbstbindung wird eine derartige **Regelbindung** *exogen* auferlegt[106]. Deshalb bestehen Chancen, dass die Ankündigung einer preisniveaustabilen Geldpolitik auf der Basis einer Regelbindung glaubwürdig erscheint und die Implikation der Zeitinkonsistenzhypothese demzufolge nicht zum Tragen kommt. Die Lösung würde dann dem Punkt R in Abb. V.17 a entsprechen. Dieses Ergebnis lässt sich auch auf andere Weise erreichen, z.B. durch Berufung einer ultrakonservativen Zentralbankleitung, die - anders als die Regierung - ausschließlich an Preisniveaustabilität interessiert ist, d.h. $\lambda = 0$[107]. Demzufolge wäre an dieser Stelle zwischen den Zielfunktionen der Zentralbank und der Regierung zu unterscheiden[108]. Da die ultrakonservative Zentralbankleitung eine Inflationsrate von null realisiert und dieses von den Wirtschaftssubjekten auch antizipiert wird, ergibt sich ein reales Inlandsprodukt in Höhe des potenziellen. Wäre für die gesellschaftlichen Kosten in der Einschätzung der Regierung eine Funktion wie die Zielfunktion (4) maßgeblich, dann würden sich diese wegen $\pi = \pi^* = 0$ auf $K = \lambda z^2$ belaufen - wie bei der Regelbindung. Eine weitere Möglichkeit, die Ergebnisse der Regelbindung zu realisieren, bestünde darin, der Zentralbankleitung vertraglich eine Strafe für den Fall aufzuerlegen, dass

---

105 So wird das Europäische System der Zentralbanken durch Art. 105 (1) des Vertrags von Amsterdam (EG-Vertrag) zu Preisniveaustabilität verpflichtet.

106 Zur Unterscheidung von Regelbindung und Selbstbindung s. Bofinger, Reischle, Schächter, a.a.O., S. 122 u. 146, Fußnote 176.

107 Die Idee eines konservativen „Central Bankers“ geht zurück auf Rogoff, der in einem stochastischen Modell eine konservative Zentralbankleitung berücksichtigt, die Abweichungen vom Produktionsziel geringer gewichtet als die Gesellschaft. Siehe hierzu genauer K. Rogoff, a.a.O., S. 1169 ff. - Siehe auch M. King, Direct Inflation Targets. In: Monetary Policy Strategies in Europe. (Ed. by Deutsche Bundesbank). München 1996. S. 55 ff. - G. Illing, F. Fecht, Konservativer Zentralbanker versus Optimaler Zentralbankkontrakt. - Eine spieltheoretische Analyse. „das wirtschaftsstudium“, Jg.27 (1998), Nr. 1, S. 89 ff.

108 Siehe auch T. Persson, G. Tabellini, Macroeconomic Policy, Credibility and Politics. Chur 1990. S. 26.

das Ziel der Preisniveaustabilität verfehlt wird[109]. Um die Zentralbankleitung zu veranlassen, Preisniveaustabilität zu realisieren, müsste die Strafe nach der Formel $K_S = 2\lambda z\pi$ bemessen sein[110]. Um diese „Strafkosten" wäre die Zielfunktion (4) zu ergänzen. In der Kostenminierungsbedingung (10) würde dann für den Fall der diskretionären Lösung mit $\pi = \pi^*$ die *marginale Kostenersparnis* durch eine produktionsstimulierende Überraschungsinflation ($-2\lambda z$) durch gleich große marginale Strafkosten ($2\lambda z$) kompensiert werden. Die kostenminimale Lösung wäre dann $\pi = 0$ ($= \pi_R$). Schließlich ist noch vorgeschlagen worden[111], der Zentralbank im Sinne des sog. *„inflation targeting"* einen bestimmten Zielwert für die Inflationsrate (π_Z) zuzuweisen. Wie sich zeigen lässt[112], würde sich auch im Fall einer diskretionären Lösung eine Inflationsrate von null ergeben, wenn das Inflationsziel den Wert null um den „inflation bias" (λ z) unterschreitet. Probleme für die Glaubwürdigkeit dieser Zentralbankstrategie können sich allerdings dadurch ergeben, dass die tatsächliche Inflationsrate (von $\pi = 0$) ständig höher ist als das angekündigte Inflationsziel (von $\pi_Z = -\lambda z$), das Inflationsziel also nicht eingehalten wird[113].

b) Mehrperiodenansatz und Reputation

aa) Mehrperiodenansatz. – aaa) Die bisherigen Ergebnisse, insbesondere der aus der Zeitinkonsistenzhypothese folgende inflation bias sowie die Stabilisierungskosten einer Disinflation, erscheinen in einem veränderten Licht, wenn realistischerweise davon ausgegangen wird, dass der Zeithorizont der Zentralbank nicht eine, sondern viele Perioden umfasst. Es zeigt sich dann, dass gewisse Mechanismen zu erwarten sind, die *disziplinierend* auf die Geldpolitik einwirken, dadurch der Antiinflationspolitik dienlich sind und so in gewisser Beziehung Funktionen einer Regelbindung übernehmen können. Zu berücksichtigen ist nämlich, dass die Zentralbankleitung im Rahmen einer *Mehrperiodenplanung* bedenkt, dass die in der Gegenwart durchgeführten Maßnahmen die Inflations-

---

109 Siehe hierzu genauer T. Persson, G. Tabellini, Designing institutions for monetary stability. „Carnegie-Rochester Conference Series on Public Policy", Vol. 39 (1993), S. 60ff. – C. E. Walsh, Optimal Contracts for Central Bankers. „The American Economic Review", Vol. 85 (1995), S. 150 ff. – Vgl. auch Illing, Fecht, a.a.O., S. 91 f.

110 Mit der vertraglich vereinbarten Bestrafung für den Fall der Zielverfehlung wird ein **Principal-Agent-Problem** gelöst: Die durch die Regierung repräsentierte Gesellschaft als *Prinzipal* schafft für die Zentralbankleitung mit der Strafandrohung eine Anreizstruktur, die die Zentralbankleitung als ihren *Agenten* veranlasst, im Interesse der Gesellschaft zu handeln (d.h. Preisniveaustabilität zu realisieren).

111 Siehe hierzu Svensson, a.a.O., S. 12 ff.

112 Bei einem Inflationsziel von π_Z wäre die Kostenfunktion (4) wie folgt zu modifizieren:

$$K = (\pi - \pi_Z)^2 + \lambda(\pi - \pi^* - z)^2.$$

Als Kostenminimierungsbedingung ergibt sich bei Differentiation nach π

$$2(\pi - \pi_Z) + 2\lambda(\pi - \pi^* - z) = 0.$$

Unter Beachtung von $\pi = \pi^*$ erhält man als diskretionäre Lösung

$$\pi_D = \pi_Z + \lambda z.$$

Damit $\pi_D = 0$, muss $\pi_Z = -\lambda z$ betragen.

113 Siehe hierzu J. H. Green, Inflation Targeting: Theory and Policy Implications. „International Monetary Fund Staff Papers", Vol. 43 (1996), S. 789 ff.

erwartungen beeinflussen und damit auch die Ergebnisse ihrer Geldpolitik in der Zukunft. Sie wissen, dass die kurzfristigen Vorteile (Kostenersparnisse) einer produktionsstimulierenden Überraschungsinflation mit den längerfristigen Nachteilen erhöhter Inflationserwartungen erkauft werden müssen. Wie noch gezeigt wird, wirkt dieser *„trade off"* dem Anreiz entgegen, die privaten Wirtschaftssubjekte „zu täuschen".

bbb) Der disziplinierende Effekt des trade offs kommt nur zum Tragen, wenn der Planungshorizont der Zentralbank über eine Periode hinausgeht und sein Ende nicht von vornherein bekannt ist. Bei einem mehrere Perioden umfassenden Planungszeitraum mit bekanntem *endlichen* Zeithorizont bleibt er aus. In diesem Fall wird nämlich die Zentralbankleitung in der letzten Periode ($t = n$) keinen Anlass mehr sehen, die zukünftigen Nachteile erhöhter Inflationserwartungen in ihre Überlegungen einzubeziehen. Sie wird dann in jedem Fall eine kurzfristige Produktions- und Beschäftigungserhöhung mit einer Überraschungsinflation realisieren wollen. Da dieses jedoch von den privaten Wirtschaftssubjekten antizipiert wird, erhält man für $t = n$ die diskretionäre Lösung mit der Inflationsrate π_D und damit den inflation bias. Stehen somit Bestrafung und Ergebnis für die letzte Periode ohnehin fest, dann liegt für die Zentralbankleitung kein Grund mehr vor, in der vorletzten Periode $t = n - 1$ auf eine produktionsstimulierende Überraschungsinflation zu verzichten. Auch dieses wird antizipiert mit der Folge, dass sich auch in der Periode $t = n - 1$ die diskretionäre Lösung ergibt. Da in gleicher Weise für alle Perioden bis $t = 0$ argumentiert werden kann, folgt aus dieser Rückwärtsinduktion, dass sich bei einem Zeithorizont mit bekanntem Endpunkt die diskretionäre Lösung mit einem inflation bias (d.h. $\pi = \pi_D$) für alle Perioden ergibt[114].

bb) Anreiz-und Abschreckungseffekt. – aaa) Die Implikationen eines endlichen Planungszeitraums lassen sich durch zeitlich versetzte Amtszeiten der Mitglieder der Zentralbank vermeiden. Die zeitliche Überlappung bewirkt, dass der Planungszeitraum kein von vornherein bekanntes Ende aufweist. Unter dieser Annahme, von der im Folgenden realistischerweise ausgegangen wird, müssen die Wirtschaftssubjekte *nicht* damit rechnen, dass jede erwartete Inflationsrate unterhalb der diskretionären Inflationsrate π_D für die Zentralbank einen Anreiz bietet, eine Überraschungsinflation auszulösen. Die Zentralbankleitung wird nämlich Vorteile und zukünftige Nachteile gegeneinander abwägen, bevor sie sich entscheidet, den Kurs einer geldwertstabilen Politik zu verlassen. Der Anreiz, die Inflationsrate von null bei einer erwarteten Inflationsrate von null durch Ausweitung der Geldmenge auf das dem Punkt T (in Abb. V.17 a) entsprechende Niveau der Täuschungslösung π_T anzuheben, ergibt sich – wie erwähnt – aus kurzfristigen Produktionsgewinnen. Diese ermöglichen auch unter Berücksichtigung der gestiegenen Inflationsrate Kostenersparnisse der Zentralbank von $K_R - K_T$. In der graphischen Darstellung (Abb. V.17 a) belaufen sich die den Anreiz zur Überraschungsinflation quantifizierenden Kostenersparnisse auf $18 - 6 = 12$, allgemeiner auf

$$K_R - K_T = \lambda z^2 - \left(\frac{\lambda}{1 + \lambda}\right) z^2 = \lambda z^2 \left(1 - \frac{1}{1 + \lambda}\right)$$

114 Vgl. BLACKBURN, CHRISTENSEN, a.a.O., S. 18.

bzw.

$$K_R - K_T = \frac{\lambda^2}{1+\lambda} z^2 \qquad \text{(Anreiz).}$$

Durch die Geldmengenexpansion und die dadurch ausgelöste Überraschungsinflation verliert die Zentralbank jedoch hinsichtlich der Verfolgung einer geldwertstabilen Politik an Glaubwürdigkeit (Reputation). Der Verlust an (so verstandener) **Politikglaubwürdigkeit**[115] hat eine Kostenerhöhung zur Folge, deren Ausmaß von den „Sanktionen“ der privaten Wirtschaftssubjekte abhängt. Verschiedene **Sanktionsstrategien** (*„trigger-strategies“*[116]) sind vorstellbar. Hier wird angenommen, dass die privaten Wirtschaftssubjekte nach einer Täuschung einer weiteren Überraschungsinflation entgehen wollen und deshalb eine Absicherungsposition beziehen, indem sie die (höhere) Inflationsrate der diskretionären Lösung (π_D) erwarten und ihren Lohnforderungen für eine bestimmte Zahl von Perioden $t = s$ zugrunde legen. Der hierdurch (in Abb. V.17 a) festgelegten $A\,(\pi^* = \pi_D)$-Kurve passt sich die Zentralbank kostenminimierend durch ein entsprechendes Geldmengenwachstum an, womit der Punkt *D* realisiert wird. Punkt *D* bedeutet gegenüber dem Punkt *R* (d.h. gegenüber der Regelbindung mit Preisstabilisierungspolitik) eine Kostenerhöhung, die auf eine höhere Inflationsrate zurückgeht und dem Anreiz zur Überraschungsinflation entgegenwirkt, also als *„Abschreckung“* wirkt. In Abb. V.17 a beläuft sich die Kostenerhöhung/Periode auf $54 - 18 = 36$, allgemeiner auf

$$K_D - K_R = (\lambda z)^2 \qquad \text{(Abschreckung).}$$

Da die Kostenzugänge erst in der Zukunft anfallen, sind sie für die Länge des Sanktionszeitraums mit der Zeitpräferenzrate der Zentralbankakteure (r) abzuzinsen, um ihren Gegenwartswert zu ermitteln.

bbb) Ob die Zentralbank eine geldwertstabile Politik beibehält oder nicht, hängt davon ab, ob die durch eine produktionsstimulierende Überraschungsinflation möglichen Kostenersparnisse ($K_R - K_T$) niedriger oder höher ausfallen als die hierdurch bedingten abgezinsten Kostenzugänge in der Zukunft ($K_D - K_R$), d.h. ob

$$\text{(15)} \quad \underbrace{\frac{\lambda^2}{1+\lambda} z^2}_{\text{(Anreizeffekt)}} \lesseqgtr \underbrace{\frac{(\lambda z)^2}{1+r} + \frac{(\lambda z)^2}{(1+r)^2} + \ldots + \frac{(\lambda z)^2}{(1+r)^s}}_{\text{(Abschreckungseffekt)}}$$

bzw.

$$\text{(16)} \quad \frac{1}{1+\lambda} \lesseqgtr \frac{1}{1+r} + \frac{1}{(1+r)^2} + \ldots + \frac{1}{(1+r)^s}.$$

Ein Spezialfall liegt vor, wenn die privaten Wirtschaftssubjekte ihre Inflationserwartungen nach einer Überraschungsinflation nur für *eine* Periode auf das Niveau $\pi^* = \pi_D$ heraufsetzen. Ein so kurzer *Sanktionszeitraum* (das sog. „punishment“-Intervall) ließe sich damit erklären, dass die Zentralbank nach Realisierung der

---

115 Der Begriff der Politikglaubwürdigkeit wird in der Literatur in unterschiedlicher Bedeutung verwendet. Vgl. hierzu H.-E. Loef, Diskretionäre Geldpolitik, rationale Erwartungen und Politikglaubwürdigkeit. „Jahrbuch für Sozialwissenschaft“, Bd. 39 (1988), S. 372 f. – Siehe hierzu ferner den Übersichtsaufsatz von Blackburn, Christensen, a.a.O., S. 1 ff.

116 Trigger heißt übersetzt Auslöser bzw. Gewehrabzug.

diskretionären Lösung wieder zur Politik der Geldwertstabilität mit $\pi = 0$ zurückkehrt und die Wirtschaftssubjekte hieran auch für die Zukunft glauben (d.h. $\pi^* = 0$). In diesem Spezialfall entfallen auf der rechten Seite der Ungleichung (16) alle Quotienten bis auf den ersten, d.h. aus (16) wird

$$\frac{1}{1+\lambda} \lesseqgtr \frac{1}{1+r}$$

bzw.

$$r \lesseqgtr \lambda.$$

Offenbar bleibt die Zentralbank umso eher bei einer Politik der Preisniveaustabilisierung, je kleiner ihre Zeitpräferenzrate (r) ist, d.h. je weniger sie den „Abschreckungseffekt" abdiskontiert. Aber auch durch einen relativ hohen Wert für λ, d.h. durch eine starke Präferenz der Zentralbankakteure für eine Produktions- und Beschäftigungsstimulierung, kann die für eine preisniveaustabile Lösung relevante Bedingung $r < \lambda$ erfüllt werden. Dieses mag wie ein *Paradoxon* erscheinen[117]. Die Erklärung für dieses zunächst überraschende Ergebnis ist darin zu suchen, dass durch einen steigenden Wert für λ nicht nur der Anreizeffekt, sondern auch der Abschreckungseffekt vergrößert wird, und letzterer dabei um so eher überwiegt, je größer λ ist.

Wie die Ungleichung (16) weiter verdeutlicht, führt die Gegenüberstellung von Anreiz-und Abschreckungseffekt umso eher zur Entscheidung für eine preisniveaustabile Politik, je länger der Sanktionszeitraum ausfällt. Ist er im Extremfall unendlich groß (d.h. $s \to \infty$), dann lassen sich die Quotienten auf der rechten Seite von (16) zu $1/r$ zusammenfassen, d.h. aus (16) wird

$$\frac{1}{1+\lambda} \lesseqgtr \frac{1}{r}$$

bzw.

$$r \lesseqgtr 1 + \lambda.$$

Offenbar wird eine preisniveaustabile Politik immer beibehalten, so lange $r \leqq 1$.

ccc) Da die Kosten für die Zentralbank mit der Länge des Sanktionszeitraums zunehmen, könnte sie versuchen, diesen durch einen geldpolitischen Kurswechsel zu verkürzen. Dabei ist es für die Zentralbank wichtig, die Wirtschaftssubjekte schnell von der Ernsthaftigkeit der Umorientierung hin zu einer Antiinflationspolitik zu überzeugen[118]. Dazu könnte sie die Geldmengenwachstumsrate so reduzieren, dass sie trotz der noch bei $\pi^* = \pi_D$ verharrenden Inflationserwartungen eine Inflationsrate von null realisiert. Als Folge einer ***negativen Überraschungsinflation*** ergibt sich die schon erwähnte Stabilisierungskrise, deren Ausmaß durch Punkt F in Abb. V.17a dargestellt wird. Offenbar ist die sich gegenüber der Regelbindung ergebende Kostenerhöhung bei Disinflation (im Beispiel $K_{Dis} - K_R = 162 - 18 = 144$) beträchtlich größer als bei der durch den Punkt D dargestellten diskretionären Lösung (im Beispiel: $K_D - K_R = 54 - 18 = 36$). Die Inkaufnah-

117 Vgl. JARCHOW, Diskretionäre Geldpolitik, ..., a.a.O., S. 151.

118 Bei einem Richtungswechsel zu einer Politik der Beschäftigungsstimulierung über eine Geldmengenexpansion verhält es sich umgekehrt. Damit sich die Inflationserwartungen nicht so schnell an die erhöhte Inflationsrate anpassen, besteht Interesse daran, dass die Umorientierung nicht sogleich durchschaut wird.

me dieser höheren „Bestrafung" kann als Preis für die mögliche Verkürzung des Sanktionszeitraums angesehen werden.

ddd) Die Überlegungen zur Mehrperiodenbetrachtung *zusammenfassend* bleibt festzustellen, dass die Zentralbank vor Aufgabe einer bisher verfolgten Preisstabilisierungspolitik die Kosten des Verlustes an *Glaubwürdigkeit* berücksichtigen wird. Sie resultieren aus einer zukünftig höheren Inflationsrate und hängen, wie oben erläutert, von der Reaktion der privaten Wirtschaftssubjekte nach einer Überraschungsinflation und damit zusammenhängend vom Sanktionszeitraum sowie von der Zeitpräferenzrate der Zentralbankakteure ab. Der Sanktionsmechanismus wirkt dem Anreiz zur Produktions-und Beschäftigungsstimulierung durch eine Überraschungsinflation entgegen und könnte im Hinblick auf das Ziel der Preisstabilisierung insofern als eine Art Ersatzlösung gegenüber einer Regelbindung angesehen werden.

c) Stochastische Angebotsschocks

aa) Modellerweiterung. – Im Folgenden werden die bisherigen Betrachtungen durch Berücksichtigung zufallsverteilter Störungen, sog. **stochastische Schocks**, erweitert. Wie bereits gezeigt wurde[119], können sie den Geldmarkt sowie die Nachfrage-und Angebotsseite des Gütermarktes treffen. Die Auswirkungen von Geldmarktschocks können durch Anpassung der Geldmenge und die von Nachfrageschocks auf dem Gütermarkt durch geldpolitische Nachfragesteuerung ausgeglichen werden. Im Folgenden werden deshalb nur Schocks in die Analyse einbezogen, die auf die Angebotsseite des Gütermarktes, d.h. auf die Preisgleichung, einwirken. Die entsprechenden Untersuchungen konzentrieren sich auf eine Ein-Perioden-Betrachtung[120]. Schon dabei wird deutlich, dass sich durch Berücksichtigung derartiger Angebotsschocks neue Aspekte für die zentrale Frage *„Regelbindung oder diskretionäre Maßnahmen"* ergeben.

Bei Einbeziehung von Angebotsschocks tritt an die Stelle der ursprünglichen Preisgleichung (2) die folgende modifizierte Form

(2a) $\pi = \pi^* + (Y^r - \overline{Y}^r) + w$

bzw. bei Auflösung nach Y^r

(2b) $Y^r = \pi - \pi^* + \overline{Y}^r - w,$

wobei der Angebotsschock durch die normalverteilte Zufallsvariable w mit einem Erwartungswert von null, d.h. $E(w) = 0$, und der Varianz $V(w) = s^2$ dargestellt wird. Der Angebotsschock kann positiv oder negativ sein. Im ersten Fall wirkt er kontraktiv, im zweiten expansiv auf das reale Inlandsprodukt ein. Die Analyse konzentriert sich im Folgenden auf positive Werte von w.

Für die weiteren Betrachtungen ist wichtig, dass die Zentralbank ihre geldpolitischen Entscheidungen *nach* Auftreten eines Schocks trifft, die privaten Wirtschaftssubjekte die aktuelle Geldlohnsatzsteigerungsrate aber *vor* Auftreten des Schocks vereinbart haben. Anders als die Zentralbank können die privaten Wirt-

119 Siehe hierzu Unterabschnitt 2 c) bb).

120 Detailliertere Überlegungen zu einer Mehr-Perioden-Betrachtung finden sich bei Persson, Tabellini, Macroeconomic Policy, ..., a.a.O., S. 47 ff.

schaftssubjekte also nicht sofort auf Schocks reagieren. Der Grund hierfür kann in einem unterschiedlichen Informationsstand von Zentralbank und privaten Wirtschaftssubjekten gesehen oder damit erklärt werden, dass die Arbeitnehmer durch Lohnkontrakte noch an eine früher ausgehandelte Lohnsatzsteigerungsrate gebunden sind. Bei der Argumentation wird im Folgenden unterstellt, dass die Zentralbank einen Angebotsschock früher feststellen kann als die privaten Wirtschaftssubjekte, also einen *Informationsvorteil* besitzt[121].

bb) Starre Regelbindung. – Analog zur Vorgehensweise im vorherigen Abschnitt wird als Ausgangspunkt wieder eine Regelbindung gewählt. Genauer handelt es sich um eine starre Regelbindung, weil sie die Zentralbank *allein* zur Preisniveaustabilität (mit $\pi = 0$) verpflichtet und Auswirkungen von Angebotsschocks auf die Produktion unberücksichtigt lässt, insofern also *situationsunabhängig* ist. Als einfache Lösung ergibt sich

$$\pi_R = \pi^* = 0$$

und auf Grund von (2b)

$$Y_R = \overline{Y}^r - w.$$

Als Varianz für die Schwankungen des realen Inlandsprodukts erhält man

$$V(Y_R^r) = E[Y_R^r - E(Y_R^r)]^2,$$

wobei E den Erwartungsoperator bezeichnet. Wegen $Y_R^r = \overline{Y}^r - w$ und $E(Y_R^r) = \overline{Y}^r$ ergibt sich dann

$$V(Y_R^r) = E(\overline{Y}^r - w - \overline{Y}^r)^2 = s^2,$$

da $s^2 = E[w - E(w)]^2$ und $E(w) = 0$. Bei Befolgung einer starren Regelbindung mit $\pi = 0$ als einzuhaltendes Endziel werden also die durch Angebotsschocks ausgelösten Einkommensschwankungen in vollem Umfang in Kauf genommen.

Um die Kosten einer starren Regelbindung zu bestimmen, wird zunächst Gleichung (2b) in Gleichung (1) eingesetzt. Analog zu Gleichung (4) erhält man

$$(17)\quad K = \pi^2 + \lambda(\pi - \pi^* - w - z)^2,$$

wobei z – wie bisher – das konstante Produkt $(k - 1)\overline{Y}^r$ bezeichnet. Da die Kosten mit w eine Zufallsvariable enthalten, ist für die Ermittlung der (im Mittel) erwarteten Kosten der Erwartungswert von (17) zu bilden. An die Stelle von (17) tritt dann

$$(18)\quad E(K) = E[\pi^2 + \lambda(\pi - \pi^* - w - z)^2].$$

Wird das Ergebnis $\pi_R = \pi^* = 0$ in (18) berücksichtigt, dann erhält man als Erwartungswert der Kosten einer starren Regelbindung

$$E(K_R) = E[\lambda(-w - z)^2]$$

bzw.

$$(19)\quad E(K_R) = \lambda(z^2 + s^2),$$

da $E(w) = 0$ und $E(w^2) = s^2$.

---

121 Siehe zu dieser Vorgehensweise auch PERSSON, TABELLINI, Macroeconomic Policy, ..., a.a.O., S. 19.

Wie ein Vergleich mit Beziehung (5) zeigt, sind die erwarteten Kosten einer starren Regelbindung bei Auftreten von stochastischen Angebotsschocks höher als die Kosten einer Regelbindung ohne Angebotsschocks. Maßgeblich hierfür ist die Inkaufnahme von Schwankungen des realen Inlandsprodukts, die die Kosten um λs^2 erhöhen.

cc) Diskretionäre Lösung. – Für das Verständnis des Lösungsweges bei diskretionärer Geldpolitik ist es hilfreich, sich die zeitliche Abfolge wichtiger Vorgänge zu verdeutlichen: *Zuerst* werden Lohnkontrakte unter Berücksichtigung der erwarteten Inflationsrate abgeschlossen, *dann* stellt sich der Angebotsschock ein und *danach* ergreift die Zentralbank geldpolitische Maßnahmen[122]. Anders als die privaten Wirtschaftssubjekte handelt die Zentralbank also in Kenntnis des Angebotsschocks. Da sie geldpolitisch auf eine konkrete, von ihr beobachtete Ausprägung der Zufallsvariablen w reagiert, kann die Kostenfunktion (17) als ihre Zielfunktion angesehen werden. Sie minimiert die Kosten, indem sie die Inflationsrate π mit der Geldmengenwachstumsrate steuert, wobei nicht nur die erwartete Inflationsrate π^*, sondern auch der durch w dargestellte Angebotsschock für sie eine gegebene Größe darstellt. Unter diesen Annahmen lautet die Kostenminimierungsbedingung

(20) $$\frac{dK}{d\pi} = 2\pi + 2\lambda\,(\pi - \pi^* - w - z) = 0.$$

Dieser Optimierungskalkül ist den Wirtschaftssubjekten wegen der Annahme rationaler Erwartungen bekannt. Sie benutzen ihn deshalb als Basis bei der Bildung ihrer Inflationserwartungen, wobei sie bezüglich der Angebotsschocks nur wissen, dass sich diese im Mittel ausgleichen, d.h. $E(w) = 0$. Wird für (20) der Erwartungswert gebildet und dabei beachtet, dass

$E(\pi) = \pi^*,\ E(w) = 0$ sowie

$E(\pi^*) = \pi^*$ und $E(z) = z$, da π^* und z konstante Größen sind,

dann ergibt sich

$$2\pi^* + 2\lambda(\pi^* - \pi^* - z) = 0.$$

Hieraus erhält man

$$\pi^* = \lambda z.$$

Wird $\pi^*\,(= \lambda z)$ in (20) eingesetzt, folgt:

$$2\pi + 2\lambda\,(\pi - \lambda z - w - z) = 0$$

bzw.

$$\pi(1 + \lambda) - \lambda(1 + \lambda)z - \lambda w = 0.$$

Bei Auflösung nach π ergibt sich dann:

(21) $$\pi_D = \lambda z + \frac{\lambda}{1 + \lambda} w.$$

---

122 Siehe hierzu A. Alesina, R. Gatti, Independent Central Banks: Low Inflation at No Cost? „The American Economic Review, Papers and Proceedings", Vol. 85 (1995), S. 197. – Spieltheoretisch betrachtet, machen die *privaten Wirtschaftssubjekte* also den ersten Zug.

Um das reale Inlandsprodukt für die diskretionäre Lösung zu bestimmen, werden in die Gleichung

(2b) $Y^r = \pi - \pi^* + \overline{Y}^r - w$

$\pi^* (= \lambda z)$ und $\pi (= \pi_D)$ aus (21) eingesetzt. Man erhält dann

$$Y_D^r = \frac{\lambda}{1 + \lambda} w + \overline{Y}^r - w$$

bzw.

(22) $Y_D^r = \overline{Y}^r - \frac{1}{1 + \lambda} w.$

Als Varianz für die Schwankungen des realen Inlandsprodukts ergibt sich dann:

$$V(Y_D^r) = E\left(\overline{Y}^r - \frac{1}{1 + \lambda} w - \overline{Y}^r\right)^2 = \frac{1}{(1 + \lambda)^2} s^2, \quad \text{da } E(w^2) = s^2.$$

Wie Gleichung (22) verdeutlicht, wird die Auswirkung eines kontraktiven Angebotsschocks ($w > 0$) im Falle einer diskretionären Geldpolitik durch die Reaktion der Zentralbank gegenüber der Lösung bei einer starren Regelbindung ($Y_R^r = \overline{Y}^r - w$) gedämpft. Das wirkt sich auch in der durch die Varianz gemessenen Volatilität des realen Inlandsprodukts aus. Sie ist mit $s^2/(1 + \lambda)^2$ kleiner als bei starrer Regelbindung mit s^2. Hierin äußert sich der Stabilisierungseffekt einer flexibel gehandhabten diskretionären Geldpolitik. Dieser Vorteil wird allerdings mit einer höheren Inflationsrate erkauft. Wie aus Gleichung (21) hervorgeht, ist die Inflationsrate bei der diskretionären Lösung nach einer Reaktion der Zentralbank auf einen kontraktiven Angebotsschock ($w > 0$) um die Summe aus dem inflation bias λz und dem Stabilisierungsterm $\lambda w/(1 + \lambda)$ größer als $\pi = 0$ (wie bei starrer Regelbindung). Zwar entfallen die Auswirkungen des Stabilisierungseffekts auf die Inflationsrate im langfristigen Mittel, da $E(w) = 0$, der inflation bias bleibt aber bestehen. Eine starre Regelbindung beseitigt demgegenüber die Schlagseite zur Inflation, sie verhindert aber auch eine flexible Reaktion der Zentralbank auf Angebotsschocks und damit eine mögliche Stabilisierung des realen Inlandsprodukts. Da aus der Perspektive einer Mehrperioden-Betrachtung Abweichungen von einer preisniveaustabilen Politik durch eine diskretionäre Geldpolitik Glaubwürdigkeitsverluste zur Folge haben, besteht offenbar ein Substitutionsverhältnis bzw. ein „trade off" zwischen *Glaubwürdigkeit und Flexibilität* in der Geldpolitik.

Dass die starre Regelbindung bei Berücksichtigung stochastischer Schocks nicht nur Vor-, sondern auch Nachteile gegenüber einer diskretionären Geldpolitik aufweist, geht auch aus einem Vergleich der Kostenfunktionen hervor. Um die (im Mittel) erwarteten Kosten einer diskretionären Lösung zu ermitteln, werden π_D aus (21) für π und $\pi^* (= \lambda z)$ in (18) eingesetzt. Man erhält dann

$$E(K_D) = E\left[\left(\lambda z + \frac{\lambda}{1 + \lambda} w\right)^2 + \lambda\left(-\frac{1}{1 + \lambda} w - z\right)^2\right].$$

Wird in der eckigen Klammer ausmultipliziert und dabei beachtet, dass $E(w) = 0$ und $E(w^2) = s^2$, dann ergibt sich

(23) $E(K_D) = \lambda^2 z^2 + \lambda z^2 + \frac{\lambda}{1 + \lambda} s^2.$

Anders als im Modell ohne stochastische Angebotsschocks, in dem die starre Regelbindung der diskretionären Lösung unter Kostenaspekten in jedem Fall überlegen war, zeigt sich nun, dass die relative Vorteilhaftigkeit einer der beiden Strategien von den Parameterwerten s^2, λ und z abhängt. Da für die erwarteten Kosten der starren Regelbindung

$$E(K_R) = \lambda z^2 + \lambda s^2$$

ermittelt wurde, ist

$$E(K_R) \gtrless E(K_D),$$

je nachdem ob

$$\lambda z^2 + \lambda s^2 \gtrless \lambda^2 z^2 + \lambda z^2 + \frac{\lambda}{1+\lambda} s^2$$

bzw.

$$\lambda s^2 \left(1 - \frac{1}{1+\lambda}\right) \gtrless \lambda^2 z^2$$

bzw.

$$(24) \quad s^2 \gtrless (1+\lambda) z^2.$$

Wie man sieht, sind die erwarteten Kosten einer starren Regelbindung umso eher höher als die einer diskretionären Geldpolitik, je größer die Varianz der stochastischen Angebotsschocks (s^2) und je geringer die Inflationsgefahr ist, d.h. je kleiner die Produktions-bzw. Beschäftigungspräferenz (λ) ist und je weniger der angestrebte Zielwert für das reale Inlandsprodukt von seinem potenziellen Niveau abweicht, d.h. je kleiner z^2 ausfällt. Die auf die starre Regelbindung bezogenen Aussagen lassen sich gleichermaßen auf institutionelle Vorkehrungen übertragen, die – wie die starre Regelbindung – auf die Lösung $\pi = \pi^* = 0$ hinauslaufen. Sie gelten also auch für die Berufung einer ultrakonservativen Zentralbankleitung.

dd) Flexible Regelbindung. – Da die starre Regelbindung relative Vorteile in Hinblick auf die Inflationsbekämpfung und die diskretionäre Politik relative Vorteile in Hinblick auf die Stabilisierung der Produktion aufweist, liegt die Überlegung nahe, die jeweiligen Vorteile in einer „Zwischenlösung" zu kombinieren. Ein derartiger Kompromiss könnte in einer *flexiblen Regelbindung* gesehen werden. Sie besagt, dass die Zentralbank nach einer **optimalen Regel** in einer Form einer **geldpolitischen Reaktionsfunktion** handelt, die sie veröffentlicht. Sie lautet *in allgemeiner Form*

$$(25) \quad \pi = a + bw, \; a \geqq 0, \; b > 0.$$

Der Parameter a gibt an, welche Inflationsrate die Zentralbank in langfristiger Sicht anstrebt, d.h. über einen Zeitraum, in dem sich die zufallsverteilten Schocks (praktisch) ausgleichen und für den $E(w) = 0$ gilt. Der Parameter b bezeichnet den Anstieg der Inflationsrate über den Wert von a hinaus, den die Zentralbank bei Dämpfung eines kontraktiven Schocks ($w > 0$) toleriert[123]. Da die geldpolitische Reaktionsfunktion mit dem Parameter b eine schockabhängige Komponente enthält, ist die Regelbindung hier nicht *situationsunabhängig* wie bei der starren Regelbildung, sondern **situationsabhängig** (state-contingent).

123 Bei Dämpfung eines expansiven Schocks ($w < 0$) erfolgt eine Senkung der Inflationsrate unter a.

Die beiden Parameter werden im Rahmen eines Kostenminimierungskalküls bestimmt. Für das Verständnis des Lösungsweges ist es auch hier hilfreich, sich vorweg die zeitliche Abfolge wichtiger Vorgänge zu verdeutlichen. *Zuerst* wird die geldpolitische Reaktionsfunktion bekannt gegeben, *dann* werden die Lohnkontrakte in Kenntnis der geldpolitischen Reaktionsfunktion unter Berücksichtigung der Inflationserwartungen abgeschlossen und *danach* stellt sich ein Angebotsschock ein, auf den die Zentralbank entsprechend ihrer situationsabhängigen Regel reagiert[124]. Für die Spezifizierung der Zielfunktion bedeutet das zweierlei. Erstens bilden die Wirtschaftssubjekte ihre Inflationserwartungen auf der Basis der geldpolitischen Reaktionsfunktion (25). Da $E(w) = 0$, ist

(26) $\pi^* = a.$

Indem sich die Zentralbank an eine vorab angekündigte Reaktionsfunktion bindet, liefert sie also den Wirtschaftssubjekten eine Basis für deren Inflationserwartungen. Da die Zentralbank dieses weiß, kann sie die durch (26) bestimmten Inflationserwartungen - *anders* als bei der diskretionären Lösung - in ihrem Kostenminimierungskalkül „internalisieren"[125]. *Zweitens* handelt die Zentralbank entsprechend (25). Werden dementsprechend (25) und (26) in die Zielfunktion (18) eingesetzt, ergibt sich

(27) $E(K) = E[(a + bw)^2 + \lambda(bw - w - z)^2]$

bzw. nach Ausmultiplizieren

$$E(K) = E[a^2 + b^2w^2 + 2abw + \lambda w^2(b - 1)^2 + \lambda z^2 - 2\lambda w(b - 1)z].$$

Wird $E(w) = 0$ sowie $E(w^2) = s^2$ beachtet, dann kann man hierfür auch schreiben

(28) $E(K) = a^2 + b^2s^2 + \lambda s^2(b - 1)^2 + \lambda z^2.$

Partielle Differentiation von $E(K)$ nach a und b führt zu den beiden folgenden Optimalbedingungen

$$\frac{\partial E(K)}{\partial a} = 2a = 0, \text{ d.h. } a = 0,$$

und

$$\frac{\partial E(K)}{\partial b} = 2bs^2 + 2\lambda s^2(b - 1) = 0$$

bzw.

$$b + \lambda(b - 1) = 0, \text{ d.h. } b = \frac{\lambda}{1 + \lambda}.$$

Werden die optimalen Werte von a und b in die allgemeine Form der geldpolitischen Reaktionsfunktion (25) eingesetzt, dann ergibt sich folgende, die flexible Regelbindung bestimmende optimale geldpolitische Reaktionsfunktion:

(29) $\pi_{FR} = \frac{\lambda}{1 + \lambda} w.$

---

124 Spieltheoretisch betrachtet, macht die *Zentralbank* also den ersten Zug.

125 Auf die Oligopoltheorie übertragen, verhält sich die Zentralbank wie der dominante Duopolist im STACKELBERG-Modell, der die Reaktionsfunktion der sich anpassenden Unternehmung in sein Gewinnmaximierungskalkül einbezieht.

Diese den Wirtschaftssubjekten bekannt gemachte Reaktionsfunktion bringt zum Ausdruck, dass die Zentralbank so handelt, dass der Erwartungswert der Inflationsrate null ist (da $E(w) = 0$), sie also im langfristigen Mittel Preisniveaustabilität realisiert, aber in durchschaubarer Weise bei Auftreten von Angebotsschocks Abweichungen hiervon zulässt, um Schwankungen des realen Inlandsprodukts zu dämpfen. Wie man sieht, ist die Inflationsrate bei flexibler Regelbindung π_{FR} niedriger als die durch (21) bestimmte Inflationsrate bei diskretionärer Geldpolitik. Das reale Inlandsprodukt bei flexibler Regelbindung erhält man, wenn in (2b) für π entsprechend (29) π_{FR} und für π^* null eingesetzt wird. Dann ergibt sich

$$(30) \quad Y^r_{FR} = \overline{Y}^r - \frac{1}{1 + \lambda} w.$$

Wie (30) zeigt, ist das reale Inlandsprodukt genauso groß wie im Fall einer diskretionären Politik (s. Gleichung (22)). Da die Inflationsrate jedoch geringer ausfällt, erweist sich die flexible Regelbindung gegenüber der diskretionären Politik als vorteilhaft. Diese Folgerung wird durch einen Vergleich der Kosten bestätigt, in den auch die starre (situationsunabhängige) Regelbindung einbezogen wird. Um die Kosten der flexiblen Regelbindung zu ermitteln, werden die Ergebnisse des Optimierungskalküls mit $a = 0$ und $b = \lambda/(1 + \lambda)$ in (28) eingesetzt[126]. Man erhält

$$E(K_{FR}) = \left(\frac{\lambda}{1 + \lambda}\right)^2 s^2 + \lambda s^2 \left(\frac{-1}{1 + \lambda}\right)^2 + \lambda z^2$$

$$= \lambda s^2 \left(\frac{1}{1 + \lambda}\right)^2 (1 + \lambda) + \lambda z^2$$

bzw.

$$E(K_{FR}) = \frac{\lambda}{1 + \lambda} s^2 + \lambda z^2.$$

Wie der Vergleich mit $E(K_R)$ in (19) und $E(K_D)$ in (23) zeigt, gilt:

$$E(K_{FR}) < E(K_R), \; E(K_D).$$

Die flexible Regelbindung führt also zu niedrigeren Kosten als die starre Regelbindung und die diskretionäre Lösung.

ee) Ergänzende Betrachtungen. – Zwar erweist sich die flexible Regelbindung aus der Sicht des betrachteten Modells eindeutig als die kostengünstigste Strategie, ihre Umsetzung in die geldpolitische Praxis ist aber mit Problemen verbunden. So dürfte es in der *Realität* unmöglich bzw. wegen der Transaktionskosten prohibitiv aufwendig sein, im Voraus alle möglichen Störungen zu spezifizieren und in einer veröffentlichten geldpolitischen Reaktionsfunktion anzugeben, wie mit der Inflationsrate auf jede Eventualität reagiert wird[127]. Hinzu kommt, dass sich einige gravierende Schocks – wie kriegerische Auseinandersetzungen, Preisexplosionen beim Erdöl oder ein Börsencrash – so selten ereignen, dass man ihre statistische Verteilung einschließlich der Varianz (s^2) nicht abschätzen

---

126 Die Berechnung könnte auch über Gleichung (18) erfolgen, in der für π das Ergebnis von Gleichung (29) und für π^* (= a) null gesetzt wird.

127 Vgl. S. Lohmann, Optimal Commitment in Monetary Policy: Credibility versus Flexibility. „The American Economic Review", Vol. 82 (1992), S. 273, 275.

kann[128]. Aber selbst wenn die Schwierigkeiten bei der Implementierung der geldpolitischen Reaktionsfunktion nicht beständen, wäre zu bedenken, dass die Wirtschaftssubjekte ex post die Einhaltung einer sehr komplizierten (flexiblen) Regel vermutlich nicht überprüfen können. Dann bestünde aber die Gefahr, dass sie eine Überraschungsinflation als Versuch der Zentralbank interpretieren würden, eine beschäftigungsstimulierende Täuschungslösung zu realisieren. Aus der Sicht einer Mehrperioden-Betrachtung müsste die Zentralbank dann mit Glaubwürdigkeitsverlusten rechnen, die einen Anstieg der erwarteten und tatsächlichen Inflationsrate z.B. auf das diskretionäre Niveau zur Folge hätten.

Ein Ausweg aus den erwähnten Problemen einer flexiblen Regelbindung besteht u.U. darin, eine *einfache Regel* mit **Ausnahmeklauseln** zu befolgen[129]. So könnte die Zentralbank für „normale Zeiten", d.h. für Perioden ohne gravierende Schocks, Preisniveaustabilität zur Regel machen und erklären, hiervon nur unter außergewöhnlichen Umständen abzuweichen, nämlich dann, wenn sich gravierende Schocks einstellen. Da diese von den Wirtschaftssubjekten (ex post) erkannt werden, akzeptieren sie die Inanspruchnahme der Ausnahmeklausel durch die Zentralbank, ohne sich durch die Überraschungsinflation getäuscht zu fühlen.

Bei Anwendung einer einfachen Regel mit Ausnahmeklauseln bilden sich die Inflationserwartungen auf einem Niveau, das zwischen der Inflationsrate bei starrer Regelbindung $\pi_R (= 0)$ und der diskretionären Inflationsrate π_D liegt[130]. Demzufolge stellt sich auch eine über null hinausgehende Inflationsrate ein. Sie ist der Preis dafür, dass bei gravierenden Störungen die Geldpolitik auch zur Dämpfung der Produktions- und Beschäftigungsschwankungen eingesetzt wird.

Für den Fall, dass die Zentralbank *tatsächlich* eine beschäftigungsstimulierende Täuschungslösung erwägt, könnte man wieder auf den disziplinierenden Effekt drohender Glaubwürdigkeitsverluste setzen, wenn die Strategie der Zentralbank ex post von den Wirtschaftssubjekten durchschaut wird. Die analytische Behandlung dieser Möglichkeit würde auch hier eine Mehrperioden-Betrachtung erfordern. Eine entsprechende Analyse[131] geht aber über den Rahmen dieses Bandes hinaus.

128 Vgl. PERSSON, TABELLINI, Macroeconomic Policy, ..., a.a.O., S. 24.

129 Zu Regeln „with escape clauses" und zum Folgenden siehe genauer PERSSON, TABELLINI, Macroeconomic Policy,..., a.a.O., S.28ff., 48.

130 Siehe hierzu bei PERSSON, TABELLINI, Macroeconomic Policy,..., a.a.O., S. 29, die Gleichung (2.15), aus der auch hervorgeht, dass die erwartete Inflationsrate um so näher an null liegt, je restriktiver die Ausnahmeklausel angewendet wird.

131 Einige Überlegungen hierzu finden sich bei PERSSON, TABELLINI, a.a.O., S. 46 ff.

Zusammenfassung

1. Bei diskretionärer Geldpolitik kann die Zentralbank durch eine Überraschungsinflation Produktion und Beschäftigung stimulieren. Sind die Wirtschaftssubjekte jedoch über die Zielfunktion der Zentralbank informiert und haben sie rationale Erwartungen, dann rechnen sie von vornherein mit Inflation und verhindern so Produktions-und Beschäftigungsgewinne. Eine diskretionäre Politik, die zur Geldwertstabilität führen soll, erscheint ihnen wegen der sog. Zeitinkonsistenz nicht glaubwürdig. Die Folge ist eine Schlagseite zur Inflation, der sog. „inflation bias". Geldwertstabilität erscheint dann offenbar nur durch bestimmte institutionelle Vorkehrungen realisierbar, z. B. eine gesetzlich verankerte Regelbindung.

2. In einer längerfristigen Perspektive wird die Zentralbank jedoch bei Erwägung einer Überraschungsinflation zukünftige Glaubwürdigkeitsverluste bedenken, die durch Bildung positiver Inflationserwartungen letztlich zu ungünstigeren Ergebnissen führen als eine preisniveaustabile Geldpolitik. Ein derartiger Sanktionsmechanismus erweist sich u. U. als Ersatzlösung für eine Regelbindung.

3. Bei Berücksichtigung stochastischer (Angebots-)Schocks zeigt sich, dass eine starre, d. h. allein auf Preisniveaustabilität fixierte, Regelbindung der diskretionären Geldpolitik nicht in jedem Fall überlegen ist. Sie beseitigt zwar die Schlagseite zur Inflation, verhindert aber auch eine die Beschäftigungsschwankungen dämpfende Reaktion der Zentralbank auf Angebotsschocks. Als beiden Strategien überlegen erweist sich aus theoretischer Sicht eine flexible, situationsabhängige Regelbindung in Form einer veröffentlichten geldpolitischen Reaktionsfunktion. Mit ihr ergeben sich jedoch Probleme bei der praktischen Umsetzung. Ein Ausweg könnte eine einfache Regel mit Ausnahmeklauseln bieten.

5. Seigniorage und Inflation

a) Bestimmung der Seigniorage

Wie im vorhergehenden Abschnitt 4 bereits angedeutet, kann auch eine positive Inflationsrate wünschenswert erscheinen, wenn hiermit Geldschöpfungsgewinne der Währungsbehörde[132] einhergehen. Diese (monetäre) **Seigniorage**[133] ist unter dem Aspekt der Budgetfinanzierung von Interesse, und zwar insbesondere dann, wenn eine Ausweitung der Besteuerung auf Schwierigkeiten stößt oder wegen negativer Folgen für die Effizienz der Volkswirtschaft problematisch erscheint. Sie gibt den realen Vermögenstransfer an, den der private Sektor an den Staat (einschließlich Zentralbank) vornehmen muss, um Zentralbankgeld zu erhalten. Die so verstandene *Seigniorage* (S) entspricht also der Ausweitung der monetären Basis (ΔB), deflationiert mit dem Preisniveau (p), d.h.

$$S = \frac{\Delta B}{p}\text{[134]}.$$

Ohne Folgen für die weitere Analyse wird vereinfachend angenommen, dass die Erhöhung der monetären Basis zu einer Erhöhung des Geldangebots im gleichen Umfang führt. Unter dieser Annahme ist

$$S = \frac{\Delta M}{p}.$$

Hierfür kann man auch schreiben

$$S = \frac{\Delta M}{M}\frac{M}{p} \text{ bzw.}$$

$$(31) \quad S = mM^r.$$

Die reale Geldmenge M^r entspricht in der hier allein behandelten Gleichgewichtsbetrachtung der realen Geldnachfrage L^r, für die folgende Beziehung gelten soll

$$(32) \quad L^r = f(i) \cdot Y^r; \; \frac{\partial f}{\partial i} < 0\text{[135]}.$$

Unterstellt wird damit eine Elastizität der realen Geldnachfrage in Bezug auf das Realeinkommen von eins und damit $\partial L^r/L^r = \partial Y^r/Y^r$[136]. Da *Inflationserwartungen* zu berücksichtigen sind, wird in (32) der nominale Zinssatz (i) durch die

---

132 Als Währungsbehörde ist die für die Geldemission zuständige Stelle (z.B. die Zentralbank) anzusehen, die hier dem öffentlichen Sektor zugerechnet wird.

133 In der Literatur wird die Seigniorage in verschiedener Weise abgegrenzt. Neben dem hier verwendeten Konzept der *monetären* Seigniorage finden das Konzept der *fiskalischen* Seigniorage sowie noch ein *Alternativkostenkonzept* der Seigniorage Anwendung. Siehe zu den Konzepten genauer M. KLEIN, M. J. M. NEUMANN, Seigniorage: What Is It and Who Gets It. „Weltwirtschaftliches Archiv“, Bd.126 (1990 II), S.205 ff. – P. RÜHMANN, Seigniorage und Inflation. „das wirtschaftsstudium“, Jg. 20 (1991), S. 627 f.

134 Da die monetäre Basis den Bargeldumlauf enthält, würde die **Seigniorage** schrumpfen, wenn der Bargeldumlauf zurückgeht, z.B. im Zuge einer Substitution von Bargeld durch **elektronisches Geld** (d.h. auf Datenträger gespeicherte Geldeinheiten, die allgemein für Zahlungszwecke verwendet werden können).

135 Siehe zur Verwendung dieses Ansatzes auch RÜHMANN, a.a.O., S. 627.

136 Aus (32) folgt: $\frac{\partial L^r}{\partial Y^r} \cdot \frac{Y^r}{L^r} = \frac{fY^r}{L^r} = 1.$

Summe aus dem realen Zinssatz (r) und der erwarteten Inflationsrate (π^*) ersetzt[137], so dass sich für die reale Geldnachfrage ergibt

(32 a) $L^r = f(r + \pi^*) \cdot Y^r$.

Da $M^r = L^r$ erhält man für die Seigniorage aus (31) in Verbindung mit (32a) folgende Bestimmungsgleichung

(33) $S = mf(r + \pi^*) \cdot Y^r$,

wobei der reale Zinssatz r exogen bestimmt sein soll.

b) Maximale Seigniorage

aa) Nicht wachsende Wirtschaft. – Wird zunächst eine real nicht wachsende Wirtschaft unterstellt, dann gelten für das im Folgenden betrachtete stationäre (langfristige) Gleichgewicht die Bedingungen $\pi = m$, $\pi = \pi^*$ und $Y^r = \overline{Y}^r$. Werden diese Gleichgewichtsbedingungen in Beziehung (33) berücksichtigt, dann lässt sich S durch die beiden folgenden Varianten beschreiben:

(34 a) $S = \pi \cdot f(r + \pi) \cdot \overline{Y}^r$

bzw.

(34 b) $S = m \cdot f(r + m) \cdot \overline{Y}^r$.

Die Variante (34a) verdeutlicht, dass sich die Seigniorage auch als Besteuerung der Geldbesitzer interpretieren lässt[138]. Die reale Kassenhaltung $L^r = f(\ldots)\overline{Y}^r$ kann dabei als Bemessungsgrundlage, die Inflationsrate π als Steuersatz pro Geldeinheit Realkasse angesehen werden. Bei der Erwägung, den Ertrag aus der *„Inflationssteuer"* durch Erhöhung der Inflationsrate zu steigern, ist zu bedenken, dass hierdurch zwar der „Steuersatz" steigt, zugleich aber die „Bemessungsgrundlage" sinkt (da $\partial f/\partial \pi < 0$ wegen $\partial f/\partial i < 0$).

Von Interesse ist die Frage, bei welcher Inflationsrate die *Seigniorage* ein *Maximum* erreicht. Da die Geldmengenwachstumsrate (m) Aktionsparameter der Zentralbank ist, wird m in der Variante (34 b) so geändert, dass S ein Maximum ergibt. Die hierfür erforderliche Bedingung ist:

$$\frac{dS}{dm} = m \cdot \frac{\partial f}{\partial i} \cdot \overline{Y}^r + f \cdot \overline{Y}^r = 0^{139}.$$

Hieraus folgt für die S-maximale Geldmengenwachstumsrate

(35) $\hat{m} = -\dfrac{f}{\partial f/\partial i} > 0.$

Da $m = \pi$, gilt auch

(36) $\hat{\pi} = -\dfrac{f}{\partial f/\partial i} > 0.$

---

137 Wie Gleichung (6) aus dem Unterabschnitt V.1 b) verdeutlicht, wird das Produkt $\pi^* r$ vernachlässigt.

138 Vgl. M. NELDNER, Seigniorage, inflationäre Staatshaushaltsfinanzierung und das Problem der optimalen Geldmenge. „das wirtschaftsstudium", Jg. 13 (1984), S. 412.

139 Man beachte, dass $\dfrac{\partial f}{\partial m} = \dfrac{\partial f}{\partial i}\dfrac{\partial i}{\partial m}$, wobei $\dfrac{\partial i}{\partial m} = 1$ (da $i = r + m$).

Wie aus (36) hervorgeht, ist die gewünschte (d.h. S-maximale) Inflationsrate ($\hat{\pi}$) in einer nicht wachsenden Volkswirtschaft positiv (denn $\partial f = \partial i < 0$). Außerdem zeigt sich, dass $\hat{\pi}$ um so größer ist, je kleiner $|\partial f/\partial i|$, d.h. je schwächer die reale Geldnachfrage auf den Nominalzinssatz und damit auf die (erwartete) Inflationsrate reagiert.

Zu weiteren Folgerungen gelangt man, wenn (36) wie folgt geschrieben wird:

$$\frac{\partial f/\partial i \cdot \overline{Y}^r \hat{\pi}}{f\overline{Y}^r} = -1$$

Da $\partial L^r/\partial \pi^* = \partial f/\partial i \cdot Y^r$, $\hat{\pi} = \pi^*$ und $L^r = fY^r$, kann man hierfür auch schreiben:

$$(37) \quad \frac{\partial L^r}{\partial \pi^*}\frac{\pi^*}{L^r} = -1.$$

Die linke Seite von (37) bezeichnet die Elastizität der realen Geldnachfrage in Bezug auf die (erwartete) Inflationsrate (η). Wie man sieht, muss die Inflationsrate für eine maximale Seigniorage in einer nicht wachsenden Wirtschaft so bestimmt werden, dass $\eta = -1$[140].

Die Bestimmung der maximalen Seigniorage lässt sich graphisch illustrieren. Dazu wird eine linearisierte Form der Gleichung (32a) für die reale Geldnachfrage mit konstanten Werten für r und Y^r $(= \overline{Y}^r)$ betrachtet (vgl. Abb. V.18).

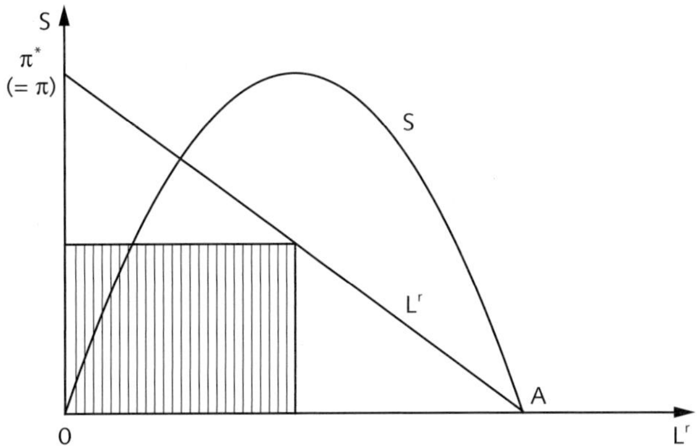

Abb. V.18

Da die Seigniorage nach Gleichung (34a) durch das Produkt πL^r bestimmt wird, ist ihr Graph – wie die zu einer linearen Preis-Absatz-Beziehung gehörenden Umsatzglocke – eine nach unten offene Parabel, die im Nullpunkt beginnt (wegen $L^r = 0$) und beim Höchstwert für $L^r (= 0A)$ endet (wegen $\pi = 0$). Die maximale Seigniorage wird bei der Hälfte der Sättigungsmenge ($0A$) erreicht und damit bei einer auf $\pi^* (= \pi = m)$ bezogenen Geldnachfrageelastizität von -1. Ihr Betrag wird durch die schraffierte Fläche angegeben.

---

140 Zu diesem Ergebnis, dass in Analogie zur Bedingung für ein *Umsatzmaximum* eines Monopolisten zu sehen ist, siehe M. FRIEDMAN, Government Revenue from Inflation. „The Journal of Political Economy", Vol. 79 (1971), S. 849.

bb) Wachsende Wirtschaft. – Für eine wachsende Volkswirtschaft mit exogen vorgegebener Wachstumsrate ($\Delta Y^r/Y^r = y^r > 0$) gelangt man zu veränderten Folgerungen, weil im langfristigen Gleichgewicht – bei der hier unterstellten Geldnachfragefunktion – an die Stelle von $m = \pi$ die Bedingung

(38) $m = \pi + y^r$

tritt[141]. Damit ergibt sich für die in (31) definierte Seigniorage

$$S = (\pi + y^r) \cdot M^r.$$

Offenbar fließt die Seigniorage in einer wachsenden Wirtschaft aus zwei Quellen: der bereits erwähnten „Inflationssteuer“ (πM^r) und der wachstumsbedingten Zunahme des Realkassenbedarfs ($y^r M^r$), wobei zu beachten ist, dass das Wachstum des realen Inlandsprodukts ($\Delta Y^r/Y^r = y^r$) und das hierauf zurückgehende Wachstum der realen Geldnachfrage ($\Delta L^r/L^r$) übereinstimmen.

Um die für eine *maximale Seigniorage* erforderliche Geldmengenwachstumsrate zu bestimmen, wird auf Gleichung (33) zurückgegriffen. Dabei wird berücksichtigt, dass wegen des langfristigen Gleichgewichts $\pi = \pi^*$ gilt und für π wegen Gleichung (38) jetzt $(m - y^r)$zu setzen ist. Man erhält dann

(39) $S = m \cdot f\,(r + m - y^r) \cdot Y^r.$

Da die Wachstumsrate des realen Inlandsprodukts (y^r) als exogen angenommen und deshalb – ebenso wie sein hierdurch bestimmtes Niveau (Y^r) – vom Geldmengenwachstum unabhängig ist, führt die Differentiation von S nach m in (39) zur *gleichen* S-maximalen Geldmengenwachstumsrate (m) wie die Differentiation von S nach m in (34b) im Fall einer stationären Wirtschaft (siehe Gleichung (35)). Für die S-maximale Inflationsrate ($\hat{\pi}$) erhält man jedoch ein *verändertes* Ergebnis. Da wegen (38) $\hat{\pi} = \hat{m} - y^r$, ergibt sich bei Berücksichtigung von (35)

(40) $\hat{\pi} = -\dfrac{f}{\partial f/\partial i} - y^r.$

Zunächst einmal zeigt sich, dass die S-maximale Inflationsrate um so niedriger ist, je höher das reale Wachstum (y^r) ausfällt. Der Grund hierfür liegt darin, dass das S-maximale Geldmengenwachstum (m) z.T. durch den wachstumsbedingten Mehrbedarf an Realkasse absorbiert wird und deshalb nur eine geringere Inflationsrate alimentieren kann als in einer stationären Volkswirtschaft. Weiter geht aus (40) hervor, dass die S-maximale Inflationsrate ($\hat{\pi}$) in einer wachsenden Volkswirtschaft auch null oder negativ sein kann.

c) Optimale Seigniorage

Wie im vorangegangenen Unterabschnitt abgeleitet wurde, erfordert die Maximierung der Seigniorage in einer stationären Wirtschaft immer und in einer wachsenden Wirtschaft u. U. eine positive Inflationsrate. Hieraus bereits ein Ar-

---

[141] Eine im Gleichgewicht unveränderte Inflationsrate impliziert bei exogen fixiertem realen Zinssatz einen unveränderten nominalen Zinssatz und damit wegen des Geldmarktgleichgewichts $M = p \cdot f(i) \cdot Y^r$ eine konstante Einkommenskreislaufgeschwindigkeit $\frac{M}{pY^r}$. Hieraus folgt $m - \pi - y^r = 0$, d.h. es gilt Gleichung (38).

gument für eine gewisse Inflationierung herzuleiten, wäre voreilig. Wie im folgenden Abschnitt 4 zu zeigen sein wird, entstehen nämlich durch eine Inflation *gesellschaftliche Kosten*, und außerdem existieren für den Staat neben Geldschöpfungsgewinnen noch andere Möglichkeiten für eine Budgetfinanzierung, wie insbesondere die Erhebung von Steuern. Allerdings ist die Besteuerung ebenfalls mit gesellschaftlichen Kosten verbunden. Neben den Steuererhebungs- und Steuerabführungskosten resultieren diese vor allem daraus, dass von nahezu allen Steuern allokationsverzerrende Wirkungen ausgehen[142]. Unter dem Aspekt der PARETO-Optimalität stellen solche *Verzerrungen* Effizienzhemmnisse dar, wie sich am einfachsten am Beispiel einer speziellen Verbrauchssteuer veranschaulichen lässt[143]. Die Besteuerung eines Verbrauchsguts treibt einen Keil zwischen den (höheren) Preis, den der Konsument entrichtet, und den (niedrigeren) Preis, den der Produzent bekommt. Demzufolge stimmen die Preisverhältnisse von Verbrauchsgütern für Konsumenten und Produzenten nicht mehr überein und damit auch nicht die Grenzrate der Transformation bei den Produzenten und der (nutzenmäßigen) Substitution bei den Konsumenten. PARETO-Optimalität wird deshalb nicht erreicht, und es entsteht ein *gesellschaftlicher Wohlfahrtsverlust*[144]. Auf entsprechende Weise ergeben sich auch *allokative Verzerrungen* durch eine allgemeine Verbrauchs- bzw. Umsatzsteuer oder eine Einkommenssteuer, und zwar bei der Allokation von Arbeit und Freizeit, sowie durch eine Kapitalertragsteuer, und zwar bei der intertemporalen Allokation von Gegenwarts- und Zukunftskonsum[145].

Die mit der Steuererhebung und -abführung verbundenen gesellschaftlichen Kosten sind – ebenso wie die noch zu behandelnden gesellschaftlichen Kosten einer mit Seigniorage-Einnahmen verbundenen Inflationierung – wesentliche Kriterien für eine *Optimalbesteuerung*. Die hierfür maßgebliche allgemeine Regel lässt sich (analog zu den Bedingungen für eine kostenminimale Produktion einer Unternehmung) wie folgt formulieren: Die gesellschaftlichen Grenzkosten der verschiedenen Steuern einschließlich der Inflationssteuer, d.h. der Seigniorage-Einnahmen, müssen einander gleich sein[146]. Dabei ist zu unterstellen, dass die gesellschaftlichen Grenzkosten der Steuern mit dem Ausmaß ihrer Erhebung zunehmen.

---

142 Eine Ausnahme bildet eine Pauschal- bzw. Kopfsteuer, die aber von geringer praktischer Relevanz ist.

143 Siehe hierzu H. POLLAK, Verbrauchsteuern I: Ziele und Ausgestaltung. In: Handwörterbuch der Wirtschaftswissenschaft (HdWW). Zugleich Neuauflage des Handwörterbuchs der Sozialwissenschaften. Achter Band. Stuttgart 1980. S. 201 f. – BURDA, WYPLOSZ, a.a.O., S. 569 ff.

144 Es handelt sich um den sog. „Dead-weight Loss", der in der herkömmlichen graphischen Analyse der Besteuerung durch das HARBERGER-*Dreieck* gemessen wird. Vgl. hierzu auch R. LINDE, Einführung in die Mikroökonomie. 3., überarb. u. erw. Aufl. Stuttgart, Berlin, Köln 1996. S. 148 ff.

145 Erstere treiben einen Keil zwischen den Reallohn, den der Arbeitgeber zahlt und den Reallohn, den der Arbeitnehmer (netto) erhält, letztere treiben einen Keil zwischen den Zinsaufwand/Geldeinheit, der beim Kapitalnehmer entsteht, und den Zinsertrag/Geldeinheit, der (netto) dem Kapitalgeber zufließt.

146 Eine formalisierte Lehrbuchdarstellung findet sich bei CLAASSEN, Grundlagen ..., a.a.O., S. 327 ff. – Den wegweisenden Beitrag zur Beurteilung der Seigniorage im Zusammenhang mit anderen Steuern lieferte E. S. PHELPS (Inflation in the Theory of Public Finance. „The Swedish Journal of Economics", Vol. 75 (1973), S. 67 ff.).

Die allgemeine Regel für eine optimale Besteuerung impliziert, dass letztlich nicht die *maximale Seigniorage*, sondern die unter Berücksichtigung anderer Einnahmequellen des Staates zu bestimmende **optimale Seigniorage** relevant ist. Dieses Konzept erklärt auch, weshalb die Seigniorage in Ländern mit einem ineffizienten Steuersystem, einer verbreiteten Schattenwirtschaft und anderen Schwierigkeiten bei der Steuererhebung und -abführung vom Staat als Einnahmenquelle stärker genutzt wird als anderswo. Offenbar steigen in solchen Ländern die gesellschaftlichen Grenzkosten der Besteuerung schnell an, so dass die Seigniorage unter dem Aspekt einer optimalen Budgetfinanzierung als alternative Finanzierungsform an Bedeutung gewinnt.

Zusammenfassung

1. Die aus realen Geldschöpfungsgewinnen der Währungsbehörden bestehende (monetäre) Seigniorage hat in einer wachsenden Volkswirtschaft zwei Quellen: erstens die „Inflationssteuer" (wie in einer stationären Wirtschaft) und zweitens den wachstumsbedingten Mehrbedarf an Realkasse. Die Inflationsrate, die die Seigniorage maximiert, kann in einer wachsenden Volkswirtschaft (anders als in einer stationären) auch null oder negativ sein.

2. Das Konzept der optimalen Seigniorage steht in einem Zusammenhang mit dem Konzept der Optimalbesteuerung. Diese erfordert, dass die gesellschaftlichen Grenzkosten der verschiedenen Steuern einschließlich der Inflationssteuer, d. h. der Seigniorage-Einnahmen, einander gleich sind.

6. Inflationskosten

Bei der Behandlung der gesellschaftlichen Kosten einer Inflation wird so vorgegangen, dass zunächst auf die Kosten einer korrekt antizipierten Inflation eingegangen wird und danach auf die Kosten einer nicht korrekt antizipierten Inflation[147]. Auf den ersten Fall trifft man eher bei einer moderaten, gleichmäßigen Inflation, auf den zweiten eher bei hoher Inflation oder einer Hyperinflation, die i.Allg. von stark schwankenden (volatilen) und deshalb schwerer vorhersehbaren Inflationsraten begleitet sind[148].

a) Korrekt antizipierte Inflation

Im Zusammenhang mit einer korrekt antizipierten Inflation werden *drei* Gründe für das Entstehen inflationsbedingter gesellschaftlicher Kosten behandelt: eine suboptimale Geldhaltung, ein nicht inflationsneutral gestaltetes Steuersystem und Preisanpassungskosten[149].

aa) Suboptimale Geldhaltung. – Ausgangspunkt für die Analyse einer *suboptimalen Geldhaltung* ist das FRIEDMANSCHE Konzept einer **optimalen Geldmenge**[150]. Unter dem Aspekt einer maximalen gesamtwirtschaftlichen Wohlfahrt wird ein realer Geldbestand dann als optimal angesehen, wenn der aus zusätzlicher Liquidität resultierende Grenzertrag einer Geldeinheit, also der *Grenznutzen*, den für die Herstellung einer zusätzlichen Geldeinheit erforderlichen gesellschaftlichen Kosten, also den *sozialen Grenzkosten*, gerade entspricht. Da die Produktionskosten von Geld vernachlässigbar gering sind und deshalb mit null veranschlagt werden, wird die optimale (reale) Geldmenge realisiert, wenn sie so weit ausgedehnt wird, dass der Grenznutzen des Geldes ebenfalls null beträgt.

Der Grenznutzen des Geldes wird für jeden realen Geldbestand durch die Ordinatenwerte der (realen) Geldnachfragefunktion (L^r) repräsentiert (vgl. Abb. V.19). Demnach wäre eine Geldmenge im Umfang der Sättigungsmenge *OS* optimal. Um die Wirtschaftssubjekte zu veranlassen, diese Geldmenge zu halten, wären der Nominalzinssatz i und damit die durch ihn bestimmten (marginalen) Alternativkosten der Kassenhaltung auf null zu reduzieren. Da der nominale Zinssatz nach dem vereinfachten Fisher-Theorem[151] der Summe aus dem realen Zinssatz r und der erwarteten Inflationsrate π^* entspricht, d.h. $i = r + \pi^*$, erfordert die *optimale Geldmenge* bei positivem realen Zinssatz eine negative erwartete Inflationsrate in Höhe des realen Zinssatzes, d.h. $\pi^* = -r$. Bei korrekt antizipierter

[147] Siehe zu dieser Unterscheidung auch BOFINGER, REISCHLE, SCHÄCHTER, a.a.O., S. 77 ff.

[148] Siehe dazu OECD Wirtschaftsausblick, 55 (1994), S. 39 f. – Zum empirischen Zusammenhang zwischen Niveau und Variabilität der Inflationsrate vgl. auch BURDA, WYPLOSZ, a.a.O., S. 502 f.

[149] Vgl. hierzu auch S. FISCHER, F. MODIGLIANI, Towards an Understanding of the Real Effects and Costs of Inflation. „Weltwirtschaftliches Archiv", Bd.114 (1978), S. 810 ff.

[150] Siehe M. FRIEDMAN, The Optimum Quantity of Money. In: M. FRIEDMAN, The Optimum Quantity of Money and Other Essays. Chicago 1969. S. 1 ff., insbesondere S. 16 ff.

[151] Siehe dazu Gleichung (6 a) im Unterabschnitt V.1 b).

Inflation müsste die Geldpolitik also eine Deflation mit einer dem realen Zinssatz entsprechenden Preissenkungsrate herbeiführen.

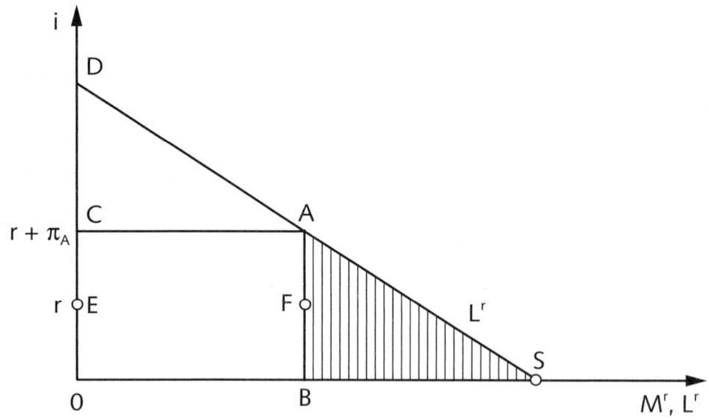

Abb. V. 19

Der durch die optimale Geldmenge ermöglichte Gesamtnutzen der Geldhaltung wird durch die Fläche des Dreiecks *DOS* repräsentiert; denn dieses entspricht den von *O* bis *S* aufaddierten Grenznutzen. Werden nun Steuern wegen der mit ihnen verbundenen gesamtwirtschaftlichen Kosten – im Sinne der Optimalbesteuerung – teilweise durch Seigniorage-Einnahmen ersetzt und wird dazu eine positive Inflationsrate realisiert, z.B. von π_A, dann steigt dadurch der nominale Zinssatz auf $OC (= r + \pi_A)$ und die Geldhaltung fällt demzufolge auf den Betrag *OB*, d.h. sie wird *suboptimal*. Der damit verbundene Wohlfahrtsverlust wird durch die schraffierte Fläche *ABS* repräsentiert[152]. Für die Geldhalter entsteht dann nur noch ein Gesamtnutzen (eine Konsumentenrente) in Höhe der Fläche *DCA*. Die verbleibende Fläche *CABO* gibt die Alternativkosten der Kassenhaltung an. Sie entsprechen dem (realen) Ertrag aus der Geldschöpfung[153], der dem Geldemittenten (als Produzentenrente) zufließt.

Die recht abstrakt anmutende Analyse der gesellschaftlichen Kosten einer suboptimalen Geldhaltung soll im Folgenden etwas konkretisiert werden. Wie oben angedeutet, bewirkt ein inflationsbedingter Anstieg des Nominalzinssatzes eine Ökonomisierung der Kassenhaltung. Sie erfolgt dadurch, dass im Zeitablauf ein höherer Durchschnittsbestand an verzinslichen Finanzaktiva (Spar- und Termineinlagen sowie Wertpapiere) gehalten wird, da der Zinssatz – entsprechend dem Fisher-Theorem[154] – bei korrekt antizipierter Inflation eine Kompensation für den Kaufkraftverlust der investierten Mittel (einschließlich ihrer Verzinsung) bietet. Wirtschaftssubjekte können die hierzu erforderlichen finanziellen Mittel

---

152 Siehe hierzu und zu den Wohlfahrtskosten der Seigniorage den klassischen Beitrag von M. J. Bailey, The Welfare Cost of Inflationary Finance. „The Journal of Political Economy", Vol. 64 (1956), S. 93 ff.

153 Dieser wird auch als **Opportunitätskosten-Seigniorage** bezeichnet. Sie entspricht den (realen) Zinsaufwendungen, die der Staat dadurch einsparen kann, dass er unverzinsliches Geld anstelle verzinslicher Staatstitel emittiert, um Ausgaben zu finanzieren. Die *monetäre Seigniorage* ($= \pi M^r$) wird in Abb. V. 19 durch die Teilfläche *CAFE* angegeben.

154 Siehe Gleichung (6) im Unterabschnitt V. 1 b).

bei der Kassenhaltung dadurch einsparen, dass sie zwischenzeitlich nicht genutzte Kassenüberschüsse - im Sinne einer optimalen Transaktionskasse[155] - verringern, indem sie verzinsliche Aktiva häufiger und in jeweils kleineren Beträgen auflösen, wodurch sich die sog. Umwandlungskosten (einschl. des höheren Zeitaufwandes für Bankkontakte) vergrößern. Außerdem können sie ihre Vorsichtskasse reduzieren. Dadurch erhöht sich dann allerdings die Wahrscheinlichkeit für Illiquiditätskosten[156]. Sie ergeben sich bei der Abwendung einer drohenden Illiquidität und bestehen z.B. aus Zinsaufwendungen für einen Überbrückungskredit oder aus Werteinbußen bei Zwangsverkäufen von Aktiva (wie Immobilien oder Wertpapiere). Bei nicht vermeidbarer Illiquidität resultieren sie aus den Kosten der Zahlungseinstellung. Durch die bei suboptimaler Geldhaltung bedingten zusätzlichen Transaktionen und die dabei aufgewendeten Ressourcen (einschließlich des Zeitaufwandes) entstehen die sog. **„Schuhlederkosten"** (shoe-leather costs). Diese stellen gesellschaftliche Kosten dar, da die auf Grund der suboptimalen Kassenhaltung zusätzlich aufgewendeten Ressourcen nicht mehr für die Güterproduktion verfügbar sind. Wie noch ausgeführt wird, werden die Schuhlederkosten bei starker Inflationierung gravierend.

bb) Besteuerung und Inflation. - Realwirtschaftliche Effekte einer Inflationierung ergeben sich auch durch ein *nicht inflationsneutral ausgestaltetes Steuersystem*. Der Grund hierfür liegt insbesondere darin, dass für die Besteuerung *Nominalgrößen* relevant sind. Ein bekanntes Beispiel für eine nicht inflationsneutral wirkende Steuer ist die Einkommenssteuer mit dem *Nominaleinkommen* als Bemessungsgrundlage und progressivem Steuertarif. Steigende Preise und Lohnsätze führen bei unveränderten Realeinkommen zu inflationär aufgeblähten Nominaleinkommen, so dass viele Steuerzahler in eine höhere Progressionsstufe geraten, wodurch sich der durchschnittliche Steuersatz erhöht. Die Erhöhung tritt bei inflationärer Entwicklung und progressivem Steuertarif automatisch ein, ohne dass sie jeweils durch das Parlament legitimiert wird. Deshalb spricht man auch von einer **„kalten Progression"**. Sie bewirkt bei unveränderten Realeinkommen einen Anstieg der realen Steuerbelastung. Die gleiche Wirkung ergibt sich bei der Einkommens-und Gewinnsteuer auch durch eine *nominale* Fixierung von Freibeträgen und von Höchstbeträgen für abzugsfähige Aufwendungen sowie durch gewinnmindernde Abschreibungen, die auf die Anschaffungs- oder Herstellungskosten vorgenommen werden. Alle diese für die Steuerbemessung relevanten Größen werden bei inflationärer Entwicklung real reduziert, so dass bei unverändertem Realeinkommen eine höhere reale Steuerbelastung eintritt.

Die Besteuerung von Kapitalgewinnen ist ein weiteres Beispiel dafür, dass sich die reale Steuerlast erhöhen kann, ohne dass sich die Steuerbemessungsgrundlage - real betrachtet - verändert hat. Spiegeln sich z.B. in Kurssteigerungen von Aktien nur allgemeine Preissteigerungen wider, dann führt eine Besteuerung *nominaler* Kapitalgewinne zu einer zusätzlichen Steuerbelastung, ohne dass ein realer Kursgewinn eingetreten ist.

Eine inflationsbedingte reale Steuermehrbelastung ergibt sich ferner durch die Besteuerung von Kapitalerträgen. Sie äußert sich darin, dass der Realzins nach

---

155 Siehe dazu den Unterabschnitt II. 1b).

156 Siehe dazu die Analyse der Vorsichtskasse in Abschnitt II.2.

Steuern durch positive Inflationsraten vermindert wird. Dieses Ergebnis lässt sich mit einer einfachen Rechnung herleiten. Werden die *nominalen* Zinserträge pro Geldeinheit mit dem Steuersatz τ besteuert, dann ergibt sich für den nominalen Zinssatz nach Steuern

(41) $i^n = (1 - \tau)i.$

Da der nominale Zinssatz nach dem vereinfachten Fisher-Theorem der Summe aus dem realen Zinssatz (r) und der erwarteten Inflationsrate (π^*) entspricht, d.h. $i = r + \pi^*$, und bei korrekt antizipierter Inflation $\pi^* = \pi$ gilt, kann man Gleichung (41) auch wie folgt schreiben:

$$i^n = (1 - \tau)(r + \pi).$$

Für den realen Zinssatz nach Steuern ergibt sich dann

$$r^n = (1 - \tau)(r + \pi) - \pi$$

bzw.

(42) $r^n = (1 - \tau)r - \tau\pi$[157].

Der reale Zinssatz *nach* Steuern (r^n) wird demzufolge bei gegebenem realen Zinssatz *vor* Steuern (r) durch Inflation um den Betrag $\tau\pi$ reduziert. Der Grund hierfür liegt darin, dass durch die Kapitalertragsteuer auch jener Teil der Nominalzinsen belastet wird, der nur eine Kompensation für die eingetretene (korrekt antizipierte) Inflation darstellt.

Der inflationsbedingten steuerlichen Zusatzbelastung bei Kapitalgewinnen und -erträgen wirkt – gesamtwirtschaftlich betrachtet – die steuerliche Abzugsfähigkeit der nominalen Zinsaufwendungen bei der Gewinnermittlung entgegen. Durch Inflation werden die *nominalen* Zinsaufwendungen bei unverändertem realen Zinssatz, d.h. bei unveränderten realen Zinsaufwendungen, erhöht und der steuerliche Gewinn damit vermindert. Auf Grund der eingesparten Steuern sinken bei kreditnehmenden Unternehmungen die realen Verschuldungskosten. Ob im Endergebnis hieraus eine inflationsbedingte Steuermehrbelastung für Kapitaleinkünfte (einschl. Gewinne) entsteht oder nicht, lässt sich nur empirisch klären. Aus entsprechenden Untersuchungen[158] geht eindeutig hervor, dass die reale Steuerbelastung auf Kapitaleinkünfte durch Inflation zunimmt, wenn ihre Wirkungen auf steuerliche Abschreibungen, zu versteuernde Kapitalerträge und abzugsfähige Zinsaufwendungen zusammengefasst werden.

---

157 Bei einem Steuersatz von $\tau = 0{,}5$ und einem realen Zinssatz von 4 v.H. ($r = 0{,}04$) würde der reale Zinssatz nach Steuern (r^n) bei einem Anstieg der Inflationsrate von $\pi = 0$ v.H. auf $\pi = 4$ v.H. von 2 v.H. auf 0 v.H. sinken. Bei einer höheren Inflationsrate würde sich ein realer Vermögensverlust ergeben, da dann $r^n < 0$.

158 Siehe M. FELDSTEIN, The Costs and Benefits of Going From Low Inflation to Price Stability. „NBERWorking Paper 5469“, 1996, S. 16 ff. – K.-H. TÖDTER, G. ZIERBARTH, Preisstabilität oder geringe Inflation für Deutschland. Eine Analyse von Kosten und Nutzen. „Diskussionspapier 3/97. Volkswirtschaftliche Forschungsgruppe der Deutschen Bundesbank“, 1997, S. 19 ff.

Aus der Interaktion von Besteuerung und Inflation ergeben sich Konsequenzen, die in gesamtwirtschaftlicher Betrachtung negativ zu beurteilen sind. Abgesehen davon, dass reale Steuermehrbelastungen ohne Einschaltung des Parlaments erfolgen, resultieren die Nachteile insbesondere aus den realwirtschaftlichen Wirkungen der inflationsbedingten Steuererhöhungen. Indem sie die *allokativen Verzerrungen* von Steuern, wie sie im Zusammenhang mit der optimalen Seigniorage beschrieben worden sind[159], verstärken, führen sie zu einem zusätzlichen Wohlfahrtsverlust.

cc) Preisanpassungskosten. – Wie oben erwähnt, bestehen gesellschaftliche Kosten einer korrekt antizipierten Inflation schließlich auch darin, dass Preisanpassungskosten, die sog. **„menu costs"**, anfallen. Sie umfassen nicht nur die Kosten für neue Preisauszeichnungen, Preislisten und Kataloge, für die Umstellung von Automaten sowie für die Anpassung von Lohnvereinbarungen, sondern auch den Zeitaufwand für die Festlegung neuer Preise und Verhandlungen mit Kunden sowie mögliche Nachteile durch Störungen von Kundenbeziehungen.

Versucht man nun, die Preisanpassungskosten dadurch niedrig zu halten, dass die Preise (und Lohnsätze) nicht kontinuierlich, sondern nur von Zeit zu Zeit angepasst werden und erfolgen die Preisanpassungen bei den verschiedenen Gütern dabei (realistischerweise) zu unterschiedlichen Zeitpunkten, dann ergeben sich zwischenzeitlich Veränderungen relativer Preise, die nicht auf veränderten Knappheitsverhältnissen beruhen, sondern mehr oder weniger zufällig sind. Ihre Beachtung führt deshalb zu einer Fehlallokation von Ressourcen[160].

Auf der Ebene von Preisanpassungskosten liegen auch die sog. *bürokratischen Inflationskosten*[161]. Sie entstehen bei der Regierung, dem Parlament und der Finanzverwaltung dadurch, dass das Besteuerungssystem angepasst wird, um die inflationsbedingten realen Steuermehrbelastungen zu mildern. Entsprechende mit Kosten verbundene Maßnahmen sind z.B. Senkungen der Steuersätze sowie Erhöhungen von Frei-und Höchstbeträgen. Die bürokratischen Anpassungskosten steigen wie die menu costs (und die bereits behandelten Schuhlederkosten) mit zunehmender Inflation.

b) Nicht korrekt antizipierte Inflation

Entsprechend der oben beschriebenen Vorgehensweise werden jetzt Inflationskosten behandelt, die darauf zurückgehen, dass zukünftige Inflationsraten *nicht korrekt antizipiert* werden. Wie schon erwähnt, ist hiermit um so mehr zu rechnen, je höher die Inflationsrate ist, da die Volatilität der Inflationsrate mit ihrem Niveau i. Allg. ansteigt. Eine nicht korrekt antizipierte Inflationsrate kann bedeuten, dass die zukünftige tatsächliche Inflationsrate unterschätzt wird, d.h. $\pi^* < \pi$, oder überschätzt wird, d.h. $\pi^* > \pi$. Bei der anschließenden Analyse steht der erste Fall im Vordergrund, also Situationen, in denen die zukünftige Inflationsrate nur unvollständig antizipiert, d.h. unterschätzt wird. Dieser Fall dürfte insbesondere

159 Vgl. dazu den Unterabschnitt V. 5 c).

160 Siehe zu diesem Argument A. Karmann, M. Graff, Monetäre Makroökonomik: Inflation. „Dresdner Beiträge zur Volkswirtschaftslehre", Nr. 5 (1997), S. 32.

161 Siehe ebenda.

in Phasen einer akzelerierenden Inflation gegeben sein[162]. Für den zweiten Fall erhält man lediglich die umgekehrten Ergebnisse.

Die bereits im Zusammenhang mit einer *korrekt* antizipierten Inflationsrate behandelten Inflationskosten ergeben sich auch bei nicht korrekt antizipierter Inflation, wobei sie (wie erwähnt) durch steigende Inflationsraten verstärkt werden. Dazu kommen die gesellschaftlichen Kosten auf Grund einer *nicht korrekt* antizipierten Inflation, deren Behandlung im Folgenden danach systematisiert wird, ob sie aus Wirkungen auf die Einkommens- und Vermögensverteilung (Redistributionseffekte), auf die Allokation (Allokationseffekte) oder auf die Funktionsfähigkeit der Geldwirtschaft resultieren.

aa) Redistributionseffekte. – In der traditionellen Diskussion der Inflationskosten spielen die *Redistributionseffekte* eine hervorgehobene Rolle. Sie beziehen sich auf die Einkommens- und Vermögensverteilung. *Einkommensumverteilungseffekte* infolge inflationärer Entwicklungen stellen sich ein, wenn die Anpassung der verschiedenen nominal fixierten Einkommensarten an die allgemeinen Preissteigerungen unterschiedlich verläuft. Etwas konkreter gilt folgende Aussage:

- Inflationsverlierer sind Einkommensbezieher, deren Einkommen inflationsbedingt schwächer steigen als die Güterpreise; Inflationsgewinner sind dann diejenigen Wirtschaftssubjekte, die diese Einkommen auszahlen.

Die Begründung für diesen Redistributionseffekt ist bei Lohnempfängern, deren Inflationserwartungen sich annahmegemäß in den Lohnkontrakten niederschlagen, darin zu sehen, dass sie die tatsächliche Inflationsrate unterschätzt haben, d.h. $\pi^* < \pi$[163], und sie die Löhne bei einer Überraschungsinflation auf Grund noch geltender Tarifverträge nur verzögert an die Preisentwicklung anpassen können (Lohnlag-Hypothese). Rentenempfänger und Empfänger anderer nominal fixierter Transfereinkommen werden durch inflationäre Entwicklungen benachteiligt, wenn die Anpassung ihrer Einkommen durch den Staat nicht mit der Geschwindigkeit der Güterpreissteigerungen Schritt hält (Rentenlag-Hypothese). Die *Lohnlag-Hypothese* mit ihren Redistributionseffekten hat offenbar keine gesicherte empirische Basis[164], der *Rentenlag-Hypothese* mag größere Bedeutung zukommen, da der politische Einfluss der betroffenen Bevölkerungsgruppe geringer sein dürfte als das Durchsetzungsvermögen der Gewerkschaften.

Die Redistributionseffekte auf die *Vermögensverteilung* infolge nicht korrekt antizipierter Inflationsraten sind vermutlich substantieller als die inflationsbedingten Einkommensumverteilungseffekte[165]. Analog hierzu gilt folgende Aussage:

---

162 Nach dem empirischen Befund passt sich der Nominalzinssatz, der auch die erwartete Inflationsrate widerspiegelt, nur sehr langsam der tatsächlichen inflatorischen Entwicklung an. Siehe dazu genauer D. LAIDLER, M. PARKIN, Inflation: A Survey. „The Economic Journal", Vol. 85 (1975), S. 789.

163 Ist $\pi^* > \pi$ gehören die Lohnempfänger umgekehrt zu den Inflationsgewinnern, da sich ihre Inflationserwartungen in ihren Lohnkontrakten niederschlagen.

164 Vgl. LAIDLER, PARKIN, a.a.O., S. 787 f. – Siehe auch die angeführten Untersuchungen bei H. WAGNER, Inflation und Wirtschaftswachstum. Zum Einfluss von Inflation auf die Akkumulationsrate. Berlin 1983. S. 26 ff.

165 So jedenfalls FISCHER, MODIGLIANI, a.a.O., S. 823.

- Inflationsverlierer sind die Gläubiger, deren nominal fixierte Forderungen einschließlich ihrer Verzinsung inflationsbedingt schwächer steigen als die Güterpreise; Inflationsgewinner sind die Schuldner, deren nominal fixierte Verbindlichkeiten einschließlich Verzinsung inflationsbedingt langsamer steigen als die Güterpreise.

Die Begründung für diesen Redistributionseffekt liegt darin, dass der nominale Zinssatz, der auch die erwartete Inflationsrate widerspiegelt, bei unvollständig antizipierter Inflationsrate, d.h. bei $\pi^* < \pi$[166], für den inflationsbedingten Kaufkraftverlust bei der Darlehnssumme und der Verzinsung nur eine *teilweise* Entschädigung bietet. Anders formuliert erfahren Forderungen und damit auch Verbindlichkeiten einschließlich Verzinsung durch Inflation eine reale Wertminderung - zum Nachteil von Gläubigern und zum Vorteil von Schuldnern (Gläubiger-Schuldner-Hypothese).

Hinter der *Gläubiger-Schuldner-Hypothese* verbergen sich insbesondere inflationsbedingte reale Vermögensumverteilungs-Vorgänge vom privaten Sektor zum Staat, da dieser in den meisten Ländern der größte Schuldner ist[167]. Innerhalb des privaten Sektors erfolgt eine inflationsbedingte reale Vermögensumverteilung zu Lasten von Haushalten, die Finanzierungsüberschüsse in Finanzvermögen anlegen, und zu Gunsten von Unternehmungen, die Investitionen durch Verschuldung finanzieren. Außerdem beinhaltet die Gläubiger-Schuldner-Hypothese auch eine inflationsbedingte reale Vermögensumverteilung von der älteren Generation, die überwiegend eine Netto-Gläubiger-Position einnimmt, zur jüngeren Generation, die zu einem großen Teil verschuldet ist, z.B. auf Grund von Hypotheken, mit denen der Erwerb einer Wohnung oder eines Hauses finanziert wurde[168].

Redistributionseffekte treten schließlich auch innerhalb des Bruttovermögens (Finanz-und Sachvermögen) auf. Bei nicht vollständig antizipierter Inflation werden die Besitzer von Finanzvermögen benachteiligt, während die Besitzer von Sachvermögen i.Allg. besser gegen inflationsbedingte Realwertverluste geschützt sind. Bestimmte langlebige Gebrauchsgüter (wie Grund und Boden, Wohnungen, Gold, Schmuck, Antiquitäten und Kunstgegenstände) erfahren dabei im Zuge der inflatorischen Entwicklung sogar überproportionale Nominalwertsteigerungen, weil die zusätzliche Nachfrage auf ein unelastisches oder sogar vollständig unelastisches Angebot trifft[169]. Allerdings hat sich die sog. „Flucht ins Betongold", d.h. der Erwerb von Immobilien zur Absicherung gegen inflationsbedingte Realwertverluste, letztlich nicht selten als unwirtschaftlich erwiesen, worauf im Folgenden noch kurz zurückzukommen sein wird.

166 Ist $\pi^* > \pi$, gehören die Gläubiger umgekehrt zu den Inflationsgewinnern, da sie durch den nominalen Zinssatz für inflationsbedingte Kaufkraftverluste überkompensiert werden.

167 Vgl. CLAASSEN, Grundlagen ..., a.a.O., S. 335.

168 Vgl. D. BEGG, S. FISCHER, R. DORNBUSCH, Economics. 5th ed. London 1997. S. 475.

169 Vgl. FISCHER, MODIGLIANI, a.a.O., S. 828.

bb) Allokationseffekte. – Die schädlichen Auswirkungen einer nicht korrekt antizipierten Inflation auf die Allokation haben insbesondere zwei Gründe. Der erste Grund ist darin zu sehen, dass die Wirtschaftssubjekte bei volatilen Inflationsraten – zumindest kurzfristig – Probleme haben, Veränderungen *relativer Preise* und Veränderungen des *allgemeinen Preisniveaus* voneinander zu unterscheiden. Hierdurch wird die Signal- und Lenkungsfunktion des Preismechanismus beeinträchtigt, und es kommt zu einer Fehlallokation knapper Ressourcen. Der zweite Grund besteht darin, dass jede in die Zukunft reichende Wirtschaftsplanung bei schwankenden und deshalb schwer zu prognostizierenden Inflationsraten *Risiken* ausgesetzt ist, die bei Preisniveaustabilität nicht existieren. So bestehen Unsicherheiten hinsichtlich des zukünftigen realen Zinssatzes und damit der Rentabilität von Investitionsobjekten[170], was die Investitionsbereitschaft beeinträchtigt. Bei Sparern, d.h. in erster Linie den Haushalten, verstärkt sich die tendenziell ohnehin vorhandene Präferenz für kurze Anlageperioden[171], weil zukünftige Realwertverluste schwer einzuschätzen sind. Kapitalnehmer und damit auch insbesondere die Investoren müssen deshalb bei längerfristiger Verschuldung den Kapitalgebern (Sparern) eine höhere Liquiditätsprämie in Form *höherer Zinsen* bieten oder einen längerfristigen Finanzierungsbedarf revolvierend durch kurzfristige Kreditaufnahme bzw. Emission kurzfristiger Schuldtitel decken. Die inflationsbedingte *Laufzeitenverkürzung* bedeutet für Kapitalnehmer mit längerfristigem Finanzierungsbedarf ein Zinsänderungsrisiko, was sich ebenfalls negativ auf die Investitionsbereitschaft auswirkt und zwar insbesondere bei Investitionsobjekten mit langer Kapitalbindungsdauer. Die investitions- und damit wachstumshemmenden Wirkungen der unsicheren Inflationserwartungen werden schließlich auch noch dadurch verstärkt, dass Sparer verfügbare Mittel weniger am heimischen Kapitalmarkt anlegen, sondern – um sich vor Realwertverlusten zu schützen – vermehrt in langlebige Gebrauchsgüter einschließlich Immobilien und in relativ kaufkraftstabile Devisen investieren. Dadurch stehen weniger Finanzierungsmittel für Ausrüstungsinvestitionen zur Verfügung und damit für die Aufstockung von Erzeugersachkapital, das erheblich mehr als Wohnungsbauinvestitionen zur Ausweitung des Produktionspotenzials beiträgt. Hinzu kommt, dass sich der Erwerb von Immobilien im Zuge der schon erwähnten Flucht ins Betongold im Nachhinein häufig als Fehlinvestition und gesamtwirtschaftlich als Verschwendung knapper Ressourcen erwies, wenn sich bei nicht antizipierter *rückläufiger* Inflation und dadurch sinkenden Zinsen später herausstellte, dass die erworbenen Immobilien zu teuer finanziert und am Bedarf vorbei produziert worden waren.

cc) Auswirkungen auf die Geldwirtschaft. – Nach der vorgegebenen Systematik ist abschließend noch auf die inflationsbedingte *Beeinträchtigung der Geldwirtschaft* einzugehen. Sie resultiert daraus, dass die Geldhaltung bei Inflation eingeschränkt wird und suboptimal ist. Die Folge sind die bereits behandelten Schuhlederkosten. Sie fallen unabhängig davon an, ob Inflationsraten korrekt oder nicht korrekt antizipiert werden, da sich in beiden Fällen die Kassenhaltung gegen-

---

170 In einer inflationären Umwelt tritt der *reale* Zinssatz als wesentlicher Bestimmungsfaktor des optimalen Kapitalbestandes an die Stelle des nominalen Zinssatzes.

171 Dieser Aspekt wurde auch im Zusammenhang mit der Zinsstrukturtheorie im Unterabschnitt III. 4 d) erwähnt.

über Preisniveaustabilität durch höhere Zinsen verteuert. Sie steigen (wie erwähnt) mit zunehmender Inflation und dadurch bedingter höherer erwarteter Inflationsrate. *Neue* Aspekte ergeben sich *zum einen* daraus, dass der Nominalzinssatz bei unvollständig antizipierter Inflation nur noch teilweise eine Entschädigung für Kaufkraftverluste bei Finanzanlagen bietet und die Höhe der im Nominalzinssatz enthaltenen Entschädigung bei hohen und volatilen Inflationsraten schwer einzuschätzen ist. Anlagen in Sachvermögen, dessen Nominalwert mit dem allgemeinen Preisniveau steigt, erscheinen demgegenüber besser inflationsgeschützt, d.h. weniger risikobehaftet, und werden deshalb als Mittel, um „Kaufkraft zu lagern", nicht nur gegenüber Kasse attraktiver. *Zum anderen* verstärken sich bei fortschreitender Inflation die Wirkungen auf die Zahlungsgewohnheiten, und Geld verliert zunehmend seine effizienzfördernden Funktionen[172]. Die bei hoher Inflation bzw. einer Hyperinflation eintretenden Veränderungen der Zahlungsgewohnheiten äußern sich konkret darin, dass die Unternehmungen ihre Beschäftigten nicht mehr monatlich, sondern wöchentlich oder sogar täglich bezahlen, die Konsumenten ihre Einkommen unmittelbar nach Empfang verausgaben und der Handel die in Geld zufließenden Verkaufserlöse so schnell wie möglich wieder zum Einkauf von Gütern verwendet[173]. Die erhöhte Häufigkeit der Zahlungsvorgänge (bei unverändertem Gesamtvolumen) verursacht zusätzliche Transaktionskosten (Schuhlederkosten) und erfordert damit einen Ressourceneinsatz, den man bei Preisniveaustabilität auch für eine Mehrproduktion von Gütern hätte verwenden können. Die entsprechenden volkswirtschaftlichen Kosten steigen weiter, wenn Geld seine Funktionen nicht mehr erfüllen kann und an seine Stelle bestimmte Güter (wie Zigaretten) oder relativ kaufkraftstabile Devisen treten. Mit Ersatzgeld wird die Abwicklung des Zahlungsverkehrs komplizierter und deshalb aufwendiger als mit Noten und Münzen; denn Warengeld erfüllt weniger effektiv technische Erfordernisse[174] wie Homogenität, Teilbarkeit und Haltbarkeit, und die Verwendung von Devisen ist mit Transaktionskosten (bei der Beschaffung) und mit Informationskosten (wegen der möglichen Wechselkursänderungen) verbunden.

Erfahrungsgemäß wird Geld bei fortschreitender Inflation zunächst in solchen Funktionen ersetzt, bei denen die Zeitdauer eine besondere Rolle spielt, wie bei der Wertaufbewahrungsfunktion und der Funktion als Recheneinheit bei Kreditverträgen und Anleihen[175]. In der Spätphase einer Inflation wird Geld dann aber auch in seiner Funktion als allgemein akzeptiertes Tauschmittel mehr und mehr durch andere Zahlungsmittel in Form von Gütern und Devisen verdrängt, womit die bereits erwähnten Nachteile verbunden sind. Hinzu kommt, dass sich in diesem Stadium der Naturaltausch verbreitet, der gegenüber einer funktionsfähigen Geldwirtschaft mit einem hohen zusätzlichen Aufwand an Informations- und Transaktionskosten verbunden ist[176].

---

172 Siehe hierzu den Unterabschnitt I. 1 a) bb).

173 Vgl. hierzu Bailey, a.a.O., S. 100. – Pohl, Theorie der Inflation, a.a.O., S. 171.

174 Siehe hierzu Unterabschnitt I. 1 b).

175 So dienten in der Zeit der großen deutschen Inflation Mengeneinheiten u.a. von Roggen, Weizen, Steinkohle und Braunkohle als Recheneinheit für die Tilgung und Verzinsung von Hypotheken und Anleihen. Siehe hierzu Jarchow, Grundriss der Geldpolitik ..., a.a.O., II. 1 b) aa).

176 Vgl. zur Illustration den Unterabschnitt I. 1 a) bb).

c) Beurteilung der Inflation

In Anbetracht der gravierenden gesellschaftlichen Kosten erscheint es unstrittig, dass *hohe und volatile Inflationsraten* aus gesamtwirtschaftlicher Sicht unerwünscht sind. Für die Beurteilung einer *geringen, korrekt antizipierten Inflation* und ihrer Beseitigung bietet die von FELDSTEIN[177] für die USA vorgenommene und von TÖDTER, ZIERBARTH[178] auf Deutschland übertragene *Kosten-Nutzen-Analyse* eine empirische Basis. In den entsprechenden Untersuchungen werden die gesellschaftlichen Kosten einer **Disinflation**, d.h. einer Inflationsreduktion, ihrem gesellschaftlichen Nutzen gegenübergestellt. Die gesellschaftlichen Kosten einer Disinflation bestehen in dem temporären Rückgang der Beschäftigung und des realen Inlandsprodukts, der mit einer kontraktiven Geldpolitik verbunden ist[179]. Bei vorgegebener Inflationsreduktion wird der temporäre Produktionsverlust - formal betrachtet - durch die Steigung der die Angebotsseite der Volkswirtschaft beschreibenden Preisgleichung[180] bestimmt. In der empirischen Untersuchung von FELDSTEIN wurde der gesamte Produktionsverlust während des Anpassungszeitraums als Folge einer Inflationsreduktion um 2 Prozentpunkte mit 6 v.H. des Bruttoinlandsprodukts veranschlagt[181].

Während die Kosten der Disinflation *einmalig* anfallen, ist der Nutzengewinn *permanent*. Um beide vergleichen zu können, wurde deshalb der Barwert der zukünftigen jährlichen Nutzengewinne den einmaligen Kosten gegenübergestellt bzw. der jährliche Nutzen der Annuität der Kosten (d.h. den auf ein Jahr umgerechneten Kosten). Für die Ermittlung des gesellschaftlichen Nutzengewinns durch einen Inflationsabbau spielen die gesellschaftlichen Kosten eine Rolle, die bei einer korrekt antizipierten Inflation entstehen und die sich durch Disinflation vermeiden lassen. Konkret wurden im FELDSTEIN-Ansatz folgende Aspekte berücksichtigt und quantifiziert.

- Aus der Interaktion von Besteuerung und Inflation ergeben sich allokative Verzerrungen bei der Entscheidung über Gegenwarts-und Zukunftsgüter sowie bei der Nachfrage nach steuerlich begünstigtem Wohneigentum[182]. Der Nutzengewinn einer Inflationsreduktion besteht darin, die hieraus resultierenden volkswirtschaftlichen Kosten zu senken.
- Ein Inflationsabbau erhöht wegen des sinkenden Nominalzinssatzes die Kassenhaltung und senkt dadurch die volkswirtschaftlichen Kosten einer suboptimalen Geldmenge. Dem hieraus resultierenden Nutzengewinn wirken allerdings Einflüsse auf die Staatseinnahmen (wie eine Verminderung der Seigniorage) entgegen[183].

---

177 FELDSTEIN, a.a.O., S. 1 ff.

178 TÖDTER, ZIERBARTH, a.a.O., S. 8 ff.

179 Siehe hierzu die graphische Analyse in Abb. V.2 im Unterabschnitt V. 2b) cc).

180 Siehe Gleichung (19) im Unterabschnitt V. 2b) bb).

181 Siehe FELDSTEIN, a.a.O., S. 10. - In der Untersuchung von TÖDTER, ZIERBARTH für Deutschland wurde der Produktionsverlust bei Inflationsreduktion um 2 Prozentpunkte mit etwas mehr als insgesamt 11 v.H. des Bruttoinlandsprodukts bemessen (a.a.O., S. 13).

182 Siehe hierzu im Einzelnen FELDSTEIN, a.a.O., S. 11 ff., und TÖDTER, ZIERBARTH, a.a.O., S. 14 ff.

183 Empirisch sind diese Effekte sogar stärker als der Nutzengewinn aus der erhöhten Kassenhaltung. Siehe dazu FELDSTEIN, a.a.O., S. 40 ff., TÖDTER, ZIERBARTH, a.a.O., S. 35 f.

- Der reale Zinssatz nach Steuern steigt bei einer Inflationsreduktion[184]. Die hierdurch bewirkte Zunahme der realen Schuldenlast des Staates erfordert zum Ausgleich eine (reale) Erhöhung anderer Steuern, so dass sich auf Grund der hiermit verbundenen allokativen Verzerrungen ein Nutzenverlust einstellt.

Nach den zitierten Untersuchungen ergab sich - vor allem durch Reduktion inflationsbedingter Verzerrungen bei der intertemporalen Allokation von Konsumgütern - für den permanenten Nettoeffekt einer Inflationsreduktion um 2 Prozentpunkte ein jährlicher Nutzengewinn von etwa 1 v.H. des Bruttoinlandsprodukts (BIP) für die USA und von rd. 1,4 v.H. des BIP für Deutschland. Die Annuität der Kosten einer Disinflation in gleichem Ausmaß belief sich für die USA auf 0,16 v.H. des BIP und für Deutschland auf 0,28 v.H.[185]. Als Ergebnis der Kosten-Nutzen-Analyse ergibt sich also, dass selbst bei moderater Inflation die gesamtwirtschaftlichen (Netto)Nutzengewinne einer Inflationsreduktion (z.B. um 2 v.H.) deutlich höher sind als die realwirtschaftlichen Kosten der Disinflation. Demnach ist es unter gesamtwirtschaftlichen Aspekten lohnend, Preisniveaustabilität zu realisieren. Diesem Ziel würde eine Inflationsrate von null entsprechen. Für die praktische Geldpolitik ist allerdings zu bedenken, dass die *statistisch gemessene* Inflationsrate die *tatsächliche* Inflation nicht exakt wiedergibt und tendenziell überzeichnet[186]. Der Grund hierfür liegt u.a. darin, dass die Zusammensetzung der im Warenkorb berücksichtigten Güter bei der Ermittlung von Preisindizes wie dem besonders wichtigen Lebenshaltungskostenindex für eine gewisse Zeit konstant bleibt und deshalb veraltet. Das hat zur Folge, dass Probleme bei der Berücksichtigung neuerer Produkte entstehen und im Preis steigende Güter, die durch im Preis sinkende Güter substituiert werden, ein zu hohes Gewicht behalten[187]. Auch dürften manche gemessene Preiserhöhungen auf statistisch unvollständig erfasste Qualitätsverbesserungen zurückgehen, und die von der Statistik ermittelten Angebotspreise der Unternehmungen dürften häufiger über die tatsächlich gezahlten Preise hinausgehen, z.B. weil Konsumenten preisgünstige Sonderangebote nutzen. Aus den angeführten Gründen erscheint es vertretbar, eine statistisch ermittelte Inflationsrate in der Größenordnung von 1 bis 2 v.H. als mit Preisniveaustabilität noch vereinbar anzusehen.

---

184 Die Erklärung beruht darauf, dass die antizipierte Inflationsrate als Bestandteil des Nominalzinssatzes der Besteuerung unterliegt. Siehe genauer Gleichung (42) im Unterabschnitt a) bb).

185 Zu den Zahlenangaben siehe Feldstein, a.a.O., S. 3 f. und S. 50 f., sowie Tödter, Ziebarth, a.a.O., S. 14 und 38.

186 Siehe auch OECD Wirtschaftsausblick, a.a.O., S. 41.

187 Der Lebenshaltungskostenindex ist ein Laspeyres-Index, dem ein (für eine gewisse Zeit) unverändertes Gewichtungsschema zugrunde liegt. Das unterscheidet ihn vom Preisdeflator für das Inlandsprodukt, der ein Paasche-Index mit wechselnder Gewichtung ist. Siehe hierzu genauer A. Stobbe, Volkswirtschaftliches Rechnungswesen. 8., neu bearb. u. erw. Aufl. Berlin 1994. S. 162 ff., 180 ff.

Zusammenfassung

1. Bei der Behandlung der gesellschaftlichen Inflationskosten wird zwischen einer korrekt antizipierten und einer nicht korrekt (insbesondere unvollständig) antizipierten Inflationsrate unterschieden. Der erste Fall ist eher bei geringer, gleichmäßiger Inflation, der zweite eher bei hoher, volatiler Inflation zu erwarten.

2. Bei korrekt antizipierter Inflation (wie insbesondere bei moderater, gleichmäßiger Inflation) resultieren Inflationskosten daraus, dass die Geldmenge geringer ist als die optimale (was die sog. Schuhlederkosten verursacht), dass sich aus der Interaktion von Besteuerung und Inflation allokative Verzerrungen ergeben und dass Preisanpassungskosten (sog. „menu costs") entstehen.

3. Bei nicht korrekt antizipierter Inflation (wie insbesondere bei starker, volatiler Inflation) sind weitere unerwünschte Folgen zu berücksichtigen. So ergeben sich ungewollte Effekte auf die Einkommens- und Vermögensverteilung, durch Verwechslung von Erhöhungen relativer Preise und allgemeinen Preissteigerungen kommt es zu Fehlallokationen von Ressourcen, und die Spar-und Investitionstätigkeit wird durch die mit der Inflationsprognose verbundene Unsicherheit beeinträchtigt. Schließlich entstehen zusätzliche Transaktionskosten dadurch, dass sich die Häufigkeit von Zahlungsvorgängen bei starker Inflation und unsicheren Inflationserwartungen erheblich vergrößert und Geld weitgehend seine Funktionen verliert.

4. Empirische Untersuchungen lassen vermuten, dass auch im Fall einer niedrigen, korrekt antizipierten Inflation die aus einer Disinflation resultierenden (permanent anfallenden) Nutzengewinne größer sind als die einmaligen Kosten der Disinflation. Deshalb ist Preisniveaustabilität ein sinnvolles geldpolitisches Ziel. Da die statistisch gemessene Inflationsrate die tatsächliche Inflationsrate nicht exakt wiedergibt und tendenziell überzeichnet, kann man eine Inflationsrate in der Größenordnung von 1 bis 2 v. H. als mit diesem Ziel vereinbar ansehen.

Ausgewählte Literaturangaben zum V. Kapitel

R. ANDEREGG, Grundzüge der Geldtheorie und Geldpolitik. München, Wien 2007 (zu **2**).

K. BLACKBURN, M. CHRISTENSEN, Monetary Policy and Policy Credibility: Theories and Evidence. „The Journal of Economic Literature“, Vol. 27 (1989), S. 1 ff, (zu **4**).

P. BOFINGER, J. REISCHLE, A. SCHÄCHTER, Geldpolitik. Ziele, Institutionen, Strategien und Instrumente. München 1996 (zu **4**, **5** und **6**).

M. C. BURDA, C. WYPLOSZ, Makroökonomie. Eine europäische Perspektive. 3., vollständig überarb. Aufl. München 2009 (zu **2**, **3**, **5**, **6**).

A. CUKIERMAN, Central Bank Behavior and Credibility: Some Recent Theoretical Developments. „Federal Reserve Bank of St. Louis Review“, Vol. 68, No. 5 (1986), S. 5 ff. (zu **4**).

R. DORNBUSCH, S. FISCHER, Macroeconomics. 6th ed. New York 1994 (zu **2**).

B. FELDERER, ST. HOMBURG, Makroökonomik und neue Makroökonomik, 9., verb. Aufl. Berlin 2005 (zu **2**).

S. FISCHER, F. MODIGLIANI, Towards an Understanding of the Real Effects and Costs of Inflation. „Weltwirtschaftliches Archiv“, Bd. 114 (1978), S. 810 ff. (zu **6**).

H. FRISCH, Die neue Inflationstheorie. Göttingen 1980 (zu **2**).

G. ILLING, F. FECHT, Konservativer Zentralbanker versus Optimaler Zentralbankkontrakt - Eine spieltheoretische Analyse, „das wirtschaftsstudium“, Jg. 27 (1998), Nr. 1, S. 84 ff. (zu **4**).

O. ISSING, Einführung in die Geldtheorie. 14., wesentlich überarb. Aufl. München 2007 (zu **6**).

H.-J. JARCHOW, Diskretionäre Geldpolitik, Zeitinkonsistenz und Politikglaubwürdigkeit, „das wirtschaftsstudium“, 22. Jg. (1993), S. 146 ff. (zu **4**).

J. GRAF LAMBSDORFF, G. ENGELEN, Das Keynesianische Kohsensmodell. „Wirtschaftswissenschaftliches Studium“, Jg. 36 (2007), S. 387 ff. (zu **3**).

H.-E. LOEF, Diskretionäre Geldpolitik, rationale Erwartungen und Politikglaubwürdigkeit. „Jahrbuch für Sozialwissenschaft“, Bd. 39 (1988), S. 361 ff. (zu **4**).

B. T. MCCALLUM, Monetary Policy Analysis in Models Without Money, „Federal Reserve Bank of St. Louis Review“, Vol. 83, No. 4 (2001), S. 145 ff. (zu **3**).

M. NEUMANN, Theoretische Volkswirtschaftslehre I. Makroökonomische Theorie: Beschäftigung, Inflation und Zahlungsbilanz. 5., überarb. Aufl. München 1996 (zu **1** und **2**).

T. PERSSON, G. TABELLINI, Macroeconomic Policy, Credibility and Politics. Chur 1990 (zu **4**).

D. ROMER, Keynesian Macroeconomics without the LM Curve. „The Journal of Economic Perspectives“, Vol. 14, No. 2 (2000), S. 149 ff. (zu **3**).

D. ROMER über Short-Run Fluctations, August 1999. Revised January 2006 (http://elsa.berkeley.edu/~dromer/ unter Lecture Notes) (zu **3**).

P. RÜHMANN, Seigniorage und Inflation, „das Wirtschaftsstudium“. 20. Jg. (1991), S. 623 ff. (zu **5**).

H.-P. SPAHN, Geldpolitik. Finanzmärkte, neue Makroökonomie und zinspolitische Strategien. München 2006 (zu **2** und **3**).

J. B. TAYLOR, A. WEERAPANA, Economics. 6th ed. Boston, New York 2009 (zu **3**).

K.-H. Tödter, B. Manzke, The welfare effects of Inflation: a cost-benefit perspective. „Discussion Paper. Series 1: Economic Studies. No 33/2007", 2007 (zu **6**).

K.-H. Tödter, G. Zierbarth, Preisstabilität oder geringe Inflation für Deutschland. Eine Analyse von Kosten und Nutzen. „Diskussionspapier 3/97, Volkswirtschaftliche Forschungsgruppe der Deutschen Bundesbank", 1997 (zu **6**).

V. Wieland (Ed.), The Science and Practice of Monetary Policy Today. Berlin, Heidelberg 2010 (zu **3**).

M. Woodford, Interest and Prices. Foundations of a Theory of Monetary Policy. Princeton, Oxford 2003 (zu **3**).

Literaturangaben

1. Monographien

ALLAIS, M.: Économie & intérêt. Paris 1947.

ANDEREGG, R.: Grundzüge der Geldtheorie und Geldpolitik. München, Wien 2007.

ARGY, V.: The Postwar International Money Crisis - an Analysis. London 1981.

BALTENSPERGER, E., MILDE, H.: Theorie des Bankenverhaltens. Berlin 1987.

BEGG, D., FISCHER, S., DORNBUSCH, R.: Economics. 5th ed. London 1997.

BERGEN, V.: Theoretische und empirische Untersuchungen zur längerfristigen Geldnachfrage in der Bundesrepublik Deutschland (1950 - 1967). (Schriften zur angewandten Wirtschaftsforschung, 27). Tübingen 1970.

BLANCHARD, O. J., FISCHER, S.: Lectures on Macroeconomics. Cambridge, Mass., London 1989.

BLANCHARD, O., ILLING , G.: Makroökonomie. 4., aktual. u. erw. Aufl. München 2006.

BOFINGER, P. in collaboration with J. REISCHLE and A. SCHÄCHTER: Goals, Institutions, Strategies, and instruments. Oxford 2001.

BOFINGER, P., REISCHLE, J., SCHÄCHTER, A.: Geldpolitik. Ziele, Institutionen, Strategien und Instrumente. München 1996.

BORCHERT, M.: Geld und Kredit. Einführung in die Geldtheorie und Geldpolitik. 7., überarb. u. erw. Aufl. München, Wien 2001.

Bundeszentrale für politische Bildung: Vertrag von Amsterdam. Texte des EU-Vertrages und des EG-Vertrages mit deutschen Begleittexten, hrsg. v. T. Läufer. Bonn 2000.

BURDA, M. C., WYPLOSZ, CH.: Makroökonomie. Eine europäische Perspektive. 3., vollständig überarb. Aufl. München 2009.

CHANDLER, L. V., GOLDFELD, S. M.: The Economics of Money and Banking. 7th ed. New York 1977.

CLAASSEN, E.-M.: Grundlagen der Geldtheorie. 2., neubearb. u. erw. Aufl. Berlin, Heidelberg, New York 1980.

-: Grundlagen der makroökonomischen Theorie. München 1980.

COPELAND, T. E., WESTON, J. F., SHASTRI, K.: Finanzierungstheorie und Unternehmenspolitik. Konzepte der kapitalmarktorientierten Unternehmensfinanzierung. 4., aktual. Aufl. München 2008.

DE GRAUWE, P.: Macroeconomic theory for the open economy. Aldershot, Brookfield 1983.

DEPPE, H.-D.: Bankbetriebliches Wachstum. Stuttgart 1969.

-: Betriebswirtschaftliche Grundlagen der Geldwirtschaft. Band 1: Einführung und Zahlungsverkehr. Stuttgart 1973.

DIEHL, K., MOMBERT, D.: Ausgewählte Lesestücke zum Studium der politischen Ökonomie. Erster Band. Zur Lehre vom Geld. 3., verbesserte Auflage. Karlsruhe i. B. 1920.

DORNBUSCH, R., FISCHER, S.: Macroeconomics. 6th ed. New York 1994.

DRUKARCZYK, J.: Finanzierungstheorie. München 1980.

-: Finanzierung. Eine Einführung. 8., neu bearb. Aufl. Stuttgart 1999.

DUWENDAG, D., KETTERER, K.-H., KÖSTERS, W., POHL, R., SIMMERT, D.B.: Geldtheorie und Geldpolitik. Eine problemorientierte Einführung mit einem Kompendium monetärer Fachbegriffe. 5., neubearb. Aufl. Köln 1999.

ENGEL, G.: Die Einbeziehung des monetären Bereichs in makroökonomische Modelle. Ein Beitrag zur Diskussion über den Transmissionsmechanismus monetärer Impulse. Göttinger Dissertation 1973.

EUROPÄISCHE ZENTRALBANK: Die einheitliche Geldpolitik im Euro-Währungsgebiet. Allgemeine Regelungen für die geldpolitischen Instrumente und Verfahren des Eurosystems, April 2002.

–: Die Geldpolitik der EZB. Frankfurt a. M. 2001.

FASSBENDER, H.: Zur Theorie und Empirie der Fristigkeitsstruktur der Zinssätze (Untersuchungen über das Spar-, Giro- und Kreditwesen, Bd. 72). Berlin 1973.

FELDERER, B., HOMBURG, ST.: Makroökonomik und neue Makroökonomik, 9., verb. Aufl. Berlin 2005.

FISHER, I.: The Purchasing Power of Money. Its Determination and Relation to Credit, Interest, and Crisis. New and rev. ed. New York 1922 (Reprinted 1963).

–: The Theory of Interest. New York 1930.

FRIEDMAN, M., SCHWARTZ, A. J.: A Monetary History of the United States, 1867 - 1960. Princeton, N.J. 1963.

FRISCH, H.: Die neue Inflationstheorie. Göttingen 1980.

FUHRMANN, W.: Geld und Kredit. Prinzipien Monetärer Makroökonomik. 2., erw. Aufl. München, Wien 1987.

–: Makroökonomik. Zur Theorie interdependenter Märkte. 3., überarb. Aufl. München, Wien 1991.

GÖRGENS, E., RUCKRIEGEL, K., SEITZ, F.: Europäische Geldpolitik. Theorie, Empirie, Praxis. 5., völlig neu bearb. Aufl mit einem Geleitwort von J. STARK. Stuttgart 2008.

GURLEY, J. G., SHAW, E.S.: Money in a Theory of Finance. Washington, D. C. 1960.

HANSEN, A. H.: A Guide to Keynes. New York, Toronto, London 1953.

HANSEN, B.: A Survey of General Equilibrium Systems. New York 1970.

HARRIS, L.: Monetary Theory. New York 1985.

HICKS, J. R.: Value and Capital. An Inquiry into some Fundamental Principles of Economic Theory. Oxford 1946.

HUME, D.: Political Discourses. 2nd ed. Edinburgh 1752.

ILLING, G.: Geld und asymmetrische Information. Berlin 1985.

–: Theorie der Geldpolitik. Eine spieltheoretische Einführung. Berlin 1997.

ISSING, O.: Einführung in die Geldpolitik. 6., überarb. Aufl. München 1997.

–: Einführung in die Geldtheorie., 14., wesentlich überarb. Aufl. München 2006.

JARCHOW, H.-J.: Theorie und Politik des Geldes. II. Geldpolitik. 7., neubearb. u. erw. Aufl. Göttingen 1995.

–: Grundriss der Geldpolitik. 9., aktual. u. neubearb. Auflage. Stuttgart 2010.

JARCHOW, H.-J., RÜHMANN, P.: Monetäre Außenwirtschaft. II. Internationale Währungspolitik. 5., neu bearb. u. wesentlich erw. Aufl. Göttingen 2002.

KEYNES, J. M.: A Treatise on Money. Vol. I. The Pure Theory of Money. Vol. II. The Applied Theory of Money. London 1930.

–: Vom Geld (A Treatise on Money). München, Leipzig 1932.

–: The General Theory of Employment, Interest, and Money. London 1936.

KLEIN, L.R.: The Keynesian Revolution. 2nd ed. London, Melbourne 1968.

LEIJONHUFVUD, A.: On Keynesian Economics and the Economics of Keynes. A Study in Monetary Theory. New York, London, Toronto 1968. (Deutsche Übersetzung: Über Keynes und den Keynesianismus. Eine Studie zur monetären Theorie. Hrsg. und mit einem Vorwort versehen G. GÄFGEN. Köln 1973.)

LINDE, R.: Einführung in die Mikroökonomie. 3., überarb. u. erw. Aufl. Stuttgart, Berlin, Köln 1996.

MARKOWITZ, H.M.: Portfolio Selection. Efficient Diversification of Investments (Cowles Foundation for Research in Economics at Yale University, Monograph 16). New York 1959.

MÖLLER, H.: Ökonometrische Untersuchung zur Bestimmung von Geldmenge, Kreditvolumen und Zinssatz in der Bundesrepublik unter besonderer Berücksichtigung zentralbankpolitischer Maßnahmen. Göttingen 1978.

NELDNER, M.: Die Bestimmungsgründe des Volkswirtschaftlichen Geldangebots. Berlin, New York 1976.

NEUBERGER, D.: Kreditvergabe durch Banken. Mikroökonomische Theorie und gesamtwirtschaftliche Implikationen. Tübingen 1994.

NEUMANN, M.: Theoretische Volkswirtschaftslehre II, Produktion, Nachfrage und Allokation. 4., überarb. Aufl., München 1995.

NEWLYN, W.T., BOOTLE, R.P.: Theory of Money. 3rd ed. Oxford 1979.

NIEHANS, J.: Theorie des Geldes. Synthese der monetären Mikro- und Makroökonomie. Bern, Stuttgart 1980.

OKUN, A. M.: The Political Economy of Prosperity. Washington, D. C., 1970.

PATINKIN, D.: Money, Interest, and Prices. An Integration of Monetary and Value Theory. 2nd ed. New York 1966.

PERSSON, T., TABELLINI, T.G.: Macroeconomic Policy, Credibility and Politics. Chur 1990.

PESEK, B.P., SAVING, TH.R.: Money, Wealth, and Economic Theory. New York, London 1967.

–: The Foundations of Money and Banking. New York, London 1968.

POHL, R.: Theorie der Inflation. Grundzüge der monetären Makroökonomik. München 1981.

RICHTER, R.: Geldtheorie. Vorlesung auf der Grundlage der Allgemeinen Gleichgewichtstheorie und der Institutionenökonomik. 2., durchges. u. erg. Aufl. Berlin 1990.

RICHTER, R., SCHLIEPER, U., FRIEDMANN, W.: Makroökonomik. Eine Einführung. Mit einem Beitrag v. J. EBEL, 4., korr. u. erg. Aufl. Berlin, Heidelberg, New York 1981.

ROMER, D.: Advanced Macroeconomics. 3rd ed. Boston 2006.

SCHMIDT, R. H., TERBERGER, E.: Grundzüge der Investitions- und Finanzierungstheorie. 3., vollst. neu bearb. u. wes. erw. Aufl. Wiesbaden 1996.

SCHNEIDER, E.: Einführung in die Wirtschaftstheorie. III. Teil. Geld, Kredit, Volkseinkommen und Beschäftigung. 11., verb. u. erw. Aufl. Tübingen 1969.

SHARPE, W. F., ALEXANDER, G. J.: Investments. 4th ed. Englewood Cliffs, N. J. 1990.

SIEBKE, J., WILLMS, M.: Theorie der Geldpolitik. Berlin, Heidelberg, New York 1974.

SPAHN, H.-P.: Geldpolitik. Finanzmärkte, neue Makroökonomie und zinspolitische Strategien. München 2006.

STOBBE, A.: Volkswirtschaftliches Rechnungswesen. 8., neu bearb. u. erw. Aufl. Berlin 1994.

TAYLOR, J. B.: Economics. 2nd ed. Boston, New York 1998.

TAYLOR, J. B., WEERAPANA, A.: Economics. 6th ed. Boston, New York 2009.

TOBIN, J.: Asset Accumulation and Economic Activity. Reflections on Contemporary Macroeconomic Theory. Oxford 1980.

WAGNER, H.: Stabilitätspolitik. Theoretische Grundlagen und institutionelle Alternativen. 2., verb. u. erw. Aufl. München, Wien 1992.

-: Inflation und Wirtschaftswachstum. Zum Einfluß von Inflation auf die Akkumulationsrate. Berlin 1983.

WESTPHAL, U.: Theoretische und empirische Untersuchungen zur Geldnachfrage und zum Geldangebot. (Kieler Studien, 110). Tübingen 1970.

WICKSELL, K.: Geldzins und Güterpreise. 2. berichtigter Neudruck der Ausgabe Jena 1898. Stuttgart 1984.

-: Vorlesungen über Nationalökonomie. Band 2. 2. Neudruck der Ausgabe Jena 1922. Stuttgart 1984.

WOHLTMANN, H. G.: Grundzuüge der makroökonomischen Theorie. Totalanalyse geschlossener und offener Volkswirtschaften. 5., vollständig überarb. u.. erw. Auflage. München, Wien 2007.

WOLL, A.: Allgemeine Volkswirtschaftslehre. 10., überarb. u. erg. Aufl. München 1990.

WOODFORD, M.: Interest and Prices. Foundations of a Theory of Monetary Policy. Princeton, Oxford 2003.

2. Beiträge aus Zeitschriften

ALESINA, A., GATTI, R.: Independent Central Banks: Low Inflation at No Cost? „The American Economic Review, Papers and Proceedings“, Vol. 85 (1995), S. 196 ff.

BAILEY, M. J.: The Welfare Cost of Inflationary Finance. „The Journal of Political Economy“, Vol. 64 (1956), S. 93 ff.

BARRO, R. J., FISCHER, S.: Recent Developments in Monetary Theory. „Journal of Monetary Economics“, Vol. 2 (1976), S. 133 ff.

BARRO, R.J., GORDON, D.B.: Rules, Discretion and Reputation in a Model of Monetary Policy. „Journal of Monetary Economics“, Vol. 12 (1983), S. 101 ff.

BAUMOL, W. J.: The Transaction Demand for Cash: An Inventory Theoretic Approach. „The Quarterly Journal of Economics“, Vol. 66 (1952), S. 545 ff.

BAUMOL, W.J., TOBIN, J.: The Optimal Cash Balance Proposition: Maurice Allais' Priority. „The Journal of Economic Literature“, Vol. 27 (1989), S. 1160 ff.

BERNANKE, B.S., BLINDER, A.S.: The Federal Funds Rate and the Channels of Monetary Transmission. „The American Economic Review“, Vol. 82 (1992), S. 901 ff.

BERNANKE, B.S., GERTLER, M.: Inside the Black Box: The Credit Channel of Monetary Policy Transmission. „The Journal of Economic Perspectives“, Vol. 9; No. 4 (1995), S. 27 ff.

BLACKBURN, K., CHRISTENSEN, M.: Monetary Policy and Policy Credibility: Theories and Evidence. „The Journal of Economic Literature“, Vol. 27 (1989), S. 1 ff.

BORDO, M., D., WHEELOCK, D. C.: Monetary Policy and Asset Prices: A Look Back at Past U.S. Stock Market Booms. „Federal Reserve Bank of St. Louis Review", Vol. 86, Nr.6 (2004), 9 ff.

BRUNNER, K.: The „Monetarist Revolution" in Monetary Theory. „Weltwirtschaftliches Archiv", Bd. 105 (1970 II), S. 1 ff.

–: Eine Neuformulierung der Quantitätstheorie des Geldes. Die Theorie der relativen Preise, des Geldes, des Outputs und der Beschäftigung. „Kredit und Kapital", 3. Jg. (1970), S. 1 ff.

–: Hat der Monetarismus versagt? „Kredit und Kapital", 17. Jg. (1984), S. 18 ff.

BRUNNER, K., MELTZER, A.H.: The Place of Financial Intermediaries in the Transmission of Monetary Policy. „The American Economic Review, Papers and Proceedings", Vol. 53 (1963), S. 372 ff.

–: The Uses of Money. Money in the Theory of an Exchange Economy. „The American Economic Review", Vol. 61 (1971), S. 784 ff.

CLAASSEN, E.-M.: Die Definitionskriterien der Geldmenge: M_1, M_2, ... oder M_x? „Kredit und Kapital", 7. Jg. (1974), S. 273 ff.

CLARIDA, R., GALÍ, J., GERTLER, M.: The Science of Monetary Policy: A New Keynesian Perspective. „The Journal of Economic Literature", Vol. 37 1999), S. 1661 ff.

CUKIERMAN, A.: Central Bank Behavior and Credibility: Some Recent Theoretical Developments. „Federal Reserve Bank of St. Louis Review", Vol. 68, No. 5 (1986), S. 5 ff.

ENGEL, G.: Verstetigung des Geldmengenwachstums und politische Unabhängigkeit der Zentralbank. „Kredit und Kapital", 17. Jg. (1984), S. 540 ff.

ESTRELLA, A., MISHKIN, F. S.: The predictive power of the term structure of interest rates in Europe and the United States: Implications for the European Central Bank. „European Economic Review", Vol. 41 (1997), S. 1375 ff.

FASE, M. M. G., KUNÉ, J. B.: The Demand for Money in Thirteen European and Non-European Countries: A Tabular Survey. „Kredit und Kapital", 8. Jg. (1975), S. 410 ff.

FISCHER, S.: Long-Term Contracts, Rational Expectations, and the Optimal Money Supply Rule. „The Journal of Political Economy", Vol. 85 (1977), S. 191 ff.

FISCHER, S., MODIGLIANI, F.: Towards an Understanding of the Real Effects and Costs of Inflation. „Weltwirtschaftliches Archiv", Bd. 114 (1978), S. 810 ff.

FRANZ, W.: Neuere Makroökonomische Kontroversen. „Wirtschaftswissenschaftliches Studium", Jg. 21 (1992), S. 275 ff.

FRIEDMAN, M.: A Monetary and Fiscal Framework for Economic Stability. „The American Economic Review", Vol. 38 (1948), S. 245 ff.

–: The Role of Monetary Policy. „The American Economic Review", Vol. 58 (1968), S. 1 ff.

–: A Theoretical Framework for Monetary Analysis. „The Journal of Political Economy", Vol. 78 (1970), S. 193 ff.

–: The Quantity Theory of Money. „The Indian Economic Journal", Vol. 17, No. 4, 5 (1970), S. 409 ff.

–: Government Revenue from Inflation. „The Journal of Political Economy", Vol. 79 (1971), S. 846 ff.

FRIEDMAN, M., SCHWARTZ, A.J.: Money and Business Cycles. „The Review of Economics and Statistics", Vol. 45 (1963, Suppl.), S. 32 ff.

GABISCH, G.: Portfoliotheorie der Geldnachfrage. „das wirtschaftsstudium“, 5. Jg. (1976), Nr. 5, S. 220 ff.

GORDON, R. J.: Recent Developments in the Theory of Inflation and Unemployment. „Journal of Monetary Economics“, Vol. 2 (1976), S. 185 ff.

HAGEN, J. v.: Hat die Geldmenge ausgedient? „Perspektiven der Wirtschaftspolitik“, Bd. 5. (2004), S. 423 ff.

HESSE, H., ROTH, G.: Die Zinsstruktur als Indikator der Geldpolitik? „Kredit und Kapital“, 25. Jg. (1992), S. 1 ff.

HICKS, J. R.: A Suggestion for Simplifying the Theory of Money. „Economica“, Vol. 2 (1935), S. 1 ff.

-: Mr. KEYNES and the „Classics“: A Suggested Interpretation. „Econometrica“, Vol. 5 (1937), S. 147 ff.

-: Liquidity. „The Economic Journal“, Vol. 72 (1962), S. 787 ff.

HOHLFELD, H.: Die Systematik des Kreditmarkts. „Zeitschrift für Handelswissenschaftliche Forschung“, N.F. Jg. 7 (1955), S. 22 ff.

ILLING, G., FECHT, F.: Konservativer Zentralbanker versus Optimaler Zentralbankkontrakt - Eine spieltheoretische Analyse. „das wirtschaftsstudium“, Jg. 27 (1998), Nr. 1, S. 84 ff.

JARCHOW, H.-J.: Der Bankkredit in einer Theorie der „Portfolio Selection“. „Weltwirtschaftliches Archiv“, Bd. 104 (1970 II), S. 189 ff.

-: Diskretionäre Geldpolitik, Zeitinkonsistenz und Politikglaubwürdigkeit. „das wirtschaftsstudium“, 22. Jg. (1993), S. 146 ff.

JARCHOW, H.-J.: Der Einfluss von Geldpolitik und Konjunktur auf Zinsniveau und Vermögenspreise. „Jahrbuch für Wirtschaftswissenschaften“, Bd. 55 (2004), S. 127 ff.

JARCHOW, H.-J., MÖLLER, H.: Geldbasiskonzepte und Geldmenge (I). Erster Teil: Theoretische Zusammenhänge. „Kredit und Kapital“, 9. Jg. (1976), S. 177 ff., Geldbasiskonzepte und Geldmenge (II), Zweiter Teil: Empirische Zusammenhänge. „Kredit und Kapital“, 9. Jg. (1976), S. 317 ff.

JARCHOW, H.-J., RÜHMANN, P., ENGEL, G.: Geldmenge, Zinssatz, Bankenverhalten und Zentralbankpolitik. „Weltwirtschaftliches Archiv“, Bd. 105 (1970 II), S. 304 ff.

JOHNSON, H. G.: The KEYNESian Revolution and the Monetarist Counter-Revolution. RICHARD T. ELY Lecture. „The American Economic Review“, Papers and Proceedings, Vol. 61 (1971), S. 1 ff.

KLEIN, M., NEUMANN, M. J. M.: Seigniorage: What Is It and Who Gets It. „Weltwirtschaftliches Archiv“, Bd. 126 (1990 II), S. 205 ff.

KYDLAND, F. E., PRESCOTT, E. C.: Rules Rather than Discretion: The Inconsistency of Optimal Plans. „The Journal of Political Economy“, Vol. 85 (1977), S. 473 ff.

LAIDLER, D., PARKIN, M.: Inflation: A Survey. „The Economic Journal“, Vol. 85 (1975), S. 741 ff.

LAMBSDORFF, J. GRAF, ENGELEN, G.: Das Keynesianische Konsensmodell. „Wirtschaftswissenschaftliches Studium“, Jg. 36 (2007), S. 387 ff.

LOEF, H.-E.: Diskretionäre Geldpolitik, rationale Erwartungen und Politikglaubwürdigkeit. „Jahrbuch für Sozialwissenschaft“, Bd. 39 (1988), S. 361 ff.

LOHMANN, S.: Optimal Commitment in Monetary Policy: Credibility versus Flexibility. „The American Economic Review“, Vol. 82 (1992), S. 273 ff.

LUCAS, R. E.: Some International Evidence on Output-Inflation Tradeoffs. „The American Economic Review", Vol. 63 (1973), S. 326 ff.

LUTZ, F. A.: The Structure of Interest Rates. „The Quarterly Journal of Economics", Vol. 55 (1941), S. 36 ff.

MANKIW, N. G.: The Macroeconomist as Scientist and Engineer. „The Journal of Economic Perspectives", Vol. 20, No. 4 (2006), S. 29 ff.

MARKOWITZ, H. M.: Portfolio Selection. „The Journal of Finance", Vol. 7 (1952), S. 77 ff.

MCCALLUM, B. T.: Monetary Policy Analysis in Models Without Money, „Federal Reserve Bank of St. Louis Review", Vol. 83, No. 4 (2001), S. 145 ff.

MCCALLUM, B. T., NELSON, E.: An Optimizing IS-LM Specification for Monetary Policy and Business Cycle Analysis. „Journal of Money, Credit and Banking", Vol. 31 (1999), S. 296 ff.

–: Targeting versus Instrument Rules for Monetary Policy. „Federal Reserve Bank of St. Louis Review", Vol. 87, No. 5 (2005), S. 597 ff.

MILLER, M. H., ORR, D.: A Model of the Demand for Money by Firms. „The Quarterly Journal of Economics", Vol. 80 (1966), S. 413 ff.

MISHKIN, F. S., POSEN, A. S.: Inflation Targeting: Lessons from Four Countries. „Federal Reserve Bank of New York Economic Policy Review", Vol. 3, No. 3 (1997), S. 17 ff.

MUTH, J. F.: Rational Expectations and the Theory of Price Movements. „Econometrica", Vol. 29 (1961), S. 315 ff.

NELDNER, M.: Seigniorage, inflationäre Staatshaushaltsfinanzierung und das Problem der optimalen Geldmenge. „das wirtschaftsstudium", Jg. 13 (1984), S. 411 ff.

NEUMANN, M. J. M.: Stabilisierungspolitik bei rationalen Erwartungen. „Wirtschaftswissenschaftliches Studium", 10. Jg. (1981), S. 111 ff.

PERSSON, T., TABELLINI, G.: Designing institutions for monetary stability. „Carnegie-Rochester-Conference Series on Public Policy", Vol. 39 (1993), S. 53 ff.

PHELPS, E.S.: Inflation in the Theory of Public Finance. „The Swedish Journal of Economics", Vol. 75 (1973), S. 67 ff.

PHILLIPS, A. W.: The Relation between Unemployment and the Rate of Change of Money Wage Rates in the United Kingdom, 1861–1957, „Economica", Vol. 25 (1958), S. 283 ff.

ROGOFF, K.: The Optimal Degree of Commitment to an Intermediate Monetary Target. „The Quarterly Journal of Economics", Vol. 100 (1985), S. 1169 ff.

ROMER, D.: Keynesian Macroeconomics without the LM Curve. „The Journal of Economic Perspectives", Vol. 14, No. 2 (2000), S. 149 ff.

RÜHMANN, P.: Seigniorage und Inflation. „das wirtschaftsstudium", Jg. 20 (1991), S. 623 ff.

SARGENT, T. S., WALLACE, N.: Rational Expectations und the Theory of Economic Policy. „Journal of Monetary Economics", Vol. 2 (1976), S. 169 ff.

SIEBKE, J.: An Analysis of the German Money Supply Process: The Multiplier Approach. „Beihefte zu Kredit und Kapital", H. 1 (1972), S. 243 ff.

SIJBEN, J. J.: Monetary Policy in a Game – Theoretic Framework. Spieltheoretische Ansätze zur Geldpolitik. „Jahrbücher für Nationalökonomie und Statistik", Bd. 210 (1992), S. 233 ff.

SIMONS, H. C.: Rules versus Authorities in Monetary Policy, „The Journal of Political Economy“, Vol. 44 (1936), S. 1 ff.

STIGLITZ, J. E., WEISS, A.: Credit Rationing in Markets with Imperfect Information. „The American Economic Review“, Vol. 71 (1981), S. 393 ff.

TAYLOR, J. B.: Staggered Wage Setting in a Macro Model. „The American Economic Review“, Papers and Proceedings, Vol. 69 (1979), S. 108 ff.

TOBIN, J.: The Interest-Elasticity of Transactions Demand for Cash. „The Review of Economics and Statistics“, Vol. 38 (1956), S. 241 ff.

-: Liquidity Preference as Behaviour Towards Risk. „The Review of Economic Studies“, Vol. 25 (1958), S. 65 ff.

-: A General Equilibrium Approach to Monetary Theory. „Journal of Money, Credit and Banking“, Vol. 1 (1969), S. 15 ff.

TOBIN, J., BRAINARD, W.C.: Financial Intermediaries and the Effectiveness of Monetary Controls. „The American Economic Review“, Vol. 53 (1963), Papers and Proceedings, S. 383 ff.

WALSH, C. E.: Optimal Contracts for Central Bankers. „The American Economic Review“, Vol. 85 (1995), S. 150 ff.

WHALEN, E. L.: A Rationalization of the Precautionary Demand for Cash. „The Quarterly Journal of Economics“, Vol. 80 (1966), S. 314 ff.

3. Sammelwerke, Beiträge aus Sammelwerken u. a.

BERNANKE, B., GERTLER, M., GILCHRIST, S.: The Financial Accelerator and the Flight to Quality. „NBER Working Paper 4789“, 1994.

BERNARD, H., GERLACH, S.: Does the Term Structure Predict Recessions? The International Evidence. „BIS Working paper“, No. 37 (1996).

BRUNNER, K.: Zwei alternative Theorien des Geldangebotsprozesses: Geldmarkt- versus Kreditmarkttheorie. In: Geldtheorie. (Hrsg. von K. BRUNNER, H. G. MONISSEN, M. J. M. NEUMANN). Köln 1974. S. 114 ff.

-: Geldtheorie und Geldpolitik IV: Aus der Sicht des Monetarismus. In: Handwörterbuch der Wirtschaftswissenschaft (HdWW). Zugleich Neuauflage des Handwörterbuchs der Sozialwissenschaften. 3. Bd. (1981). S. 391 ff.

BRUNNER, K., MONISSEN, H. G., NEUMANN, M. J. M. (Hrsg.): Geldtheorie. Köln 1974.

CAGAN, P.: The Monetary Dynamics of Hyperinflation. In: Studies in the Quantity Theory of Money. (Ed. by M. FRIEDMAN). Chicago 1956. S. 25 ff.

CLOWER, R.: The KEYNESian Counterrevolution: A Theoretical Appraisal. In: The Theory of Interest Rates. Proceedings of a Conference held by the International Economic Association. (Ed. by F. H. HAHN and F. P. R. BRECHLING). London, New York 1965. S. 103 ff.

EHRLICHER, W.: Geldtheorie und Geldpolitik III: Geldtheorie. In: Handwörterbuch der Wirtschaftswissenschaft (HdWW). Zugleich Neuauflage des Handwörterbuchs der Sozialwissenschaften. 3. Bd. (1981). S. 374 ff.

FELDSTEIN, M.: The Costs and Benefits of Going from Low Inflation to Price Stability. „NBER Working Paper 5469“, 1996.

FRIEDMAN, M.: The Quantity Theory of Money: A Restatement. In: The Optimum Quantity of Money and Other Essays. (Ed. by M. FRIEDMAN). Chicago 1969. S. 51 ff.

–: The Optimum Quantity of Money. In: The Optimum Quantity of Money and Other Essays. (Ed. by M. FRIEDMAN). Chicago 1969. S.1 ff.

FRIEDMAN, M., MEISELMAN, D.: The Relative Stability of Monetary Velocity and the Investment Multiplier in the United States, 1897 – 1958. In: E. C. BROWN et al.: Stabilization Policies. A Series of Research Studies Prepared for the Commission on Money and Credit. Englewood Cliffs, N. J., 1963, S. 165 ff.

GERLACH, S.: The Information Content of the Term Structure: Evidence for Germany. „BIS Working Paper", No. 29 (1995).

HÄUSER, K.: Die Geldmarktabhängigkeit des deutschen Kapitalmarktes. In: Geld- und Währungspolitik in der Bundesrepublik Deutschland. (Beihefte zu Kredit und Kapital, H. 7.) Hrsg. und eingeleitet von W. EHRLICHER, D. B. SIMMERT. Berlin 1982. S. 309 ff.

HICKS, J. R.: The Pure Theory of Portfolio Selection. In: Critical Essays in Monetary Theory. (Ed. by J. R. HICKS). Oxford 1967. S. 103 ff.

JARCHOW, H.-J.: Der Keynesianismus. In: Geschichte der Nationalökonomie. (Hrsg. von O. ISSING). 3., überarb. u. erg. Aufl. München 1994. S. 193 ff.

–: Geldpolitik und Inflationserwartungen – eine dynamische Analyse. In: Beiträge zur Mikro- und Makroökonomik. Festschrift für H. J. RAMSER. (Hrsg. von S. K. BERNINGHAUS, M. BRAULKE). Berlin, Heidelberg, New York 2001. S. 217 ff.

KARMANN, A., GRAFF, M.: Monetäre Makroökonomik: Inflation. „Dresdner Beiträge zur Volkswirtschaftslehre", Nr. 5 (1997).

KATH, D.: Geld und Kredit. In: Vahlens Kompendium der Wirtschaftstheorie und Wirtschaftspolitik. Band 1. 6., überarb. u. erw. Aufl. München 1995. S. 175 ff.

KING, M.: Direct Inflation Targets. In: Monetary Policy Strategies in Europe. A Symposium at the Deutsche Bundesbank. (Ed. by DEUTSCHE BUNDESBANK). München 1996. S. 45 ff.

MALKIEL, B. G.: term structure of interest rates. In: The New Palgrave Dictionary of Money & Finance. 3. London and Basingstoke 1992. S. 650 ff.

MÖLLER, H., JARCHOW, H.-J.: Kreditangebot, Kreditnachfrage und exogene Geldbasis. Eine theoretische und ökonometrische Studie für die Bundesrepublik. In: Geld- und Währungspolitik in der Bundesrepublik Deutschland. (Beihefte zu Kredit und Kapital, H. 7). Hrsg. und eingeleitet von W. EHRLICHER, D. B. SIMMERT. Berlin 1982. S. 207 ff.

PHELPS, E. S. et al.: Microeconomic Foundations of Employment and Inflation Theory. New York 1970.

POLLAK, H.: Verbrauchssteuern I: Ziele und Ausgestaltung. In Handwörterbuch der Wirtschaftswissenschaft (HdWW). Zugleich Neuauflage des Handwörterbuchs der Sozialwissenschaften. Achter Band. Stuttgart 1980. S. 188 ff.

ROMER, D.: Short-Run Fluctations, August 1999. Revised January 2006 (http://elsa.berkeley.edu/~dromer/ unter Lecture Notes).

SCHICH, S. T.: Schätzungen der deutschen Zinsstrukturkurve. „Diskussionspapier 4/1997. Volkswirtschaftliche Forschungsgruppe der Deutschen Bundesbank", 1997.

STÖSS, E.: Die Finanzierungsstruktur der Unternehmen und deren Reaktion auf monetäre Impulse. Eine Analyse anhand der Unternehmensbilanzstatistik der Deutschen Bundesbank. „Diskussionspapier 9/96. Volkswirtschaftliche Forschungsgruppe der Deutschen Bundesbank", 1996.

SVENSSON, L. E. O.: Optimal Inflation Targets, 'Conservative' Central Banks, and Linear Inflation Contracts. „NBER Working Paper 5251“, 1995.

TOBIN, J.: The Theory of Portfolio Selection. In: The Theory of Interest Rates. Proceedings of a Conference held by the International Economic Association. (Ed. by F. H. HAHN and F. P. R. BRECHLING). London, New York 1966. S. 3 ff.

TÖDTER, K.-H., MANZKE, B.: The welfare effects of inflation: a cost-benefit perspective. „Discussion Paper. Series 1: Economic Studies. No 33/2007", 2007.

TÖDTER, K.-H., ZIERBARTH, G.: Preisstabilität oder geringe Inflation für Deutschland. Eine Analyse von Kosten und Nutzen. „Diskussionspapier 3/97. Volkswirtschaftliche Forschungsgruppe der Deutschen Bundesbank“, 1997.

WIELAND, V. (Ed.): The Science and Practice of Monetary Policy Today. Berlin, Heidelberg 2010.

Personenregister[1]

[1] Die unter den Literaturangaben (S. 285 ff.) genannten Autoren sind hier nicht vollständig aufgeführt.

Sachregister[2]

2 Die fett gedruckten Ziffern geben die Stellen an, an denen der betreffende Begriff erläutert wird.